전정판

정책과정론

- 이론과 사례분석 -

주 재 현

도서출판 대영문화사

전정판 머리말

2008년에 『정책과정론』 초판이 나온 지 벌써 8년이 지났다. 『정책과정론』 초판은 당시에는 일반적이지 않았던 구성을 지녔다. 제1부에서 교과서적인 내용을 서술한 후, 제2부에서 관련된 연구논문을 제시하는 방식으로 구성되었던 초판은 생소한 형식으로 인해 관심을 받기도 했지만, 나름의 한계도 지니고 있었다. 특히, 교과서적인 일반내용이 충분하지 않아 학부 수업용 교재로 사용하기 어려웠으며, 정책평가에 관한 현황과 사례분석이 결여되어 있는 등 내용상의 균형에 약점이 있었다.

이번 전정판은 초판이 지니고 있던 특징을 최대한 유지하면서 위에서 언급한 약점을 보완하는 데 중점을 두었다. 수정 · 보완된 내용은 다음과 같다. 첫째, 초판의 제1부에서 서술된 정책과정의 각 단계에 대한 일반내용은 전정판에도 활용하되 그 내용을 보강하였고, 초판의 제2부에서 제시되었던 이론적 내용 중 일부는 발췌해서 정책과정의 각 단계에 관한 장에 편입하였다(제3장, 제5장 제2절, 제9장 제2절). 둘째, 제1부와 제2부의 구분을 없애고, 정책과정의 각 단계별로 이론적 논의에 관한 장에 이어서 현황이나 사례분석에 관한 장을 제시하는 방식으로 구성하였다. 이 과정에서 초판 제2부에서 제시되었던 연구논문의 상당부분을 삭제하여 책의 부피를 줄였다. 셋째, 초판에서 부족했던 부분을 보완하였다. 먼저, 정책의 개념과 정책학의 발전과정, 그리고 체계모형에 토대를 둔 정책과정에 관한 논의 등을 제시하였다(제1장). 다음으로, 정책과정 각 단계의 현황이나 사례에 관한 최근의 연구성과를 추가했다(제4장 제3절, 제6장 제1~2절, 제8장, 제10장 제2절). 특히, 초판에서 결여되었던 정책평가 관련 현황과 사례를 포함시켰다(제8장).

2008년 이후 2015년까지 단독으로, 또는 동료 연구자들과 거둔 성과가 이번 보완에 반영되었다. 동료 연구자들의 협조에 감사드린다. 또한 전정판을 준비하는 과정에서 원고 정리에 도움을 준 임지혜 원생과 대영문화사의 관계자 분들께도 고마움을 표한다.

예나 지금이나 늘 관심과 격려를 아끼지 않으시는 부모님과 빙부 · 빙모님께 감사드리며, 언제나 한결같이 곁을 지켜주는 아내 오현숙과 아들 영하에게 사랑과 감사의 마음을 전한다.

2016년 4월

주재현

머리말

이 책은 크게 두 부문으로 구성되어 있다. 제1부는 정책과정의 주요 단계에 대한 원론적인 내용을 담고 있으며, 제2부는 정책형성·집행·변동 관련 이론, 한국의 정책사례, 그리고 한국 정책과정에 대한 비교론적 접근 등에 관한 연구 성과를 수록하고 있다. 한 권의 책에서 정책과정에 대한 교과서적인 소개뿐 아니라 심도 있는 정책이론에 대한 논의, 이론적 분석틀을 적용한 한국 정책사례의 분석, 그리고 한국 정책 현실의 다른 국가들과의 비교 등 좀 더 학술적인 주제를 함께 다루는 데 이 책의 의의가 있다고 하겠다.

이 책은 정책과정의 주요 단계 및 학문적 논점들과 관련하여 그동안 필자가 대학교재용으로 집필했던 원고와 연구논문 형태로 학술지에 발표했던 원고들을 토대로 하여 씌어졌다. 이 책은 시간적으로는 1987년에 통과된 필자의 석사학위 논문을 학술논문 형태로 정리하여 발표했던 1990년의 원고를 시작으로 해서, 2007년에 학술지에 발표했던 논문에 이르기까지 약 20년의 기간에 걸쳐 작성되었던 원고들을 토대로 하고 있다.

필자가 석사과정에 재학할 당시 주로 관심을 가졌던 분야는 '정책과정'이었으며, 그중에서도 의제형성과 정책결정에 특히 많은 관심을 가졌다. 이러한 학문적 관심을 배경으로 석사학위 논문도 정책결정에 관한 여러 모형을 '의사소통 상황'과 연결지어, 모형들이 상정하고 있는 의사소통 상황을 이론적으로 규명하는 시도를 했다. 정책결정에 대한 관심은 박사과정에 들어와서도 지속되었는데, 특히 필자가 박사학위 논문으로 관심을 가졌던 주제는 이러한 정책형성에 대한 관심을 사회정책적 쟁점에 적용하는 것이었다. 그래서 그 쟁점으로 저임금문제와 공해피해 보상문제를 선정했고, 이 쟁점들에 대한 국가정책이 1960년대 초부터 1990년대의 중반에 이르기까지 어떻게 변화되었는지를 검토했다. 이 과정에서 주요 사회정책(의료보험법, 환경보전법, 최저임금법, 울산·온산 주민이주 등)의 채택에 대한 경험적 연구를 수행했고, 국가개입의 패턴을 일반화하고자 하는 유형론('국가개입의 유형론')을 제시했다. 이러한 연구 결과는 몇 개의 소논문으로 수정되어 국내외의 여러 학술지에 게재되었으며, 이 책의 주요 부분을 구성하고 있다.

학위과정에 있는 동안 필자의 주된 관심이 정책형성과 정책변동 분야에 집중되어 있었기 때문에, 이 책의 제2부에서 다루는 연구 성과들의 다수(5~10장, 13장)가 이 영역에 해당된다. 그러나 박사학위 취득 이후, 한국행정연구원을 거쳐 명지대학교에서 연구활동을 지속해 오는 과정에서 필자의 관심 분야는 최근의 행정개혁 동향과 한국 정책 현실에 대한 비교연구로 확장되었다. 물론 이러한 관심의 단초는 박사학위 과정을 이수하는 동안 싹텄으며, 그 결실들이 지난 몇 년에 걸쳐 연구논문으로 수확되었다. 이 책에서는 그 성과들의 일부가 정책집행 분야에서의 파트너십 접근(11~12장)과 비교정책론적 접근(14~15장)의 형태로 정리되어 있다.

제1부에 제시되어 있는 정책 단계 중에서, 제2부에서 가장 심화되지 못한 영역은 정책평가이다. 지난 10여 년 간 행정학 및 정책학계에서 정책평가에 대한 관심이 크게 높아지고, 이에 따라 많은 연구 성과들이 나오고 있으나, 필자는 이 분야에서 사실상 기여한 바가 없다. 정책평가 영역에 대한 필자의 관심 확대가 지체된 원인은 아마도 정책학 분야에 대한 학문적 관심의 출발이 정책형성 영역이었다는 데에서 찾을 수 있을 것 같다. 앞으로 필자가 정책평가 영역에 대한 연구를 수행하게 되고 혹 개정판을 낼 기회가 온다면 보완의 가능성을 모색할 수 있을 것이다. 한편, 제1부와 제2부의 주제가 사실상 같기 때문에 일부 내용상의 중복을 피하기 어려웠다. 가능한 한 반복을 줄이고자 노력했으나 다소간의 중복이 불가피했음을 밝힌다.

이 책에 실린 원고들을 작성하는 과정에서 여러 은사님과 동료들의 도움을 받았다. 필자가 연세대학교 행정학과의 석사학위 과정에 재학하는 동안 지도교수이셨던 김영훈 교수님, 그리고 필자에게 많은 관심을 보여 주셨던 이양수 교수님으로부터는 논문의 지도뿐 아니라 학자됨의 자세에 대해서 깊은 가르침을 받았다. 사회정책 분야에 대한 필자의 관심은 안병영 교수님의 수업을 들으면서 싹트게 되었다.

또한 정책학에 대한 필자의 관심과 이해는 연세대학교 철학과 박동환 교수님의 저서를 통해서 깊어졌다. 영국 런던정경대(London School of Economics and Political Science)에서 필자는 후드(Christopher Hood) 교수님과 던리비(Patrick Dunleavy) 교수님의 지도하에 박사학위 논문을 작성했다. 특히, 후드 교수님으로부터는 정책변동을 설명하는 데 필요한 이론적 자원에 대해서, 던리비 교수님으로부터는 정책과정 참여자들의 행동 동기에 대해서 교육과 지도를 받을 수 있었으며, 두 분의 지도를 통해 아카데미즘이 어떤 것인지를 깨달을 수 있었다. 학위논문을 쓰는 과정에서 국내외의 동료들, 특히 하연섭 · 이진영 · 강원택 교수, 그리고 LSE 정부학과의 동료들은 여러 형태의 토론을 통해 필자가 아이디어를 가다듬는 데 도움을 주었다. 학위 취득 후, 필자는 한국행정연구원, 명지대학교 행정학과, 그리고 정치행정연구회의 동료들과 가졌던 공식적 · 비공식적인 다수의 토의에서 행정개혁의 최근 동향에 대한 관심과 이해를 제고할 수 있었다.

원고를 정리하는 과정에서 명지대학교 행정학과의 대학원생 이인수 군과 학부생 이선영 양의 도움을 받았다. 이 학생들의 도움으로 원고 정리를 신속하게 마무리할 수 있었다. 이 책의 시장성을 문제삼지 않고 선뜻 출판을 결정하신 대영문화사의 임춘환 사장님과 출간에 애써 주신 직원 여러분들께도 심심한 감사의 말씀을 전한다.

그동안 가족의 사랑과 헌신이 없었다면, 필자가 학자로서의 삶을 선택하고 이를 지속하기 어려웠을 것이다. 오랜 기간 묵묵히 지켜봐 주시고 지원해 주신 부모님, 격려의 말씀을 아끼지 않으신 빙부 · 빙모님께 깊은 감사의 말씀을 드린다. 마지막으로, 모든 것이 불확실하던 결혼 초부터 지금에 이르기까지 늘 필자의 옆을 지키며 헌신해 준 집사람 오현숙, 그리고 항상 우리 가족의 즐거움의 원천인 아들 영하에게 감사와 사랑의 마음을 전한다.

2008년 7월

주재현

차 례

제 1 장 정책과 정책과정

제1장에서는 먼저 정책의 개념에 대해 살펴보고, 정책학의 성장 배경 및 정책학의 주요 특성에 대해 논의한다. 이어서 체계모형을 토대로 정부 정책의 진행과정을 이해하고, 정책의 제 과정을 정리한다.

제 1 절 정책과 정책학

1 정책의 개념

인간은 그 존립을 유지하기 위해 불가피하게 충족시켜야 할 욕구(needs)를 지니고 있다. 이러한 욕구 중 각 개인별로 지니고 있는 주관적 욕망(desire)과는 달리 모든 인간에게 공통적이며 인간성을 유지하는 데 필수적이라고 사회적으로 인정된 욕구를 기본 욕구(basic needs)라고 부른다. 한편, 인간은 삶을 영위하는 과정에서 안전(security)을 위협하는 여러 형태의 위험(risks)에 직면해 있다. 예를 들어, 각종 재해(교통사고,

산업재해, 자연재해 등)는 인간의 생명을 직접적으로 위협한다. 또한 부양자의 사망, 크고 작은 질병, 경제 불황과 실업, 외국과의 전쟁, 테러리스트의 활동 등 다양한 요인들이 직·간접적으로 인간의 안전을 위협하며, 이러한 위험 요인들은 인간의 기본욕구 충족을 어렵게 하는 공통점을 지니고 있다.

이러한 위험에 대비하고, 위험에 들게 된 경우 이를 헤쳐나가는 데 가장 일반적인 방안은 각 개인 스스로 대처하는 것이다. 이 방안은 위험에 들기 이전에 미리 조심하거나 위험에 대비하여 준비를 갖추며, 또한 그런 상태에 처했을 경우 스스로의 책임 하에 이를 극복하고 자신의 기본 욕구를 충족시키기 위해서 노력하는 것이다.

그런데 어느 한 개인이 위험에 대비하고 기본 욕구 충족을 위해 노력하는 것을 개인의 책임에만 맡겨 놓기 어려운 경우가 발생한다. 즉, 특정 위험이 사회구성원 대부분에게 보편적으로 발생할 가능성이 높고, 위험의 발생과 그 결과에 대한 책임을 개인에게만 맡겨 놓을 수 없는 경우, 사회가 공동체적 차원에서 그러한 위험에 집단적으로 대처할 수 있다는 것이다. 예컨대, 우리나라에서 1997년에 외환위기가 발생하고 그 결과의 하나로서 다수의 사회구성원들이 실업상태에 빠지게 된 경우가 여기에 해당한다고 할 수 있다. 이러한 경우, 사회는 경제위기 및 실업과 같은 종류의 위험을 사회적 위험(social risks)으로 받아들이고, 이에 대한 대비와 대처를 사회적 차원에서 전개할 수 있는 것이다(주재현, 2004a: 284-285).

이처럼 사회적 위험으로 인해 개인의 기본 욕구를 충족시키지 못하는 사회구성원들의 수가 상당히 많거나 많을 것으로 예상될 때, 그들이 그러한 사회적 위험으로부터 탈피하려는 집단적 욕구를 사회적 욕구(social needs)라고 말할 수 있으며, 이는 개인의 문제를 넘어선 사회문제(social problems)가 존재하는 상황이라고 볼 수 있다. 정부의 정책은 이 사회문제들 중 정부가 관여하기로 결정한 문제[1])를 대상으로 정부가 해당문제의

1) 개인적인 문제들이 사회문제와 정부의 정책문제로 받아들여지는 과정에 대해서는 정책의제 부분에서 살펴본다.

해소나 완화를 위해 실행하는 공식적 노력과 활동을 말한다.

이와 유사한 정의는 정책에 대해 정의한 다수의 국·내외 문헌들에서도 찾아볼 수 있다. 예를 들어, 앤더슨(Anderson, 1979)은 행위자 개인이나 집단에게 제기되는 문제를 해결하기 위한 일련의 목적 있는 과정이라 정의하였고, 스튜어트 외(Stewart et al., 2008)는 특정의 공공문제를 해결하기 위해 고안된 정부의 활동이나 결정을 위한 과정 또는 형태라고 정의하였으며, 정정길(2000)은 바람직한 사회상태를 이룩하려는 정책목표와 이를 달성하기 위해 필요한 정책수단에 대하여 권위 있는 행정기관이 공식적으로 결정한 기본 방침이라고 정의하였다. 그런데 정책에 대한 이와 같은 개념 정의는 '정부가 관여하기로 결정한 문제'만을 대상으로 하고 있다는 점에서 제한적이다. 한편, 다이(Dye, 1981)는 정책을 정부가 하기로, 또는 하지 않기로 결정한 모든 것으로 정의하였고, 피터스(Peters, 2000)는 시민의 생활에 영향을 미치는 정부활동의 총체라고 정의하였는데, 이러한 정의들은 정책의 개념을 포괄적으로 파악하는 특징을 보인다.

정책을 제한적으로 이해하는 전자의 정의들은, 정책이 '바람직한 사회상태'를 지향하는 문제해결 과정이나 노력이라는 점을 강조함으로써 실천적인 정책연구에 초점을 맞출 수 있는 장점을 지닌다. 반면, 후자의 정의들처럼 정책을 포괄적으로 파악하게 되면, 정부가 하지 않기로 결정한 것까지 논의의 대상이 될 수 있다는 점에서 다양한 정책연구를 가능하게 하는 장점을 지닌다. 특히, 정부의 특정한 결정에 영향을 미치는 권력의 작용을 검토할 수 있게 함으로써 정책연구의 영역을 확장시킨다.

이 책은 기본적으로 전자의 관점에서 정책을 이해한다. 즉, 정부의 정책은 사회문제의 해결 또는 좀 더 바람직한 사회를 구현하기 위한 정부의 노력으로 본다. 그러나 이러한 합리적인 문제해결 노력의 이면에서 작용하는 '권력의 영역'이 존재한다는 점을 간과하지 않는다. 즉, 정책과정에는 정치적인 요소가 내포되어 있으며, 이로 인해 정부가 취급해야 할 문제의 선정, 문제해결을 위한 대안의 선택과 집행, 그리고 정부 정책의 효과성 여부에 대한 평가 등이 영향을 받을 수 있다는 점에 주목한다. 이처럼 정책에는 '합리성'과 '권력'의 양면성이 존재한다는 점은 제2장 이하에서 살펴볼 정책의 전 과정에서 지속적으로 논의될 것이다.

2 정책학의 태동과 발전

학문분야로서의 정책학은 라스웰(H. D. Lasswell)이 「정책지향(The Policy Orientation)」이라는 논문을 발표한 1951년에 기원을 두고 있다. 라스웰은 당시 정치·행정학계의 주류 패러다임이었던 행태주의(behavior-alism)의 영향으로부터 완전히 자유롭지는 않았지만, 계량화만을 강조하는 실증주의적인 연구를 통해서는 사회문제를 제대로 해결하기 어렵다고 보고 정책과학의 필요성과 중요성을 강조하였다(권기헌, 2014: 11). 가치(value)와 사실(fact)을 구분하고, 과학활동은 사실의 영역에 한정되어야 함을 주장한 논리 실증주의(logical positivism)[2] 및 그 분파로서의 행태주의는 정치·행정현상을 포함한 사회현상 연구의 과학화에 큰 기여를 했다. 그러나 학문활동이 궁극적으로 어떤 가치를 지향해야 할 것인지에 대한 성찰의 중요성을 등한시함으로써 방향성을 상실한 과학, 사회문제 해결에 기여하지 못하는 과학으로 흘러가고 있었다는 것이 라스웰의 진단이었고, 이에 대한 대안으로서 그는 인간의 존엄성을 실현하는 민주주의적 정책학을 제시한 것이다.

하지만, 이러한 라스웰의 주장은 1950~1960년대 동안 정치·행정학계를 풍미했던 행태주의의 영향으로 인해 크게 주목받지 못했다. 행태주의 또는 행태과학(behavioral science)은 인간의 행태를 연구대상으로 해서 인간 행태의 일반 법칙성을 탐구하고자 하였다. 즉, 일체의 사회현상은 인간의 행태에서 기인하는 것이라는 인식으로부터 출발해서 인간의

2) 논리 실증주의는 과학활동은 논리와 경험적 증거에 의해서 입증될 수 있는 영역에서 수행되어야 하며, 가치판단으로부터 자유로운 가치중립적(value-free) 활동이어야 한다고 주장하였다. 사회현상 연구에 대한 논리 실증주의의 주장은 다음과 같다. ① 사회현상에도 법칙이 존재하고, ② 법칙을 탐구하기 위해 객관적인 사실로 인식되는 현상을 최소의 분석 단위로 분해한 뒤 그것을 정교한 척도로 측정하며, ③ 측정을 통해 얻은 자료를 통계적 방법으로 분석한다(백승기, 2010: 26).

행태를 과학적으로 연구하고자 하였다. 전통적인 정치학 · 행정학은 제도를 주된 연구대상으로 삼았지만, 행태주의는 제도 내 인간의 행태를 중시했다는 점에서 제도주의적 접근과 차별화되었다. 달(R. A. Dahl), 린드블롬(C. E. Lindblom), 사이먼(H. A. Simon) 등과 같은 정치 · 행정학계의 저명한 학자들이 '행태주의 혁명'을 주도했으며, 객관성과 과학성을 학문활동평가의 주된 잣대로 내세우는 분위기 하에서 가치의 문제를 제기한 라스웰의 주장이 학계에 큰 영향을 미치기는 어려웠다.

그러나 1960년대 후반에 나타난 사회상황의 변화와 더불어 행태주의에 대한 비판이 강력하게 제기되었고, 이러한 분위기에 힘입어 정책학이 재조명을 받게 되었다. 1960년대 후반에 들어 미국을 비롯한 서구 국가들은 젊은 세대가 주체가 된 인권운동, 월남전 반대운동 등을 포함해서 기성질서에 대한 강력한 저항과 비판에 직면했다. 이 저항과 비판세력은 기성질서가 감추고 있는 부조리 · 편견 · 불평등을 드러내면서, 자신들이 이러한 기성질서에 편입되어 기성질서를 유지하는 데 기여하는 것을 거부했다. 이 사회운동은 결과적으로 당시 구미 사회에 존재하던 각종 사회문제의 존재를 드러내는 데 기여했으며, 정부로 대변되는 '기득권층'은 사회의 안정과 질서를 도모하기 위해 사회문제의 해결 · 완화를 시도하지 않을 수 없는 상황에 처하게 되었다.

1960년대 후반의 상황 전개는 학계에도 큰 영향을 미쳤다. 행태과학으로 무장했던 주류 사회과학은 당시에 제기되었던 사회문제들을 해결하는 데 있어 효과적이지 못했다. '과학'의 이름으로 포장되어 있었으나, 실제 문제해결을 위한 실천적 대안을 제시하는 데 있어서는 취약했기 때문이었다. 이러한 사회과학의 한계는 학계의 반성으로 이어졌으며, 이는 행태주의에 대한 이스턴(D. Easton)의 비판에 잘 정리되어 있다(Easton, 1969).

첫째, 자연과학의 방법은 감정이나 동기를 가진 인간의 행태를 분석하는 데 한계를 지닌다.

둘째, 정치 · 행정학은 실제 현상에 관해서 가치판단도 내려야 하기 때문에 가치중립성의 주장은 적절하지 않다. 도덕적 · 윤리적 문제는 과학만으로 해결될 수 있는 것이 아니다.

셋째, 행태적 연구는 가치중립성을 내세우지만 그 중립성 자체가 기성질서의 유지에 기여하는 입장을 취하는 것이다.

넷째, 행태주의는 계량적으로 연구할 수 있는 주제에 연구가 한정되게 되어 실제 중요한 의미를 지니는 문제가 배제될 수 있다.

이러한 비판을 토대로 제시된 후기 행태주의(post behavioralism)는 정치 · 행정학이 과학적 방법과 기법을 활용해서 실제 사회문제 해결에 기여할 수 있어야 하며, 그렇게 하기 위해서는 사실의 영역뿐 아니라 가치의 영역도 연구에 포함해야 한다고 주장했다. 이러한 상황 전개는 라스웰의 정책지향적인 학문연구의 의의를 재조명하게 하였고 정책학의 발전으로 이어졌다.

정책학의 태동과 발전을 통해서 알 수 있는 바와 같이 정책학은 실제 사회문제의 해결에 기여할 수 있는 대안을 모색하는 실천적인 측면과 더불어 과학적인 연구를 기본으로 하는 학문적인 측면을 지니고 있다. 그리고 이 두 측면은 정책연구의 두 조류에 반영되었다. 하나의 조류는 정책학을 학문적 측면에서 조명한다. 즉, 정책학은 정부가 무엇을 하며, 왜 그것을 하며, 그로 인해 어떤 변화가 나타났는지를 규명하는 작업이라는 것이다. 이러한 작업은 정책의 형성 · 집행 · 평가가 수행되는 전 과정을 대상으로 정부활동의 원인과 결과에 대해 분석하는 것으로서, 그 성과는 보편적인 이론의 구축으로 나타날 수 있다. 이 조류가 현상(정책과정)에 대한 분석을 토대로 설명(explanation)과 이해(understanding)에 집중하는 반면, 또 하나의 조류는 사회문제의 해결을 위한 처방(prescription)을 강조한다. 즉, 정책연구는 정책과정에 대한 지식의 개발에 국한되지 않고, 실제 정책의 개발에 기여함으로써 문제해결에 도움을 줄 수 있어야 한다는 것이다(Ham & Hill, 1993).

위의 두 조류는 '정책과정 연구'와 '정책내용 연구'로 표현될 수 있다(cf. 김문성, 2014). 전자는 대체로 정책이 어떻게 만들어져서 어떻게 실행에 옮겨지고 어떤 결과를 야기하는지에 대해 연구한 후, 모든 정책영역에 공통적으로 적용될 수 있는 일반화된 명제를 제시하고자 노력한다. 후자는 각 정책영역에서 정부의 정책문제를 구체적으로 검토한 후, 실제 활용 가능한 정책대안을 개발하고자 노력한다.[3] 물론 정책과정에 대한 일반적인 지식을 토대로 특정 영역에서 정책대안을 개발하려는 노력을 강화할 수 있고, 특정 정책영역에 대한 지식을 토대로 정책과정에 대한 이해를 제고할 수도 있다. 따라서 정책학을 공부하기 위해서는 두 조류를 모두 익혀야 한다. 그러나 특정 정책영역에 대한 지식과 이해를 전제로 하지 않고 있는 이 책에서는 정책과정에 대한 보편적인 지식에 초점을 두고 이하의 논의를 전개하고자 한다.

제 2 절 체계모형과 정책과정

이스턴(D. Easton)에 의해 제안된 정치체계 모형(political systems model)은 정책과정에 대해 매우 유용한 관점을 제시해 준다(Easton, 1965). 특히, 정치체계 모형은 복잡한 정치 · 행정현상을 간략하게 개념화하고, 이를 과정론적인 관점에서 이해하게 하는 강점을 지닌다. 다음에서는 정치체계 모형을 서술하고, 이를 통해 정책과정에 대한 이해를 제고하도록 한다.

---

3) 정책연구는 정책이 개발 · 시행되기 이전을 대상으로 하는 사전적 연구와 정책이 시행된 이후를 대상으로 하는 사후적 연구로 구분될 수도 있다. 이는 정책과정 연구와 정책내용 연구 모두에 해당된다. 정책내용 연구에서 사후적 연구는 궁극적으로 더 나은 대안을 개발하기 위한 준비단계로 볼 수 있다. 한편, 정책과정 연구에서는 사전적 연구와 사후적 연구 각각의 독자적인 영역이 인정될 수 있다. 먼저, 사후적 연구의 경우, 이미 시행된 정책에 대해서 사후적으로 정책과정의 특정 단계에 대해 연구하고, 이로부터 일반화된 이론적 명제의 발전에 기여할 수 있는 지식을 도출하는 것이 가능하다. 다음으로, 정책과정에 대한 사전적 연구는 특히 정책과정 연구와 정책내용 연구의 중간에서 정책대안의 개발에 관한 보편적인 제언을 모색하려는 노력이 주목할 만하다. 이는 사후적인 정책연구가 아닌 사전적인 처방안을 제시하되 특정 정책영역에 국한되지 않은, 보편적인 제언을 한다는 점에서 특징적이고, 이러한 정책연구 경향을 '정책분석(policy analysis)'이라고 부른다.

이스턴은 생물학적 체계(유기체)를 대상으로 전개된 논의를 정치체계에 적용하였다. 즉, 정치체계도 살아 있는 유기체에 비유해서 이해될 수 있다는 것이다. 일반적으로 생물학적 체계는 다음과 같은 특징을 지닌다(Kirst - Ashman & Hull, 1999; 김상균 외, 2001).

첫째, 체계 내적으로는 상호유기적으로 연결된 요소들의 집합으로 구성되어 있고, 각 요소들이 활발하게 상호작용을 하고 있다. 체계는 하위체계들(즉, 각 요소들; sub - systems)로 구성되며, 하위체계는 그 하위의 체계들(sub - sub - systems)로 구성된다. 이렇게 구성된 체계는 하나의 전체로서 부분의 합 이상의 시너지 효과를 내며, 목표(체계의 생존)의 달성을 추구한다.

둘째, 체계 외적으로는 환경과 상호작용한다. 체계를 둘러싸고 있는 모든 외부조건, 즉 체계의 경계(boundary)선 밖을 환경(environment)이라고 하는데, 살아 있는 체계(living system)는 환경과 끊임없는 교류를 하면서 자신의 생존에 필요한 물질을 받아들여 에너지 형태로 전환·사용하고, 전환된 물질을 다시 환경에 내보낸다.

셋째, 체계는 평형보존 능력 또는 안정적 균형을 유지하려는 힘(homeostasis)을 갖고 있다. 체계 내·외적인 요인에 의해 기존의 어느 한 구성요소가 급격히 변하면 나머지 구성요소도 따라서 변하거나, 또는 급격히 변하는 구성요소의 변화를 자체적으로 막아 본래의 안정된 평형상태로 다시 돌아가게 한다. 그러나 이러한 능력에는 한계가 있어서, 균형으로 회귀할 수 있는 한도를 넘으면 불안정적 균형상태가 되어서 다시는 예전의 균형으로 회귀할 수 없다.

이스턴은 정치체계도 이러한 특성을 지닌 것으로 보고, 정치·행정 현상을 이해하기 위해서 다음과 같은 개념들을 제시하였다. 먼저, 정치체계는 '특정 사회가 국내·외적 환경 하에서 집단적인 목표를 의식적으로 형성하고 추구하기 위한 수단'으로 정의될 수 있다. 정치체계의 주요 기능은 권위적으로 가치를 배분하는 것인데, 이는 정책을 결정하고 집행하는 것을 의미한다. 정치체계는 환경과 상호작용하는데, 환경으로부터 받아들이는 것을 투입(input), 환경으로 내보내는 것을 산출(output), 그리고 산출에 따른 환경의 변화(outcomes)를 점검해서 다시 체계를 환경에 적응하게 하는 것을 환류(feedback)라고 한다(Almond & Powell, 1978; 남궁근, 2008; 권기헌, 2014).

정치체계의 환경은 사회 내적 환경(국내 사회의 여러 가지 환경)과 사회 외적 환경(국제 사회의 환경)으로 구분된다. 이러한 환경의 성격은 특정 사회문제와 관련해서 정치체제에 투입되는 요소들의 특성에 영향을 미친다.

환경으로부터 정치체계로 들어가는 투입은 요구(demands)와 지지(supports)로 구분된다. 요구는 정치체계의 주요 구성원들에게 자원의 권위적 배분, 즉 정책의 결정과 집행에 관한 의견을 표시하는 것으로서, 특정 사회문제를 해결해주기를 원하는 형태를 취한다. 요구를 둘러싸고 다양한 세력들 간에 분쟁이 발생하며, 이 분쟁이 정치체계가 다뤄야 할 주요 부분을 구성한다. 지지는 정치체계의 유지에 필요한 여러 형태의 에너지를 공급하는 섯을 말하며, 특히 정부가 추진하는 정책에 대한 사회구성원들의 순응을 포함한다.

정치체계로 투입된 환경의 요구와 지지에 대해 정치체계는 구성요소(하위체계)들의 상호작용을 통한 전환(conversion) 과정을 거쳐서 정책(가치의 권위적 배분)을 산출한다. 산출물(정책)은 사회적 자원의 추출(extraction), 재화 · 서비스 · 기회 등의 배분(distribution), 사회구성원의 행동에 대한 규제(regulation), 그리고 가치 등 정치적 상징(symbol)의 형태를 띤다. 이 산출물(정책)은 다시 환경으로 내보내진다.

산출물(정책)은 국내외적 환경에 영향을 미치고 변화를 야기하는데, 이를 효과(outcomes)라고 부른다. 그리고 환경의 변화(즉, 효과)는 환류 과정을 통해 다시 차기의 투입으로 이어져 정치체계에 영향을 미치고, 정치체계는 환경의 변화에 적응하기 위해 다음 사이클의 정책을 산출하게 된다.

[그림 1-1]은 정치체계 모형을 도식화한 것이다.

그림 1-1 정치체계 모형

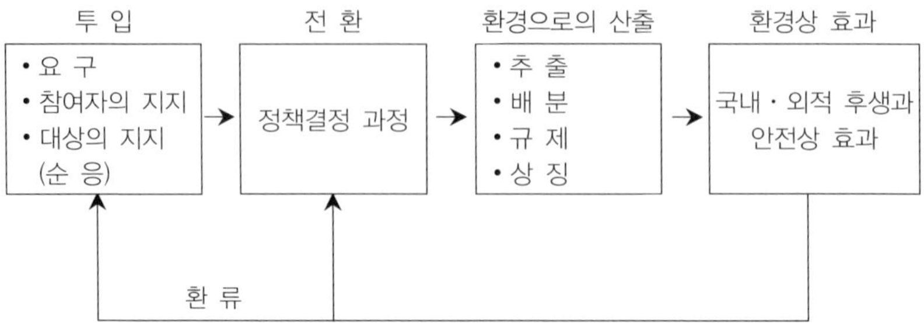

자료: Almond & Powell(1978: 10)을 수정해서 인용함.

이상 살펴본 정치체계 모형은 정책이 형성(환경으로부터의 투입과 전환과정을 거친 산출), 집행(및 그에 따른 효과의 발생), 평가(효과의 점검), 변동(환류를 거친 정책의 재형성)의 과정을 거침을 보여주고 있다. 여기서는 정책과정이 이러한 단계를 거치면서 진행된다고 보는 관점을 정책과정의 단계모형(stagist model)이라고 명명한다(Parsons, 1995). 정책과정의 단계구분은 학자들에 따라 다르다.[4] 그러나 그들이 공통적으로 주장하는 바는 정책과정이 일정한 단계를 밟아 전개된다는 것이며, 정책학은 이러한 정책과정 상의 단계들을 연구대상으로 삼아야 한다는 것이다. 이 책도 정책과정의 단계모형을 수용하되, 단계의 구분은 앞서 살펴본 정치체계 모형에 조응해서 '정책형성 – 정책집행 – 정책평가 – 정책변동'의 단계로 구분하고자 한다.

사회과학분야의 다른 모형들과 마찬가지로 정치체계 모형이나 정책과정의 단계모형이 현상을 있는 그대로 정확하게 반영하는 것은 아니다. 그러나 이 모형들은 정책과정에 대한 우리들의 이해를 제고하고, 현상에 대한 체계적인 접근을 가능하게 하는 장점을 지닌다. 다음에서는 정책과정의 각 단계에 대한 이론적 내용과 더불어 관련된 정책사례의 분석결과를 제시함으로써 정책과정에 대한 독자들의 이해를 높이고자 한다.

4) 여러 학자들의 다양한 정책과정 단계 구분에 대해서는 남궁근(2008: 372-374)을 참조.

제 2 장 정책형성: 이론적 모형

제2장에서는 정책의제형성 및 정책결정에 관한 이론적 모형들에 대해서 살펴본다. 특히, 정책형성에 있어 권력과 합리성의 문제를 제기하고, 합리성에 대해서는 공익 및 사회공학 개념과 관련지어 논의한다.

제 1 절 정책의제의 형성

특정 사회문제에 대한 정부정책이 입안될지의 여부가 정해지기 위해서는 먼저, 정책결정 체제의 관련 행위자들(예를 들어, 집권당의 정치인, 행정부 공무원 등)이 그 문제를 논의의 대상으로 삼는 단계가 선행되어야 한다. 정책과정에서 의제형성이란 이처럼 정책결정 체제에서 특정 사회문제에 대한 정책대응 방안을 마련할지의 여부를 논의하는 단계를 말한다. 그런데 정부는 모든 사회문제들을 정책적 대응이 필요한 문제로 여기지는 않는다. 따라서, 의제형성 단계에서 주목할 사항은 사회문제가 왜, 그리고 어떻게 해서 정책결정 체제의 관심 대상이 되는가 하는 점이다. 이와 관련하여, 우선 사회문제(social problem)와 정책문제(policy problem),

그리고 정책의제(policy agenda)의 개념에 대해 알아보기로 한다.

우리들은 모두 자기 나름의 크고 작은 개인 문제들을 지니고 있다. 그러나 이 개인 문제들이 모두 다 사회문제화되는 것은 아니다. 개인 문제가 사회문제화되기 위해서는 ① 불특정 다수인에게, ② 불만족스러운 상태가 장시간에 걸쳐서 지속되어야 하며, ③ 이 상태를 개선하기 위해서 사회의 집단적 노력이 필요하다는 점에 대해 사회구성원 중 상당수가 동조해야 한다는 조건이 갖추어져야 한다. 여기서 '불특정 다수인'이란 어느 누구나 해당사건의 당사자가 될 가능성을 지니고 있다는 것을 말하며, '불만족스러운 상태의 지속'이란 불특정 다수인의 욕구의 실제 충족 정도가 욕구의 기대된 충족 정도에 미치지 못한 상태가 계속되는 것을 말한다. 그리고 '사회의 집단적 노력이 필요하다'는 것은 해당문제를 취급할 때 개인 차원의 노력만으로는 부적절하고, 사회 차원의 개입이 있어야 함을 의미한다.

정책문제는 위의 조건을 갖춘 많은 사회문제들 중에서 특히 정부의 정책적 고려의 대상이 되어 있거나 되어야 할 사회문제를 말한다. 정책문제를 여타 문제들과 구별지어 주는 속성은 문제 당사자 간의 해결이 불가능하거나 문제해결 주체가 존재하지 않는 상태에서 정부가 문제인식과 해결 노력의 주체가 되고 있다는 점이다. 한편, 정책문제가 실제 정책활동으로 다루어지기 위해 구체적인 논의의 대상으로 표명될 때 그 정책문제는 정책의제화되게 되며, 정책의제(또는 정부의제, 공식의제)란 결국 정책결정 체제에서 논의가 이루어지는 문제나 요구들을 말한다.[1)]

의제형성과 관련된 학문적 노력 중 우리의 주목을 요하는 성과들은 콥(R. W. Cobb)과 그의 동료들, 킹던(J. W. Kingdon), 그리고 바크라흐(P. Bachrach)와 바라츠(M. S. Baratz) 등으로부터 나왔다. 다음에서는 이들의 연구성과와 의의를 간략히 검토한다.

---

1) 어젠다(agenda)는 안건들의 목록을 말한다.

1 콥과 그의 동료들의 의제형성모형

콥과 그의 동료들(Cobb et al., 1976)은 의제를 공중의제(public agenda) ― 사회 내에서 높은 수준의 공익성과 가시성을 획득한 쟁점들 ― 와 공식의제(formal agenda) ― 정책결정자들이 신중히 고려할 필요가 있는 것으로 공식적으로 받아들인 사항들 ― 로 구분하고, 정책의제의 형성 과정을 제기(initiation), 구체화(specification), 확산(expansion), 진입(entrance)의 네 단계로 구분한다. 콥 등은 이 네 단계에서 나타나는 차이들을 정리하여 의제형성에 관한 세 개의 모형을 제시했다.

첫째, 외부주도모형(outside initiative model)이다. 여기서는 공식적 정부구조의 외부에 있는 개인이나 집단에 의해 매우 포괄적이고 일반적인 형태로 고충이 표명된 후(제기), 그 일반적 고충이 특정한 정책적 요구로 전환된다(구체화). 구체화된 요구는 대중매체 등을 통해 더 많은 집단들에 그 논제가 확산되거나 정책결정자들로 하여금 그 문제가 공중의 문제인 것으로 생각하도록 노력하는 단계를 거쳐(확산), 성공적인 경우 정부의 공식의제화되는 단계를 밟게 된다(진입).

둘째, 동원모형(mobilization model)이다. 여기서는 하나의 새로운 정책이나 프로그램이 정치지도자나 정부에 의해 공표되어 공식의제가 된 후(제기), 공중의 요구나 기대를 수렴하여 공표된 정책의 세부 내용을 정하게 된다(구체화). 그리고 대중매체 등을 이용하여 공표된 정책과 관련된 집단들에게 해당정책의 유용성을 주지시켜서 그 정책의 성공적인 집행을 도모한 후(확산), 공식의제를 공중의제화하게 된다(진입).

셋째, 내부접근모형(inside access model)은 정책결정자나 그 측근들에 의해서 정책안이 '제기'된 후, 일반적이던 정책안이 구체적인 제안으로 전환되게 된다(구체화). 그러나 이 모형에서는 이 공식의제를 공중에게 확산시키지 않으며, 따라서 진입 단계도 존재하지 않는다. 일반적으로 말해서, 이 세 모형 중 외부주도모형이 다원적인 자유민주 체제의 전형적인 의제형성 과정을 보여주는 데 반해, 동원모형과 내부접근모형은 권위주의 체제에서 찾아볼 수 있는 의제형성 과정을 보여 준다.

2 킹던의 의제형성이론

킹던(Kingdon, 1984)은 인간의 합리성(rationality)이나 의도(intention)에 의한 것보다 비합리적이고 우연적인 요인들에 의해 의제형성이 이루어지는 측면을 강조하는 의제형성이론을 제시했다. 후술할 정책결정의 '쓰레기통모형'을 원용하고 있는 킹던은 의제가 형성되고 대안들이 모색되는 과정을 '문제의 흐름', '정책의 흐름', 그리고 '정치의 흐름'의 셋으로 나누어 논의한다. '문제의 흐름'은 정치 체계에 영향을 가하는 문제들이 존재하고 있는데, 그 문제들이 정치 체계의 위기나 두드러지는 사건의 발생 시에 정책의제의 형성에 영향을 미칠 수 있다는 것이다. '정책의 흐름'은 특정 정책분야의 전문가들이 지식의 점증적인 축적 등을 통해서 해당 사회문제에 대한 정책대안을 창출하고 있는데, 그 정책대안들 역시 특정 시기에 정부의제의 형성에 영향을 끼친다는 것이다. '정치의 흐름'은 국민적인 분위기의 흐름이나 여론, 선거 결과와 행정부의 변동·의회의 개편 등을 통해 나타나는데, 이 역시 정책의제의 형성에 영향을 끼친다.

킹던에 따르면, 이 세 개의 '흐름'들은 서로 독립되어 있고, 자신의 역동성과 규칙에 따라서 발전하지만, 특정의 주요 시점에서 이 세 흐름들이 합류하여[2] 그것의 복합적인 결과로서 커다란 정책적 변화가 나오게 된다는 것이다. 이러한 흐름의 합류를 가능하게 하는 요인들은 시급한 문제의 등장이나 커다란 정치적 변화, 그리고 정책대안의 존재라고 볼 수 있으며, 이때 정치적 지도부는 의제의 형성에 주요한 역할을 수행하는 반면, 정부 공무원이나 전문가 집단은 정책대안의 탐색에서 주요한 역할을 수행한다.[3]

---

2) 킹던은 이러한 상황을 '정책의 창(policy window)이 열린다'고 말한다.
3) 킹던의 의제형성이론은 제9장의 정책변동에서 좀 더 자세하게 논의한다.

3 권력과 정책결정: 바크라흐와 바라츠의 무의사결정론

의제형성에 작용하는 권력의 영향을 논의함에 있어, 엘리트주의자와 다원주의자 간의 논쟁이 좋은 출발점을 제공한다. 다원주의자[4]인 달(R. A. Dahl)은 지배엘리트(ruling elite) 이론을 주장한 헌터(F. Hunter)와 밀즈(C. W. Mills)[5]와의 논쟁에서 그들이 사용한 연구방법에 대해 비판한 바 있다. 즉, 그들이 사용한 방법이 그들의 결론을 정당화할 만큼 그렇게 엄밀하지 못하다는 것이다. 달은 권력구조를 파악하기 위해서는 권력에 대한 세평(世評)이나 조직 기관상의 지위를 고찰할 것이 아니라 관찰 가능한 실제 의사결정(actual decisions)에 초점을 맞춰, 가설로 내세운 엘리트의 선호가 다른 집단의 선호보다 더 잘 채택되는지를 보아야 할 것이라고 주장했다.[6]

1961년 뉴헤이븐(New Haven)에 관한 경험적 연구에서 달은 이 방법을 사용하였고, 그 결과 지배엘리트 이론가의 가정과는 달리 권력이 단일 집단에 집중되지 않는다고 보고하였다. 부연하면, 달은 권력자원의 불평등이 누적적인가 아닌가, 얼마나 중요한 결정이 이루어졌나, 리더십의 패턴이 과두적인가, 다원적인가를 분석하였는데, 그 결과 1780년대에서 1950년대에 이르기까지 뉴헤이븐은 점진적으로 과두제로부터 다원주의로 변화되었음을 발견하였다. 특히, 1950년대의 주요 정치이슈 세 개(도심재개발, 공공교육, 정치적 임명)를 분석해보니, 권력은 단일의 집단에 집중되어 있지 않았고, 오히려 권력에 기여하는 자원은 사람들 사이에 폭넓게 분포되어 있었으며, 권력 그 자체는 여러 행위자 사이에서 파편화되어 있

---

4) 다원주의에 대한 자세한 논의는 제3장 제2절을 참조.

5) 헌터는 미국의 애틀랜타(Atlanta, Georgia)를 대상으로 수행한 연구에서 지역 지도자의 권력에 대한 평판을 조사한 후, 소수의 핵심적 인사들(기업인들)이 지역사회를 통제하고 있다고 주장하였다(Hunter, 1953). 한편, 밀즈는 미국 전체를 대상으로 한 연구에서 기업·정치·군인엘리트로 구성된 권력엘리트(power elite)가 있다고 주장하였다(Mills, 1956).

6) 당시의 주류 사회과학방법론인 논리 실증주의와 행태주의의 영향을 받았다.

었다는 것이다. 주요 결정에 대해 소수의 사람들(기능적 엘리트)만이 직접적인 영향력을 가지고 있었지만, 대부분의 사람들은 투표권을 통해 간접적인 영향력을 행사한 것으로 나타났다(Dahl, 1961).

바크라흐(P. Bachrach)와 바라츠(M. S. Baratz)가 자신들의 논의를 시작하는 곳이 바로 다원주의의 장점과 단점을 지적하는 부분이다.[7] 그들은 다원주의자들이 '핵심적(key)' 의사결정을 대상으로 하여 권력관계를 파악하려 한 것은 '권력의 두 얼굴' 중 하나는 파악했다는 점을 인정한다. 그러나 바크라흐와 바라츠는 권력에는 또 하나의 '얼굴'이 있음을 주장한다. 즉, 권력은 의사결정의 영역을 상대적으로 '안전한' 쟁점으로 한정할 수 있다는 것이다. 다시 말해서, 권력의 행사는 의사결정 과정에서 나타나지만, 권력은 또한 특정인이나 집단이 정치과정의 영역을 자신에게 해가 적은 쟁점에 한정시키려는 노력 속에서, 그리고 사회적・정치적 가치들을 창조하고 강화하는 데 들이는 노력 속에서도 나타난다는 것이다. 이렇게 볼 때, 핵심적 의사결정에만 주목하는 다원주의자들의 주장은 비판을 받게 된다. 왜냐하면, 다원주의자의 방법에서는 관찰되지 않은, 즉 쟁점으로 제기되지 않은 주요 쟁점이 간과되어 버리기 때문이며, 이는 권력의 매우 중요한 측면을 놓치는 것이라고 할 수 있다.

샤츠슈나이더(E. E. Schattschneider)에 의하면, "모든 형태의 정치조직은 특정 종류의 갈등은 이용하고, 다른 종류의 갈등은 억압하는 편견을 갖고 있다. 왜냐하면, 조직이 바로 편견의 동원(mobilization of bias)이기 때문이다. 특정 쟁점은 정치 안으로 조직화되는 데 반해 다른 것들은 정치의 밖으로 배척된다"(Schattschneider, 1960: 71). 바크라흐와 바라츠는 편견의 동원—다른 이들의 희생 하에 특정 개인이나 집단의 이익을 위해 체계적이고 지속적으로 작동하는 지배적인 가치・신념・관습・제도적 절차(게임의 규칙) 등의 총체—을 유지하기 위해 사용되는 주된 방법으로 무의사결정(nondecision-making)을 제시한다.

무의사결정은 사회의 지배적인 가치・신화・정치적 제도와 절차 등

7) 이하의 논의는 별도의 문헌표시가 없는 이상 Bachrach & Baratz(1970)에 의한다.

을 조작해서 실제 의사결정을 '안전한' 쟁점들에 한정하도록 하는 활동을 말한다. 다시 말해서, "지역사회 내에서 이익과 특권이 배분되는 현존 방식상의 변화에 대한 요구가 표명되기도 전에 질식·은폐시킬 수 있거나, 관련 의사결정 영역에 접근하기도 전에 없애버릴 수 있거나, 또는 만약 이 모든 작업이 실패했을 때, 정책과정의 집행단계에서 불구를 만들거나 파괴시킬 수 있는 수단을 가리킨다"(Bachrach & Baratz, 1970: 43-44). 무의사결정은 행위하지 않기로 결정하거나 결정하지 않기로 결정하는 것과는 달리 어떤 쟁점이 '결정'을 위한 고려대상이 되지도 못하는 것을 말하며, 이 경우 쟁점은 잠재적(latent)인 것이 된다. 요컨대, 바크라흐와 바라츠에 따르면, 어떤 쟁점들은 권력의 체계적인 행사에 의해 정책의제가 되지 못하며 따라서 의사결정 상황에 도달하지도 못한다는 것이고, 그들은 이 경우 무의사결정이 행해졌다고 주장한다.

그러나 무의사결정에 대한 경험적 증거를 요구하는 다원주의자들의 비판에 직면해서, 바크라흐와 바라츠는 부분적으로 입장을 수정하였다. 즉, 그들은 무의사결정을 '의사결정자의 가치나 이익에 대한 잠재적이거나 명시적인 도전이 억압되거나 좌절되는 결과를 낳는 결정'이라고 재정의하였는데, 이는 모종의 결정이 일어난 것으로 본다는 것이고, 이 점이 초기의 주장과 차이를 보이는 부분이다.

나아가 바크라흐와 바라츠는 무의사결정을 경험적으로 연구하기 위한 방법으로서 '드러난(overt)' 불만과 '감춰진(covert)' 불만의 구분을 시도하였다. 전자는 정치체계 내에서 표출되고 의제로서 제기된 쟁점이고, 후자는 여전히 체계 밖에 남아 있는 쟁점이다. 후자는 공중(公衆)과 정부의 관심에서 배제되어 있다는 의미에서 '감춰진' 것이다. 그러나 '감춰진' 불만들은 관찰자들에게 좌절된(aborted) 형태로서 관찰될 수 있고, 우리는 이러한 '감춰진' 형태의 불만을 발견함으로써 무의사결정을 연구할 수 있다는 것이다. 그러나 바크라흐와 바라츠는 불만이 존재하지 않는 경우에 대해서는 무의사결정 상황을 적용하지 못하고 있다. 왜냐하면, 불만이 없는 경우의 합의가 진실된 것인지, 또는 무의사결정을 통해서 강요된 것인지를 경험적으로 확인할 수 없다고 보기 때문이다.

무의사결정은 다음과 같은 여러 가지 형태로 행해진다. 첫째, 가장 직접적이고 극단적인 형태로서 기존 질서를 변화시키고자 하는 요구가 정치 과정에 들어오지 못하도록 힘(force)을 사용하는 것, 둘째, 직접적이지만 덜 극단적인 형태로서 위협이나 코옵테이션(cooptation)을 통해 문제의 등장을 방해하는 것, 셋째, 간접적인 형태로서 정치 체계의 편견(규범, 선례, 규칙, 절차 등)에 호소하거나, 현존하는 가치배분 형태에 대한 도전을 차단하기 위해 규칙과 절차를 재편성하는 것, 다섯째, 가장 간접적인 형태로서 권력으로부터의 제재를 두려워해서 스스로 요구를 철회하는 상황[8] 등이 그것이다.

이러한 무의사결정론의 기본 생각은 체계이론에서도 체계 문지기(gatekeepers)의 선택성 논의를 통해 나타나고 있다. 그러나 둘 간의 근본적 차이점은 체계이론이 체계 문지기의 역할을 체계 외부로부터의 요구를 통제함으로써 정치체계의 안정을 모색하기 위한 것으로 보고 있는 반면, 바크라흐와 바라츠는 그러한 체계의 선택 활동이 결코 중립적이지 않은 권력의 행사라고 보고 있다는 점이다.

제 2 절 합리성과 정책결정

정책결정에 관한 주요 이론 모형들은 정책결정에서의 합리성(rationality) 정도에 따라 합리모형, 만족모형, 점증모형, 혼합모형, 최적모형, 그리고 쓰레기통모형 등의 여러 가지로 구분될 수 있다.[9]

8) 크렌슨(M. Crenson)은 US Steel의 영향력 행사를 두려워한 게리(Garry) 시에서 공기오염규제가 다른 도시보다 늦게 도입된 사례의 연구를 통해 이러한 현상의 발생가능성을 보여주었다(Crenson, 1971).

9) 합리모형, 점증모형, 혼합모형은 다음의 제3절에서 공익 및 사회공학 개념과 관련해서 좀 더 심층적으로 살펴보도록 한다.

1 합리모형과 만족모형

합리모형(또는 합리적 · 포괄적 모형)은 정부 내에서 공공정책이 어떻게 형성되어야 하는가, 또는 투입을 산출로 바꾸는 변환과정의 요소들이 어떻게 최적으로 배열되어야 하는가를 제시하는 규범적 모형이다. 합리모형이 제시하는 구체적 정책결정 절차는 다음과 같다. 주어진 사회문제를 해결하기 위해 정책결정자는 첫째, 문제해결의 선택을 지배해야 하는 것으로 생각되는 목적과 가치들을 세밀하게 조사하고 명확하게 하여 이를 일관된 순서로 배열한다. 둘째, 그 목적과 가치를 달성할 모든 수단들을 포괄적으로 살펴본다. 셋째, 각각의 가능한 수단들을 사용했을 때 나타날 결과들을 철저하게 조사한다. 넷째, 받아들여질 만한 성취의 수준에 도달할 수 있는 수단 — 즉, 정책 또는 정책들의 조합 — 을 선택한다.

여기서 목표와 수단의 관계에는 이른바 수단적 합리성이 존재한다. 다시 말해서, 분석가 또는 기획가는 몰가치적인 수단의 기술자로서 공공정책의 목표를 달성하기 위한 수단에 관한 사실적 자료의 수집과 분석을 행할 뿐 그 목표에 대한 가치문제는 정치의 영역에 남겨 놓아야 한다는 것이다. 부연하면, 공동의 선(common good)을 위한 목표에 대해서 일반적인 사회적 합의가 이루어질 수 있다는 것을 전제한 후 그 합의는 정치의 영역을 통해 주어진 것으로 여기고, 정책대안의 모색이란 관련된 자료들을 주의깊게 분석함으로써 해결될 수 있는 기술적인 문제라고 본다.

그러나 이 합리모형은 현실의 장에서 실현되기 어려운 내용을 담고 있다. 특히, 정책결정자의 인지 능력과 지식의 제한, 그리고 정책결정자가 처해 있는 상황으로부터 나오는 불확실성 등으로 인해 현실 세계의 정책결정은 합리모형에서 제시하는 것처럼 논리적 · 포괄적 · 합목적적인 방식으로 진행되지 않는 것이 일반적이다. 이러한 점에 착안하여 사이먼(H. A. Simon) 등은 완전무결한 합리성이 아닌 '제한된 합리성(bounded rationality)'을 기반으로 만족모형(satisficing model)을 제시했다(Simon, 1958). 이 모형은 모든 대안이 초래할 결과들을 완전히 예측하기에는 인간의 인식 능력에 한계가 있다는 것을 인정한다. 또한 대안의 고려에서도 현실적으로 가능한 모든 대안을 다 검토하는 것이 아니라 주요 대안을 우선적으로 검토한 후, 그 대안이 어느 정도 만족할 만한 수준이면 이를 선택할 것을 제안하고 있다.

2 점증모형

사이먼이 제시한 만족모형이 합리모형의 틀 안에서 현실적인 개선 방향을 제시하고 있는데 비해, 린드블롬(Lindblom, 1959; 1965)은 합리모형의 틀을 넘어서는 정책결정모형으로 점증모형(incremental model)을 제시했다. 린드블롬(C. E. Lindblom)은 합리적·포괄적 모형을 다음과 같이 비판한다.

첫째, 정책수단들을 경험적으로 분석하는 작업을 그 정책수단이 추구하는 가치나 목적으로부터 분리하는 것은 불가능하며, 또한 모든 가능한 가치들을 일관성 있는 틀에 조직화하는 작업도 실현가능성이 희박하다. 우리들은 단지 실제 정책과 유관한 가치들만을 평가할 수 있을 뿐이며, 특히 다양한 가치들이 갈등하고 있는 상황이므로 하나의 동의된 가치의 체계에 도달하기 힘들다.

둘째, 목표 달성을 위한 모든 가능한 대안들을 고려하는 것은 가능하지도 않고 바람직하지도 않다. 우리는 현상(status quo)과 전혀 다르지 않거나, 또는 약간의 수정만을 가한 정책에 대해 관심을 기울일 수 있을 뿐이다.

셋째, 각 대안의 적용으로부터 나오게 될 모든 결과들을 예측하는 것은 불가능하며, 우리는 현실적인 관리를 가능하게 하기 위해 일부 정책대안으로부터 나올 수 있는 결과의 수를 자의적인 기준에 의해서 제한하게 된다.

넷째, 대안의 선택을 위한 평가 단계는 필요하지 않다. 왜냐하면, 새로운 정책은 그 이전의 정책으로부터 자연적으로 나오기 때문이며 이는 계속적인 과정이 된다.

이와 같이 합리모형을 비판하고 있는 점증모형의 실체는 어떠한가? 린드블롬(Lindblom, 1979)은 '전략적 분석(strategic analysis)', '분절화된 점증주의(disjointed incrementalism)', '단순점증분석(simple incremental analysis)'을 구분한 후, 분절화된 점증주의가 전략적 분석의 가능한 몇몇 형태 중의 하나이며, 단순점증분석은 분절화된 점증주의의 요소 중의 하나라고 한다. 여기서 '전략적 분석'이란 복잡한 정책문제들을 단순화하는 — 전통적인 포괄적·과학적 분석을 단축하는 — 일부 사려깊게 선택된 전략들에만 분석을 한정하는 것이고, '단순점증분석'이란 현 정책으로부터 약간의 변화만을 가한(incrementally different) 대안적 정책들에만 분석을 한정하는 것을 말한다. 그리고 '분절화된 점증주의'는 정책결정자가 단지 제한된 수의 정책대안들 만을 선택하게 되며, 또 이 각 대안들도 현 정책으로부터 약간의 변화만을 가하게 될 것이며, 정책대안에 대한 분석과 평가가 정책결정자 및 정책분석가뿐 아니라 사회 선체에서 발생하고 있다는 것이다. 요컨대, '분절화된 점증주의'와 '단순점증분석'으로 집약되는 점증모형은 결국 완전한 수단적 합리성의 존재를 부정하며, 다원화된 사회를 전제로 하여 실제의 정책결정은 정치적인 과정을 통해서 결정되며, 이때 사회 내의 다양한 세력들이 나름대로의 대안분석을 바탕으로 이 정치과정에 참여하고 있다고 주장한다.

3 혼합모형

합리모형은 추구해야 할 이상이라고 볼 수 있지만 실질적으로 이루어질 수 없는 것이다. 그러나 합리적 정책결정에 대한 열망은 쉽게 사라지지 않고 있다. 앞서 살펴본 사이먼의 만족모형은 합리모형을 현실 세계에 구현하기 위한 노력이었으며, 여기서 제시될 혼합모형과 다음 항의 최적모형 또한 그러한 노력의 연장선상에서 이해될 수 있다.

혼합모형(mixed scanning model)을 제시한 에치오니(Etzioni, 1967)

는 규범적 · 경험적 측면에서 점증모형을 비판하고 있다. 첫째, 사회 내 각 집단들이 지니고 있는 권력에서 차이가 있기 때문에 상대적으로 약한 집단의 이익은 반영되기 힘들고, 정치과정의 결과로서 나타난 정책은 가장 강력한 집단의 이익을 반영하게 된다. 둘째, 점증모형은 정책결정자들이 타성과 반개혁을 당연시하도록 할 수도 있는 이데올로기적 측면을 지니고 있다. 셋째, 점증모형은 근본적인 전 사회적 개혁을 무시하는 경향이 있다.

비록 작은 변화들이 모여서 중요한 변화를 도출해 낼 수도 있지만 그것은 자칫 방향 감각을 상실한 것이 될 수도 있다. 즉, 점증적 결정들(incremental decisions)이 '근본적 결정(fundamental decision)'에 비해서 수적으로는 압도적일 수 있지만 그 중요성에서는 비교가 되지 않는다. 왜냐하면, 근본적 결정이 그 이후에 행해지는 다수의 점증적 결정들의 맥락을 규정해 주기 때문이다. 점증주의자들은 만약 점증적 결정의 방향이 틀렸다는 것이 명백해지면 그 경로가 변경된다고 주장한다. 그러나 점증적 정책의 방향이 틀렸는지 여부를 평가할 기준은 점증모형의 틀 안에 존재하지 않는다. 요컨대, 현실적으로 많은 수의 점증적 결정에 맥락을 정해 주는 근본적 결정이 있는데 점증모형은 그것을 무시하고 있다는 것이다.

이와 같이 점증모형을 비판하는 혼합모형은 특정 영역에 대한 세부적(합리적)인 조사와 여타 영역에 대한 개략적인 분석을 혼합하는 분석 형태를 제시한다. 이를 위해, 에치오니(A. Etzioni)는 먼저 근본적 결정과 점증적 결정을 구분한다. 근본적 결정은 정책결정자의 관점에서 설정된 목표에 대해 주요 대안을 탐색하는 것이며, 점증적 결정은 전자에 의해 설정된 맥락에서 행해지는 결정들을 말한다. 이어서 에치오니는 점증모형과 만족모형에서 제시된 아이디어를 받아들여 근본적 결정에서 요구되는 세부사항 분석에 대한 제한을 가함으로써 합리모형의 비현실적 측면을 감소시키며, 맥락을 고려하는 합리주의를 통해서 장기적 대안들을 탐색함으로써 점증모형의 보수적 성향을 극복하고자 한다. 즉, 혼합모형을 이용하는 정책결정자는 결정과정에서 근본적 결정에 대해서는 정책결정자의 목표를 달성하기 위한 주된 대안을 모색하나 합리모형과는 달리 세부적인 문제는 생략한다. 그리고 근본적 결정에 의해 설정된 맥락 속에서 점증적 결정들을 내리게 된다.

혼합모형이 합리모형의 이상을 추구하고 있다는 점에서 혼합모형에 대해서도 합리모형에 대한 것과 유사한 비판이 존재한다. 즉, 혼합모형에서는 정책결정자와 분석가들이 실제 가지고 있지 못한 예측력을 요구하고 있으며, 정책대안들이 일관된 가치의 체계에 근거해서 선택된다고 보고 있다는 점이다. 한편, 혼합모형에서 중요한 의미를 지니고 있는 '근본적 결정'이 그가 제시한 것만큼 중요한가의 의문이 제기된다. 우선, 근본적 결정과 점증적 결정을 어떻게 구분해 낼 수 있는가의 문제가 있으며, 많은 경우에 정책과정 참여자의 행위의 맥락을 잡아 주는 것은 '근본적 결정'이 아니라 기존의 관행이라는 주장이 제기된다. 또한 실제 정책결정에는 뜻하지 않았던 방향으로의 표류(unplanned drift)가 에치오니가 생각한 것보다 훨씬 더 일반적이라는 지적도 있다. 그러나 이러한 비판들에도 불구하고, 여전히 처방적 모형으로서의 혼합모형의 가치를 부정하기 힘들며, 실제 정책결정을 행하는 데 혼합모형이 제시하고 있는 아이디어는 상당히 유용하고 현실성 있는 방안이 된다.

4 최적모형

드로(Y. Dror)의 최적모형(optimal model)은 정책결정 과정을 체계이론적 관점에서 파악하고 그러한 정책결정 체계의 성과를 최적화—정책형성 체제로부터의 산출이 투입보다 커야 한다는 것—하고자 했다. 이를 위해, 드로(Dror, 1964)는 먼저 점증주의에서 발견될 수 있는 보수주의적 편견에 대해서 비판했다. 점증주의는 ① 기존 정책이 정책결정자나 관련된 사회계층에게 만족스럽고, ② 문제의 성격에서 상당한 지속성이 있으며, ③ 그 문제를 해결하기 위한 수단에도 상당한 지속성이 있다는 조건이 충족되어야만 성립될 수 있다. 그런데 이러한 조건들은 오직 사회적 안정이 있어야만 충족될 수 있다. 따라서 점증주의적 정책결정을 당연시하고 이를 가장 바람직한 정책결정모형으로 주장하는 것은 기존 체제를 강화하고 혁신 세력의 성장을 억제하는 이데올로기적인 의미를 지니고 있으며, 위의 조건들이 충족되지 않거나 중요한 사회적 변화를 낳고자 하는 사회에서는 점증주의적 정책결정은 적절치 않게 된다는 것이다.

바람직한 정책결정을 위해 최적모형이 제시하고 있는 기본 전제의 내용은 다음과 같다. 첫째, 합리성을 증진시키기 위한 노력을 포함해야 한다. 이를 위해, 가치・목표・결정 기준을 어느 정도 명확히 규정해야 한다. 둘째, 복잡한 문제를 다룰 때는 초합리성(extra-rationality)을 중시하고, 새로운 대안을 탐색하거나 혁신적 대안을 마련하도록 노력해야 한다. 초합리적 결정은 사례연구, 감수성훈련, 브레인스토밍(brainstorming) 등과 같은 수단에 의해 증진될 수 있다. 셋째, 위험의 최소화와 쇄신의 필요성 사이에서 여러 대안이 가져올 기대비용을 사전에 평가해야 한다. 넷째, 위험최소화 전략이 바람직한 것으로 결정되었으면 점증모형으로 하고, 쇄신전략이 바람직한 것으로 되었으면 지식과 직관에 따라 각 대안의 결과를 고려한다. 다섯째, 여러 분석가들의 합의에 의해 바람직한 정책을 검토한다. 여섯째, 이론과 경험, 합리성과 초합리성을 모두 고려해야 되며, 그것을 각기 어느 정도 혼합할 것인가는 문제의 속성과 그것의 유용성에 달려 있다. 일곱째, 경험에 의한 체계적 학습과 독창성・창조성을 고취하고, 인력을 개발하고, 지적 활동을 조장해야 한다.

이러한 내용을 지니고 있는 최적모형은 합리모형의 가정과 열망을 보유하고 있으며, 따라서 관행과 보수주의의 잠재적 위험을 인지하고 정책결정을 개선하기 위한 시도의 지침을 제시하는 장점을 지니고 있다. 또한 처방적 정책결정모형을 제시함과 더불어, 특히 정책결정에서 초합리적 요소의 중요성을 인식한 점이 강점이다. 그러나 최적모형은 이론 체계 내에 합리성과 초합리성을 함께 담고 있다는 점이 논리적 난점을 일으키고 있으며, 정책가치와 목적 등을 명료화하기 위해 정책결정자가 사용할 기준을 확실하게 제시하지 못하고 있다는 단점을 지닌다.

5 쓰레기통모형

코헨과 그의 동료들(Cohen et al., 1972)에 의해 발전된 쓰레기통모형(garbage can model)은 조직화된 혼란 상태(organized anarchy) 속에서 조직이 어떠한 의사결정 형태를 갖게 되는가를 연구한 이론이다. 이 이론은 기존의 정책결정모형들과는 달리 조직 자체를 항상 불안정하며 유동적인 것으로 보고, 정책결정이 합리모형 등이 중시하는 합리성이나 점증모형이 중시하는 협상·타협 등을 통해서 이루어지는 것이 아니라 조직 속에서 나타나는 몇 가지 흐름들에 의해서 우연히 이루어진다고 본다.

조직화된 혼란 상태의 특성은 다음과 같다.

첫째, 정책결정 과정에의 참여자들이 서로 다른 선호를 가지고 있으며, 초기에는 선호가 불분명하다가 결정 과정이 진행되면서 명확해지는 경우가 많다는 점이다('문제성 있는 선호').

둘째, 조직은 각 정책대안과 그 결과에 대한 인과 관계를 분명히 알고 있다기보다는 시행착오를 통해서 계속적으로 학습해 간다('불분명한 기술').

셋째, 정책결정 과정에의 참여자들은 계속적으로 전 과정에 참여하는 것이 아니라 자신의 시간과 노력상의 제약으로 인해 부분적으로 참여하는 데 그치며, 문제를 중심으로 볼 때 참여자는 결정 과정을 통해서 계속 바뀐다('유동적 참여').

이 모형은 정책결정에 필요한 구성요소로서 문제의 흐름, 해답의 흐름, 참여자의 흐름, 그리고 선택 기회의 흐름의 서로 독립적인 네 흐름을 들고 있다. 그런데 이 네 흐름들이 서로 다른 시간에 '통' 안에 들어와서 우연히 한 곳에 모이게 될 때 비로소 결정이 이루어지게 된다는 것이다.

쓰레기통모형은 정책결정 과정에서 발생하고 있는 비합리적 측면을 점증모형과는 다른 각도에서 포착하여 이론화함으로써 독자적인 영역을 개척한 업적을 이루었으며, 이 모형에 기반한 킹던(J. W. Kingdon)에 의해 정책의제 및 정책결정에 관한 탁월한 이론으로 발전되었다. 그러나 쓰레기통모형은 그간 정책형성모형에서 강조되어 왔던 '합리성'에 대한 규범적 열망을 우연적 요소와 현실적 분석으로 대치한 수준에 머무르고 말았다는 한계를 지닌다.

제 3 절 정책결정모형: 공익 및 사회공학과의 관계

1 공익, 사회공학, 정책결정

인문 · 사회과학은 물론 심지어 자연과학에서도, 이른바 과학 또는 학문에서는 소위 순수와 응용의 구분이 쉽지 않다. 다시 말해, 순수하게 상아탑 안에서 아카데미즘만을 위해 연구되는 학문과 그런 순수한 것을 바탕으로 현실에 응용하기만을 위한 학문으로 분류하는 이분법은 불가능하다는 말이다. 왜냐하면, 아무리 순수한 것이라고 해도 인간과 사회, 그리고 자연이라는 근본적 대상의 실체 및 그것의 현상적 변화와 격리될 수는 없기 때문이며, 또 아무리 응용적인 것이라 해도 복잡한 현상을 추상화하고 단순화하여 설명하고, 이해할 수 있어야만 그것의 경향성을 예측하고 통제할 수 있기 때문이다.

사회과학의 차원에서 이러한 지식(knowledge)과 행위(action)의 연계를 가장 잘 보여 주는 분야가 바로 행정학이라고 할 수 있다. 현실 세계에서 일어나는 각종 문제들을 정책이라는 수단을 통해서 해결하려고 노력하며, 이미 잘되고 있는 것은 계속 잘되어 나가도록 효율적인 관리 방안을 찾으려고 애쓰는 현대의 행정부에 대해서, 행정학은 전 사회적인 맥락에서 그 구조와 기능을 연구하고 처방안을 제시해 주고 있다.

특히, 오늘날의 행정연구는 공공조직에서의 의사결정의 기능과 과정이라는 영역을 핵심적 연구대상으로 하고 있으며, 그러한 작용이 적용되는 상황과 조건을 설명하는 다원적 방법이 나타나게 되었다(김영훈, 1974:

ii). 이런 맥락에서 정책결정에 대한 주요 모형(model) 또는 접근법(approach)들이 개발되고 다듬어져 왔다. 그러나 현상의 다양한 측면들을 여러 각도에서 접근해 들어감으로써 그것들이 과연 무슨 기준으로 분류될 수 있다든지, 또는 그 모형들 간의 관계가 어떠한가를 파악하는 데는 다소의 혼란이 빚어지고 있는 것으로 보인다.

이에 여기서는 정책결정론상의 각 모형들 중 합리성과 관련된 주요 모형들을 공익 및 사회공학과 관련지어 살펴보고자 한다.[10] 정책결정모형을 공익 및 사회공학과 관련지은 이유는 각 모형들을 수평적으로 나열하는 것을 넘어서서 그것들에 수직적 깊이를 더해 보고자 하는 의도 때문이다. 한편, '공익' 및 '사회공학' 개념들이 채택된 이유는 다음과 같다.

우선, 공익의 경우, 원형적 정책결정모형을 다루면서 그것을 논하는 까닭은 정책결정 과정에 참여하는 기획가·정치적 지도자, 그리고 시민 집단들 간의 관계의 유형이 바로 공익이 정의되는 방법과 관련되어 있기 때문이다(Gilbert & Specht, 1974: 184).

다음으로, '사회공학(social engineering)'은 공익과 정책결정을 논리적으로 연계할 수 있는 개념이다. 구체적인 각종의 정책은 그것 자체로서 이미 어떤 공익이라든가 바람직한 사회상을 나름대로 내포하고 있다. 그러나 이해와 연구의 편의상 몇 차원의 개념적 분리를 할 필요가 있다. 즉, 현실적 차원에서의 문제해결을 다루는 '정책'의 결정이론과 추상적 차원에서의 '공익'을 연결시키기 위해서는 중간자적 의미를 지닌 개념 혹은 차원이 필요하다. 이때 그 역할을 할 수 있는 것은 그것을 통해서 사회 전체에서의 공익이 반영될 수 있으면서 동시에 정책 또한 그것의 일부를 이루는 것이어야 한다. '사회공학'이라는 새로운 차원은 거시성과 미시성을 동시에 지닌 유용한 매개 차원으로 사용될 수 있게 된다. 이에 여기서는 '사회공학'을 "사회문제를 적절한 이론적 지식과 방법론에 근거하여 처리하려는 노력"[11]이라고 정의한다.

---

10) 이하의 내용은 주재현(1990)과 주재현(2008: 제5장)을 토대로 함.

11) 카플란(Kaplan, 1964: 402)에 나온 그의 정의에서 약간의 수정을 가했다.

이렇게 해서 공익 · 사회공학 · 정책결정론 간의 논리적 관계가 정리되었으며, 정책결정모형을 다루면서 공익과 사회공학을 언급하는 이유가 밝혀졌다고 하겠다. 이제 다음에서는 먼저, 정책결정모형에 대한 유형론을 제시한 후, 주요 정책결정모형을 공익 및 사회공학과 관련지어 살펴보도록 한다.

2 정책결정모형의 유형분류 및 주요 모형

브레이브룩(D. Braybrooke)과 린드블롬(C. E. Lindblom)은 결정이 얼마나 큰 변화를 가져왔는가를 나타내는 축과 의사결정자가 그들이 직면하고 있는 문제의 모든 특성에 대해 이해하고 있다고 생각되는 정도에 따라서 결정이 배열될 수 있는 축에 의해서 네 개의 분면을 만들어냈다([그림 2-1])(Braybrooke & Lindblom, 1963: 61-79).

한편, 정책결정 과정에 어떤 사람들이 참여하며, 그들의 수는 어떠한

그림 2-1 브레이브룩과 린드블롬의 의사결정모형 분류

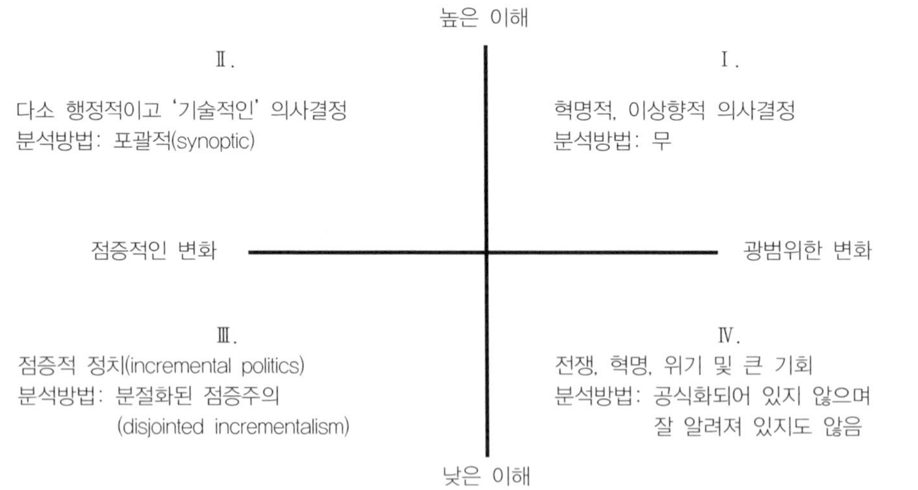

그림 2-2 원형적 정책결정모형의 도표상의 위상[12)]

		일 원	일원 다원	다 원
전폭성	합리성	①		
	제한된 합리성		④	
부분성	합리성		②	
	제한된 합리성		④	③

주: ① 이상향적 모형(utopian model), ② 합리적 · 포괄적 모형(rational comprehensive model), ③ 분절화된 점증주의 모형(disjointed incrementalism model), ④ 혼합모형(mixed-scanning model)

가 하는 것, 즉 '결정과정에 사회의 소단위 — 개인 또는 집단 — 가 참여할 수 있는가?', 또는 '계획이 중앙집권적으로 이루어지는가?' 하는 것도 분류의 기준으로서 큰 의의를 지니고 있다(Gilbert & Specht, 1974: 179). 이것은 특히 정책의 정당성에 기반을 제공해 주는 공익과의 관계에 비추어 볼 때, 더욱 그 중요성이 뚜렷해진다고 하겠다.

이에 여기서는 이상의 세 기준 — 변화의 폭, 합리성의 정도, 참여자의 수 — 에 의거해서 원형적 정책결정모형을 분류해 보도록 한다([그림 2-2]).

이상의 원형적 모형들에 대해서는 다음에서 더 자세히 논의하도록 한다.

1) 합리모형의 두 차원: 이상향적 모형과 합리적 · 포괄적 모형

이 두 가지는 브레이브룩과 린드블롬에 의한 [그림 2-1]에서는 I과

12) [그림 2-2]에서는 편의상 매트릭스(matrix)의 각 칸에 모형들을 자리매김했으나, 그 각각은 결코 고정된 것이 아니며, 각 칸의 내부라든지 칸 간의 경계들은 모두 어떤 연속선상의 정도상의 차이를 띠고 있다는 것을 염두에 두고 보아야 한다. 그리고 가운데 칸의 '일원 다원'이란 중앙집권적인 결정기구가 주요한 역할을 하면서도 사회 내의 다양한 세력들의 의견에 영향을 받는 상태를 의미한다.

Ⅱ에 해당하고, 이 장에서 제시된 [그림 2-2]에서는 ①과 ②에 해당하는 모형이다. 정책결정 및 기획(planning)에서 합리성과 합리주의를 논할 때 기억해야 할 점은 그것들이 철학적 합리주의(philosophical rationalism: 선험주의, apriorism) 및 경험주의(empiricism) 모두와 사상적 연계를 맺고 있다는 것이다. 그 양자는 분명 사상사 상의 계보가 다름에도 불구하고, 계몽주의 시대 이후로 상호 영향을 받음으로써 엇물리게 되었으며, 그것이 정책 및 기획에서의 합리주의에도 그대로 반영된 것이다. 하지만, 역시 차이점이 있다는 것은 부정하기 어렵고, 따라서 우리가 합리적인 정책결정이라고 말할 때에도 구분할 필요가 있다. 즉, '합리적·연역적(rational deductive)'과 '합리적·포괄적/검증주의자(rational－comprehensive/verificationist)' 간의 구분 및 그에 따른 이상향적 모형과 합리적·포괄적 모형의 구분이 그것이다. 양자 간의 차이는 '목표(goal)가 기획 및 정책결정 과정에서 어떤 위치를 차지하고 있는가' 하는 데 놓여 있다(Camhis, 1979: 16-20).

이상향적 모형은 철학적 합리주의로부터 다음의 두 관념을 전수받았는 데, 하나는 과학적 설명이란 언제나 논리적 연역(logical deduction)의 형태를 띠어야 한다는 것이고, 다른 하나는 전적이고 완전한 체계(total and complete system)라는 이상이다. 이처럼 몇 원칙에서 완전한 체계를 연역해 내는 것은 플라톤(Platon)의 『국가론』으로까지 거슬러 올라갈 수 있다. 이러한 접근법은 헴펠(C. G. Hempel)이 말한 '연역적－법칙론적(deductive－nomological)'인 설명 형식과 일치하는데, 이 경우 가치(values)나 목표(goals)는 추론 체계의 공리(axioms)와 같은 기능을 하는 것으로서 그 가치나 목표를 근거로 해서 계획이나 활동들을 연역해 내게 되는 것이다(Camhis, 1979: 24-27). 이러한 유토피아적 모형에 대해서는 사회공학을 다루는 곳에서 부연하도록 한다.

합리적·포괄적 모형은 더 나은 공공정책을 보장해 주는 방법, 즉 공공정책을 어떻게 구성할 것인가를 다룬다. 드로(Y. Dror)는 이를 상위정책(meta policy), 즉 정책결정 절차를 위한 정책이라고 불렀다. 요컨대, 이 모형은 정부 내에서 공공정책이 어떻게 형성되어야 하는가, 또는 환경적 투입을 환경적 산출로 바꾸는 변환과정의 요소들이 어떻게 최적으로 배열되어야 하는가를 다룬다(Henry, 1980: 307). 합리적·포괄적 모형이 제시하는 구체적인 절차는 다음과 같다. 즉, 문제를 풀기 위해 의사결정자는 ① 그가 믿기에 문제해결을 위한 선택의 지침이 되는 목적과 가치들을 확실히 하고 세밀히 조사하고 일관된 순서로 배열한다. ② 그 가치를 달성할 모든 수단들을 포괄적으로 살펴본다. ③ 그 각각의 가능한 수단들을 사용했을 때 나타날 결과들을 철저히 조사한다. ④ 특정 성취 수준에 도달하거나, 또는 가치들을 최상의 상태로 이룰 수 있는 수단—정책 또는 정책들의 조합—을 선택한다(Lindblom, 1965: 137-138).[13]

이때 목표와 수단의 관계에 대해서는 이른바 수단적 합리성(instrumental rationality)이 존재한다. 다시 말해서, 분석가 또는 기획가는 몰가치적 수단의 기술자로서 공공정책의 목표를 달성하기 위한 수단에 대한 사실적 자료의 수집·분석을 행할 뿐 그 목표에 대한 가치문제는 정치의 영역에 남겨 놓아야 한다는 것이다. 즉, 공동의 선(common good)을 위한 목표에 대해서 일반적인 전 사회적 합의가 이루어질 수 있다는 것을 주어진 것으로 여기고, 최선의 계획이란 관련된 자료들을 주의깊게 분석함으로써 해결될 수 있는 단지 기술적인 문제라는 것이다(Gilbert & Specht, 1977: 74).

이 모형이 이상향적 모형과 다른 주요 부분은 앞서 말한 바와 같이 목표와 목적의 지위에 대해서이다. 이 모형에서는 목표가 더 이상 연역 체계에서의 공리 또는 법칙(laws)과 같은 절대적 역할을 하지 않으며, 대신에 이른바 가설연역적 방법(hypothetico-deductive method)에서의 사실(facts)과 같은 역할을 담당하게 된다. 즉, 사실에 의해서 가설이 검증되듯 목표에 의해서 대안들이 검토된다는 것이다. 이때 만약 가설이 사실에 의해서 확인되면 법칙이 되듯, 대안들도 그것이 목표에 일치하면 하나의 계획이나 정책이 되는 것이다(Camhis, 1979: 31). 지금까지 간략히 살펴본 합리적·포괄적 모형에 대한 보충 논의도 사회공학을 다루는 부분에

13) 이와 비슷한 절차는 Hudson(1979: 388), Camhis(1979: 30) 등 다수 문헌에서 발견된다.

서 부연하도록 한다.

2) 분절화된 점증주의

앞서 논의했던 합리적·포괄적인 정책결정 또는 문제해결이라는 아이디어는 미국 실용주의의 집대성자인 듀이(J. Dewey)의 사상과도 연결된다. 그는 문제해결의 세 단계를 다음과 같이 언급하고 있다: '무엇이 문제점인가?, 몇 가지의 해결 방안들이 있을 수 있는가?, 어떤 해결 방안이 가장 적합한가?'(Simon, 1960: 3).

듀이의 실용주의는 기존의 이론철학(논리학·인식론·형이상학)과 실천철학(윤리학·정치철학·가치론)의 분리 상태를 극복하고, 이른바 행동철학으로서 세계·현실의 변화라는 측면에서 그것의 인식론적 기초를 찾아낸 업적을 이루었다. 그러나 이 철학은 가장 중요한 점에서 많은 논쟁을 불러일으킬 소지를 지니고 있었는데, 그것은 바로 문제상황에 대한 인식이라는 측면에서이다. 이때 실용주의는 그 문제상황에 대해서 개인들 간에 합의가 이루어지리라는 것을 전제로 한다. 그러나 이미 지식사회학·문화인류학 또는 가치상대주의 등을 통해서 밝혀지고 있는 것처럼 문제상황에 대한 각 개인들의 규정은 그들이 갖고 있는 참조의 틀(frame of reference)에 따라 달라지는 경향이 있다. 따라서 어떤 사회조직 속에서 각 구성원의 인식의 차이로 인한 갈등의 발생은 자연스러운 것이 되고, 그러한 갈등 상황을 인정한 상태 하에서 다양한 가치들 간의 협상·타협·조정·설득의 과정을 통해 정책을 결정해 나가는 유형을 생각해 볼 수 있다(박동환, 1975).

이러한 맥락에서 린드블룸이 제시한 분파 간 상호조정(partisan mutual adjustment) 및 분절화된 점증주의(disjointed incrementalism)라는 개념의 출현을 이해할 수 있다. 따라서 이 모형은 다원주의(pluralism)와 밀접한 연관을 갖는다고 볼 수 있는데, 다원주의 등에 대해서는 사회공학을 다루는 곳에서 다시 논의하도록 한다.

분절화된 점증주의는 합리적·포괄적 모형을 다음과 같이 비판한다. ① 목적·목표로서 표현된 일반적으로 동의된 가치에 대해서: 대안적 정책들을 경험적으로 분석하는 일을 결코 가치·목적으로부터 분리시킬 수 없으며, 또 모든 가능한 가치들을 일관성 있는 틀에 조직화하려는 노력을 할 필요도 없다; 단지, 우리는 실제적 정책과 유관한 가치들만을 평가할 수 있을 뿐이다. 더군다나 다양한 가치들이 갈등하고 있는 상황이므로 하나의 동의된 가치의 체계에 도달할 수 없다. ② 목표를 달성하기 위한 모든 대안들을 고려하는 것에 대해서: 그것은 가능하지도 않고 바람직하지도 않다; 우리는 현상(status quo)으로부터 전혀 변화하지 않거나, 또는 약간만 수정된 정책에 관심을 기울인다. ③ 각 대안의 적용으로부터 따라 나오게 될 모든 결과들을 예측하는 것에 대해서: 우리는 특정의 주어진 정책에 대한 결과의 수를 자의적인 기준에 의해서 제한한다; 그렇게 하는 것이 반드시 나쁜 것은 아니다; 왜냐하면, 그렇게 하는 것이 실제적인 관리를 가능하게(manageable) 하기 때문이다. ④ 목적·목표와 가장 잘 상응하는 결과를 나타내는 대안을 선택하는 것에 대해서: 평가 단계는 필요하지 않다; 왜냐하면, 다음 정책은 그 이전 정책으로부터 자연적으로 나오기 때문이며 이는 계속적인 과정이기 때문이다(Camhis, 1979: 38-41; Lindblom, 1959: 81).

점증주의자들은 실제 이루어지고 있는 정책결정은 점증적이며, 또 그렇게 되어야 한다고 주장한다. 그러면 이처럼 합리적·포괄적 모형을 비판하고 있는 분절화된 점증주의의 실체는 무엇인가? 린드블롬은 '전략적 분석(strategic analysis)', '분절화된 점증주의(disjointed incrementalism)', '단순점증분석(simple incremental analysis)'으로 구분한 후, 분절화된 점증주의가 전략적 분석의 몇몇 가능한 형태 중의 하나이며, 단순점증분석은 분절화된 점증주의의 몇몇 요소 중의 하나라고 했다. 이때 '전략적 분석'이란 복잡한 정책문제들을 단순화시키는, 즉 전통적인 포괄적·과학적 분석을 단축시키는 계산되거나 사려 깊게 선택된 전략들에만 분석을 한정시킨 것이고, '단순점증분석'이란 현상으로부터 단지 약간만 변화(incrementally different)된 대안적 정책들에만 분석을 제한하는 것을 말한다. 그리고 '분절화된 점증주의'란 ① 다소 상이한 소수의 정책대안들에 분석을 한정시키는 것, ② 정책목표 및 다른 가치에 대한 분석을 문제의 경험적 측면과 연결시키는 것, ③ 추구되어야 할 긍정적 목표보다는 치료되어야 할 해악을 분석하는 데 더 전념하는 것, ④ 시행착오의 연속, ⑤ 고려되는 대안의 예기되는 주요 결과들에 대해서, 전부가 아니라 몇몇 개만을 탐구하는 분석, ⑥ 정책결정에서 분석의 과제를 많은 분파적 참여자들이 분담하는 것을 말한다(Lindblom, 1979: 517-518). 요컨대, '점증주의'가 정책결정자는 단지 제한된 수의 정책대안들만을 선택하게 되며, 또 이 각 대안들도 현상으로부터 약간의 변화를 할 것을 나타내는 것이라면, '분절화된'이라는 말은 조건과 지각된 조건에의 대안적 반응에 대한 분석과 평가가 사회 전체를 통해서 일어난다는 것을 의미한다고 하겠다(Henry, 1980: 303).

3) 혼합모형[14)]

합리적 · 포괄적 모형은 추구되어야 할 이상이라고 볼 수도 있지만 실질적으로 이루어질 수 없는 것이다. 그러나 이에 대한 대안으로서 나온 분절화된 점증주의도 후술할 비판점들을 지니고 있으므로 해서 참된 대안으로 인정되지 못한다. 한편, 합리적 · 포괄적 정책결정 및 기획에 대한 열망은 그리 쉽게 사라지지 않고 있다. 이에 합리적 · 포괄적 모형과 분절화된 점증모형의 속성을 모두 갖고 있어 그 열망을 좀 더 세련된 형태로 만족시켜 주는 제3의 모형이 제시되게 되었는데, 그것이 바로 에치오니(A. Etzioni)의 혼합모형(mixed scanning model)이다.

에치오니는 합리모형은 물론 분절화된 점증모형에 대해서도 그것들에 대한 기존의 각종 비판들을 정리하고 있는데 여기서는 후자에 대한 것만을 논의한다. 우선, 규범적인 측면에서 비판해 보면, 첫째, 각 분파들은 그들이 갖고 있는 권력에 차이가 있기 때문에 상대적으로 약한 집단의 이익은 덜 반영되고, 나타난 결과로서의 정책은 가장 강력한 집단의 이익을 반영하게 된다는 것이다. 둘째, 점증주의는 근본적인 전 사회적 개혁(basic societal innovations)을 무시하는 경향이 있다. 비록 작은 변화들이 모여

14) Etzioni(1967: 385-392; 1968: 249-309).

서 중요한 변화를 도출해 낼 수도 있지만, 그것은 자칫 방향 감각을 상실한 것이 될 수 있는 것이다. 셋째, 점증주의는 의사결정자들이 타성과 반(反)개혁을 당연시하도록 할 수도 있는 자신들이 이데올로기적 측면을 과소 평가하고 있는 것으로 보인다.

다음으로, 경험적인 측면에서의 비판은 다음과 같다. 점증주의자들도 자신들의 전략이 적용될 수 없는 '큰' 또는 근본적인 결정이 있다는 것을 인정하고 있다. 그래서 비록 점증적 결정이 근본적 결정에 비해서 수적으로는 압도적일 수 있지만 그 중요성 면에서는 비교가 되지 않는다. 왜냐하면, 근본적 결정이 많은 점증적 결정의 맥락을 규정해 주기 때문이다. 점증주의자들은 만약 점증적 치료의 방향이 틀렸다는 것이 명백해지면 그 경로는 변경된다고 주장한다. 그러나 그들이 점증적 치료의 방향이 틀렸는지, 그렇지 않은지를 평가할 때 사용하게 될 기준은 점증주의 자체 내에서는 결코 찾을 수 없는 것이다. 요컨대, 현실적으로 많은 수의 점증적 결정에 맥락을 정해 주는 근본적인 결정이 있는데 점증주의는 그것을 무시하고 있다는 것이다.

그러면 합리모형과 점증모형 양자를 모두 비판하면서 에치오니가 제시한 혼합모형은 어떠한가? 혼합모형은 특정 영역에 대한 세부적인(합리적인) 조사와 다른 영역에 대한 간략한 개관을 혼합한다. 즉, 점증주의를 통해서 근본적 결정에서 요구되는 세부사항에 제한을 가함으로써 합리주의의 비현실적인 측면을 감소시키며, 맥락을 고려하는 합리주의를 통해서 장기적 대안들을 탐색함으로써 점증주의의 보수적 성향을 극복하는 데 도움을 준다. 이때 단지 다양한 주사(走査, scanning)의 수준들을 혼합하는 것뿐 아니라 어떤 수준이 강조되어야 할 것인가를 가리는 상황에 대한 기준도 제공한다.

그리고 여기서 '근본적 결정(fundamental decision)'과 '점증적 결정(incremental decision)'을 구분할 필요가 있다. 전자는 의사결정자의 관점에서 설정된 목표에 대한 주요 대안들을 탐색하는 것이다. 그러나 개관이 가능하도록 세부적인 조사는 하지 않는다. 후자는 전자에 의해 설정된 맥락에서 만들어지는 결정을 말한다. 다시 말해, 혼합모형을 이용하는 결정자는 결정 과정에서 근본적 결정과 점증적 결정을 구분하고, 근본적 결정에 대해서는 결정자의 목표를 달성하기 위한 주된 대안을 모색하나 합리모형과는 달리 세부적인 문제는 생략한다. 그리고 점증적 결정은 근본적 결정에 따라 설정된 맥락 속에서 만들어진다.

이러한 혼합모형은 마치 우리가 어떤 우주공간을 조사할 때 두 개의 카메라를 가지고 광각 카메라에 의해서는 공간 전역을 살피되 상세한 것은 피하고(all encompassing level: 주요한 선택지는 결코 놓치지 않는다는 의미), 정밀 카메라로 이상 지역에 대해서만 세밀한 관찰을 하는(highly detailed level: 선택된 대안들이 실현 가능한 한 충분히 검토된다는 의미) 경우와 같다.

한편, 점증주의에서는 가치가 규정되기 어렵기 때문에 '좋은 정책'에 대한 평가가 불가능하다고 보지만, 혼합모형은 점증주의에서 생각하는 것만큼 그렇게 가치 및 목표 설정이 어렵다고 보지 않는다. 그래서 1차 목표(primary goal)와 2차 목표(secondary goal) 등으로 구분하는 작업을 거쳐서 평가가 가능하게 된다고 본다.

그러나 혼합모형에 대해서도 비판이 없지는 않다. 첫째, 기획가가 실제로 갖고 있지도 않고 합리모형에서나 있다고 가정되는 예측력을 가지고 있을 것을 에치오니가 요구하고 있다는 것이다. 둘째, 의사결정자들은 개선으로 나아갈 것이므로 사회를 유지할 권한이 있다는 것이며, 그리하여 정책결정자들의 부당한 정책에 대해서도 정당성을 부여해 줄 수 있다는 것이다. 셋째, 대안들이 일치된 가치체계에 근거해서 선택된다고 보는 점이다(Camhis, 1979: 60-61). 넷째, 현실적으로 정책결정은 혼합모형에서 제시하는 순서와 접근방법에 따라 이루어지는 것이 아니라는 점이다. 다섯째, 이 모형은 새로운 것이 아니고 단지 기존의 것들을 절충 혼합한 것에 불과하다고 보는 점 등이다(윤재풍 외, 1978: 125).

혼합모형에 대한 부연 설명도 공익 및 사회공학을 다루는 다음에서 논의하도록 한다.

3 공익 및 사회공학

1) 공 익

정책결정론의 규범적 측면을 다루면서 공익을 논의하는 이유는 정책결정 과정에 참여하는 기획가·정치적 지도자, 그리고 시민집단들 간의 관계의 유형이 바로 공익이 정의되는 방법과 관련이 있기 때문이라는 것은 전술했다. 그리고 어떤 형태의 사회기획이건 그것이 정당화될 수 있는 방법 중의 하나는 그 기획 및 정책결정들이 전체 공익의 선과 목표에 유익하리라고 주장하는 것인데, 이에 공익은 정책 및 기획에서 중요성을 갖게 된다.

그러나 공익을 어떻게 정의할 것인가 하는 점을 두고 다양한 관점들이 제기되고 있고 의견 일치를 보지 못하고 있다. 그 이유로는 정치철학적인 관점에 차이가 있다거나, 관과 민의 능력을 평가하는 데 차이가 있다거나, 또는 논의의 대상이 되는 정책의 종류가 다양하기 때문이라는 점 등을 들 수 있다(박동서, 1975: 58-59). 여기에서는 공익에 대한 관점을 크게 셋으로 나누어 보려고 한다.[15)]

첫 번째는 유기체적 관점(organismic view)이다. 이 입장에서는 공익은 사익을 초월한 도덕적·규범적인 것이며 단순한 사익의 집합과는 다른 선험적인 것이라고 본다. 그 공익의 모색은 리더에 의해서 이루어지며 그 사람에게는 높은 차원의 도덕성·고도의 지적 능력·책임감·사심 없는 현명한 지혜 등이 요구된다. 요컨대, 여기서의 리더/결정자는 이상주의자(idealist)이다. 그는 공공정책을 결정할 때 입법부는 부적절한 기관이라고 보는 행정적 재량을 극대화시키고 자신을 정책결정 과정의 중심에 위치시키려 한다. 또 그는 공익을 직관적으로 파악할 수 있는 행정적인 철인왕(哲人王, administrative philosopher king)이다.

---

15) 이하의 논의는 Gilbert & Specht(1974: 185-187; 1977: 19-23), Schubert(1957: 346-368), 박동서(1975: 50-58), 백완기(1981: 139-159) 등을 참조하여 재구성함.

두 번째는 개인주의적 관점(individualist view)이다. 사익을 초월한 별도의 것으로서의 공익이란 있을 수 없으며, 공익이란 다수의 사익들 간 갈등의 조정·타협의 소산일 수밖에 없다고 하는 극히 현실주의적 입장이다. 따라서 그 공익을 모색하는 과정에서 다수의 이해관계 당사자들이 참여하게 되며, 정책결정자·기획가는 적극적인 역할이 아니라 촉매 역할을 하는 것으로 파악된다. 한편, 심리적인 면에서 살펴보면, 위에서 말한 역할을 잘 달성한 결정자가 자기 인식적으로 갖게 되는 생각이 바로 공익이라고 볼 수 있다. 그리고 이 입장에서는 이른바 수단적 합리성이 아닌 요소들을 배제하지 않는다는 특성을 갖는다.

세 번째는 공동체주의적 관점(communalist view)이다. 이 입장은 앞의 양자를 변증법적으로 통합한 것으로서 사익의 집합이 아닌 공익의 존재를 인정하면서도 그것을 사익과 관련시켜 생각하는 입장이다. 그래서 여기서는 공중이 공통으로 갖고 있는 이익으로 구성된 단일한 공익이 하나의 실체로서 있다고 본다. 그 공익은 정당인·국회의원 또는 선출된 공직자가 결정하되 이들은 공중에 대한 책임감을 가지고 사익 간의 갈등을 조정함으로써 사익의 집합과 다른 공익을 구현하려는 것이며, 이러한 결정자들의 전문적 참모로서 실적에 따라 임용된 행정인이 전문성을 가지고 도와 주는 것이다. 이처럼 결정의 과정을 고려하되 공익과 사회 전체적 목표를 더 잘 인식할 수 있다고 신뢰되고 있는 정치적·관료적 지도력을 강조한다. 따라서 이들의 경우는 사익과 전적으로 별개로서의 공익을 생각할 수 없으며, 반대로 사익의 기계적인 집합을 하는 데서 끝나는 것이 아니라, 민의와 공익을 항상 모색하면서 정책결정을 하려는 것이라고 추론할 수 있다. 왜냐하면, 이들 결정자들에게는 언제나 수많은 사익 대변자들의 압력이 있으며, 그렇다고 해서 선출된 그들이 그러한 특수이익 대변자들의 요청에만 따를 수는 없기 때문이다.

지금까지는 공익과 원형적 정책결정모형의 다양한 입장들을 살펴보았다. 이제 다음 항에서는 이 두 차원의 매개 차원인 사회공학에 대해서 살펴보기로 한다.

2) 사회공학

사회문제들을 해결하려는 노력인 사회공학도 역시 몇 가지로 분류될 수 있다. 여기에서는 유토피아적 사회공학(utopian social engineering)과 점진적 사회공학(piecemeal social engineering)(Popper, 1966: vol. 1, ch. 9) 및 적극적 사회론(active society)(Etzioni, 1968) — 여기에는 민주적 기획론(democratic planning)(Mannheim, 1949)이 연결되어 있음 — 으로 나누어 살펴보도록 한다.

(1) 유토피아 사회공학

유토피아 사회공학에서는 우리가 어떤 실제적 행동을 하기 전에 우리의 궁극적인 정치적 목적이나 이상국가를 결정해야만 한다. 이러한 궁극적 목적이 적어도 윤곽이라도 잡힌 후에라야 비로소 그 실현을 위한 방법과 수단을 고려해 볼 수 있고 실제 행동의 계획을 세울 수 있게 된다.

이 유토피아 사회공학에 대해 포퍼(K. Popper)는 다음과 같은 신랄한 비판을 하고 있다(Popper, 1966: vol. 1). 즉, 이러한 유토피아적 시도는 강력한 한두 사람의 소수 집단적 통치를 요구할 것이며 따라서 독재로 흐를 위험성이 있다. 그런데 문제는 비록 그가 자비로운 독재자라 할지라도 그의 조치의 결과가 애초의 의도대로 되었는지를 알아내는 것이 어렵다는 점이다. 왜냐하면, 권위주의는 비판을 잘 허용하지 않기 때문이다. 또한 그의 후계자와의 관계에서도 문제가 있다. 후계자가 동일한 이상을 추구한다는 보장이 없기 때문이다. 그리하여 ① 이상이 무엇인가를 결정한 합리적 방법이 있다는 가정, ② 하나의 절대적이고 불변적인 이상에 대한 신념이 있다는 가정만이 유토피아 접근법을 구제할 수 있게 된다. 그러나 이 가정들은 비현실적이다. 한편, 유토피아 접근법의 또 하나의 독특한 특성은 전폭성이다. 즉, 사회악을 뿌리째 뽑아버려야 한다는 확신이며, 비위에 거슬리는 사회제도를 완전히 근절해 버려야 한다는 확신이다. 말하자면, 그것은 지금보다 낫고 합리적일 뿐만 아니라 추함이 전혀 없는 세계, 참으로 '바람직한' 새 세계를 건설하고자 하는 욕망과 관련이 있다. 그러나 이것은 새 세계를 꿈꾸는 도취 상태에서 솟아오르는 낭만주의의 발현이라고 볼 수 있다. 이성보다 감정에 호소하는 낭만주의는 지상에 유토피아를 건설하고자 하는 선한 의도가 있다고 해도 단지 하나의 '지옥'을 만들 뿐이라는 것이다.

유토피아 사회공학은 공익에서의 유기체적 관점과 조응된다. 그리고 정책결정에서의 일원성, 변화의 폭에서의 전폭성, 완전한 합리성을 받아들이는 면에서 정책결정모형 중 이상향적 모형([그림 2-1] 중의 Ⅰ, [그림 2-2] 중의 ①에 해당)에 상응한다.

(2) 점진적 사회공학

점진적 사회공학은 이른바 '열린 사회(open society)'에서 가능한 데, 이 '열린 사회'의 전제가 되는 것은 누구에게도 구속받지 않고 자기의 이성에 입각해서 참여하고 행동하는 개인과 그들의 모임인 집단이 보장되어 있는 다원사회이다. 특히, 달(R. A. Dahl)의 다두정치(polyarchy)는 하부 체계의 자율성과 조직상의 다원주의(organizational pluralism)로 특징지어질 수 있다. 좀 더 구체적으로 말하면, 다원사회는 정부관료와 민간의 개인·집단들 간에 권력·권위가 광범하게 분산되어 있고, 권력구조가 분화되어 있으며, 명확한 계층제적 유형으로 조직화되어 있지 않다. 이러한 다원적 질서의 특징으로는 사상 및 동기 여부의 자유, 정치에의 참여, 헌법적, 그리고 민주적 정체에의 신뢰와 충성 등을 들 수 있다(Chilcote, 1981: 353).

점진적 사회공학은 최대의 궁극적 선을 추구하고, 또 그 선을 위해 투쟁하기보다는 사회의 최대의 악과 가장 시급한 악을 찾고 그것에 대항해서 투쟁하는 접근이다(Popper, 1966: vol. 1). 물론 이 입장에서도 유토피아 사회공학과 마찬가지로 국가의 간섭을 완전히 부정할 수는 없다. 그러나 그 간섭이란 이른바 제도적 또는 간접적 간섭을 말한다. 즉, 토론과 시행착오가 보장되고 협상과 타협이 일어나는 규칙을 보장하는 민주적 제도가 그것이다(Popper, 1966: vol. 2).

비록 점진적 사회공학이 유토피아 사회공학을 신랄하게 비판하면서 자신들의 입장을 정립시키고 있지만, 논자들의 비판은 점진적 사회공학에 대해서도 예외는 아니었다. 우선, 전반적인 비판점들은 앞 절의 혼합 모형을 다루는 곳에서 비교적 다양하게 설명된 바 있다. 여기서 첨가할 것들은 다음과 같다. 즉, 점진적 사회공학 및 다원주의는 사회가 동등한 권력을 가진 다양한 집단들로 구성되었다고 가정하고 있으며, 국가의 정책이 다양한 이익집단들의 요구를 정확히 반영한다는 가정을 하고 있다. 그러나 이 가정들은 이미 경험적으로 그 당위성이 심각하게 의문시되고 있으며, 이는 주도적인 다원주의자인 달과 린드블룸에 의해서도 시인되고 있다(Manley, 1983: 368-372). 그리고 특정 계급 또는 집단에 의한 기존 정치에의 도전은 새로운 평형으로 나아간다는 식의 설명을 함으로써 기능주의자들의 평형이론으로 경도되는 기미를 보이며 따라서 상당히 보수적인 성향을 띠게 되었다는 것이다(Chilcote, 1981: 354).

점진적 사회공학은 공익에서의 개인주의적 관점과 연결된다. 그리고 정책결정 상의 다원성, 변화의 폭에서의 부분성, 제한된 합리성[16)]을 받아들인다는 면에서 정책결정모형 중 분절화된 점증모형([그림 2-1] 중의 Ⅲ, [그림 2-2] 중의 ③에 해당)에 조응한다.

(3) 민주적 기획론 및 적극적 사회론

다음으로 살펴보게 될 사회공학상의 관점은 민주적 기획론과 적극적 사회론이다. 우선, 민주적 기획론이다. 이것은 만하임(K. Mannheim)에 의해서 정립된 것이라 할 수 있다. 그는 현대는 엘리트들의 정치적·문화적 독점이 붕괴되고 비록 지적으로는 좀 떨어질지 모르나 수적으로는 절대 다수인 대중들이 출현한 시대라고 보았다. 그런데 이 대중사회는 신의 '보이지 않는 손(invisible hand)'에 의해 완전히 조화로운 사회가 될 수 있다는 신념이 이미 무너진, 즉 비합리성이 만연된 사회이다. 이러한 상황 하에서는 이른바 기능합리성(functional rationality) — 고도로 계산적이고 능률적인 방법으로의 행동의 조직화 — 의 복잡한 세계는 보통사람에게는 생소하고 이해할 수 없는 것으로 보이고 공포의 원천이 된다. 그러므로 시장의 힘에 의해서가 아니라 자기의식적이고 민주적인 계획에

16) 포레스터(J. Forester)의 구분으로는 bounded rationality Ⅲ(Forester, 1984: 24-27).

의존하여 이 문제를 해결하고, 실질합리성(substantial rationality) — 사건들의 상호연관성 속에서 지성적 통찰력을 드러내는 사상의 작용 — 을 부활하도록 해야 한다고 보았다. 그래서 사회적 지도력이 중요한 역할을 하게 되므로 미래의 계획적 사회에서의 지도자의 선택은 결코 우연적인 방법에 의해서가 아니라 체계적 방법에 의해서 이루어져야 한다고 주장했다. 또 선택된 엘리트인 사회계획가들과 도덕적 지도자들은 항상 사회의 다른 구성원들에게 잘 화응해야 하며, 자기의 의지를 공동체에 부과하려는 유혹에 빠져서는 안된다는 점을 거듭 지적했다.

그러나 만하임의 설명에서 매우 모호한 점은 엘리트에 의한 사회계획과 민주적 과정이 모순되는 것이 아니라는 주장에 있다. 감독자들을 누가 감독하고 계획자들을 누가 계획하는가의 문제는 중요한 쟁점이며, 민주주의를 소생시키기 위해 그가 기획가들이 사용할 수 있을 것으로 시사한 수단들의 일부가 오히려 '환자를 죽일 가능성'이 있지 않나 하는 의문이 제기된다(Coser, 1975; 신용하 · 박명규 역, 1978: 637-643).

민주적 기획론에서의 기획의 기능은 실제적으로는 다음과 같다. 첫째, 시장분석을 한다. 생산자와 소비자에게 분석을 통해 나온 정보를 제공함으로써 시장의 작동에 도움을 주는 중앙정보 기능이다. 둘째, 시장의 실패로 인해 공동체의 목표 달성이 힘들어지는 것을 예방하는, 공동체의 위험요소에 대한 감시의 기능을 한다. 셋째, 다원사회에서의 결정은 정치과정을 통해서 이루어진다. 그러나 중앙기획기구는 대안들을 분석함으로써 정치가들에게 자세한 정보를 제시할 수 있고, 또한 정부의 목적을 형성하고 개선하는 데 도움을 주는 기능을 한다. 넷째, 장래의 활동에 지침을 주기 위해 사업들의 결과를 분석하는 환류의 기능을 한다는 점 등이다(Meyerson, 1973: 130-131).

다음은 적극적 사회론이다. 에치오니는 혼합모형이 가장 잘 시행될 수 있는 사회로서 '적극적 사회'를 제시했다. 이 사회는 현대의 민주주의 국가보다 의사결정에 덜 점증적이지만 전체주의 사회가 시도하는 것처럼 그렇게 '합리적'이지는 않은 사회이다(Etzioni, 1967: 292). 특히, 에치오니는 사회적 소외(social alienation) — 사회적 목적에 대한 개인적인 관여

(commitment)의 결여 — 를 사회적 위기의 궁극적 원천으로 보았다. 그래서 사회적 소외라는 병에 대해 그는 사회적 동원(social mobilization) 또는 사회적 과업에의 집단 합의(group consensus)의 형성을 주요 처방으로 보았다. 합의의 정도가 높을수록 필요로 되는 통제의 형태가 덜 불쾌하고 덜 소외적이고 덜 명시적이다. 이 합의와 통제라는 변수를 통해서 그는 사회를 네 가지의 유형으로 분류했는 데 그것은 [그림 2-3]과 같다. 그는 표류(drifting) 사회와 과도관리(overmanaged) 사회가 상대적으로 높은 사회적 소외를 보인다고 하고, 적극적(active) 사회와 소극적(passive) 사회가 그 점에서는 모두 낮다고 한다. 그러나 소극적 사회가 현존 상태를 그대로 따르는 데 반해, 적극적 사회는 목표 달성을 위한 열망과 능력을 보여 준다고 한다.

에치오니는 '전 사회적 지침(societal guidance)'의 과정을 하향적 통제(저항을 극복하기 위해 중앙의 권력을 사용하는 것)와 상향적 합의 형성(전 시회적 조건에 대한 지식을 개선시켜 나감으로써 갈등을 해소하는 것)의 결합으로 정의했다(Friedmann & Hudson, 1974: 6-7). 요컨대, 어떤 쟁점에 대해 어느 정도의 사회적 합의가 이루어지면 일반적인 정책방향은 집권적으로 중앙에서 결정될 수 있고, 사업계획의 특수한 것들에 대해서는 분권화된 기획의 재량 범위를 남겨둔다는 것이다(Gilbert & Specht, 1977: 74). 분권화된 기획이 사회적 합의와 일반적인 정책방향의 지침 하에서 수행됨은 물론이다(Camhis, 1979: 62).

민주적 기획론과 적극적 사회론은 공익에서의 공동체주의적 관점에

그림 2-3 에치오니의 사회유형 분류

		통제: 강하다	통제: 약하다
합의	높다	적극적 사회 (예: 이스라엘)	표류 사회 (예: 미국)
	낮다	과도관리 사회 (예: 소련)	소극적 사회 (예: 파라과이)

조응된다. 그리고 민주적 기획론은 결정상의 다원을 바탕으로 한 일원성, 변화의 폭에서의 부분성,[17] 완전한 합리성을 받아들인다는 점에서 합리적·포괄적 모형에 상응하고([그림 2-1] 중의 Ⅱ, [그림 2-2] 중의 ②), 적극적 사회론은 결정상의 다원을 바탕으로 한 일원성, 변화의 폭에서 전체와 부분을 모두 고려한다는 점, 제한된 합리성을 받아들이되 좀 더 합리적이고자 하는 점 등에 비추어 볼 때 혼합모형([그림 2-2] 중의 ④)에 상응한다.

이 두 사회공학 간에 차이점이 있다면 무엇일까? 그것은 먼저 환류에서의 정도의 차이에 있다고 하겠다. 민주적 기획론에서는 모든 대안을 모든 목표를 기반으로 모든 결과를 찾아내려 하는 반면, 적극적 사회론에서는 제한된 합리성과 점증주의를 받아들여 대안과 목표 및 결과의 검토에서 가능한 범위의 것으로 한정한다는 점이다. 또 문제인지에서의 합의 형성을 위한 시민 참여뿐 아니라 대안선택 단계에도 시민들의 견해 표명이 있을 수 있는가 하는 점도 양자를 구별하는 척도가 된다. 민주적 기획론이 문제인지상의 합의에만 다원사회와 시민 참여를 인정하는 한편, 적극적 사회론은 중앙의 지침 하에서나마 대안 선택의 단계에서도 시민 참여 및 다원성을 인정하고 있다.

17) 합리적·포괄적 모형에서의 변화의 폭을 어떻게 볼 것인가에 대해서는 이견이 있는 것으로 보인다. 브레이브룩과 린드블롬은 그것을 '부분적 변화'에 해당하는 것으로 분류했지만, 에치오니 등은 '전폭적 변화'에 위치시키고 있다. 그리고 만하임의 경우에도 '사회재건'이라는 '큰' 의미로 사용되고 있다. 그러나 여기에서는 분석의 명료성을 기하고자 브레이브룩과 린드블롬의 분류를 따르도록 한다.

제 3 장 정책형성: 관련 논점

제3장에서는 정책형성과 관련된 몇 가지 주요 논점들 — 정책형성 담론과 제도적 맥락, 정책형성 과정 참여자, 정책결정 설명요인 — 에 대해서 살펴본다.

제 1 절 정책형성 담론과 제도적 맥락

1 이론적 논의

정책형성에 대해 논의할 때 기본적으로 고려되어야 할 요소는 의사결정 과정에 참여하고 있는 행위자들과 그들이 활동하고 있는 제도적 틀이다. 구체적인 행위자들의 직·간접적 활동이 없이는 정책결정이 이루어질 수 없으며, 그 행위자들의 활동은 일정한 규칙과 제도에 의해 틀 지어진다는 점에서 이 두 요소의 중요성이 부각된다. 정책형성 과정에 참여하고 있는 주요 행위자들에는 여당과 야당의 정치인, 선출 및 임명된 공무원, 이익단체의 대표, 민간의 전문가 및 언론인 등이 있다. 그리고 그들의 활동을 제약하는 제도적 틀에는 헌정 체제, 선거제도, 관료제도, 이익중재 기제 등이 있다.

그런데 위의 두 요소에 더하여 정책형성 과정에서 주목해야 할 또 하나의 핵심적 요소로 담론을 들 수 있다. 담론은 정책형성 과정에 참여하고 있는 행위자들이 각자의 정책안을 제시하는 과정과 자신의 정책안을 정당화하는 과정에서 행위자들 상호 간에 논의한 내용들, 그리고 각 행위자들이 일반 시민들을 향해 자신의 입장을 내세우고 정당화하는 과정에서 발언한 내용들로 구성된다. 따라서 담론은 정책 아이디어와 정책가치는 물론 정책의 구체화와 의사소통 과정의 상호작용까지를 모두 포괄한다(Schmidt, 2002: 210). 이러한 담론이 없이는 사실상 정책형성 과정이 성립될 수 없다는 점에서, 그리고 이 담론 과정을 통해서 구체적인 정책 프로그램의 내용이 형성된다는 점에서 담론적 요소의 중요성을 확인할 수 있다. 이에 여기서는 담론의 중요성을 주장하고 있는 슈미트의 논의를 정리한다.[1)]

정책형성 과정에서 담론의 중요성을 역설하고 있는 슈미트(V. A. Schmidt)는 담론이 행해지는 단계를 조정적 단계(coordinative stage)와 소통적 단계(communicative stage)의 둘로 구분한다. 조정적 단계는 정책결정 과정에 참여하는 주요 행위자들이 공동으로 정책 프로그램의 기본 내용을 마련하는 단계이고, 소통적 단계는 해당 정책 프로그램의 내용을 일반 시민에게 전달하는 단계다. 이 두 단계에서 행해지는 담론은 상호연계되어 있어, 조정적 단계에서 조정적 담론(coordinative discourse)을 거쳐 형성된 정책안이 다음 단계에서 소통적 담론(communicative discourse)의 형태로 일반 시민들에게 전달된 후, 일반 시민들의 반응이 다시 조정적 담론으로 환류된다. 담론의 두 단계에 대해 부연하면 다음과 같다.

조정적 단계에서 활동하는 주요 행위자들은 정부 측 인사(정치인과

1) 이하의 논의는 슈미트(Schmidt, 2001/2002)를 토대로 작성한 주재현(2007: 30-39, 53-54)과 주재현(2008: 제14장)을 인용함.

관료 포함), 주요 이익단체의 대표, 지방정부 측 인사(경우에 따라), 민간 전문가(정부에 의해 임명되었거나, 해당 분야에서 널리 알려진 인사) 등으로 구성된 정책행위자(policy actors)이다.[2] 이들은 정책 프로그램의 기본안을 만들어내는 일종의 포럼을 구축한 것으로 볼 수 있다. 이 포럼에서 정책 아이디어가 제기·발전·구체화되고, 해당 정책안의 필요성(necessity)과 적절성(appropriateness)에 대한 과학적·규범적 주장들이 형성되며, 실제적인 정책수단·목표·이념들이 논의된다. 또한 이 포럼에서 다양한 입장들 간의 갈등이 조정되고 타협이 이루어지며 정책집행 방안들이 개발된다.[3]

조정적 단계의 핵심적인 행위자는 위에서 언급한 이들이지만, 이들 간에 행해지는 담론의 주요 소재가 되는 아이디어들은 이들 이외의 인사들에 의해서 제기되기도 한다. 이러한 아이디어 제기는 정책전문가, 과학자, 대학교수, 연구소 연구원, 언론, 이익집단 구성원, 선거 출마자, 사회운동가 등에 의해서 이루어질 수 있다. 이들에 의해 제기된 아이디어들이 조정적 단계의 정책형성 과정에 참여하는 주요 인사들에 의해서 채택될 수 있으며, 이때 특히 이른바 정책조정자(mediators) 또는 중개자(entrepreneurs)의 역할이 중요하다.

어떤 이에 의해서 아이디어가 제공되었건 조정적 단계에 참여하고 있는 이들은 이 아이디어가 실제 정책안이 될 수 있도록 하는 데 핵심적 역할을 수행한다. 즉, 그들은 일면 자신들의 서로 다른 입장과 의견을 주장하면서, 다른 한편으로는 다른 이들과 의견 조율과 협상을 시도하며, 그 결과로서 공동의 정책안을 마련해 낸다. 따라서 그들은 비록 서로 다른 정책이념을 지니고 있다고 해도, 해당 정책안과 관련된 정책목표나 수단에 대한 제한적인 합의에 도달해 있다고 볼 수 있다. 합의에 도달한 정책안은 참여 행위자들 간의 영향력 차이를 반영하고 있을 수 있지만, 비록 가장 적은 권력자원을 보유하고 있는 이들조차도 다수 세력으로부터 어

---

2) 경우에 따라 야당 정치인이 포함되기도 한다.

3) 조정적 단계의 행위자들은 정책공동체(policy community)를 구축하고 있는 것으로 해석될 수 있다.

느 정도의 양보는 이끌어낼 수 있다. 일단 합의에 도달하게 되면, 그 합의 내용은 차후에 조정적 담론이 다시 필요로 되는 경우에 재담론을 위한 토대가 된다. 그러나 조정적 담론이 다시 실행되기 위해서는 우선 정책형성의 소통적 단계가 성공적으로 진행되어야 한다.

일반 대중을 대상으로 정책 프로그램의 내용을 전달하는 소통적 단계는 해당 정책 프로그램의 존속 여부는 물론 관련되는 정치적 행위자들의 정치적 생존에도 매우 중요한 의미를 지닌다. 소통적 단계의 주요 행위자는 정치인 및 그들과 연계된 이들 — 대변인, 언론담당관(spin doctors), 캠페인 관리자, 연설문 작성자 등 — 로 구성된 정치적 행위자(political actors)이다. 소통적 단계에서는 특히 대중을 상대로 한 의사소통 기술의 중요성이 부각되며, 일반 시민에 대한 정치적 행위자들의 의사소통을 통해서 정책 프로그램의 윤곽이 드러난다. 거시적 정책방향에 대한 포괄적 담론(master discourse)은 최고위 정치인(예컨대, 대통령, 수상 등)에 의해서 제시되며, 이를 토대로 한 좀 더 세부적인 담론(sectoral discourses)은 정부 내 다른 구성원들(예컨대, 장관)에 의해 수행된다. 조정적 단계에서 형성된 정책 프로그램의 질적 수준과 일관성, 그리고 행정부 또는 의회 수장의 구성원에 대한 장악력 등의 변수에 의해 한 정부가 대중들에게 제시하는 정책안의 명료성 정도가 결정된다.

소통적 단계는 대중을 대상으로 한 일방적인 정책내용의 전달만을 의미하는 것은 아니다. 필요에 따라 정책 엘리트들은 대중의 의견을 수용하여 정책안의 내용을 수정하기도 한다. 이 과정에서 좀 더 폭넓은 여론지도층 내에서 토론이 진행될 수 있다. 이 여론지도층에는 신문 논설위원, TV 논평인, 민간회사 경영인, 야당 정치인, 노동자 대표, 대학과 연구소의 전문가, 여타 관련 이익단체 대표, 공익 및 시민단체 활동가, 교회 지도자 등이 포함된다. 이들은 공개적인 미팅, 신문 사설, 선거 캠페인, 인터넷 등을 통해서 정책안에 대해 접근하고 토론에 참여할 수 있다. 조정적 단계에 참여했던 행위자들 또한 이 단계에서 다시 한 번 참여하여 자신의 입장을 주장하고 이를 정책안의 내용에 반영하기 위해 노력할 수 있다.

소통적 단계에 행해지는 담론에 있어 비판은 중요한 기능을 수행한다. 만약 비판을 통해 정책 엘리트들이 정책안의 문제점을 파악하고 새로운 조정적 담론을 통해 이 비판 내용을 수용하는 더 나은 정책 프로그램을 도출할 수 있다면, 이는 정책 프로그램의 문제해결 능력은 물론 정부와 정책의 정당성까지도 제고할 수 있게 된다. 따라서 소통적 단계에서 비판을 억누르고 억제하는 접근을 채택한다면, 이는 민주주의의 정상적인 작동을 훼손함은 물론 해당 사회가 직면하고 있는 문제를 적절하게 해소하기 힘들게 되는 상황으로 나아갈 수 있다는 점이 기억되어야 한다.

이상에서 논의한 정책형성 과정의 조정적·소통적 단계와 담론의 주요 내용을 정리하면 〈표 3-1〉과 같다.

표 3-1 조정적·소통적 의사결정 단계와 담론의 주요 내용

단 계	행위자	담론 방식	아이디어 창안자	목 적	형 태
조정적	정책행위자	상호 간	민간전문가, 정책중개자	정책 프로그램 형성, 합의 도출	정책행위자 간의 토론
소통적	정치적 행위자	대중 대상	정책행위자, 정치적 중개자	대중과의 소통, 정보 전달과 정당화	정책 프로그램의 공론화

자료: Schmidt(2002: 231).

모든 국가들이 정책형성 과정에서 조정적 단계와 소통적 단계를 거치지만, 이 두 단계가 실제로 어떻게 진행되는가 하는 것은 각 국가의 제도적 맥락에 의해 크게 영향을 받는다(cf. Thelen & Steinmo, 1992; 하연섭, 2003). 즉, 각 국가의 제도적 특성에 따라 두 단계 중 하나를 다른 것에 비해 더 정교하게 운영하는 현상이 나타난다. 여기서 제도적 특성과 맥락은 구체적으로 헌정 체제, 선거제도, 의회-행정부 간 관계, 그리고 이익중재 기제 등을 말한다. 대체로 행정부에 권력과 권한이 집중되는 제도적 특성을 보이고 있는 국가들에서는 조정적 단계보다는 소통적 단계가 더 정교할 것으로 예상해 볼 수 있으며, 반대로 권력과 권한의 분산을 가져오는 제도적 특성을 지닌 국가에서는 소통적 단계보다는 조정적 단계가 더 정교하게 진행될 것으로 예상할 수 있다. 행정부에 권력과 권한

이 집중되어 있는 경우, 조정적 단계는 상대적으로 단순할 수 있으나, 조정적 단계에서 배제되었던 사회 부문을 적절히 설득하기 위해 소통적 단계가 정교해질 필요가 있다. 한편, 권력과 권한이 분산되어 있는 경우, 권력 지분을 소유하고 있는 제 세력들이 참여하는 조정적 단계가 상대적으로 복잡하고 정교하게 운영되어야 하되, 일단 결정된 정책안을 사회 일반에 전달하는 소통적 단계는 비교적 단순할 수 있다.

2 한국의 제도적 특성과 정책형성

1) 제도적 특성

(1) 헌정 및 선거제도

1987년에 개정된 제6공화국 헌법은 종전의 의원내각제적 요소를 완화하고 대통령제 정부 형태를 강화했다. 이전의 4, 5공화정에 비해 대통령의 지위와 권한은 제한되었으나 여전히 대통령은 강력한 권한을 지닌다. 국회는 국민의 직접 선거에 의해 선출되는 의원과 비례대표 방식(proportional representation)에 의해 전국구에서 선출되는 의원으로 구성되는 단원제 국회이다. 1지역구에서 1명의 의원을 선출하는 단순다수 대표제(simple plurality, 또는 소선거구 제도)를 채택하고 있으며, 비례대표의 경우 직능대표와 정당당료 정치인 등의 국회 진출이 가능하게 되어 있다.[4)]

행정부의 국무회의는 대통령의 권한에 속하는 중요 정책을 심의하는 합의제 심의기관으로서 대통령 보좌기관으로서의 성격을 지닌다. 국무총리는 행정부 내에서 대통령 다음가는 제2인자의 지위에서 대통령을 보좌

4) 비례대표 의석(국회의원 정수의 1/3)의 배분은 지역구 선거에서 의석 수가 제일 많은 정당(제1당)의 지역구 의석이 의석총수의 100분의 50 미만일 때는 제1당에게 비례대표 의석 총수의 1/2을 배분하고, 잔여 의석은 지역구 선거에서 5석 이상의 의석을 얻은 제2당 이하의 정당에 그 지역구 의석 비율로 배분한다. 이러한 선거제도로 인해 한국의 의회정치는 제한된 다수정당 체제로 운영되고 있다.

하며, 대통령의 명을 받아 정부 내에서 행정 각 부를 조정·통할한다. 행정 각부는 대통령을 수반으로 하는 정부의 구성 단위로서 대통령 내지 국무총리의 지휘 또는 통할 하에 소관 행정사무를 담당한다. 헌법재판소는 분화된 권력구조 상호 간의 견제와 균형을 기하기 위한 사법적 헌법보장 기관으로서 법률의 위헌 여부에 대한 심판, 탄핵심판 등을 관장한다. 이상 살펴본 바와 같이, 제6공화국 헌법은 이전 헌법에 비해 권력 분립을 더 엄격하게 규정하고 있다. 즉, 국가 권력을 입법권·행정권·사법권으로 분리하여 각각 국회·행정부·법원·헌법재판소에 귀속시킴으로써 상호 견제와 균형을 기하도록 하고 있다. 그러나 다음에서 검토되는 바와 같이 실제로 이들 기관들 간에는 권력의 차이가 엄존한다(김운태, 1996; 하태권, 2004).

(2) 행정부와 입법부 간 관계

한국의 입법부와 행정부 간의 관계를 보여 줄 수 있는 지표에는 행정부 통제의 감사 기능, 법률안 처리 과정, 국민들의 국회와 행정부에 대한 청원 상황 등이 있다(안병만, 1999). 행정부의 독주를 견제할 수 있는 입법부의 가장 강력한 제도적 장치는 국정감사권이다. 한국의 국정감사와 국정조사는 1988년에 부활되었으며 민주화의 진행과 더불어 비교적 활발하게 시행되고 있다. 그러나 깊이 있는 감사가 이루어지지는 못하고 있으며 국회의원들은 전문성 부족을 보이고 있어, 국정감사와 조사가 행정부에 대한 입법부 통제의 의의를 충분히 살리지는 못하고 있다. 법률안과 관련하여, 발의된 법률안의 가결 수에 있어 입법부는 행정부에 미치지 못하고 있다. 또한 국회에서 발의한 입법안 중 상당 부분은 행정부에서 준비한 사안을 형식적으로 국회에서 발의하는 것으로 하고 있다.[5] 청원에서, 국민의 대행정부 청원이 그 건수에서 국회를 대상으로 한 청원보다 월등하게 많다. 이는 국민들이 국회의 능력과 역량보다는 행정부의 그것이 우월한 것으로 생각하고 있음을 의미한다. 종합해 보면, 한국의 국회

5) 집권당과 행정부 간에 행해지는 정책협의의 대부분은 행정부에 의해 주도되고 집권당은 행정부의 정책을 정당화하고 홍보하는 형태로 진행된다.

는 행정부를 통제하려는 의지와 역량 면에서, 문제해결에 필요한 전문성 면에서, 그리고 국민들로부터의 신뢰성 면에서 많은 한계를 지니고 있다고 하겠다.

(3) 이익중재 기제[6)]

한국의 국가 주도적 산업화는 기본적으로 관료 세력에 의한 희소재원의 독점적 사용을 기본으로 하는 공공정책을 낳았으며, 정부에 의한 자원 배분적 정책결정은 경제적 이익집단의 형성에 심대한 영향을 미쳤다. 결국, 한국은 정부의 권력구조 형태와 상관 없이 하나의 특징적인 국가-이익집단 관계를 발전시켜 왔는데, 이는 이익집단의 국가 권력에의 순응적 종속 관계였다(장달중, 1996; 이대희, 2004). 1987년 이후 정치적 민주화가 제자리를 찾아가면서 이익집단의 수가 급격히 증가했다. 이는 전통적인 사회·경제적 이익집단에 더하여, 환경운동·경제정의운동·여성운동과 같은 '신'사회운동의 기치를 표방하는 집단들의 수가 획기적으로 증가한 데 힘입은 바 크다(Lee, 1993). 수적 증가뿐 아니라 이익집단의 영향력 또한 증대되고 있다. 이러한 현상은 과거 권위주의 정권 시절 일종의 국가조합주의적 통제 하에 놓여 있던 이익집단들이 민주화의 진전과 더불어 변화하고 있는 것으로 해석될 수 있으나(이대희, 2004), 권위주의 체제의 유산이 완전히 소멸되었다고 보기는 힘들다고 하겠다(장달중, 1996). 권위주의 체제의 유산은 특히, 국가와 사회·경제적 이익집단—노동자단체, 사용자단체—간의 이익중재 체제인 조합주의(corporatism)의 실행 노력과 관련하여 두드러진다. '노사정위원회'의 실패는 권위주의 체제의 유산이 얼마나 뿌리깊이 한국 사회에 내재되어 있는지를 보여 주고 있다.

2) 정책형성의 현황

(1) 정부 정책결정 과정

제3공화국에서 제5공화국까지의 정책결정은 대부분 행정부의 내부구

---

6) '이익중재 기제'와 우리나라 '정책형성의 현황'에 관한 좀 더 자세한 내용은 다음의 제2절을 참조.

조, 즉 대통령과 관계 부처들 간의 구조적 · 기능적 연계를 주축으로 이루어졌다. 행정부 우위의 이러한 통치권력 배분은 정책과정에서 국회와 정당의 참여를 배제했고, 이익집단이나 시민단체에 의한 의견 개진이나 요구 투입을 제약했으며, 일반 국민을 통제와 관리의 대상으로 전락시켰다(김호진, 1992; 안병영, 1994). 자유민주 체제로의 전환이 일기 시작한 1980년대 후반 이래, 민주적 정치공간이 확대되기 시작했고, 이에 따라 그간 권위주의적 정권 하에서 억압되었던 세력들이 목소리를 내기 시작했다. 의회와 정당이 행정부와 정부관료제에 대해 비판적인 입장을 취하는가 하면, 이익집단을 비롯한 각종 사회집단들도 과거의 피동성에서 벗어나 독자적인 이익을 표출하고 있으며, 일반 시민들도 집단행동 등을 통해서 자신들의 요구를 관철하려는 현상이 나타나게 되었다. 특히, 이익집단과 NGO를 중심으로 한 사회 세력들은 크게 다원화되고 활성화되었다. 이처럼 사회 세력들의 영향력이 강화됨에 따라 종래 정부관료제가 누렸던 정책과정상의 독점적 지위가 흔들리는 현상이 나타나고 있다(박천오, 2004).

그러나 이러한 상황 변화가 권위주의 체제 하에서 성립되었던 정부관료제 중심의 폐쇄적 정책형성 패턴이 완전히 새로운 개방적 · 다원적 정책결정 패턴으로 대체되었음을 의미하는 것은 아니다. 앞서 검토한대로, 의회는 여전히 국정의 중심부를 차지할 만한 역량을 보유하지 못하고 있으며, 이익집단과 NGO의 활동은 정책의 전 과정에 충분히 반영되지 못하고 있다. 현 상황은 빠르게 변하고 있는 정치 · 사회적 환경에도 불구하고 종래의 정책형성 패턴이 여전히 관성의 힘을 보여 주는 상황으로 볼 수 있으며, 이는 정책적 쟁점을 둘러싼 정치 · 사회적 혼란의 발생을 그 특징으로 한다.

(2) 정책형성의 현황에 대한 평가

앞서 살펴본 제도적 특성을 종합해 보면, 한국은 행정부에 권력과 권한이 집중되어 있는 유형이라 할 수 있다. 대통령중심제를 기반으로 한 헌정 체제는 대통령과 행정관료제가 정책결정 과정의 중심에 위치할 수 있는 여건을 형성했다. 단순다수 대표제와 비례대표제를 혼용하고 있는 선거제도에 의해 형성되는 국회는 대통령과 행정부를 견제할 것으로 기대되고 있으나, 대통령과 행정부의 정책 리더십과 영향력을 넘어서지 못하고 있다. 정책과정에서 이익단체들과 NGO의 영향력은 크게 증가했으나, 여전히 정책의 주도권을 행사하지 못하고 있으며 행정부에 의해 제안된 안을 논의하는 수준에 머물고 있다. 이러한 행정부 중심적인 의사결정과정은 특히 권위주의 체제 하에서 그 기본 틀이 형성되었으며, 이는 자유민주주의 체제로의 전환 이후에도 지속되고 있다.

이렇게 볼 때 한국의 정책형성은 조정적 단계와 소통적 단계 모두에 있어 폭넓은 담론이 수행될 수 있는 정교한 제도적 틀과 담론의 관행을 아직 갖추고 있지 못한 것으로 볼 수 있다. 앞에서 예측한 것과는 달리, 행정부에 권력과 권한이 집중되어 있는 제도적 특성을 보임에도 불구하고, 소통적 단계에서도 정교한 담론 실행 구조를 갖추지 못하고 있는 것이다.

조정적 단계에서 주된 정책 아이디어 제공자는 행정 공무원이라 할 수 있으며, 이들은 자신들 상호 간의 담론을 통해서 주요 정책 프로그램의 내용을 구성한다. 이 과정에서 경우에 따라 일부 민간전문가와 관련 이해당사자들의 의견이 수렴되기도 하지만, 이는 보조적인 기능을 수행하는 데 한정된다. 국회의원을 비롯한 정치적 행위자들은 이 과정에서 대체로 적절한 역할을 부여받지 못하고 소외되는 경향을 보인다. 결국, 한국 정책형성 과정의 조정적 단계는 행정부 소수 정책창안자의 주도 하에 낮은 개방성을 특징으로 하여 진행된다.

이렇게 하여 형성된 정책 프로그램은 소통적 단계에서 일반 시민들에게 전달되나, 많은 경우 일반 시민들의 반응을 적극적으로 수용하려는 의지는 결여되어 있다. 조정적 단계에서 소외되어 있었던 대다수 정치적 행위자들이 소통적 단계에서 적극적인 역할을 수행할 것으로 기대하기 힘들기 때문에, 한국 정책형성 과정의 소통적 단계는 많은 경우에 있어 일반 시민을 적절히 설득하고 정책 프로그램의 내용을 정당화하려는 핵심적 행위자를 결여하고 있다. 행정부의 수장인 대통령이 모든 사안마다 직접 나서서 대국민 홍보와 설득을 담당할 수는 없다는 점에서, 그리고 대통령이 세부적 담론을 수행하기는 힘들다는 점에서, 정치적 행위자들이 적절한 역할을 수행하지 못한다는 것은 한국 정책형성 과정에서 큰 결함이 된다. 따라서 한국 정책형성 과정상의 소통적 단계는 불충분한 홍보와 설득, 오해와 의견 충돌, 이견 수렴 통로의 결여와 갈등 발생, 그리고 집단행동과 경제적·사회적 손실 등을 특징으로 한다.

그런데 이러한 평가는 앞의 이론적 예측과는 차이를 보인다. 즉, 한국은 행정부에 권력과 권한이 집중되어 있는 제도적 특성을 보임에도 불구하고, 소통적 단계에서도 정교한 담론 실행 구조를 갖추지 못하고 있다. 부연하면, 한국 정책형성 과정의 조정적 단계는 행정부 소수 정책창안자의 주도 하에 낮은 개방성을 보이면서 진행되며, 소통적 단계는 불충분한 홍보와 설득, 오해와 의견 충돌, 이견 수렴 통로의 결여와 갈등 발생, 그리고 집단행동과 경제적·사회적 손실 등을 특징으로 한다. 이러한 현상이 나다나게 된 원인은 권위주의 체제 하에서 형성된 제도적 틀과 관행의 유산이 사회의 변화를 따라가지 못하고 있기 때문이다. 자유민주주의 체제로의 전환에 따라, 더 많은 사회구성원들이 정책의 조정적·소통적 단계에 참여하여 의견을 표출하고 담론을 수행할 것으로 기대되고 있음에도 불구하고, 정책형성 과정의 실제는 여전히 권위주의적인 유산의 영향을 받고 있는 실정이다. 그 결과 오늘날 한국의 정책형성 과정은 특히, 소통적 단계에서 많은 갈등과 의견 충돌을 보이며 사회통합을 이루는 데 어려움을 겪고 있는 것이다.

제 2 절 정책형성 과정에의 참여자

위에서 논의한 바와 같이 정책형성 과정에 참여하여 의제형성 및 정책결정에 영향을 미치는 주요 행위 주체들로는 정부관료제, 압력단체, 정당과 의회, 언론, 정책전문가, 그리고 일반 유권자 등이 있다(안해균, 1997;

안병만, 2005). 이하에서는 이들 행위 주체의 일반적 특성과 우리나라의 경우에 발견되는 특수한 사항들을 살펴본다.[7)]

1 정부관료제

관료의 유형에 관한 고전적인 분류방식을 제시한 다운스(A. Downs)는 관료를 다섯 유형으로 정리한다(Downs, 1967: 92-111; Dunleavy, 1991: 150).

첫째, 출세가형(climbers)이다. 이들은 자신의 권력·수입·위신의 극대화를 추구하는 관료 유형이다. 고위 관료 중 출세가형은 조직의 변화와 발전을 추구할 수도 있지만, 그렇게 하는 이유는 그것이 그들의 개인적 이익을 확대하는 수단으로 인식되기 때문이다.

둘째, 현상유지자형(conservers)이다. 이들도 이기적인 관료 유형이지만, 출세가형과는 달리 조용한 생활과 안정적인 미래를 원한다. 그들은 편의성과 안전의 극대화를 추구하며, 부차적으로 자신의 권력·수입·위신 수준을 향상시키고자 한다. 그러나 그들은 기관이나 기능의 팽창을 비롯한 거의 모든 급진적인 조직변화에 저항한다.

셋째, 열성가형(zealots)이다. 이들은 자신이 관련되어 있는 특정의 프로그램과 자신을 강력하게 동일시하며, 해당 프로그램의 절대성을 주장한다. 따라서 그들은 해당 프로그램을 수행하는 데 도움이 된다고 판단되는 조직의 변화에는 적극적으로 동조하지만, 자신과 관련되어 있지 않은 프로그램에 대해서는 관심이 없다.

넷째, 창도자형(advocates)이다. 이들은 자신이 속한 기관이 그 임무를 잘 수행하고, 관련된 고객 집단들에게 좀 더 좋은 서비스를 제공할 수 있도록 하기 위해 자신이 속한 기관의 권력을 극대화하고자 한다. 창도자

---

7) 정책형성 과정의 참여자 중 정부관료제, 압력단체, 언론과 관련된 내용은 주재현(2013: 제3장, 제5장)을 토대로 함.

형 관료들은 자신이 속한 조직 또는 그 조직의 고객에 대한 충성을 자신의 후생과 동일시한다. 창도자형 관료들은 조직 내적으로 경쟁을 벌일 수도 있지만, 조직 외적으로는 통합된 행위자로서 해당 기관의 역할과 자원을 확충하기 위해 열정적으로 활동한다. 가장 적극적이고 지속적인 '관료적 제국주의(bureaucratic imperialism)'로 진전될 수 있는 관료 유형이다.

다섯째, 경세가형(statesmen)이다. 이들은 사회 전체의 후생—공익—을 실현하기 위해 노력하는 유형의 관료이다. 따라서 이들은 고전적 행정학에서 상정하고 있는 이타적인 공무원상에 가장 근접해 있는 관료 유형이라고 볼 수 있다.

이상 살펴본 관료의 유형에 대한 이해의 차이는 관료와 관료조직에 대한 이해에도 차이를 만들어냈다. 다음에서는 이러한 차이를 공익지향성과 사익지향성으로 구분하여 살펴본다.

1) 관료와 관료조직의 공익지향성: 합리적 행위자 모형

다운스의 관료 유형 중 경세가형의 관료들은 공익지향적인 행태를 보일 수 있다. 경세가형의 관료는 사회의 후생을 증진시키기 위해 적극적으로 노력하는 관료이다. 공익에 관한 공동체주의적 관점과 조응하는 이 입장에 따르면 관료들은 다양한 사회 이익들 간의 조화와 균형을 추구한다. 그들은 공익을 수호하고 정책과정에서 상대적으로 조직화되지 못하고 잘 고려되지 못하는 이들을 위해 목소리를 내고 민주적인 게임의 규칙을 적극적으로 수호한다. 나아가 행정관료들의 충성심이 선출된 정부에 전적으로 놓여서는 안되며, 그러기 위해서 그들은 전문적이고 임기가 보호되고 비정당정치적이고 헌법과 민주과정의 수호자로서 역할을 수행해야 한다고 본다. 구체적으로는 실적에 의해서 충원되고, 헌법·공익·국익의 전통 안에서 훈련되며, 압력단체에 의해 식민화되고 지배정당에 복속되는 것을 막기 위해서 공무원들은 사회갈등으로부터 격리되어야 한다는 것이다(Dunleavy & O'Leary, 1987: 44-47).

그러나 경세가형의 관료를 좀 더 소극적인 형태로 이해하게 되면, 관료와 관료조직은 지배적인 정치·사회적 압력에 순응하는 유연하고 수동적인 역할을 하는 존재로 볼 수 있다. 공익에 관한 개인주의적 관점과 상응하는 이 입장에서, 관료제는 의회를 통해서 표출된 민주적인 의사결정 및 이익집단 간 경합의 결과(균형점, 공익), 대중매체의 영향, 선거결과 등에 복속될 수 있으며, 행정이 정치와 분리될 수 있다는 것이다. 행정은 단지 민주적인 정치과정을 통해 나타난 결과(공익)를 확인해줄 뿐이란 것이다. 요컨대, 공익지향의 관료와 관료조직을 소극적인 관점에서 해석할 경우, 관료제는 행정조직상의 아주 구체적인 측면을 제외하고는 기본적으로 자신의 고유한 선호가 없는 존재로 이해될 수 있다(Dunleavy & O'Leary, 1987: 43-44).

다원주의 일부 분파들에 의한 공익지향적 관료 이해는 베버(M. Weber)의 고전적인 관료제 모형과 윌슨(W. Wilson)의 진보주의적 행정 개념에서 그 연원을 찾을 수 있다. 그 후 사이먼(H. A. Simon)의 합리모형을 통해 현대화된 이 견해는 앨리슨(G. Allison)에 의해 합리적 행위자 모형(rational actor model)으로 명명되었다(Allison, 1971: 10-38). 합리적 행위자 모형에서 행위의 주체인 정부(또는 전체 국가기구)는 합리적인 단일의 행위자로 간주되며, 정부는 일련의 구체화된 목표와 목표를 달성하기 위한 잠재적 대안, 그리고 그 대안으로부터 초래되는 결과에 대한 평가를 내릴 수 있다고 본다. 정부활동은 합리적 선택으로 간주되는데, 정부가 추구해야 할 목표·목적은 미리 주어지고, 정부의 의사결정자는 이의 달성을 위한 각 대안을 비교·평가해서 목표를 가장 잘 달성할 수 있는 대안을 선택한다는 것이다.

이러한 관료제 이해가 일정 부분 의미를 지니고 있음을 부정할 수는 없으나, 합리모형 또는 합리적 행위자 모형은 현상을 기술하는 측면보다는 관료들의 역할에 대한 규범적 기대의 의미를 담고 있는 측면이 더 강하다고 하겠다. 현상을 기술함에 있어서는 사익지향적인 관료 이해가 더욱 적실성을 지닌다.

2) 관료와 관료조직의 사익지향성: 조직과정 모형, 관료정치 모형

경세가형 관료를 제외한 대부분의 관료들은 전적이든 부분적이든 어느 정도 자신들의 이익을 추구하는 행태를 보이게 된다. 그런데 그들의 이익추구는 소극적인 형태로 나타날 수도 있고, 적극적인 형태로 나타날 수도 있다. 다운스의 관료유형론을 활용하면, 소극적인 형태는 현상유지자형으로 대표되고, 적극적인 형태는 출세가형과 창도자형으로 대표된다. 열성가형은 복합적인 성격을 지니고 있어, 자신의 업무와 관련해서는 적극적이지만 그 외에 있어서는 소극적이라고 볼 수 있다. 다음에서는 엘리슨의 조직과정 모형과 관료정치 모형을 중심으로 이러한 특징들을 살펴본다.

조직과정 모형(organizational process model)은 정부가 단일의 통합된 행위자가 아니라 나름의 독자적인 영역을 지니고 있으며 느슨하게 연결된 조직체들의 집합인 것으로 본다. 각 조직(기관)은 정책의제와 역할 집합, 그리고 표준운영절차(standard operation procedure)를 지니고 있으며, 특히 조직의 산출물은 주로 표준운영절차를 거쳐서 형성된다. 따라서 조직과정 모형은 조직 내 개인들의 의도적 행위에 크게 관심을 기울이지는 않는다. 그러나 각 기관의 목표가 소속 관료들의 불확실성을 감소시키고자 하는 희망, 그리고 조직의 보수적 성향에 의해 주로 결정되는 것으로 봄으로써,[8] 조직구성원들의 현상유지적인 성향을 보여준다(Allison, 1971: 67-100).

한편, 각 조직은 특정 영역에 대해 관할권을 지니며 조직들 간의 관계는 반독립적이다. 그런데 주요 정책문제에 대한 관할 범위는 한 조직에만 국한되어 있지 않다. 따라서 각 기관이 특정 문제에 대해 제시한 정책방안은 관련되어 있는 다른 기관들이 제시한 정책방안과 상이할 수 있다. 이러한 상황은 조직 할거주의(organizational parochialism)를 초래할 수 있으며, 나아가 조직 제국주의(organizational imperialism)나 의제조작(agenda manipulation)[9] 등으로 진전될 수 있다.[10] 이러한 상황에서 결

---

8) 조직과정 모형은 제한된 합리성(bounded rationality)과 불확실성을 주된 가정으로 하고 있다.

9) 각 조직이 자신의 이해관계 때문에 의도적으로 정책대안의 목록을 자신에 유리한 것들로 제한하는 행위를 말한다.

국 정부 정책은 이들 조직들 간의 상이한 대안들이 최고 정책결정권자의 조정을 거쳐 나타난 결과물이 된다. 그러나 이는 최고 정책결정권자가 이들 조직을 철저히 통제할 수 있다는 의미라기보다는 단지 조직들의 활동을 간섭할 수 있음을 의미하는 정도로 볼 수 있다.

조직과정 모형에서 개별 조직의 활동에 주목하면, 해당 조직과 그 구성원들은 제한된 합리성과 불확실성이라는 조건 하에서 대체로 현상을 크게 변화시키지 않으면서 기존 상황이 주는 편의성을 유지하려는 보수적인 성향을 지닌 존재로 드러난다. 그러나 조직들 간의 관계로 확장하게 되면, 각 조직(및 그 구성원)은 자신의 관할권(기득권)을 유지하기 위해 노력하는 존재로 파악된다. 요컨대, 조직과정 모형을 통해서 발견되는 관료와 그 조직의 모습은 대체로 소극적인 차원에서 자신의 효용을 유지하되, 필요 시에는 자신의 기득권을 지키기 위해 방어적이거나 공격적인 활동을 취할 수 있는 존재라고 하겠다.

관료정치 모형(bureaucratic politics model)은 관료와 관료조직이 사적인 이익을 적극적으로 추구하는 존재로 인식한다. 이 모형은 민간부문과 마찬가지로 공공부문에도 사적인 공동 이익을 실현하기 위한 집단형성이 발생하고 있다고 본다. 즉, 정부 각 부서, 전문가 집단, 준정부기관(quasi-governmental agencies), 공기업 등이 모두 집단을 형성하고 있으며, 그들의 기관 할거주의, 공공부문 노조운동, 전문가 집단의 발전 등이 모두 이 점을 반영하고 있다는 것이다. 또한 각 관료조직은 각기 자기 고객의 이익을 반영하는 과정에서 내적인 압력단체 역할을 수행하고 있다(Dunleavy & O'Leary, 1987: 47-49; Allison, 1971: 144-184).

관료정치 모형의 전제는 관료들도 다원적인 정치체계 상의 다양한 집단들 중의 하나일 뿐이라는 것이다. 나아가 정부관료제는 단일의 행위자가 아니라 파편화된 여러 기관들로 이루어져 있으며, 그들 간의 경쟁이

10) 이러한 점에서 조직과정 모형과 후술할 관료정치 모형에 일부 중첩되는 영역이 존재하며, 이 때문에 실제 사례연구에서 두 모형을 구분하기가 쉽지 않다. 그러나 이론적 정교화를 위해서는 이 두 모형을 구분하려는 노력이 지속되어야 한다(정용덕, 2001: 371).

치열하고, 그들 간의 조정현상도 발생하고 있다고 본다. 개별 기관의 입장에서는 자신의 존속이 단지 정치적인 상부로부터의 지원에 의해서만 가능한 것이 아니라 사회 내의 다른 세력으로부터의 지원도 필요로 한다. 따라서 자신의 존속을 위해서는 해당 기관에서 산출한 정책 프로그램에 대한 정치적 지지를 끌어내야 하며, 그러기 위해서는 의회 내의 지지세력(상임위원회 등) 및 사회 내의 고객(이익단체나 개별적인 개인 등)으로부터 지지를 끌어내야 한다. 또한 일반 국민들로부터도 긍정적인 여론을 얻을 수 있도록 노력해야 한다는 것이다(Dunleavy & O'Leary, 1987: 50-51).

관료정치 모형에서 상정하는 개별 관료의 동기는 개인적 야심, 사명감, 각 소속기관에서 부여되는 역할수행 등의 복합체로 구성된다. 의사결정 과정에 참여하는 개별 관료들은 개인적인 이익과 소속되어 있는 조직의 이익은 물론 공익에 대한 인식에 있어서도 서로 다른 입장을 지닌다. 그들은 나름의 선호체계와 이해관계에 의해 동기 부여되며, 그들이 공익에 대한 사명감을 갖는 경우에서 조차도 그들의 공익에 대한 정의는 각자의 이익과 소속기관에서의 역할에 의해 영향을 받는다. "따라서 만일 [관료]정치 모형에서 가정하는 것과 같은 방식에 의해 이루어지는 정책결정이 공익에 일치할 수 있다면, 그것은 단지 우연한 결과일 뿐이다"(정용덕, 2001: 366).

정치 엘리트가 정책지도력을 발휘할 수 있는 한 정부관료제의 역할은 단순하다. 즉, 행정관료는 정치인이 내린 결정을 집행하면 되고, 이를 위해 합리모형에서 제시된대로 주어진 목적을 실현하기 위한 최선의 대안을 선택하면 된다. 그러나 현실은 이러한 '정치·행정이원론'적인 시각으로 해석하기 힘든 현상들로 구성되어 있다. 정부관료제는 사실상 주요 정책의제를 상정하고 이에 대한 정책을 결정하고 이를 구체화하는 역할을 수행하고 있으며, 의회와 사회 세력들은 이에 대한 견제 세력으로 작동할 수 있기로 기대되고 있으나 그 기대는 만족할 만하게 충족되지 못하고 있다. 또한 엘리슨의 모형들에서 나타난 대로 관료와 관료조직이 공익의 수호자가 될 수 있는 가능성뿐 아니라 자신과 자신이 속해 있는 조직의 이익이나 입장을 위해 활동할 수 있는 가능성을 주목해야 한다.

제3세계 국가의 정부관료제는 여타의 정치 · 행정적 구조가 취약한 상태에서 사회의 나아가야 할 방향을 설정하고, 이를 시행하는 과정에서 발생하는 문제들을 해결하는 데 중심적인 역할을 수행하고 있다. 그러나 동시에 이들 국가의 정부관료제는 권력의 남용과 부패의 문제에서 자유롭지 못한 것도 사실이다. 우리나라의 정부관료제도 이러한 일반론의 예외가 아니어서, 이승만 정부 하의 체제 유지형 관료제에서, 박정희 · 전두환 정부 하의 발전주의적 관료제를 거쳐 최근의 더욱 민주화된 정부 하에서는 사회통합 지향적인 관료제의 면모를 보이면서 정책형성 과정의 중심적인 행위자로 기능하고 있으나, 부패와 권력남용과 같은 부정적인 현상도 지적되어 왔다. 한편, 정부관료제 내 사회복지와 환경보전 등의 사회정책과 관련된 부처들과 경제개발 및 산업 증진 등의 경제정책과 관련된 부처들 간의 경쟁에서 경제정책과 관련된 부처들이 지속적으로 우월한 위치를 차지하고 있다. 그러나 경제정책 관련 부처들에 대한 사회정책 관련 부처들의 영향력이 최근의 정부로 올수록 강화되고 있는 현상이 발견된다.

2 정당과 의회

정당은 국가 내의 핵심적인 권위의 포지션을 차지하는 것을 목적으로 형성된 조직체로서 선거를 통해 대중의 지지를 추구한다. 이러한 정당은 ① 지배자와 피지배자 간의 연계를 제공하는 상향 및 하향의 의사소통의 통로를 구성하며, ② 다양한 요구들을 관리가 가능한 정도의 정책 아이디어들로 전환하며, ③ 집권 시 국정의 책임자로서 사회의 집합적 목표를 집행하고, ④ 정치 엘리트의 충원과 사회화 및 일반 시민들의 정치 참여를 조장하는 등의 기능을 수행한다. 정책결정 과정에서 정당이 어느 정도의 비중을 차지하는지는 정치적 민주화의 함수로 파악할 수 있으며, 특히 제3세계의 경우 일당 체제 하에서 정당이 지배자의 통치 수단으로 전락하는 사례가 종종 발견된다.

한편, 의회는 법의 제정과 정책의 형성에 제한된 영향력을 행사하고 있다. 즉, 오늘날 실질적인 정책결정의 책임은 주로 행정부에 있고 입법부는 부차적인 역할을 수행하고 있다. 그러나 의회는 사회의 여러 부문을 대변하는 기능을 수행한다. 의원의 대변 활동이 초점을 두는 대상으로는 선거구민, 정당, 이익단체, 정책 등이 있다. 먼저, 선거구민들의 정당 동일시 정도가 낮아짐에 따라 의원들은 선거구민들에게 개별적으로 접근해야 할 필요성이 증가하고 있다. 다음으로, 의원들은 자신이 소속한 정당의 노선을 충실히 따라야 할 필요성이 존재한다. 또한 의원들은 정치자금이나 사회적·종교적·지역적 변수에 따라 사회 내 특정집단의 대변인 역할을 하기도 하며, 경우에 따라서는 특정 정책 아이디어의 대변인이 되어 이를 실현시키기 위해 노력하기도 한다. 어떤 경우이건 의원들과 의회는 정책결정 과정의 주요 참여자 중의 하나가 된다. 그러나 제3세계에서는 일반적으로 정책결정을 할 때 의회의 영향력이 몹시 제한되어 있으며, 따라서 제3세계 국가들에게 의회는 정책결정 역할보다는 국가 내 여타 집단들을 하나로 묶는 통합기관으로서의 역할이나 권위주의적 지도자의 정당성을 높여 주는 역할에 더 큰 비중이 주어지고 있다.

우리나라는 대의제 민주주의의 활력소가 되어야 할 정당과 의회가 특히 취약하다. 정당정치는 정당이 직접 통치하는 것을 의미한다. 선거에 승리한 정당이 정부를 구성하고 정책을 집행하며, 그 결과에 대해 국민에게 책임을 지는 정치가 정당정치이다. 정당정치가 제대로 이루어지기 위해서는 각 정당이 정책 아이디어를 개발·제시하고 행정부를 통제하며, 이러한 정책 아이디어를 실현할 수 있는 능력이 있어야 한다. 그러나 우리나라의 경우, 국회와 집권당이 행정부의 통제 주체가 되기보다는 오히려 행정부의 수족처럼 작동하고 있는 부정적인 측면이 존재한다. 즉, 국회의원 발의의 법률안은 상당 부분 실질적으로 행정부의 안을 대변해 주는 것이며, 집권당과 행정부 간의 정책협의는 대부분 행정부에 의해 일방적으로 주도되고, 집권당은 행정부의 정책을 정당화하고 홍보하는 역할을 수행하고 있다. 이러한 의회와 집권당의 무기력은 좀 더 근원적으로는 부실한 정당에 그 연원을 두고 있다.

한국 정당은 엄밀한 의미에서 공당이 아니라 정치적 야망을 지닌 소수의 개인적 욕구를 충족시키기 위해 창조된 사당 또는 붕당의 성격을 지니고 있다. 한국 정당은 이념과 정책을 같이하는 사람들이 정권을 획득하여 그러한 이념과 정책을 실현시키려는 목적을 지닌 공적인 조직체로 발전한 것이 아니라 정실과 연줄 관계에 따라 모인 인물 중심의 사적인 결합체다. 따라서 한국 정당은 정당 지도자의 정치적 명운에 따라 창당과 분당이 되풀이되어 공적인 조직으로 제도화되지 못했다. 한국 정당의 평균 수명이 4년이 채 안되는 것이 이를 방증한다. 한국의 정당들은 형식적으로는 복잡한 조직을 갖추고 있지만 정당 지도부의 의사를 전달할 뿐 자율적인 역할을 하지 못하고 있다. 지구당은 선거구민의 경조사에 참여하거나 선거구민의 민원을 정부기관에 전달할 뿐이고, 대의원들은 1년 또는 2년에 한 번씩 개최되는 전당대회에서 사전에 내정된 인물을 형식적으로 선출하는 역할을 수행할 뿐이다. 이러한 취약한 정당과 의회가 정책결정과정에서 몹시 제한적인 역할을 수행해 왔음은 물론이다. 최근의 좀 더 자유화된 정부에서 정당과 의회의 목소리가 높아지고 있는 것은 사실이지만, 이상의 근본적 한계를 넘어서지 못하는 한 정당과 의회의 정책 영향력은 크게 신장되기 힘들 것으로 판단된다.

3 압력단체

1) 압력단체 개요

(1) 개념과 유형

압력단체(pressure groups)는 특정 사익이나 공익을 옹호하기 위해 결속한 여러 개인들의 자발적 결사체로서, 정부나 정당으로부터 어느 정도의 자율성을 지니고 공공정책에 영향을 미치고자 하는 조직을 말한다(이광종, 2005: 206; 주재현, 2008: 27). 압력단체의 유형은 비결사적(customary)・제도적(institutional)・방어적(protective)・촉진적(promotional) 집단으로 구분되거나(Hague et al., 1998: 115-117), 이익집단・공익집단・단일쟁점집단・정부유도집단 등으로 구분된다(Peters, 2000: 313-314).

Hague et al.(1998)의 유형론에서 '비결사적 집단'은 1차 집단 — 혈연・지연・학연 등을 토대로 하는 집단 — 의 성격을 지닌 비공식적 조직을 말하며, '제도적 집단'은 원래 이익표출 이외의 기능을 목적으로 구성된 조직이 이익표출 기능을 수행하게 된 경우를 말한다(예 군부, 의회, 행정부 등). '방어적 집단'은 노동자・고용주・전문가・농민 등 특수한 이익을 공유하고 있는 이들을 대변하는 조직이며, '촉진적 집단'은 환경이나 소비자보호 등 공익을 옹호하고자 하는 조직을 말한다.

Peters(2000)의 분류 중 이익집단과 공익집단은 앞의 유형 중 방어적 집단과 촉진적 집단에 해당한다. '단일쟁점집단(single-issue groups)'은 하나의 쟁점(예 생태, 반핵, 평화 등)과 관련하여 생성・소멸되는 집단으로서 이념적으로 주로 자유주의적 좌파이지만, 납세자들의 소식과 같은 우파도 존재한다. 한편, 정치적 집행부가 행정관료제를 견제하는 조직의 형성을 조장・촉진하기도 한다(정부유도집단). 예컨대, 미국 존슨 행정부의 대빈곤전(War on Poverty) 프로그램 추진에 있어, 정부가 지역사회 주민들이 사회프로그램의 형성과 집행에 참여하도록 유도하고('maximum feasible participation' 원리 제시) 주민들의 조직화를 주도했는데, 이는 사회프로그램들이 과도하게 관료제화되는 것을 막기 위함이었다. 또한 영국의 대처 정부도 국가보건서비스(NHS: National Health Service) 체계를 재조직화함에 있어 지역사회보건조직(Community Health Councils)의 발전을 조장해서 의료전문가들이 의료서비스를 지배하는 것을 막고 지역사회주민들의 의사를 더 반영하고자 시도한 바 있다.

이러한 여러 유형 중 비교적 지속성을 지니고 있고, 자유민주주의 체제가 제도화된 국가의 정책과정에서 주목을 요하는 집단은 이익집단(방어적 집단)과 공익집단(촉진적 집단)이다. 여기서는 주로 이 두 유형의 압력단체를 중심으로 논의를 전개한다.

(2) 영향력 행사 통로와 조건

압력단체는 다음과 같은 몇 가지 통로를 통해 정부에 영향력을 행사하고자 한다. 첫째, 정부구성원에 대한 직접적 접촉의 시도이다. 이는 구체적으로 압력단체 구성원들의 직접적인 행정관료제 접촉이나 압력단체 지도부의 정치적 집행부와의 개인적 접촉유지 등을 통해 나타난다. 한편, 압력단체가 의회에 접근하는 정도는 의회가 정책과정에서 차지하는 영향력의 정도에 따라 결정된다. 둘째, 정당을 통한 간접적인 영향력 행사이다. 압력단체들은 정치자금 지원이나 정보제공 등을 통해 정당에 영향력을 행사해서 자신의 이익이나 입장을 실현하고자 한다. 셋째, 여론을 통한 간접적인 영향력 행사이다. 언론의 구미에 맞춰야 한다는 점에서 사용자 단체에 유리할 수 있다는 지적도 있지만, 공익집단들도 많이 사용하고 있는 수단이다. 넷째, 시위나 폭력을 통한 영향력 행사이다. 이는 주로 정부에의 공식적 접근이 부정된 집단이나 일반 대중이 주로 사용하는 수단이지만, 제도화된 압력단체도 자신의 요구를 제시하는 강력한 수단으로 사용하기도 한다(주재현, 2008: 28; Hague et al., 1998: 117-122).

이익집단이나 공익집단과 같은 압력단체가 행정관료와 관료조직에 영향력을 행사하고 통제기능을 수행하기 위해서는 다음과 같은 조건들을 갖출 필요가 있다(이광종, 2005: 210-211, 216-218). 첫째, 재정력 확보를 통해서 집단의 자주성을 유지해야 한다. 재정력이 취약하면 집단의 존립을 위해 행정부로부터 지원을 받게 될 가능성이 커지는데, 그렇게 되면 관료와 관료조직에 압력을 행사하기보다 오히려 그들로부터 압력이나 관리를 받는 존재가 될 수 있다. 이처럼 자주성이 떨어지는 조직이 행정관료제를 통제하는 역량을 가지기는 어려울 것이다. 재정력을 갖추기 위해서는 단체 구성원(회원)들의 회비, 사업수행을 통한 수익 창출, 후원금 확보(특히, 공익단체의 경우) 등의 수단을 강화해야 한다.

둘째, 전문성을 갖춰야 한다. 압력단체가 행정관료제를 통제하기 위해서는 관련 영역에서 관료에 버금가는 전문지식이나 정보·자료를 지니고 있어야 한다. 행정관료와 관료조직이 제시하는 정책·프로그램의 타당성을 독립적으로 평가할 수 있는 능력을 보유하지 못한다면, 통제 주체로서의 역할을 적절히 수행하기 어려울 뿐 아니라 자칫 관료들의 의도대로 따를 수밖에 없는 존재가 될 수 있다.

셋째, 사회구성원들의 자발적 참여를 이끌어내고 압력단체의 응집력을 높은 상태로 유지해야 한다. 집단구성원들이 집단의 설립 취지와 목표를 이해함은 물론, 집단 내 의사결정과 조직관리 활동 전반에 걸쳐 적극적인 자세로 임할 수 있도록 유도해야 한다. 이러한 특성을 잘 갖추고 있는 집단일수록 구성원들의 금전적·물리적 기여 수준도 높아질 수 있고, 관료들로부터 높은 수준의 존중을 이끌어낼 수 있다. 특히, 공익집단의 경우, 조직 내 의사결정 과정에 집단구성원들이 적극 참여할 수 있는 여건을 조성해야 한다. 행정관료제의 권위주의적인 태도를 비판하는 공익단체가 조직 내 민주주의를 구현하고자 하는 노력을 등한시하는 것은 자기모순이 될 것이기 때문이다.

(3) 다원주의와 조합주의

압력단체가 정치·행정과정에서 작동하는 기제와 관련해서 주류 정치·행정이론은 다원주의(pluralism) 모형과 조합주의(corporatism) 모형을 제시하였다(Carnoy, 1984; Dunleavy & O'Leary, 1987).

다원주의는 정치·사회적 권력이 사회 내의 다양한 이익과 입장을 대변하는 다수의 집단들 사이에 광범하게 분산되어 있다고 본다. 정부는 중립적인 존재로서 여러 집단들 간의 경쟁을 감독하고 규칙을 제정하는 기능을 담당하지만, 다른 한편으로는 이들 집단들에 의해 영향을 받는 존재로 파악된다.[11] 그러나 어떤 집단도 정부의 의사결정 과정을 지속적으로 지배할 수는 없으며, 각 집단의 주장은 다른 집단들에 의해서 거부될 수 있다는 점에서 집단들 간에 평형상태가 존재하는 것으로 이해된다. 다원주의에 따르면, 한 정치체제 내의 권력이 여러 집단들에게 완전히 공평하게 배분되어 있는 것은 아니지만, 특정 집단의 상대적으로 우월한 권력행

11) 다원주의 내의 일부 분파는 정부의 역할이 이처럼 수동적인 상태에 머무는 것으로 보지 않고, 정부가 좀 더 적극적·능동적으로 사회 내 소외된 이들의 입장을 대변하는 역할을 수행하는 것으로 보기도 한다.

사는 특정 쟁점에 한정해서 발생하며, 권력의 불평등은 '비누적적(non-cumulative)'인 것으로 여겨진다(cf. Prewitt & Stone, 1973: 119).

다원주의의 관점에서 볼 때, 정치는 서로 다른 이익 또는 선호를 지닌 집단들 간의 경합이다. 그리고 공공정책은 특정 시점에서 이러한 집단 간 경합의 결과로 도달하게 된 균형점을 나타낸다. 다만, 다원주의는 정치과정에 참여하는 집단들이 민주적 절차를 포함한 게임의 규칙을 수용해야 한다고 전제한다. 그리고 이 전제조건이 충족되는 선진 자유민주주의 체제에서는 집단 간의 공정한 경합과 균형점에의 도달이 가능해진다고 본다(Marger, 1981: 43-48). 다원주의 모형은 자유주의적인 정치문화가 활성화되어 있는 구미 국가들(특히, 미국)의 정치 · 행정과정을 이해하는 데 강점을 지닌다.

조합주의적인 정치 · 행정과정 이해는 압력단체(집단)의 역할에 주목한다는 점에서 다원주의와 맥을 함께하지만, 권력의 중심이 특정 집단 — 주로 사용자단체와 노동자단체 — 에 집중되어 있다고 인식하는 점과 정부의 리더십 역할을 강조하는 점에서 다원주의와 차별성을 지닌다. 또한 권력이 집중되어 있는 소수의 집단들 간에는 경쟁보다 협력과 공조가 더 강조되고, 이들 집단의 대표(엘리트)는 정부 엘리트와 함께 의견 및 정보 교류와 협의를 토대로 국가의 거의 모든 주요 정책영역에서 정책내용의 형성에 관여한다.[12] 이들 집단은 정부에 의해서 해당 영역을 독점적으로 대변하는 권한을 부여받는 대신, 자신의 지도자 선정이나 요구사항 제시 등에 있어 정부의 통제를 수용한다. 각 집단 내에서는 계층제적 조직구조가 안정적으로 유지되고, 일반 조직구성원들은 대표(엘리트)의 권위를 수용하며, 엘리트 수준에서의 협상과 타협과정을 거쳐 결정된 정책내용에 순응하는 경향을 보인다. 오랜 기간을 거치면서 형성된 높은 수준의 사회적 신뢰가 엘리트들 간의 관계 및 엘리트와 대중 간의 관계를 안정적으로 유지하는 데 기여한다. 조합주의 모형은 주로 북구권 국가들(스웨

12) 정부, 사용자, 노동자 측 엘리트들의 협의로 주요 정책이 결정된다는 점에서, 'corporatism' 개념을 '3자주의'로 번역할 수도 있다(송호근, 1997).

덴, 덴마크, 노르웨이, 핀란드)의 정치·행정과정을 배경으로 구축되었으나, 여타 국가들에서도 모형의 일부 요소들이 발견되고 있다(Schmitter, 1974; Dunleavy & O'Leary, 1987: 193-194). 조합주의 관점은 행정관료제에 대한 압력단체의 통제라는 쟁점을 부각시키기가 용이하지 않다는 특징을 지닌다.

2) 우리나라 압력단체 활동의 현황

(1) 정부와 압력단체 간의 관계

우리나라 이익집단의 형성과 정치·행정과정 상의 역할에 결정적인 영향을 미친 요인은 산업화를 위한 정부의 공공정책이다. 특히, 사회·경제적 집단에 대한 정부의 정책은 사용자단체나 노동조합과 같은 핵심적인 기능 이익집단에 집중되었는데, 그 이유는 이들 집단들이 급속한 산업화에서 차지하는 비중이 컸기 때문이다. 이들 집단 중에서 정부의 재가와 특혜를 받은 집단만이 합법적 집단으로 간주되었으며, 이러한 패턴은 1987년의 시민사회 분출 시까지 지속되었다.

국가주도적 산업화는 기본적으로 관료세력에 의한 희소재원의 독점적 사용을 기본으로 하는 공공정책을 낳았으며, 정부에 의한 자원배분적 정책결정은 경제적 이익집단의 형성에 다음과 같은 영향을 미쳤다.

첫째, 정부에 의한 특혜의 선별적 적용과 이에 따른 소수 재벌의 독과점적 산업 지배현상이 초래되었다.

둘째, 정부와 사용자 세력 간의 유착이 제도화되었다. 사용자 세력은 국가주도적 경제개발의 전위부대로 행동했으며, 그 결과 정경유착을 통한 권위주의 체제형성의 기반을 제공했다.

셋째, 이익집단별 차별화가 일상화되었다. 전경련과 같은 사용자단체에 대해서는 간접적인 통제와 상호협력을 중심으로 하는 융합적 정책이 적용된 반면, 노동자단체에 대해서는 직접적 통제와 억압을 주로 하는 배제적 정책이 적용되었다.

요컨대, 우리나라는 정부의 권력구조 형태와 상관없이 하나의 특징적인 국가-이익집단 관계를 발전시켜 왔는데, 이는 이익집단의 국가권력에의 순응적 종속관계였다(장달중, 1996; 이대희, 2004).

1987년 이후 정치적 민주화가 제자리를 찾아가면서 이익집단의 수는 급격히 증가했다.[13] 이는 전통적인 사회·경제적 이익집단의 수가 증가한데 더해서, 환경운동·경제정의운동·여성운동과 같은 '신'사회운동의 기치를 표방하는 (공익)집단들[14]의 수가 획기적으로 증가한 데 힘입은 바 크다(Lee, 1993). 이러한 양적인 성장 못지않게 질적인 발전도 있었다. 즉, 이익집단의 분야가 확대되고, 이익집단의 영향력이 증대되었으며, 사회·환경·문화·종교 관련 집단의 영향력 또한 증대되었다.[15] 한편, '환경운동연합', '행정개혁시민연합', '참여민주사회시민연대' 등과 같은 연합이나 연대의 성격을 지닌 단체들이 늘고 있다. 이는 압력단체들이 쟁점별로 연대하고 있음을 보여준다. 나아가, 같은 분야에서 이념을 달리하는 두 개 이상의 이익집단들이 형성되기도 하였다. 교육분야의 예로서 '한국교총'과 '전교조'가 그러하다. 노동분야에서도 단순 제조업 차원에서 벗어나 전문직과 공공부문에도 노조가 조직되었으며, 한국노총 외에도 민주노총이나 재야노조와 같은 경쟁적 조직들이 결성되었다. 이러한 현상은 과거 권위주의 정권 시절 일종의 조합주의적 통제 하에 놓여 있던 이익집단들이 민주화의 진전과 더불어 변화하고 있는 것으로 해석될 수 있으나(이대희, 2004), 권위주의 정권 하에서 확립되었던 국가권력에의 순응적 종속이라는 패턴이 완전히 소멸되었다고 보기는 힘들다고 하겠다.

권위주의 체제의 유산은 특히 정부와 사회·경제적 이익집단 — 노동자단체, 사용자단체 — 간의 이익중재체제인 조합주의의 실행노력과 관련하여 두드러진다. 권위주의 체제 하에서 국가는 대체로 노동자의 이익을 배제하고, 사용자의 이익을 확장하는 방식으로 사회·경제적 이익의 수용체제를 형성했다. 따라서 조합주의의 일반적 형태인 삼자주의라기보다

13) 1959년에 426개에 불과했던 이익집단의 수는 1994년에는 2,181개로 증가하였다(이대희, 2004: 401).

14) 이러한 집단들을 한국에서는 일반적으로 NGO(nongovernmental organization) 또는 시민단체라고 부르는 경향이 있다.

15) 한 예로, 참여연대는 김대중 정부의 '국민기초생활보장제도' 형성에 심대한 영향력을 행사한 바 있다(안병영, 2000).

는 정부와 사용자단체 간의 이원적인 조합주의 형태가 형성되었다(장달중, 1996). 이에 제도적인 이익대변 통로를 적절하게 확보하지 못한 노동세력은 집단행동을 주된 수단으로 사용하는 이익표출 방식을 채택하였으며, 이는 정부 억압기제와의 충돌이라는 패턴을 구축하였다. 그런데 이러한 패턴은 1990년대 후반, 외환부족으로 야기된 국가적인 위기상황 하에서 변화를 요구받게 되었다. 정부와 사용자, 그리고 노동자의 대표들은 '노사정위원회'라는 새로운 제도적 틀을 구축하고, 여기서 그동안 시도된 바 없었던 사회적 협약의 구축을 시도하였다. IMF 관리체제라는 특수한 상황 하에서 3자 간에 일정 정도의 합의도출에 성공하기도 하였으나, 이러한 시도는 노사 간 및 노정 간의 신뢰 부족과 대결로 인해 결국 실패로 돌아가고, 한국적 사회협약 체제의 구축은 여전히 어려움에 처해 있다. 이는 권위주의 체제의 유산이 얼마나 뿌리 깊이 한국 사회에 내재되어 있는지를 보여주는 예라고 하겠다.

(2) 압력단체와 정부 정책과정

제3공화국에서 제5공화국까지의 정부 정책결정은 대부분 행정부의 내부구조, 즉 대통령과 관계부처들 간의 구조적·기능적 연계를 주축으로 이루어졌다. 행정부 우위의 이러한 통치권력 배분은 정책과정에서 이익집단이나 시민단체에 의한 의견개진이나 요구투입을 제약하였으며, 일반국민을 통제와 관리의 대상으로 전락시켰다(김호진, 1992).

전반적으로 볼 때, 압력단체는 자신들의 이익이나 입장을 정책과정에 적절하게 반영시키지 못하였다. 위에서 살펴본 대로, 압력단체들은 자발적으로 결성되기보다 정부의 필요성에 의해 피동적으로 조직화되는 경우가 많았으며, 대부분 재정능력이나 정보개발능력을 결여하였던 탓에 정책과정에 자신들의 이익이나 입장을 투입하는 데 한계를 지니고 있었다(안병영, 1994). 다만, 전경련, 상의, 무역협회 등 일부 기업이익집단들만이 나름대로 정부관료제에 대한 영향력을 행사하였음은 전술한 바와 같다.

박정희·전두환 두 권위주의 정부 하에서 운영되었던 정책체제의 일반적 특성을 정리하면 다음과 같다. 첫째, 행정부가 정책결정권을 거의 독점하였다. 당시 우리나라의 의회·정당·압력단체·기타의 정치단체들의 상태는 매우 미흡한 발전단계에 머물러 있었으며 적절한 역할을 수행하지 못하였다. 반면, 정부관료제는 조직적인 안정성과 체계성을 갖추고 활동하고 있었으며, 당시의 정부관료들은 경제발전·사회변동·국가안전보장·국방·외교 등 모든 분야에서 국가정책을 수립하고 집행하는 책임이 자신들에게 있는 것으로 여겼다. 이러한 상황 하에서 정부관료제는 대통령의 지휘 하에 국가의 목표설정이나 정책결정권을 전유하였다(백완기, 1989; 김호진, 1992).

둘째, 정책과정이 비공개적이고 비밀주의적인 성향을 지녔고, 이에 따라 정책과정에 사회 전체적인 관점과 공정성이 반영되기 힘들었다. 위에서 정리한 대로 당시 한국 사회는 이익집단이나 공익집단들이 정책과정에서 적절한 역할을 수행하지 못하였다. 그러나 재벌 등의 일부 특수 이익단체들은 이러한 공백기를 이용해서 정치권력의 최상층부와 깊은 유착관계를 형성하였으며, 이러한 유착관계를 토대로 정책과정에 상당한 영향력을 행사하였다. 이들 특수 이익집단들은 자신들의 사적·개별적 이익을 달성하기 위해 내밀하고 비공식적인 통로를 통해 권력 상층부 및 정부 관료제에 접근하였으며, 이들이 사용한 수단은 설득과 정보제공을 넘어 뇌물의 공여와 암묵적인 거래 등 부정적인 형태를 띠었다. 따라서 정책과정은 비공개적·비밀주의적 성향을 지닐 수밖에 없었고, 행정의 목표가 전 사회성과 공정성을 보이기 힘들었다(백완기, 1989; 김호진, 1992).

자유민주주의 체제로의 전환이 일기 시작한 1980년대 후반 이후, 여러 정부를 거치면서 민주적 정치공간이 확대되기 시작하였고, 이에 따라 그간 권위주의적 정권 하에서 억압되었던 제 세력들이 목소리를 내기 시작하였다. 의회와 정당이 행정부와 정부관료제에 대해 비판적인 입장을 취하는가 하면, 이익집단을 비롯한 각종 사회단체들도 과거의 피동성에서 벗어나 독자적인 이익을 표출하였으며, 일반 시민들도 집단행동 등을 통해서 자신들의 요구를 관철하려는 현상이 나타났다. 특히, 이익집단과 공익집단을 중심으로 한 사회세력들은 크게 다원화되고 활성화되었다. 이처럼 사회세력들의 영향력이 강화됨에 따라 종래 정부관료제가 누

렸던 정책과정상의 독점적 지위가 흔들리는 현상이 나타나고 있다(박천오, 2004).[16]

특히, 노무현 정부 이후 이러한 정치・사회적 변화를 반영하여 정책과정을 개선하고자 하는 노력이 제도적 개혁으로 구체화되었다. 첫째, 정책공동체의 활성화이다. 정책공동체는 참여집단의 이해를 최대한 반영하여 사회적 합의를 추구하는 사회적 합의주의가 그 이론적 모태이다. 따라서 정책공동체는 정책의 형성・집행・평가 등의 각 단계에서 정부・이익집단・전문가・시민 등과 공동으로 합의를 도출하거나 의견을 수렴하는 다양한 형태의 협의체를 의미한다. 구체적으로는 각종 연구회, 위원회, 뉴스레터, 정책고객관리(PCRM) 등 off-line/on-line 차원의 다양한 형태를 지닌다.[17] 그러나 이들 정책공동체는 아직 정부 정책과정에서 적절히 활용되지 못하고 형식적으로 운영되는 한계를 보인다. 특히, 각종 위원회에 참여하고 있는 이들의 대표성 및 책임성 문제와 운영미숙이 정책공동체의 활성화를 어렵게 하고 있다. On-line 상의 정책공동체도 정부기관의 일방적인 정책홍보에 그쳐 심층적인 토론의 장이 되지 못하여 쌍방향의 의사소통이 행해지지 못하고 있다. 앞으로 이러한 취약점들의 개선이 요망된다(하연섭 외, 2006: 28-29; 정부혁신지방분권위원회, 2008).

둘째, 행정정보 공개의 확대 및 접근성의 제고이다. 정부의 행정정보 공개제도는 1998년 제정된 「공공기관의 정보공개에 관한 법률」에 의해 시행되기 시작했으나, 국민들이 체감하는 정보공개 수준은 그리 높지 못한 상황이다. 핵심적이고 민감한 사안에 대해서는 여전히 비밀주의의 관행이 잔존하고 있고, 정보공개에 관한 세부적 기준이 미비했으며, 국민의 편의를 충분히 고려하지 못한 제도의 특성이 작용하기 때문이다. 정보공개제도를 지속적으로 내실 있게 추진하기 위해서는 앞으로 단순한 정보

16) 김대중 정부에서 있었던 의약분업 쟁점이라든가, 노무현・이명박 정부에서 제기되었던 여러 사안들(한미 FTA 쟁점, 핵폐기장건설 쟁점, NEIS 관련 쟁점, 광우병 쟁점 등)은 사회세력들의 영향력 증대에 따른 정부관료제의 취약한 모습을 보여준 좋은 예들이라 하겠다.

17) 특히, 노무현 정부는 360여 개의 각종 위원회, 뉴스레터 및 브리핑 제도 등 on-line과 off-line 차원에서 여러 종류의 정책공동체를 운영한 바 있다.

공개에서 벗어나 지식공유 및 제도개선을 위한 참여형 정보공개체계를 구축해야 하고, 점검 및 평가체계의 강화를 통해 정보공개제도를 내실화해야 한다. 나아가, 중앙행정기관과 지방자치단체 및 각종 공공단체 등 정보공개의 주체가 되는 기관과 국민을 대상으로 한 교육과 홍보 등 정보공개 문화의 확산을 통해 제도가 실질적으로 자리잡을 수 있도록 하며, 공개된 정보에 대한 각종 제안 및 제도개선 반영기회의 확산이 이루어지도록 하여야 할 것이다(하연섭 외, 2006: 29-30; 정부혁신지방분권위원회, 2008).

이상의 여러 노력들은 다원화되고 있는 사회의 변화를 수용하기 위한 바람직한 움직임으로 볼 수 있다. 그러나 이러한 변화가 권위주의 체제 하에서 성립되었던 정부관료제 중심의 폐쇄적 정책패턴이 완전히 새로운 개방적 · 다원적 정책패턴으로 대체되었음을 의미하는 것은 아니다. 앞서 검토한 대로, 의회는 여전히 국정의 중심부를 차지할 만한 역량을 보유하지 못하고 있고, 압력단체의 활동은 정책의 전 과정에 충분히 반영되지 못하고 있다. 현 상황은 빠르게 변하고 있는 정치 · 사회적 환경에도 불구하고 종래의 정책패턴이 여전히 관성의 힘을 보여주고 있는 상황으로 볼 수 있으며, 이는 정책적 쟁점을 둘러싼 정치 · 사회적 혼란의 발생을 그 특징으로 한다.

4 언 론

언론은 정치 · 행정적 권력에 대한 비판기능을 수행하거나 여론의 조성을 통해서 정부의 활동에 직 · 간접적인 영향을 미칠 수 있다. 각종 행정현상에 대한 언론 보도는 국민들에게 정보를 제공하고, 여론의 형성에 기여함으로써 정부에 대한 통제기제로 작동할 수 있다. 즉, 언론은 특정 행정활동을 비판하거나 강조함으로써 공공의제(public agenda)의 형성을 도울 수 있으며, 정책의 실패나 공무원의 부정을 국민에게 알림으로써 국민의 문제의식 조성에 기여할 수 있다. 따라서 정책형성의 관점에서도 언론자유의 보장은 중요한 의미를 지닌다(구자용, 1995: 64; 이광종, 2005: 232).

전통적으로 신문·잡지·라디오·TV 등이 주요 대중 언론매체로서의 역할을 수행했지만 주로 일방적인 정보 전달의 특성을 지녔던 반면, 최근에는 각종 인터넷 매체들이 복합적인 정보 확산의 통로를 제공함으로써 상당한 영향력을 행사하고 있다. 전통적인 매체들의 지속과 새로운 통로의 활성화를 통해서 사회 내 여론형성이 전보다 빠른 속도로 진행됨으로써 정부에 대한 영향력도 더 신속하게 행사될 수 있게 되었다.

그러나 그만큼 언론의 부작용이 나타날 가능성도 커졌다. 자본주의 사회에서 언론기관이 가지고 있는 가장 큰 문제점은 상업성으로 인해 책임성이 약화될 수 있다는 것이다. 언론기관은 정확한 정보를 신속하게 전달할 의무를 지니지만, 타 언론기관이나 매체들과의 경쟁으로 인해 부정확한 정보를 전파할 수 있다. 물론 부정확한 정보는 결국 걸러지고 그러한 오류를 자주 범하는 기관은 도태되겠지만, 잘못된 정보의 유통은 많은 부작용을 가져올 수 있다. 또한 상업성 쟁점은 언론의 다른 약점인 흥미위주의 보도 또는 선정성과도 연결된다. 상업적인 성공을 위해서 언론기관들은 독자, 시청자 또는 네티즌들이 흥미를 가질 만한 선정적인 주제에 관심을 갖게 되는데, 이는 언론의 행정통제가 지속성을 갖지 못하고, 일시적인 활동에 머물게 되는 한계로 귀결된다.

한편, 정부와 언론과의 관계는 전자에 대한 후자의 통제로만 파악되는 것은 아니다. 오히려 정부의 각 부처와 기관들이 언론을 활용해서 자신의 입장이나 이익을 널리 알리려 할 수 있다. 정부기관들은 관련 이익집단과 의회 상임위원회 및 일반 유권자들과 일종의 연립(coalition)을 형성함으로써 자신의 이익이나 입장을 관철시키고자 한다. 이러한 시도에 있어 언론매체의 활용은 매우 긴요하다. 즉, 언론을 통해 자신들이 추진하고 있는 정책을 홍보함으로써 자신들이 매우 중요한 일을 하고 있다는 점을 잠재적인 지지세력에게 각인시킬 필요가 있다는 것이다(박치성 외, 2012: 150).

그런데 이 과정에서 언론이 정부를 통제하기보다 정부기관들의 홍보

수단으로 활용될 수 있다는 점이 지적되어야 한다. 나아가, 언론이 자신의 '언론보도 프레임'을 통해서 특정기관의 입장을 더 우호적으로 대변하는 역할을 수행할 수도 있다. '언론보도 프레임'이란 언론기관이 사실관계를 파악·전달하는 과정에서 사실관계를 독자적으로 재구성하는 틀로서, 이를 거친 정보들은 그 수용자의 현상 이해와 해석에 상당한 영향을 미친다(박희제, 2011; 김지윤·성민정, 2009). 정부정책의 경우, 일반 유권자들이 관련 정보에 직접 접근할 수 있는 가능성이 낮기 때문에, 언론매체의 보도는 유권자와 이익집단, 그리고 여론지도자들의 현상인식에 큰 영향을 미치게 된다. 대체로 관료정치에서 우월한 위치를 차지하고 있는 기관들이 자신들에게 유리한 언론보도 프레임의 편익을 누릴 가능성이 높다(박치성 외, 2012: 150-151).

우리나라에서 언론·출판의 자유에 대한 보장은 자유주의 체제로의 전환이 행해진 1980년대 후반 이후에 큰 진전을 이뤘으며, 이전의 권위주의 체제에서는 언론에 대한 정권의 통제가 매우 높은 수준으로 행해졌기 때문에 언론이 정부를 통제하는 수단으로 작동할 수 있는 가능성이 크게 제한되었다. 권위주의 정권의 언론 통제는 법적 수단을 통해서 정당화되었다. 즉, 이승만·박정희·전두환 정권은 다수의 언론관계법에서 애매하거나 추상적인 규정을 마련한 후, 행정기관들이 이를 자의적으로 해석하고 재량을 발휘해서 언론·출판의 자유를 제한할 수 있도록 하였다. 또한 신문·통신·출판사 등의 시설기준 요건을 높게 설정함으로써 새로운 간행물이 발행되지 못하거나, 기존의 간행물도 정간이나 폐간 조치를 당하게 하는 등 헌법상 언론·출판의 자유를 과도하게 제한하는 위헌적인 규정들을 많이 두었다. 이는 정당성이 취약한 정권을 유지하기 위해 언론을 자신들의 통제 하에 두려는 당시 집권세력의 동기를 반영한 것이었다(이희훈, 2010).

현재 우리나라는 헌법에서 모든 국민이 언론·출판의 자유와 집회·결사의 자유를 가지며, 언론·출판에 대한 허가나 검열 및 집회·결사에 대한 허가를 인정하지 않고 있다. 그러나 동시에 언론·출판은 타인의 명예나 권리 또는 공중도덕이나 사회윤리를 침해해서는 안된다고 규정하고 있다(「헌법」, 1988: 제21조). 언론·출판의 자유에는 특히, 신문(인터넷신문 포함), 방송 등의 매스컴을 통한 보도의 자유도 포함된다. 따라서 관련 법률은 신문 및 인터넷신문에 대한 언론의 자유와 독립을 보장하고, 신문 및 인터넷신문의 편집의 자유와 독립을 보장하며, 신문 및 인터넷신문이 정보원에 대해 자유로이 접근할 권리와 그 취재한 정보를 자유로이 공표할 자유를 보장한다(「신문 등의 진흥에 관한 법률」, 2015: 제3~4조). 마찬가지로, 방송 편성의 자유와 독립이 보장되어 있으며, 법률에 의하지 않고는 누구도 방송편성에 관해서 규제나 간섭을 할 수 없도록 정하고 있다(「방송법」, 2015: 제4조).

상당한 수준의 자유를 누리고 있는 한국의 언론기관들이 정부구성원의 부정·부패, 무능과 무사안일 등의 부정적 측면을 지적하고, 개선을 촉구하는 역할을 수행하고 있는 것은 사실인 것으로 보인다.[18] 이는 과거 권위주의 정권 시절의 언론과 비교하면 정부통제 분야에서 언론의 역할이 크게 진전된 것을 의미한다. 그러나 언론의 활동은 흥미위주의 단편적이고 피상적인 수준에 머물고 있으며, 체계성·심층성 면에서 취약하다. 오히려, 학계의 주된 시선은 주류 언론기관들이 정치인, 기업인, 행정관료, 전문가 등과 연대해서 기득권층의 이익을 실현시키는 데 기여하고 있는 것으로 보고 있다(임도빈, 2007; 강남훈, 2009; 임석민, 2010). 특히, 관료들은 주류 언론과 친정부적인 전문가들을 동원해서 자신들의 정책이나 입장을 정당화하기 위해 적극적이고 능동적인 활동을 전개한다는 것이다. 관료들이 자신들에 유리한 방향으로 언론의 보도 프레임을 형성하고 있고, 이는 관료정치에서 우월한 위치에 있는 기관들에서 두드러진다(임도빈, 2007: 11-12; 박치성 외, 2012).

이런 맥락에서 볼 때, 정부통제에 있어서는 최근 그 역할이 급속히 증대된 인터넷매체들이 전통적인 언론매체들을 능가하는 영향력을 행사하고 있다는 진단이 가능하다. 인터넷매체들은 보도기능을 수행하는 것에

18) 경실련에 따르면, 1993년 3월부터 2006년 7월까지 언론은 행정기관과 관련된 765건의 부정부패 사건을 보도했다(임석민, 2010: 120).

머물지 않고 네티즌들 상호 간에 의견을 교류할 수 있는 공간까지 제공함으로써, 특정 사안에 대한 시민들의 여론 형성에 크게 기여하고 있다. 이는 인터넷매체에 토대를 둔 시민들의 활동이 행정기관에 대한 통제에 한정되지 않고, 정부 자체에 대한 통제력을 높일 수 있는 가능성을 보여준다.[19] 한편, 이러한 새로운 성격의 언론매체가 가져올 수 있는 부작용—부정확한 정보에 근거한 시민활동의 무책임성 문제—을 지적하며 사이버 스페이스(cyber space)에 대한 정부의 규제를 정당화하는 논리 또한 강력하게 대두되고 있는 가운데, 인터넷공간에서의 언론 자유를 옹호하는 세력도 적극적인 반론을 제시하고 있어, 앞으로 이 쟁점을 둘러 싼 논쟁과 관련 정책논의가 상당기간 지속될 것으로 예상된다(cf. 이용근, 2008).

5 정책전문가

정책전문가들은 해당 정책분야에서 상당한 지식이나 경험을 갖춘 이들로서 해당 분야 정책의제의 형성과 정책대안의 모색 및 정책채택 등의 단계에서 상당한 영향력을 행사할 수 있는 이들이라 할 수 있다. 이들은 경우에 따라서는 정책형성 과정에서 문제 상황에 처해 있는 이들을 대변하여 활동할 수 있기도 하다. 그러나 전문가들은 그 성격상 해당 사회문제에 대한 해결 방안을 마련하는 데 더 크게 기여할 수 있다. 이들 전문가 중의 일부는 자신이나 자신이 속해 있는 집단이 마련한 정책대안이 현실의 장에서 실행에 옮겨지는 것을 보기 위해 직접적인 주창(advocacy) 활동을 수행하기도 하나, 대부분의 경우 전문가들은 연구를 통한 정책대안의 마련과 정책입안자에게 이를 제시하는 역할에 머문다.

우리나라의 경우에도 박정희 정부 이후 현재에 이르기까지 많은 정책전문가들이 정부정책의 수립 과정에 크고 작은 기여를 해왔다. 특히, 대

19) 2002년 미군 장갑차에 의한 여중생 사망사건이나 2008년의 광우병 쇠고기 쟁점은 이러한 가능성을 보여준 대표적인 사례라고 하겠다.

학 및 정부출연연구기관에 속해 있는 연구자들이 개인적 또는 집단적인 연구활동을 통해 다양한 정책대안들을 부문별 정책형성 과정에서 제시했으며, 그중의 일부는 구체적인 정책으로 채택되어 실행에 옮겨졌다. 그러나 전통적으로 정부정책 수립 과정에 영향을 끼친 정책전문가들과 주요 연구기관들은 대체로 경제정책 분야에서 발견된다. 또한 이들 간의 활발한 논쟁과 그 과정에서 제시된 서로 다른 정책대안들은 한국 경제정책의 발전에 나름대로 큰 족적을 남겼다고 할 수 있다. 그러나 사회정책 분야에서는 그러한 주목할 만한 정책전문가의 활동이 경제정책 분야에 비해 상대적으로 미약하다. 이는 기존의 발전 지향적 정부들이 경제개발 중심의 정책 우선순위를 유지했다는 점과도 관련되어 있다고 볼 수 있다. 최근 들어, 사회정책에 대한 정부의 관심이 다소 증가했으며, 이에 따라 사회정책 분야에서도 연구활동이 활발해지고 있다. 따라서 앞으로는 사회정책 분야의 전문가들이 정부 정책형성에 미치는 영향력도 증가할 것으로 기대된다.

6 일반 시민

일반 시민(또는 유권자)들은 선거권 행사, 이익집단 또는 공익집단에의 가입, 정치인과 공무원에 대한 민원 제기, 그리고 대중운동에의 동참 등을 통해 정책형성 과정에 참여하게 된다. 기본적으로 유권자들은 선거를 통해서 자신들이 원하는 대통령이나 각급 자치단체의 장 및 의회의원을 선출할 수 있고, 국민발안과 국민소환을 통해 좀 더 적극적으로 정치과정에 참여할 수 있다. 기타 헌법개정안, 자치단체의 폐치·분합·구역변경·주요 시설의 설치 등 국가정책의 수립에 관해 주민투표를 통해 참여할 수 있다. 그러나 선거와 투표는 수시로 있는 것이 아니며, 대부분 공직을 수행할 인사의 선택에 국한되므로 행정부의 정책결정(또는 집행)에 관한 구체적인 사안에 대해 적시에 직접적으로 참여하는 수단이 되지는 못한다. 따라서 이를 보완하는 수단으로서 각종 단체에의 가입, 개인 차원의 민원 제기와 대중운동에의 참여 등을 통해 유권자들은 정책형성에 직·간접적으로 영향을 미칠 수 있게 된다.

우리나라의 경우, 권위주의 체제 하에서는 일반 시민들의 정책형성과정 참여가 매우 제한되어 있었다. 집권층에 유리한 선거 및 투표제도로 인해, 선거와 투표는 오히려 권위주의 체제를 지탱하는 수단으로 활용되었으며, 앞서 살펴본 대로 압력단체들은 제 기능을 적절히 수행하지 못했다. 대중운동 또한 일부 반정권 세력과 노동운동 세력에 한정되어 있었다. 그러나 1980년대 후반 이후, 자유주의 체제로의 전환이 진행됨과 더불어, 일반 시민들의 정책과정 참여가 점차 활발해지는 추세가 발견되고 있다. 특히, 주목을 요하는 사항은 대중운동의 활성화이다. 이는 IT 기술의 발달에 토대를 둔 온라인 상의 네트워킹 활성화[20] 및 하나의 쟁점과 관련하여 생성·소멸되는 단일쟁점 집단(single-issue groups)의 활동과 맞물려 일반 시민들이 정치 및 정책과정에 참여하는 주요 수단으로 발전하고 있다.[21]

제 3 절 정책결정의 설명요인

전 세계적으로 1900년대의 중반에서 후반에 걸쳐 공공정책의 영역이 확대되고 국가의 역할이 급속히 증가했다. 1980년대 이후에는 영미권 국

20) 앞에서 논의한 대로, 인터넷공간을 매개로 한 개별 시민들 간의 자유로운 의사소통과 이에 기반한 여론형성 방식이 기존의 신문과 방송을 통한 여론형성 방식을 어느 정도 대체하는 경향이 나타나고 있다.

21) 1990년대 전반기를 전환점으로 하여 1990년대 후반기의 외환위기 이후 명료하게 축소 경향을 보이던 한국의 '공적 영역(public sphere)'은 2000년대 중반에 들어 다시 확대 방향으로 전환되는 추세가 나타나고 있다. 즉, 공공의 쟁점보다는 사적인 사안들(예 취업, 개인 취미활동 등)에 더 몰두하던 한국의 대중들이 다시금 공적인 쟁점(예 효순·미선사건, 한·미 FTA 문제, 미국 쇠고기 수입문제, 대운하 건설 논쟁 등)에 관심을 갖고, 특히 대중운동의 형태로 정치 및 정책과정에 참여하는 현상이 두드러지고 있다(cf. Hirschman, 1982).

가를 중심으로 이러한 국가 역할의 확대를 반전시키고자 하는 노력이 꾸준히 추진되고 있으며, 나름대로의 성과와 더불어 한계를 지니고 있는 이러한 노력은 이제 여타 국가들에도 영향을 미치고 있다. 국가 역할의 확대(또는 수축)는 구체적으로 정책내용의 변화를 통해 나타나고 있으며, 이는 정책변동에 관한 연구 활성화의 배경을 형성했다.

그동안 왜 국가 역할이 확대 또는 축소되는 방향으로 정책변동이 나타났는지를 설명하기 위한 많은 연구가 행해졌다. 그리고 그러한 다양한 연구들은 여러 문헌연구들을 통해서 체계적으로 정리된 바 있다(예를 들어, Therborn, 1986; Skocpol & Amenta, 1986; Quadagno, 1987; Weale, 1992: ch. 2). 그런데 기존의 문헌연구들은 주로 이론적 관점을 활용하여 정책발전에 관한 연구들을 검토·정리하는 경향을 보였다. 기존 문헌연구들에서 사용된 이론적 관점들의 예에는 신마르크스주의, 다원주의, 조합주의, 국가중심론, 산업화론, 합리적 선택론, 체계이론, 신제도론 등이 있다. 이처럼 이론적 관점을 활용하여 선행 연구들을 검토·정리하는 것의 장점은 비교적 간편하고 익숙한 방식으로 논의를 정리할 수 있다는 점이다. 그러나 이러한 정리방식이 지니고 있는 약점은 검토대상 연구들에서 주장된 설명변수들을 체계적으로 정리하기 어렵다는 점이다.

이에 여기서는 기존의 문헌검토 방식과는 달리 정책변동을 야기하는 것으로 여겨지는 다양한 동인(또는 설명요인)들에 초점을 두는 접근방식을 제시한다. 이러한 접근방식이 지니는 장점은 '정책변동의 설명'이라는 원래의 목적에 더 잘 부응할 수 있다는 것이다. 정책변동 설명요인의 정리는 후드(Hood, 1994)의 분류를 활용하도록 한다. 후드(Hood, 1994: 3-18)에 의하면, 정책변동은 다음의 네 요인에 의해 야기될 수 있다.[22)]

---

22) 제9장(정책변동)에서 논의하는 '정책변동의 원인' 부분 참조. 여기서는 정책결정이 정책변동의 한 형태로 보고, 정책변동의 원인에 관한 논의를 이곳(정책결정의 설명요인)에서 활용하였다. 사회정책 분야의 문헌을 중심으로 하는 다음의 정리는 주재현(2006a)과 주재현(2008: 제6장)을 토대로 함.

1) 정책 아이디어

정책은 실험에 의해 입증되거나 논리적 또는 수사적인 힘에 의해 뒷받침된 새로운 '정책 아이디어의 힘'을 근본 추진력으로 하여 형성될 수 있다. 정책과정 참여자들은 각자 추구하는 가치가 있으며, 이 가치들을 정책대안의 형태로 발전시켜 제시한다. 이 정책대안들은 모두 나름대로 논리적·실질적 근거를 지니고 있으며, 각 행위자들은 그 대안들이 전제로 하고 있는 가치를 실현하기 위해 노력하고, 결국 이 가치들이 정책결정의 근본적인 추동력이 될 수 있다는 것이다. 마샬(Marshall, 1975: 33)이나 헤클로(Heclo, 1974)는 19세기 말의 영국에서 행해졌던 사회조사 연구가 영국 사회정책발전에 큰 영향을 미쳤다고 높게 평가하고 있으며, 특히 헤클로(Heclo, 1974: 301-302)는 영국과 스웨덴의 사회정책이 발전하는 데 있어서 공무원들의 정책 아이디어가 핵심적 역할을 했음을 지적하였다.

또한 정책과정 참여자의 '아이디어'와 관련하여 정책중개자(policy broker) 또는 정책주창자(policy entrepreneurs)의 역할에 대한 논의가 존재한다.[23] 정책중개자/정책주창자는 정책변동의 원천이 되는 이들로서 정책과정에 참여하는 집단들의 세력을 조정하고, 정책내용을 재편성하여 정책이 성립되도록 하는 역할을 수행한다(Hood, 1994: 8-9). 정치인, 관료, 민간단체 활동가 등이 정책중개자의 역할을 수행할 수 있다. 복지정책의 경우, 헤클로는 정책중개자들이 외국의 경험을 해석하고 다양한 집단들의 입장을 조정하여 사회정책 쟁점들을 정책의제화하는 데 기여하는 것으로 본다(Heclo, 1974: 308-310, 319).

2) 이해관계(이익)

정책은 정책과정 참여자들이 각자 자신의 '이익'을 추구한 결과로서

23) 정책중개자의 중요성은 사실상 '아이디어' 요인에만 한정되지 않고, 뒤에서 다룰 '이익' 요인과도 연결되며, 헤클로는 정책중개자를 '변화의 대리인(agents of change)'이라고 부른다.

나타날 수 있다. 이는 행위자들의 행동 동기가 위에서 제시한 '아이디어'가 아니라, 겉으로 제시된 아이디어 뒤에 숨어 있는 이기심이라는 것이다. 대부분의 인간은 대부분의 경우에 자신의 이익을 실현하고자 하는 행동 동기를 지니고 있다는 것을 전제로 하는 논의라고 하겠다.

복지정책의 경우, 북구권 국가들의 경험을 토대로 노동계급의 이익과 이를 실현하기 위한 노동운동이 복지정책 발전에 있어 가장 중요했다고 주장하는 연구들이 존재한다(Castles & Mckinlay, 1979; Esping-Andersen & Korpi, 1984). 또한 중간계급이 미래의 불확실성으로부터 자신을 보호하고 위험을 분산할 수 있는 능력의 정도에 의해서 복지국가로의 발전 정도가 결정되었다고 주장하는 연구들도 존재한다(Baldwin, 1990; Goodin & Dryzek, 1987; Mesa-Lago, 1978). 펨펠과 윌리암슨(Pampel & Williamson, 1988)은 자유민주주의 정치체제의 선거제도는 노인의 이익을 주로 대변하는 복지정책의 성장에 기여했다고 주장한다.

한편, 복지정책은 통치 엘리트(governing elites) 집단의 이익실현에 기여하기 위한 수단으로 발전했다는 주장이 다수 존재한다. 19세기 말 당시 후진국이었던 독일에서 세계 최초로 도입된 근대적 사회보험제도는 노동계급을 통제하려는 의도를 지니고 있었다고 주장된다(Rimlinger, 1971: 112-130; Mishra, 1977: 71-72). 고흐(Gough, 1975)는 노동세력으로부터 나올 것으로 예상되는 혁명적 요구를 미리 예방하여 자본가와 자신들의 이익을 지키고자 하는 국가 엘리트에 의해서 복지정책이 도입되었다고 주장한다. 피븐과 크로와드(Piven & Cloward, 1971)는 대량실업 사태가 야기한 혼란으로 인해 위협받게 된 사회질서를 다시 세우기 위해서 국가 엘리트가 복지 프로그램을 내세우게 되었다고 본다. 터프티(Tufte, 1978)는 선거에서 승리하고자 하는 통치 엘리트 집단이 자신들의 이익을 실현하기 위해서 복지정책을 활용했다고 본다. 우리나라 복지정책의 발전에 대해서도 국가 엘리트의 취약한 정당성을 보완하기 위한 수단이었음이 주장된다(Kwon, 1997; Joo, 1999a).

국가 엘리트의 이익은 국제적 차원으로 확장될 수 있다. 멕퍼슨과 미즐리(MacPherson & Midgley, 1987), 그리고 미쉬라(Mishra, 1977: 72-73)

는 19세기 말에서 20세기 초에 걸쳐 영국이 독일에 비해 국민건강과 교육 수준이 낮았다는 것을 영국 정부가 우려했다는 점이 당시 영국 정부의 사회복지 프로그램 도입에 영향을 미쳤다고 본다. 우리나라에 있어서도, 1970년대 중반 북한과 치열한 체제경쟁을 수행 중이던 대한민국 정부의 통치 엘리트들은 체제의 위신이 손상되는 것을 피하기 위해 의료보험제도를 도입했다는 주장이 존재한다(Joo, 1999a). 즉, 사회복지제도 확산의 이면에는 '국가적 위신의 제고'라는 통치 엘리트의 동기가 놓여 있었다는 것이다.

'이익(이해관계)' 요인과 밀접한 관련을 지닌 조절변수로서 '제도(institutions)'에 대해 살펴볼 필요가 있다.[24] 역사적 제도론에서 논의한 바와 같이, 제도는 다양한 행위자들의 이익이 구체화되는 조건을 형성한다는 점에서 중요하다. 노동계급의 이익을 강조했던 연구들은 사회복지가 성공적으로 확장될 수 있었던 주요 조절변수로서 노동조합의 조직적 역량과 사회민주주의 정당이라는 제도적 조건을 들고 있다. 중간계급의 이익을 주장했던 연구는 자유민주주의 체제 하에서 운영되는 선거제도의 중요성을 지적한다. 통치 엘리트의 이익을 강조한 연구에서도 선거제도가 중요하게 취급된다. 또한 국가 엘리트의 이익을 중요시했던 연구들은 국가의 조직구조나 레짐유형을 주요한 제도적 변수로 취급하고 있다 (Orloff & Skocpol, 1984; Flora & Alber, 1981; Malloy, 1979).

3) 외적 상황

정책은 새로운 정책을 피할 수 없는 것으로 만드는 '주변 여건(또는 외부환경)의 변화'에 의해 나타날 수 있다. 이는 인간의 행동 동기에 초점을 두는 것이 아니라 인간들이 처해 있는 상황의 압력에 우선성을 두고 정책의 형성을 설명하는 것을 말한다. 즉, 정책의 변화는 현대 자본주의 사회에서 나타나고 있는 사회경제적 조건의 변화에 따른 불가피한 결과

---

24) 앞에서 검토한 '정책중개자'와 마찬가지로, '제도' 또한 '이익' 요인뿐 아니라 '아이디어' 요인과도 관련될 수 있다.

라는 것이다. 예컨대, 윌렌스키(Wilensky, 1975: 15-49)는 경제가 성장함에 따라 전체 인구에서 차지하는 노인의 비중이 증가하게 되고 이것이 복지 프로그램의 발전과 확장을 야기한다고 주장한다. 오코너(O'Connor, 1973)는 자본축적 과정에서 타격을 입은 노동력을 재생산해야 할 필요성과, 실업·빈곤·경제성장의 정체 때문에 동요하고 있는 대중의 충성심을 다시 확보해야 할 필요성 때문에 서구 자본주의국가는 사회복지 프로그램들을 채택하고 발전시켜야만 했다고 주장한다. 또한 메사라고(Mesa-Lago, 1978: 260)는 남미 국가들에 있어 산업화의 진전이 복지정책 발전에 관한 정치적 맥락을 형성한 주요 배경변수였음을 지적하였다.

4) 정책의 관성·유산

정책은 '기존 정책의 유산'에 의해 내부적으로 조성될 수 있다. 즉, 정책의 관성·유산이 이후의 정책발전에 독립변수로 작용할 수 있다. 일단 산출된 정책은 실행을 거쳐 정책효과를 발생시키며 이 효과에 대응하는 과정에서 다음 단계의 정책내용이 정책 지향적 학습과 정책자체의 추동력에 따라 기존정책이 변화를 겪을 수 있다. 윌렌스키(Wilensky, 1975: 47)는 사회복지 프로그램 자체가 지니고 있는 추동력(momentum)이 복지국가 발전에 기여한 점이 있다고 지적하였으며, 헤클로(Heclo, 1974: 315-317)는 산출된 정책(policy output)이 종속변수에만 머무는 것이 아니라 독립변수가 될 수도 있다는 점을 언급하였다. 또한 스카치폴과 아멘타(Skocpol & Amenta, 1986: 150)는 미국 복지정책 발전의 역사를 근거로, 특정 제도가 야기한 적대적 또는 방어적 반응으로 인해 새로운 제도가 영향을 받을 수 있음을 분석한 바 있다.

정리하면, '이익'과 '아이디어'가 정책과정에 참여하는 구체적인 행위자의 동기에 관한 것이라면, '외부 환경'은 그 행위자들이 처해 있는 주변 여건과 구조적 제약 일반을 말한다. 한편, '정책유산'은 구조나 행위와 같은 정책 외적 요인이 아닌, 정책의 내부로부터 나오는 역동성을 가리킨다([그림 3-1] 참조).

이 정책결정의 설명요인 분류는 하나의 원론적인 구분이며 현실적으

그림 3-1 정책결정의 설명요인

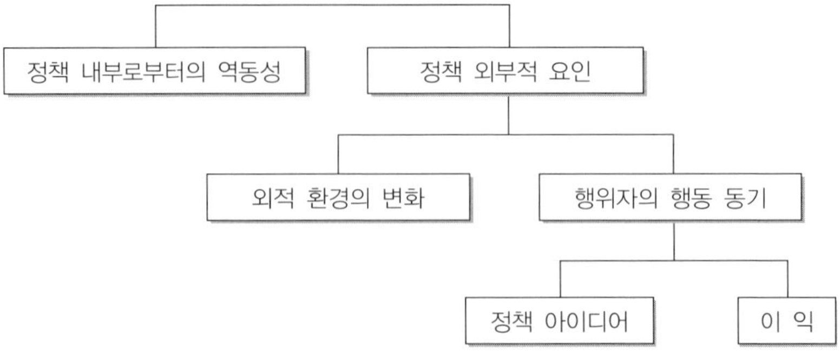

로 구체적인 정책결정은 이 네 요인들 간의 회색지대에서 이루어질 가능성이 높다. 그러나 우리는 이 원론적인 분류를 통해, 구체적인 정책사례 분석을 위한 토대를 마련할 수 있다. 국가와 사회의 거시적 구조가 개인과 집단의 이해관계와 정책 아이디어의 내용을 형성하고 제약할 뿐 아니라 개인과 집단의 선택과 행위에 의해 제도가 변화될 수 있듯이, 정책참여자 개인의 행동 동기와 그들이 처해 있던 제도적 맥락을 분석하는 데 있어서 후드(C. Hood)의 정책변동 설명요인론은 그 의의가 크다고 할 수 있다.

제 4 장 정책형성: 사례분석

제4장에서는 정책형성에 관한 우리나라의 사례들을 분석한다. 앞의 두 사례는 권위주의 정부 시기에 채택된 정책사례(의료보험제도, 환경보전법)이고, 세 번째 사례는 1980년대 후반의 체제변화 이후에 발생한 사례(국민건강보험제도)이다. 분석에 적용된 개념적 도구는 앞의 제3장에서 검토된 정책결정 설명요인론과 관련 행위자에 대한 논의이다.

제 1 절 한국 정책형성의 사례분석1: 의료보험제도 시행

1977년 박정희 정부에 의해 시행된 의료보험제도는 산업노동자뿐 아니라 중간계급을 포함한 사회구성원 일반을 대상으로 한 우리나라 최초의 주요 사회보험제도였다. 여기서는 의료보험제도의 채택에 영향을 미친 요인들을 분석한다.[1)]

1) 이 절의 내용은 Joo(1997: ch. 5), Joo(1999a)를 참조하여 요약함.

1 정책형성 과정과 정책의 내용 및 효과

의료보험법은 실상 1963년 이미 제정된 바 있으나, 의무 조항이 결여되어 있어 실질적인 의미를 지니지 못했고, 1970년에 의무 조항이 추가되는 법 개정이 있었지만, 시행령과 시행규칙의 미비로 인해 사실상 시행되지 못했다. 경제개발을 정책의 최우선 순위에 두었던 박정희 정부 하에서 사회복지 부문은 적절한 정책적 관심을 받지 못했던 것이다. 1970년대에 들어서면서 박정희 정부의 사회복지에 대해 관심이 다소 증가했으며, 그 결과의 하나로서 1973년에 국민연금제도가 최초로 도입되었다. 그러나 제1차 '오일 쇼크'로 인해 국민연금제도는 실행에 옮겨지지 못했으며, 정부는 사회복지제도와 관련한 두 번째 시도로서 1976년 의료보험법을 개정하여 1977년부터 시행하기 시작했다.

당시 주무부처였던 보건사회부(현 보건복지부)는 박정희 대통령의 지시를 받은 신현확 장관의 지휘 하에 법 개정과 일본의 의료보험제도에 대한 연구 등 제도의 시행을 위해 세부적인 업무를 담당했다. 당시 경제정책을 담당했던 경제기획원(현 기획재정부) 등 경제 관련 부처들은 기업들의 재정적 부담을 이유로 하여 의료보험제도의 시행에 반대했으며, 특히 경제기획원은 보건사회부의 시행안과 다른 몇 가지 대안들을 제시하여 정책시행에 혼선을 야기하기도 했다. 그러나 박정희 대통령의 지지를 받은 보건사회부는 궁극적으로 자신의 계획대로 의료보험제도를 출범시킬 수 있었다. 이 과정에서 국회는 별다른 기여를 하지 못했다. 단지 행정부안으로 상정된 의료보험법안의 주요 내용을 그대로 통과시키는 역할을 수행했을 뿐이었다.

한편, 관련된 이익 세력들 중 중소기업협동조합중앙회와 한국경영자총협회는 의료보험법의 개정에 대해 주목할 만한 반응을 보이지 않았다. 이는 시행될 당시의 제도가 500인 이상의 사업장을 지닌 대기업만을 대상으로 하고 있었다는 데서 그 이유를 찾을 수 있다. 대기업의 이익을 대변하는 전국경제인연합회는 처음에는 의료보험제도의 시행에 우려를 표명하고, 이 제도로 인해 경제 발전에 제약이 가해질 수 있음을 지적했으나, 결국 의료보험제도를 받아들이게 된다. 또한 한국노동조합총연맹은 이 제도를 환영했으나 일부 노동 세력들은 의료보험제도가 노동자들의 기여금을 필요로 하고 있다는 점을 지적하며 이 제도에 반대 의견을 표명했다. 또한 의료보험제도에 의해 영향을 받게 되는 전문직의 이해를 대변하는 대한의사협회는 정부로부터 상당한 양보를 통해 제도의 수정이 있은 후 의료보험제도를 받아들였다.

일본과 마찬가지로 우리나라의 의료보험제도도 각 작업장을 토대로 하여 형성된 다수의 의료보험조합과 이 조합들의 중앙협의체가 중심이 되어 운영되는 구조로 출범했다. 또한 제도 운영에 들어가는 비용을 고용주와 피고용인이 거의 전적으로 부담하며 정부의 기여는 최소한에 머무는 형태의 제도였다. 보험이 적용되는 항목과 기간 등도 몹시 제한되었으며 의료서비스를 받는 환자들이 부담해야 할 추가적 비용도 상당한 수준에 이르는 등 초기의 의료보험제도는 여러 면에서 보완되어야 할 내용이 많은 제도였다. 서비스의 수혜 대상과 관련하여, 초기의 의료보험제도는 기본적으로 대기업의 공장노동자들을 주된 대상으로 하여 시행되었으며, 따라서 가장 열악한 처지에 처해 있던 소규모 작업장의 노동자들에게 전혀 도움이 되지 못했다. 또한 대기업에서도 실질적으로 의료보험제도의 혜택을 받은 계층은 '젊고', 근무 시간 중에 병원에 가기 어려운 노동자들이 아니라 부양가족을 지니고 있으며, 상대적으로 시간을 내기가 쉬운 사무실 근무의 중간계급이었다.

2 정책형성에 대한 설명

1976년의 의료보험법 개정 시에 이익집단들은 정책결정 과정에 참여하여 자신들의 견해를 표명할 수 있는 기회를 가졌다. 그러나 그들은 그 과정에서 결코 주도적인 역할을 수행하지 못했다. 사용자단체와 의사협회는 정책과정의 개시를 주도하지 못했음은 물론 단지 자신들의 기득권에 대한 침해를 최소화하기 위해 노력했을 뿐 당시의 권위주의적인 체제 하에서 정부가 추진하는 의료보험제도에 대해 직접적이고 강력한 형태로 반대하지 못했다. 그러나 의료보험제도 실행의 실무적인 역할을 담당했던 보건사회부도 결코 이 정책과정을 개시하는 데 주도적 역할을 수행하지는 못했다. 보건사회부의 공무원들은 사실상 의료보험제도의 실행을 위한 정치적 영향력도, 업무를 담당할 만한 구체적인 지식과 전문성도 갖추고 있지 못했으며, 위로부터의 정책 추진을 따라가기 위해 외국(특히, 일본)의 제도를 연구하는 수준에 머물고 있었다. 이러한 상황은 당시 보건사회부에 소속되어 있던 연구기관인 사회보장심의위원회도 마찬가지였다. 1960년대 초 보건사회부 장관을 정책적으로 돕기 위해 생겨난 이 기관은 외국의 사회복지 프로그램을 소개하는 등 나름대로 의료보험제도 발전을 위한 토대를 형성하는 역할을 하기는 했지만, 이들의 정책 아이디어가 의료보험제도의 채택을 위한 정책과정의 개시에 결정적인 역할을 했다는 것은 아니다. 또한 그들이 외국 제도의 검토를 통해 제시했던 정책방안들은 포괄적인 내용만을 담고 있을 뿐 구체적인 실행에 필요한 처방안들을 담고 있지는 못했다.

결국, 1977년 의료보험제도의 시행을 가능하게 했던 핵심적 동인은 박정희 대통령의 의지였다. 그렇다면 박정희 대통령은 왜 그러한 의지를 갖게 되었는가? 앞서 본대로, 이익단체를 포함한 사회 세력들로부터의 요구 때문에 대통령이 그러한 의지를 갖게 되었던 것이 아닌 것은 분명했다. 또한 박대통령을 비롯한 당시의 권력 중심부가 노동력의 재생산 필요성 때문에 의료보험제도를 도입했을 수 있다는 마르크스주의적인 설명을 정당화해 줄 수 있는 증거는 찾아보기 힘들다. 특히, 경제기획원이 의료보험제도의 도입을 반대했다는 점은 당시 고위 정책결정자들이 노동력 재생산을 중요시하지 않았다는 것을 방증하고 있다. 박대통령의 이념적 지향의 변화가 사회복지에 대한 관심 증대에 결정적 요인이었던 것도 아니었다. 박정희 정부의 근대화계획이 1970년대에 들어서는 사회복지 영역으로 확대되기 시작한 것은 사실이지만, 박대통령의 복지관은 언제나 경제 성장과 연계되어 있었다. 즉, 그는 경제 성장을 통한 일자리 창출을

복지와 동일시하고 있었다. 대중들의 관심을 끌 만한 주요 사회적 사건으로 인해 박대통령이 의료보험제도를 시작하게 되었다고 보기도 힘들다. 1970년대 중반경, 의료비의 지불 능력이 없는 이들이 의료 서비스를 제공받지 못하는, 이른바 '병원의 문턱이 높다'는 사회적 현상을 다루는 신문기사들이 연이어 보도되었으며, 이에 따라 저소득가구의 의료문제가 사회적 쟁점으로 떠오르는 일이 발생했다. 그러나 이 사건으로 인해 대통령과 권위주의 정부가 의료복지제도를 시행하게 되었다고 주장하기는 힘든 것으로 보인다. 오히려, 우리는 폭넓은 맥락에서 이러한 사건이 사회 쟁점화되던 1970년대 중반의 사회적 상황에 초점을 두고 살펴볼 필요가 있다.

첫째, 1970년대 당시 국내의 사회적 · 정치적 상황은 대체로 불안정했다. 박대통령은 유신 체제라는 정당화될 수 없는 수단을 동원하여 장기집권을 꾀했으며, 진보적 지식인과 일부 학생 및 야당 정치인들로 구성된 반정부 세력은 이러한 박정희 정부에 도전했고, 그 방안의 하나로서 노동자와의 연대를 모색했다. 박정희 정부는 주로 억압적 수단을 동원하여 이러한 반정부 세력의 활동을 억눌렀다. 그러나 정부는 한편으로 반정부 세력을 산업노동자와 같은 사회 내의 여타 부문들로부터 격리시키기 위한 긍정적인 정책수단도 필요로 했다. 이러한 맥락에서 우리는 의료보험제도가 산업노동자를 포함한 사회의 일반 구성원들에 대해 정부가 제시한 '당근'이었다는 해석을 할 수 있다. 요컨대, 1970년대 중반의 실제적 또는 잠재적인 정치 · 사회적 불안정이 당시의 국가 엘리트들로 하여금 의료보험제도를 추진하도록 만든 요인(push factor)이었다고 할 수 있다. 그런데 이 요인만으로 의료보험제도의 채택을 설명하는 것은 충분하지 못하다. 왜냐하면, 비록 억압적 수단의 덕분이긴 했지만 의료보험법이 개정되던 1970년대 중반은 오히려 여러 면에서 사회가 잠잠한 편이었다. 반체제 세력의 소요와 노동자의 쟁의 횟수 등 모든 지표를 보면 정부는 1970년대의 초기에 비해 오히려 안정기에 접어든 것같이 보였다. 이러한 정황으로 인해 우리는 체제의 불안정 문제와 이에 따른 국가 엘리트들의 체제 유지 동기가 그들에 의한 의료보험제도 추진 · 채택의 유일한 설명 요인이라고 주장하기 어렵게 된다.

박정희 대통령의 의료보험제도 추진 의지를 야기한 또 하나의 주요한 배경은 남・북한 간의 체제 경쟁이었다. 남・북한 간의 체제 경쟁은 1970년대 동안 가장 치열했다. 1970년대 들어서면서 남한이 경제적인 측면에서 북한에 대한 우위를 확보해 나가기 시작한 반면, 북한은 외교적 측면에서 남한보다 앞서 나갔다. 예를 들어, 북한은 1973년 미국 등 서방세계의 지지를 받는 남한 정부의 방해에도 불구하고 국제의원연맹(Inter-Parliamentary Union)과 국제보건기구(World Health Organization)에 가입하는 데 성공했으며, 1974년에는 남한이 가입하는 데 실패한 비동맹회의(Conference of Non-Aligned Countries)에 가입했다.

국제무대를 배경으로 한 남・북한 간의 이러한 치열한 경쟁 상태 속에서, 북한 측이 남한 정부를 공격하기 위한 수단의 하나로 남한의 빈약한 사회복지 체제를 들고 나온 점은 당시의 국가 엘리트들을 자극하는 중요한 요소가 되었다. 즉, 1952년에 도입한 무료의료 체계를 1972년에 전주민을 대상으로 하는 제도로 확대하고, 기타 사회복지제도를 갖춘 북한은 이러한 제도적 발전에 근거해서 국제기구 활동 시 자신들의 체제를 크게 선전하는 것과 더불어 남한의 취약한 사회복지제도를 비난하는 선전공세를 가했고, 이것은 남측 국가 엘리트들의 국제적 위신에 손상을 가하는 요인으로 작용했다. 비록 박정희 정부도 국제적인 맥락에서 북한 정부에 대한 공세를 강화했지만, 적어도 손상된 국제적 위신을 만회하기 위해 복지와 관련하여 모종의 제도적 발전을 모색해야 할 압박감을 느끼게 되었다고 하겠다. 결국, 당시의 국가 엘리트들은 국내・외적으로 사회복지와 관련된 압박을 받고 있었으며, 이것이 그들로 하여금 의료보험제도를 발전시키고자 하는 동기를 갖게 했던 것이라고 말할 수 있다.

이상의 설명을 정리하면 다음과 같다. 1970년대 중반 의료보험제도의 채택은 우선 경제 발전의 유산을 그 배경으로 한다. 즉, 박정희 정부는 취약한 정당성을 보완하기 위한 수단으로 경제 성장을 정책의 최우선 과제로 삼았다. 그 결과 많은 수의 임금노동자가 나타나게 되었고, 경제 성장 우선주의의 미명 하에 그들의 상당 부분은 저임금과 열악한 근로환경에 놓이게 되었다. 노동 세력의 임금 인상과 근로환경 개선 요구를 정부는 물리적 강제력으로 억압했으며, 이러한 상황은 반정부 세력이 노동자들에 접근하기 용이한 조건을 구성했다. 그러나 이 조건만으로 의료보험제도의 채택을 설명하기는 충분하지 않다. 사회의 일반적 불안정 상황이라는 위의 조건을 보완하는 충분 조건은 남 · 북한 정부 간의 경쟁에 따른 북측의 취약한 남한 사회복지 체제에 대한 선전 공세였다. 이러한 조건들 하에서 박정희 정부의 국가 엘리트들은 자신들의 기득권을 보장할 체제를 유지하고, 국제사회에서의 위신을 회복하려는 동기에 의해 의료보험제도를 채택 · 시행하게 되었던 것이다.

이렇게 볼 때, 1970년대 중반 한국 의료보험제도의 채택을 설명할 때 가장 중요한 설명요인은 '상황의 변화'와 '국가 엘리트들의 이익 추구 동기'였던 반면, 가장 미약한 설명요인은 정책과정 참여자들의 '정책 아이디어의 힘'인 것으로 보인다. 또한 이 정책사례를 통해, 특히 1960년대에 복지문제를 정책 어젠다에서 배제하고자 했던 정부의 힘이 작동하고 있었음을 알 수 있고, 콥(R. Cobb) 등의 정책의제 모형 중 동원모형이 권위주의 시대의 한국 정책형성 과정을 비교적 살 설명할 수 있음을 알 수 있다.

한편, 권위주의 시대 한국의 사회정책을 형성하는 데 '합리성'보다는 '권력'이라는 변수가 정책형성 과정을 주도했다는 점과, 정부의 주된 관심사가 경제정책에 놓여 있었음에도 불구하고 상황의 변화에 따라 사회복지정책의 발전을 가능하게 했던 '정책의 창'이 열릴 수 있음을 알 수 있다.

제 2 절 한국 정책형성의 사례분석2: 환경보전법 제정

환경보전법은 박정희 정부의 말기인 1977년에 입법되었으며, 한국 환경정책 분야에서 상징적 · 실제적으로 기념비적인 정책 발전이라 할 수 있다. 다음에서는 우선 환경보전법 제정의 핵심적 동력이 되었던 박정희 대통령의 오염문제에 대한 관심이 1970년대의 중반에 어떻게 증가하고 있었는지를 살펴본 후 정책형성 과정을 기술하도록 한다. 다음으로 정책

채택에 대한 설명을 시도한다.[2)]

1 정책형성 과정

자유민주주의 체제 하의 정치 및 정책과정을 주도하는 행위자가 누구인가를 둘러싸고 다원주의, 엘리트이론, 그리고 마르크스주의 사이에 다양한 논쟁이 전개되었음은 주지하는 바이다(Alford & Friedland, 1985). 그러나 권위주의 체제 하에서는 국가에 따라, 그리고 정책사례에 따라 다소 간의 편차가 있을 수는 있겠지만, 국가 엘리트가 주도권을 행사한다는 점에 대해서는 이론을 제기하기 어렵다. 한국 권위주의 체제 하의 국가 엘리트는 대통령과 그의 측근(비서실장, 수석비서, 경호실장, 국가안보기구 담당자 등), 각부 장관, 여당의 간부 등으로 구성되어 있으며 이 중 대통령이 그 핵심을 이룬다고 볼 수 있다. 따라서 환경보전법의 경우에서도 박정희 대통령의 움직임을 살펴봄으로써 논의를 시작하는 것이 유용한 접근이라 할 수 있다.

〈표 4-1〉에 나타난 바와 같이 박대통령은 1960년대 동안 환경보전에 대해 관심을 표명하지 않았다. 단 하나 예외가 있다면, 산림녹화를 강조했다는 점이다. 그러나 박대통령이 산림녹화를 강조한 근본 이유는 환경보전에 있었던 것이 아니라 그것이 경제 발전에 도움이 된다는 믿음 때문이었다(대통령비서실, 1973b: 79, 344). 박대통령의 이러한 정책 위치에 조응하여 그의 핵심참모들도 환경보전보다 경제개발의 정책우선성에 대해 확신하고 있었다(Joo, 1997: 198-199). 그러나 〈표 4-1〉과 〈표 4-2〉에서 볼 수 있는 것처럼 1970년대에 들어 박대통령은 환경보전에 대해 어느 정도의 관심을 보이기 시작했으며, 이는 1970년대의 후반에 이를수록 점차 강화되었다. 물론 환경보전에 대한 경제 발전의 정책우선성이 흔들렸던 것은 아니었지만(주재현, 1998a: 294-295), 후술하는 바와 같이 이러

2) 이 절의 내용은 주재현(1999)을 수정 · 인용함.

한 변화가 환경보전법의 제정과 관련을 맺고 있었던 것이다. 박대통령의 인식에 이러한 변화가 나타나게 된 배경에는 1970년을 전후하여 국내·외에서 나타난 환경파괴에 대한 우려가 놓여 있었다. 박대통령과 그의 참모들은 일면 이러한 관심이 지식인과 일반 대중에게 퍼져나가는 것을 막고자 시도한 반면, 다른 한편으로는 공해방지와 환경보전에 대해 어느 정도의 긍정적 관심을 표명할 필요도 느끼게 되었던 것이다(Joo, 1997: 201-221).

표 4-1 박정희 대통령의 환경 관련 쟁점에 대한 언급(1962~1978)

연 도	산림녹화	정화/오염	연 도	산림녹화	정화/오염
1962	2	0	1971	1	1
1963	2	0	1972	1	1
1964	5	0	1973	5	1
1965	4	0	1974	1	2
1966	3	0	1975	0	2
1967	7	0	1976	4	4
1968	0	0	1977	3	4
1969	0	0	1978	4	9
1970	0	0			

주: 숫자는 박대통령이 각 연도 시정연설문에서 위의 항목에 관하여 언급한 줄(line)의 수임.
자료: 대통령비서실(1973a; 1973b; 1973c; 1973d; 1976; 1979)에서 집계.

공해문제에 대한 박대통령의 관심이 높아지는 것과 보조를 같이하여 1970년대 중반경부터는 공해 관련 쟁점과 이를 취급할 정책적 방안에 대한 토론이 다소 활성화되었다. 예를 들어, 국회의 기관지는 1972년 이후 별로 다루지 않던 공해문제와 자연 보호에 관한 논의를 1976년과 1977년에 특집으로 다루었으며(『국회보』, 1976; 1977), 동아일보는 1975년 9월에 각 공단의 오염문제에 관한 연재 기사를 싣기도 했다(『동아일보』, 1975). 또한 1975년 8월에는 경제장관간담회에서 울산의 오염문제가 논의되어, 그 지역에 신설되는 공장들은 오염물질 제거 장치의 설치를 강제

표 4-2 박정희 대통령의 환경에 대한 관심의 변화(1969~1978)

	1969	1970	1971	1972	1973	1974	1975	1976	1977	1978
A	0	0	0.8	0.5	1.0	0.6	0.4	1.9	1.5	2.2
B	〈1〉	〈1〉	〈2〉	〈2〉	〈2〉	〈3〉	〈3〉	〈3〉	〈4〉	〈4〉

A: 해당 연도 시정연설문에서 '환경보전'에 대해 박대통령이 언급한 줄의 수를 집계한 후, 그 줄의 수가 전체 줄 수에서 차지하는 비율(%)을 계산함.
B: 시정연설문에 나타난 바 '환경보전'에 대한 박대통령의 태도-〈1〉 무관심; 〈2〉 낮은 관심; 〈3〉 관심 증가; 〈4〉 상당한 관심.
주: 내용 분석의 절차 및 그 구체적 결과는 Joo(1997: appendix 1과 3)를 참조.
자료: 대통령비서실(1973c; 1973d; 1976; 1979).

할 것이 합의되기도 했다(『조선일보』, 1975). 심지어는 1976년에서 1978년 동안 몇몇 기업인들이 공해방지법이나 환경보전법 위반으로 구속되기도 했다(『조선일보』, 1976/1977/1978).

1963년에 입법된 후 오랜 기간 동안 거의 명목에 불과하던 공해방지법이 1977년에 환경보전법으로 대체된 것은 이런 배경에서 일어났다. 그러나 이러한 정책 발전의 서두를 연 것은 박대통령이었다. 당시 대통령비서실장이었던 김정렴에 따르면, 박대통령이 1977년 9월의 월례 경제동향 보고회의에서 장관들에게 자연 보호를 위한 국민운동을 주관할 기구를 조직할 것을 명했으며, 그 결과 행정부의 관련 부서들이 정부 주도 국민운동의 촉진계획을 세우고 환경보전 관련 정책을 세우게 되었다는 것이다(김정렴, 1990: 225-226).

기업 측 이익을 대변하는 단체들은 새로운 환경보전 정책의 결집체인 환경보전법에서 요구하는 공해방지시설을 설치하는 데 들어가는 비용에 대해 우려를 표시했으며, 정부에 저리의 장기 융자 제공을 요구했다(전국경제인연합회, 1979: 231-234; 대한상공회의소, 1978: 243-248; 중소기업협동조합중앙회, 1992: 1243-1244). 행정부 내에서도 어느 정도의 저항이 있었다. 당시 보건사회부 내에서 환경 부문을 담당했던 공무원은 다음과 같이 회상했다:

"…… 당시 보사부 공무원들을 중심으로 사문화(死文化)되어 있던 공해방지법을 폐기하고 환경보전법을 제정할 준비에 박차를 가했다. 일본법을 모방해서 법안을 만들었는데 그 법안 내용 중 다른 부처들이 보사부와 협의해야 할 사항을 규정한 것이 있어서 다른 부처로부터 많은 반대에 부딪혔다. 환경보전법이 자기 부처의 고유 권한을 침해한다고 보았기 때문에 심히 반대를 했었고 보사부는 그들을 설득하는 데 많은 애로에 봉착했었다 ……"

그러나 기업 이익을 대변하는 단체와 여타 정부 부처들이 환경보전법 그 자체를 반대했던 것은 아니었던 것으로 보인다. 나아가, 보사부는 당시 "신현확 장관의 강한 추진력과 무엇보다도 박대통령의 환경 관련 법을 제정하고야 말겠다는 의지에 뒷받침되어"[3] 반대를 극복할 수 있었다.

행정부는 1977년 10월 국회에 환경보전법안을 제출했다. 한편, 야당인 신민당도 자기 나름의 법안을 작성하여 같은 달에 국회에 제출했다. 행정부의 주도에 대해 야당이 이렇게 신속한 대응을 할 수 있었던 것은 국회 일반, 특히 야당 의원들이 1970년을 전후한 시기부터 환경문제에 대해 상당한 관심을 지니고 있었기에 가능하기도 했겠지만, 다른 한편으로는 오염과 관련한 쟁점이 여타 쟁점, 예를 들어 노동 관련 쟁점보다 정권 담당측의 통제를 덜 받고 있었기에 가능했다고도 볼 수 있다. 그러나 신민당에 의해 제안된 여러 '진보적'인(상대적인 의미에서) 항목들은 받아들여지지 않았다. 즉, 환경관리 전담 부서의 설치, 행정부의 국회에 대한 공식적인 오염상태 보고 의무 규정, 그리고 공해방지 시설설치를 위한 중앙 및 지방정부의 재정적 지원 의무화 규정 등은 거부되었으며, 단지 '총량규제' 개념만이 수용되었다. 행정부의 안을 약간 수정한 최종 법안이 1977년 12월 신민당의 큰 저항 없이 국회 본회의를 통과했다(국회사무처, 1984: 1228-1231).[4]

3) 환경처 K씨와의 인터뷰, 1994년 11월 14일.

4) 여기서는 환경보전법의 구체적인 내용은 다루지 않기로 한다. 환경보전법(1977)의 내용과 특성에 대한 간략한 서술과 분석은 Joo(1997: 225-231)를 참조.

2 정책채택 설명

환경보전법의 입법 과정에서 이익집단과 보건사회부는 선도적인 역할을 수행하지 못했다. 전국경제인연합회와 대한상공회의소 같은 기업 이익단체는 1960년대 말과 1970년대 중반에 당시 해외 또는 국내에서 일어나고 있던 자연 보호에의 관심을 반영하여 오염문제에 대해 약간의 관심을 표명한 바 있다(전경련, 1968: 113; 전경련, 1977: 99; 대한상의, 1977: 170). 그러나 그들은 결코 환경보전에 적극적이지 않았으며, 앞서 본 바와 같이 환경보전법 때문에 야기될 기업 측의 재정적 부담에 훨씬 더 관심을 쏟았다. 한국노총도 1970년대 초에 오염과 산업재해에 대해 어느 정도의 관심을 보인 적이 있긴 하나(한국노총, 1973: 17), 그것이 그들의 주된 관심사는 아니었다. 공해방지 관련 주무부처였던 보건사회부는 특히 1960년대 말에서 1970년대 초 사이에 공해예방을 위한 정책방안을 모색했었지만, 국가 엘리트와 개발 주도 부서로부터 견제를 받은 후 1970년대의 전반기 동안에는 침묵을 지켰다(한국공해문제연구소, 1986: 35; Moon, 1992: 153).

환경보전의 기치를 내세우는 데는 정부 부처나 이익단체보다 국회가 더 두드러졌다. 특히, 몇몇 야당 의원들은 공해 관련 쟁점에 대한 토론이 활성화되기 이전부터 자연 보호와 공해 피해자에 대한 보상 등을 주장했다(오준석, 1971; 김윤덕, 1972). 그러나 그들의 활동은 국회를 벗어나지 않았으며, 그나마 그것도 유신 체제 성립 이후에는 더욱 약화되었고, 국회 기관지에 기고하는 수준을 넘지 못했다(박용만, 1974). 한편, 반체제 활동가들은 아직 공해와 그 피해자 문제에 큰 관심을 보이지 않고 있었다. 1977년 4월에 있었던 학생 데모에서 학생들이 공해문제와 일본으로부터의 공해산업 수입을 지적하기는 했지만(이재오, 1984: 356-357), 이러한 문제 인식이 차후의 활동에서 지속적으로 이어지지는 못했다. 요컨대, 야당과 반체제 활동가도 환경보전법 채택을 이끈 동력이 되지는 못했다.

환경보전법의 입법에 기여한 요인들로서는 먼저 박정희 정부의 권위주의적 특성과 '아이디어의 힘'을 들 수 있다. 앞서 기술한 바와 같이, 당시 '환경보전'이라는 이념 그 자체에 대한 반대는 그리 크지 않았다. '유신'이라는 권위주의 체제 하에서 박대통령의 강력한 지도에 따라 자연보호운동과 환경정책 발전이 추진되었음을 고려해 볼 때, 체제 순응적 사회세력들이 이러한 변화에 저항하기 어려웠을 것임은 쉽게 짐작할 수 있다. 이에 더하여, 정책이념의 힘 또한 어느 정도의 역할을 수행했던 것으로 보인다. 그 당시 보건사회부 장관이었던 신현확이 설명한 대로, "환경문제는 …… 반대하는 사람은 없었어요, 표면적으로는. 국가 환경을 좋게 하자, 오염을 해서는 안된다, 그런 걸 누가 반대해요. 반대할 수가 없잖아요?"[5] 이처럼 권위주의 체제와 정책이념(환경보전) 자체의 힘이 환경보전법 제정에 일조를 했다고 말할 수 있다.

그러나 환경보전법 제정을 이끈 근본적 동력은 이 요인들이 아니라 박대통령의 정책의지였음은 위에서 살펴본 바와 같다. 그렇다면 박대통령은 왜 이러한 정책선호를 갖게 되었던 것일까? 사용자나 노동자 단체들로부터의 환경 개선 요구가 거의 무시해도 될 만한 정도였음은 전술했다. 민간전문가와 야당 정치인, 그리고 일부 학생운동가들로부터의 압력도 미미한 수준이었으며, 대중적 기반을 지닌 환경운동단체는 존재하지도 않았다. 공해 피해자들로부터의 불만이 어느 정도 존재했었던 것은 사실이다. 그러나 그들이 요구했던 것은 주로 공해 배출 기업으로부터의 적절한 경제적 보상이었지 개선된 형태의 환경보전 관련 법규는 아니었다. 나아가, 일반 대중들은 환경보전보다는 경제 성장의 정책우선성을 받아들이고 있었다(한국공해문제연구소, 1986: 265; cf. 변동건, 1985: 219). 물론 공해 피해자들의 요구나 일부 정치인과 지식인 사이에서 행해졌던 공해 방지에 대한 논의들이 박대통령의 정책의지 형성에 아무런 영향도 끼치지 못했다고 판단하는 것은 지나치다고 할 수 있다. 그러나 그 정치인과 지식인, 그리고 공해 피해자들의 몹시 제한된 영향력을 고려해 볼 때, 그들의 요구는 대통령의 정책의지 형성에 기껏해야 배경 형성 정도의

5) 신현확 전 보사부 장관과의 인터뷰, 1994년 12월 12일.

의미를 넘지 못했던 것으로 보인다.

박대통령의 정책선호 형성과 관련해서 더 의미 있게 검토될 수 있는 요인들로는 다음 세 가지를 들 수 있다. 첫째는, 당시의 전반적인 사회·정치적 동요이다. 한국 환경정책의 발전을 검토하고 있는 한 논자의 설명에 따르면,

> "…… 환경보전법을 1977년에 만들고, 환경청을 1980년에 따로 만듭니다. 여기에 두 가지 해석이 있을 수 있는데, 하나는 국민들이 환경피해 사례를 대통령한테 진정을 했기 때문에 대통령이 이런 요구를 받아들여서 …… 다른 하나는 그런 측면보다는 환경문제가 사회문제화되고 정치문제가 될 가능성이 많으니까 이를 상징적인 법체계를 통해서나마 무마시키려는, 또 거기에 대응할 창구를 일원화시키려는 [것이지요]. 국민들의 요구를 정부 각 부처에서 다 다룰 수 있는데, 환경청을 따로 독립부서로 만들어 놓으면 이 쪽[정부]에서 창구를 일원화해서 다룰 수 있다는 측면이 있고 …… 나는 이를 후자 쪽으로 봤어요."[6]

위의 인용에 나타난 것처럼, 소청을 통한 공해 피해자의 불만과 문제제기가 없었다면, 국가 엘리트들이 공해문제를 심각하게 고려하지 않았을는지 모른다. 더구나, 1970년대 동안 정당성의 약화 과정을 겪고 있던 박정희 정부의 입장에서는 자신의 충성스러운 지지계층인 농어민 중 일부로부터의 지지 철회를 가져올지도 모를 공해문제를 더 이상 방치할 수 없었을 수도 있다. 사실상 1971년의 국회의원 선거에서 이러한 가능성이 나타난 바 있었다. 신민당의 약진이 두드러졌던 1971년 선거의 여러 주목할 만한 결과 중의 하나로서 경상남도를 들 수 있다. 그 당시 대표적인 공업단지였던 울산을 비롯해서 경남 지역구 중 과반수에서 공화당 후보자가 낙선했는데, 전라북도를 제외하고 중소도시를 포함한 농어촌 지역에서 공화당이 이런 정도의 성과밖에 내지 못한 곳은 경상남도뿐이었으

6) 문태훈 박사와의 인터뷰, 1994년 10월 24일; 이와 유사한 관점은 최병두(1991)에서도 볼 수 있다.

며(중앙선거관리위원회, 1973: 421-423, 771-772), 그 이유는 경남지방에 집중되어 있던 공업단지로 인한 오염의 심화에 그 원인이 있는 것으로 추정해 볼 수 있다. 유신 체제에서 중선거구제를 도입한 후로 여당은 차후의 국회의원 선거에서 그러한 큰 '낭패'를 겪지는 않았다. 그러나 그처럼 여당에 유리했던 선거 체제 하에서도 공화당은 1978년 국회의원선거에서 울산지역에서는 후보를 당선시키지 못했다(중앙선거관리위원회, 1981: 72).

이처럼 1970년대의 정치적 정황을 염두에 두고 보면, '선제(先制)로서의 환경정책' 관점에 어느 정도 설득력이 있다는 점은 부정하기 힘들다. 그러나 공해 피해자들과 환경 옹호론자들의 영향력은 몹시 제약되어 있었다. 또한 당시의 노동운동과는 달리, 공해 피해자와 반정부 세력 간에는 아무런 연계도 존재하지 않았다. 더 구체적으로, 환경보전법이 제정되기 전인 1976년과 1977년의 상황은 그 이전 시기에 비해 상대적으로 안정적이었다. 당시 상황을 보여 줄 수 있는 몇 가지 지표를 검토해 보면, 국가보안법이나 특별조치법 등의 규제법 위반에 따른 구속자 수, 정치적·사회적 행동의 제한과 같은 국가의 제재권 행사 횟수, 대통령의 정치적 안정에 대한 언급의 빈도 등이 1977년에는 모두 감소하고 있었다(Joo, 1997: 319). 또한 대표적인 공해 피해자인 울산/온산 주민의 요구에 대해 정부가 별다른 조처를 취하지 않았다는 점을 고려해 볼 때, 박정희 정부는 공단지역 유권자의 표보다 산업화의 추진과 기업활동의 촉진을 더 중요시했던 것으로 보인다. 따라서 비록 당시의 국내 정치적 조건이 박대통령의 정책선호에 영향을 끼쳤으리라는 점을 무시할 수는 없지만, 이 '선제 관점'의 설명력이 그리 크다고 보기는 힘들다.

대통령의 정책선호를 추동한 두 번째 요인으로서 갈수록 심각해지던 오염 그 자체를 들 수 있다. 오염 방지를 위한 발전된 기술과 제도의 준비가 없는 상태에서 강력하게 추진된 중화학 공업화로 인해 1970년대 중반을 거치면서 오염문제는 점차 심각해지고 있었으며, 이는 특히 공업단지 주변에서 극심했다.[7] 박대통령이 월례 경제동향 보고회의에서 자연

7) 당시의 오염 정도에 대해서는 환경청(1984: 188-197)을 참조할 것.

보호에 관한 강한 관심을 표명한 것은 그가 경상북도 구미에 있는 공업단지를 방문한 얼마 뒤에 나왔다. 구미공단을 방문한 동안 박대통령은 공단 주위의 오염문제뿐 아니라 부근의 금오산이 훼손되어 있는 것을 보았다고 한다.[8] 김정렴에 따르면, 박대통령은 거기서 상당한 충격을 받았으며, 이것이 그를 움직이게 했던 사건이라 한다(김정렴, 1990: 225). 요컨대, 박대통령의 구미 방문이 환경보전법 제정으로 가는 하나의 촉발 요인이었으며, 경제개발의 부작용으로서의 환경오염의 심화 그 자체가 박대통령으로 하여금 1970년대 중반 이후 환경보전에 관심을 갖게 했던 주요한 배경 요인이었다고 할 수 있다(노융희, 1993: 11).[9]

그런데 그것 못지않게 중요했던 것으로 생각되는 세 번째 요인으로서 박정희 정부, 나아가 박정희 대통령 개인의 국제사회에서의 위신에 대한 북한 정권의 공격을 들 수 있다. 남과 북 두 체제 간의 경쟁은 군사/외교적 및 경제적 측면 모두에서 1970년대(특히, 전반기)에 가장 격렬했다(Gills, 1996). 당시 국민들의 경제생활 면에서는 한국이 북한보다 다소 앞서고 있었다. 예를 들어, 한국은 1인당 GNP가 252달러(1970), 594달러(1975), 1,592달러(1980)였던 반면, 북한은 각각 223달러, 402달러, 743달러였다. 그러나 외교 면에서는 북한이 한국보다 훨씬 더 적극적이었고, 또 성공적이었다. 예를 들면, 1973년에 한국 정부가 미국·영국·일본 등의 지원을 받아 북한이 국제의회연맹(Inter-Parliamentary Union: IPU)과 국제보건기구(World Health Organization: WHO)에 가입하는 것을 방해했음에도 불구하고 북한은 그 기구들에 가입하는 데 성공했다(『동아연감』, 1974: 221). 또한 1974년 북한이 비동맹회의(Conference of Non-Aligned Countries)에 가입하는 데 성공한 반면 한국은 실패했다(『한국연감』, 1975: 253-254). 나아가, 개인적인 수준에서 박대통령이 북한의 김일성에 대해 일종의 라이벌 의식을 갖고 있었던 것으로 보인다. 적어도 박대통령의 측근들은 그렇게 느끼고 있었으며(노재현, 1993: 71), 박대통

8) 김정렴(1990: 224-225) 및 안기희 박사와의 인터뷰(1994년 11월 29일).
9) 이러한 해석은 안기희 박사(1994년 11월 29일) 및 환경처 이선룡 과장(1994년 11월 24일)과의 인터뷰에서도 뒷받침되었다.

령 자신도 1971년의 대통령선거 유세 중 "나의 상대는 북한의 김일성이다."라고 말한 적도 있었다(김성진, 1994: 67).

북한 정권은 남한의 오염문제가 심각하다는 내용의 정보를 북한 주민들에게 알리고 있었다(조선인민공화국, 1978: 154-159). 그러나 더 중요한 것은 김일성이 외국인 방문객을 맞는 자리에서 종종 한국의 오염문제를 언급했다는 점이다. 예를 들어, 1973년 6월, 체코슬로바키아 당 및 정부 대표단을 환영하는 평양시 군중대회의 연설에서 김일성은 다음과 같이 말했다.

> "지금 남조선 당국자들은 동족끼리 합작하는 것이 아니라 외세와 결탁하고 외래 독점자본을 제한 없이 끌어들여 남조선 경제를 완전히 예속경제로 전변시키고 있으며, 심지어는 외국에서도 '오물단지'로 배척당하고 있는 공해산업까지 끌어들여 우리의 아름다운 금수강산을 더럽히고 있습니다"(김일성, 1984: 389).

또한 1973년 9월, 덴마크와 북한 사이의 협조 관계 촉진을 위한 위원회의 덴마크 측 대표단과 한 담화 중 김일성은 말하길,

> "지금 남조선 연해에는 물고기가 얼마 없습니다. 일본에서 공해산업을 망탕 들여온 결과 물고기가 많이 없어졌습니다. 그래서 우리는 남조선 사람들이 우리 연해에 와서 물고기를 마음대로 잡아가며 …… 이것은 다 민족을 아끼고 사랑하는 마음에서 나온 것입니다"(김일성, 1984: 471).

동구권의 공산주의 국가들이 자유화되면서 그 국가들의 심각한 환경문제가 서구에 알려지게 되었다(Carter & Turnock, 1993). 북한도 공산주의 국가들에 공통적인 이 환경문제에서 예외가 아니었다(『북한』, 1995). 그러나 우리는 북한의 공해 상태를 정확히 알려 줄 구체적인 데이터를 갖고 있지 못하다. 하물며, 1970년대에는 이러한 정보의 결핍이 훨씬 더 심했다. 한편, 김일성은 북한의 '깨끗한' 자연환경을 자랑하기까지 했다. 예

를 들면, 1975년 5월 일본의 문화교류협회 이사장 일행과 한 담화 중 김일성은, "우리 농민들은 도시에 와 살라고 하여도 그리 반가워 하지 않습니다. 우리나라 농촌은 어디나 다 공기가 좋고 물이 맑아 살기가 좋으며 먹을 것도 풍족합니다."(김일성, 1985: 319)라고 말했다. 정보의 결핍에 더한 김일성의 자랑 등으로 인해 북한의 오염 상태에 대해서는 주목할 만한 지적이 없었던 반면, 한국의 상태는 북한을 포함한 외부의 논평자들에게 노출되어 있었던 것이다(cf. Enloe, 1975: 140).

체제 및 지도자 수준에서 치열한 경쟁이 진행되고 있던 상황을 고려해 볼 때, 우리는 북한 측의 선전 공세로 인해 박대통령을 포함한 당시의 국가 엘리트들이 국제사회에서 위신상에 어느 정도 손상을 입었으며, 따라서 이에 대해 민감한 상태에 있었으리라고 짐작할 수 있다. 1976년에 있었던 한 일화는 이러한 짐작이 상당한 개연성을 지니고 있음을 보여 주며, 동시에 북한으로부터의 영향이 마침내 박대통령의 정책선호를 굳히는 데 중요한 역할을 했음을 보여 준다. 한 논평자를 통해 그 일화의 내용을 정리해 보면 다음과 같다.

> "권숙표 교수가 한강 유역을 조사했는데 오염이 심했고 등 굽은 고기가 나오고 했대요. 그걸 학술지에 발표했는데 어디 보통사람들이 읽어봅니까? 안 읽어보는데, 그게 어떻게 이북에 넘어가서 이북에서 대남방송으로 남한 사람들은 다 오염되서 죽게 생겼다고 나와서, 중앙정보부가 권숙표 교수를 불러가서 몇 일 동안 조사했다는 겁니다. 대공 상의 용의점이 있는지 …… 〔나중에〕 중정에서 청와대에 보고서를 내고, 박대통령이 권박사를 불러서 한 시간여 동안 얘기를 듣고 했다는 그런 얘기가 있죠."[10]

권숙표 교수는 중앙정보부에 두 번 불려갔다. 그런데 권교수에 따르면, 두 번째로 갔을 때는 중앙정보부에서 그를 많이 이해하고 있었으며, 이에 그는 중정 내에 공해를 조사하는 특별위원회를 만들자는 제안을 할

10) 이상돈 교수와의 면담, 1994년 11월 8일; 권숙표 교수도 그의 연구가 북한정권에 의해서 이용된 적이 있음을 확인해 주었다(권숙표 교수와의 면담, 1994년 12월 12일).

수도 있었다고 한다. 그런 일이 있은 후, 중앙정보부는 권교수에게 박대통령을 상대로 개인적인 강론을 해줄 것을 요청했으며, 권교수가 이를 받아들여 그는 대통령에게 공해문제에 대해 얘기할 수 있는 기회를 갖게 되었다. 권교수는 자신이 박대통령에게 했던 강론의 내용을 다음과 같이 요약했다.

> "…… 그래서 대통령한테 지금 우리 환경이 얼마나 중요한 문제고, 미구에 틀림없이 우리나라가 참 어려운 입장에 설 거다, 그러니 환경문제를 정부정책으로 다루지 않으면 기업들은 돈벌고 정부는 국토개발 맘대로 진행하며 발전할지는 모르지만 국민들은 여러가지 면에서 피해를 입는다, 그 피해는 계량할 수는 없지만 엄청난 피해가 예상된다, 지금이라도 늦지 않으니 환경문제를 빨리 정책적으로 좀 강하게 규제도 하고 해야 한다, 이렇게 얘기를 했어요 ……"11)

박대통령은 권교수의 강론 내용에 대해 상당한 관심을 보였던 것으로 보인다. 당초 40분으로 예정되어 있던 강론이 박대통령의 질문으로 인해 1시간 반이 지나서야 끝이 났으며, 이 연장된 시간 동안 대통령의 다른 모든 일정들은 연기되었다. 그러나 박대통령은 강력한 환경보전정책이 경제 발전에 부정적인 영향을 끼칠 수 있다는 점에 대해서 여전히 우려하고 있었으며, 이에 권교수는 환경산업의 기술적 측면을 포함한 환경관리의 효용성을 들어가며 대통령을 설득해야 했다.

> "…… 경제적으로 돈이 덜 들게 오염물을 처리해야 되는데, 그런 기술이 우리나라에는 발전되어 있지 않습니다. 그러니 이걸 발전시키면 일본이나 유럽과 같이 오염방지 부담이 줄 거다, 그러면 우리나라의 기업에 부담을 별로 안 줍니다 하고 말했어요 …… 외국에서는 그런 걸 엄청나게 연구하고 있는데, 우리도 그런 처리기술이라든지 사전 방지기술을 빨리 발전시켜야 된다고 내가 그랬어요."

---

11) 권숙표 교수와의 인터뷰, 1994년 12월 12일.

이상 살펴본 일화에서 우리는 박대통령의 정책선호 형성과 관련하여 두 가지 사항을 끌어낼 수 있다. 하나는 북한의 선전 공세가 가지고 있었던 영향력이다. 분명 북한의 선전 공세는 대통령이 오염문제에 관심을 표명하는 데 하나의 주요한 요인이었다고 생각된다. 다른 하나는 민간 전문가가 행사한 정책 아이디어의 힘이다. 권교수가 예정된 시간 이상으로 대통령의 관심을 붙잡고 있을 수 있었다는 사실이 이 점을 뒷받침해 준다. 실상 권교수는 그와 박대통령의 만남이 한국 환경정책 발전에서 하나의 전환점을 이뤄냈다고 믿고 있었다.

그러나 이미 우리가 앞서 본 바와 같이, 박대통령은 늦어도 1974년경부터는 오염문제에 대해 어느 정도의 관심을 가지고 있었다. 더욱이, 박대통령은 중앙정보부의 추천에 의해서라기보다는 자신의 의도로 권교수와 만나게 되었던 것으로 보인다. 왜냐하면, 당시 중앙정보부가 대통령으로 하여금 민간 환경 전문가의 강론을 듣도록 추천할 특별한 이유가 없었기 때문이다. 이러한 판단에 기초하여, 우리는 박대통령이 권교수를 만나기에 앞서 이미 환경오염문제에 대해서 모종의 정책적 조처를 취해야 되겠다는 생각을 하고 있었다고 말할 수 있다. 달리 말해서, 만약 오염문제의 중요성을 인식하지 못하고 있었다면, 박대통령은 권교수를 만나지 않았을 것이다. 따라서 한 민간 환경 전문가가 대통령의 정책선호 형성에 영향을 끼쳤다는 점을 인정해야 하겠지만 그것이 결정적으로 중요한 요인이었다는 판단을 내리기는 힘들다.

정리하면, 1970년대 후반 환경보전법이 입법되는 데는 경제성장 정책의 유산이 그 배경을 형성했다. 즉, 공해방지에 대한 적절한 배려 없이 추진된 급속한 산업화로 인해 심각한 대기 및 수질오염이 야기되었고, 이는 공업단지 부근에서 특히 두드러졌다. 이러한 오염의 심화가 정부의 정책적 개입의 여건을 형성했음은 물론이다. 공업단지 건설의 타당성을 높이기 위해 제시되었던 명분 중의 하나는, 공단을 건설함으로써 산업공해에 의해 피해를 받는 지역의 범위를 좁힐 수 있다는 것이었다. 그러나 공단 건설 정책의 추진자들은 그러한 공단 주변의 오염으로 인해 상당수의 공해 피해자가 생겨나서 그들이 공해 업체는 물론 정부에도 부담이 될 수 있다는 점에 대해서는 충분히 고려하지 않았다. 결과적으로, 일부 공해지역 주민들이 정부에 대한 지지를 철회하는 현상까지 나타나게 되었던 것이다.

그러나 이상 나열한 조건들은 환경보전법 채택을 설명하는 데 필요조건이 될 수는 있겠지만 충분 조건까지 된다고 말하긴 힘들다. 1970년대 중반의 환경오염과 공해 피해자 문제는 결코 정부 정책의제의 상위에 오를 만큼 그 문제의 심각성이 사회 전체에 널리 인식되어 있지 않았다. 공해문제는 대개 울산과 온산공단이 있는 경상남도 지역에 국한되어 있었으며, 일반 국민들은 경제 성장이 환경보전보다 우선한다는 인식을 당시의 국가 엘리트들과 공유하고 있었다.

환경보전법의 입법을 가능하게 했던 충분 조건은 북한정권의 선전 공세였다. 환경보전법 제정의 근본적 추동력은 박정희 대통령의 정책선호에 있었으며, 이 정책선호는 무엇보다도 당시 남북 간의 체제 및 지도자 수준에서의 경쟁 속에서 북한이 한국의 공해문제를 거론함에 따라 국제사회에서 박대통령 본인 및 한국 정부의 위신을 세워야 할 필요성에서 나온 것으로 보인다. '위신'을 세우고자 하는 동기도 행위자의 '이익'의 일환으로 해석될 수 있으므로, 환경보전법의 제정에 작용한 여러 요인 중에서도 가장 주목할 만한 원인이 되었던 것은 국가 엘리트, 특히 박정희 대통령의 이익이었다고 볼 수 있을 것이다. 이외에도 정책채택에 기여했던 여타 부수적 요인들을 나열해 본다면, 박정희 정부의 권위주의적 속성, 환경보전이라는 이념 자체가 가지고 있는 힘, 그리고 민간 환경 전문가의 정책 아이디어의 영향 등을 들 수 있다.

제 3 절 한국 정책형성의 사례분석3: 국민건강보험제도 도입

1977년부터 조합방식으로 시행되었던 의료보험제도는 1997년 김영삼 정부의 국민의료보험법과 1999년 김대중 정부의 국민건강보험법을 거치면서 통합방식으로 변화되었다. 여기서는 조합방식 주창자들의 격렬한 반대에도 불구하고 통합방식으로 정책결정이 이루어질 수 있었던 설명요인들을 분석한다.[12)]

1 정책유산과 상황의 변화

제한된 직장 근로자를 대상으로 해서 조합방식으로 시작한 의료보험제도는 적용 범위에 있어서 한계를 지니고 있었으며, 이 문제는 특히 자영업자와 농어민의 경우에 두드러졌다. 통합논쟁의 단초를 마련하게 된 배경에 대한 김종대의 증언에 따르면, 1977년부터 시작된 직장의료보험은 시간의 경과에 따라 적용 대상이 확대되는 가운데 통·폐합을 통해서 같은 계열끼리 묶고, 같은 계열이 아닌 것은 인근 기업들끼리 묶었다고 한다. 이에 직장의료보험[13)]은 안정단계에 들어갔고 적립금이 늘어났으나, '농어민이나 자영업자들의 의료보험은 어떻게 해야 하는가?'라는 문제가 발생했다. 이 과정에서 통합을 하면 된다는 의견이 나타났고, 직장의보의 적립금 중에 남은 것을 활용하면 농어민·자영업자에게도 의료보험을 시행할 수가 있다는 견해가 대두되었다. 이것이 전 국민 의료보험 확대방안의 하나가 되었고, 또한 통합논의의 출발점이 되었다(양재진, 2008: 85).[14)]

지역의보가 도입되기 이전에 의료보험이나 의료보호의 적용을 받지 못하는 농·어촌주민이나 도시자영업자들은 의료보험수가보다 높은 일반수가의 적용을 받으면서 진료비를 전액 개인이 부담해야 했으므로 의료비 문제가 최대의 당면 과제로 떠올랐다. 이러한 미적용 상태가 10여년 지속되는 동안 적용자와 미적용자 간의 불균형이 나타나 사회적인 갈등으로 이어졌고, 이와 더불어 사회구조적으로는 빈부격차가 좁혀지지 않고 지역 간 특히 도·농 간의 의료수혜 격차가 심각하였다. 이를 해소

12) 이 절의 내용은 김호윤·주재현(2015)을 수정·인용함.
13) 이하에서는 필요 시 '의료보험'을 '의보'로 표기함.
14) 김종대 전 청와대행정관의 증언, 2007년 8월 1일; 양재진(2008)을 재인용.

하기 위한 방안으로 의료보험제도의 확대가 논의되었고 이는 다시 의료보험 통합의 필요성으로 연결되었다.

한편, 농·어촌 지역의료보험 실시 이후 통합론을 주장하게 된 배경에 대한 김용익의 증언에 의하면, 농촌지역의 사람 수는 점차 줄어들고 노인이나 어려운 사람들만으로 운영되고 있었기에 위험분산(risk pooling)이 안되고 그중에 암환자가 한 명만 생기면 조합자체의 재정이 고갈되는 상황이었다. 그런데 예컨대, 강남구 조합의 경우는 사람도 많고 병이 잘 안 걸려 재정이 풍부했기 때문에, 농촌지역 의료보험가입자들 입장에서 보면 보험료는 상대적으로 많이 내면서 급여는 떨어져 늘 불안정한 상태였다(양재진, 2008: 89).[15]

따라서 1988년 1월부터 실시된 농·어촌 지역의보와 1989년 7월에 도입된 도시 지역의보는 의보통합 논쟁을 촉발하는 요인이 되었다(이두호, 1992: 335). 지역의료보험제도가 도입되기는 하였으나, 조합방식의 농·어촌과 도시 지역의보는 전반적으로 문제가 심각하였으며, 이는 광범위하고 조직적인 통합투쟁을 야기하는 배경이 되었다. 김영기에 의하면, 이들 조합은 재정력과 급여 상 격차의 증대로 인한 '빈익빈·부익부', 농어민의 과중한 보험료 부담과 취약조합의 재정적자 증가, 급여범위 제한과 비급여 의료비의 과중, 국고지원 규모의 증대 등이 심각한 이슈가 되었다. 이에 대한 궁여지책으로 고액의료비와 노인의료비 등 비용부담이 큰 경우 재보험성격의 재정공동사업과 조합 간 재정력 격차를 고려한 국고차등지원 등을 추진하기도 했다.[16] 요컨대, 지역의보가 실시되면서 지역주민들의 보험료 과잉부담 문제가 나타나게 되었으며 이를 해결하기 위한 수단으로서 통합논의가 부각되었다(Chun, 2005: 165).

한편, 정책환경에 있어서, 1993년 12월에 타결된 우루과이라운드(UR) 다자 간 무역협정은 경제적 의미의 국경 개념을 통해서 각 국가의 국민경제 세계화에 결정적인 영향을 미쳤다. 이러한 세계화의 흐름은 사회안전

15) 김용익 전 서울대학교 교수 인터뷰, 2007년 8월 27일; 양재진(2008)을 재인용.
16) 김영기 전 보건복지부 사회보험국장 인터뷰, 2015년 1월 16일.

망이 취약한 우리나라에서 사회보장정책이 주목받게 되는 여건을 형성했고, 이는 의료보험 정책문제의 흐름에 영향을 미쳤다. 차흥봉에 따르면, 1994년 당시 의료보험통합을 주장한 이들은 그 논거의 하나로 UR 등 세계화의 추진으로 인해 어려움을 겪던 농어민을 전 국민적인 연대성의 원리에 따라 도와야 한다는 주장을 제기하면서, 통합을 통해서 농어민의 보험료 부담을 낮출 수 있다는 점을 강조하였다고 한다(이규식, 2012: 77).[17]

그러나 의료보험 정책문제의 흐름에 가장 큰 영향을 미친 사건은 무엇보다도 1997년 연말에 발생한 외환위기였다. 구제 금융을 제공했던 IMF에서 우리 정부에 요구한 이행조건은 노동시장의 유연화, 기업의 구조조정, 공기업의 민영화, 금융시장의 자유화 등이었다(김일문, 2014: 78). 1998년에 들어 정부는 민간 경제활동 자유 보장과 시장경제질서 편입, 재정 안정화를 근거로 경제개발계획을 폐기하였고, 재정과 공공재 관리 외의 경제영역에 대한 개입을 최소화하였다. 그러나 당시 심각한 경제위기 상황 하에서 시민의 삶의 질이 급격하게 악화되는 것을 제어하기 위해서 정부는 의료보험을 포함한 사회정책 영역에 관심을 기울일 수밖에 없었다. 한편, 다른 각도에서 보면, 당시는 사회 전반에 통합과 구조조정의 분위기가 팽배해 있었으며, 이러한 분위기는 의료보험조합의 통합에도 상당한 영향을 미쳤다(김순양, 2006: 13).

2 주요 정책행위자들의 정책 아이디어와 이해관계

1) 주요 정책행위자들의 구성

의보통합 논쟁의 본격화는 정치적 민주화 추세 하에서 농민단체와 일부 보건의료단체를 중심으로 논쟁이 촉발되던 1988년부터이다. 이후 1999년 말까지 10년 이상 다양한 행위자들이 통합 찬성 및 반대의 세력에 관

17) 차흥봉 전 보사부 장관 인터뷰, 2015년 2월 6일.

여하였고, 이 기간 동안 일부 행위자들은 입장을 달리하기도 하였지만 대체로 각 연합은 안정적인 세력을 유지하고 있었다. 우선, 당시 여당이었던 신한국당[18]이 통합을 찬성하는 쪽으로 방향을 전환했던 1997년 중반 이전까지 조합주의자들은 청와대와 보건복지부를 포함한 정부 부처, 여당, 의료보험조합과 연합회, 경제단체(전경련, 경총), 한국노총과 직장의보노조, 보건의료전공 학자들이 중심이 되었으며, 통합주의자들은 시민단체(농민운동단체, 진보적 보건의료인단체, 경실련, 참여연대 등), 야당(평민당, 신민당, 민주당, 새정치국민회의), 민주노총과 지역의보노조, 사회복지전공자 등이 중심이 되었다. 더욱이 통합주의자들은 1994년 4월 시민단체와 민주노총 등이 주축이 되어 '의료보험 통합일원화 및 보험적용 확대를 위한 범국민연대회의(의보연대회의)'라는 강력한 보건의료개혁 연대를 형성하여 의보통합은 물론 개혁정책 전반에 대하여 영향력을 행사하였다. 특히, 사회복지전공자들 중 참여주의자들은 의보통합에 대한 이론적 토대를 제공하였다.

1980년대 후반 이후 의보통합 논쟁이 본격화되면서 다양한 행위자들이 다양한 전략을 동원하여 자신들의 입장을 정책에 반영하고자 하였다. 우선, 보건복지부는 김대중 정부 이전까지는 통합에 반대하였다. 1982년 통합방식을 주장하던 일부 관료가 보건사회부에서 배제된 후부터 1997년까지 그들의 기본 전략은 관련 정부 부처와 여당을 설득하는 것이었으므로, 각급 정부회의나 당정회의 등을 통하여 이견을 조정하고 설득하고자 하였다. 그러나 다른 조합주의자들과의 적극적인 연대를 추구하지는 않았으며, 김대중 정부가 들어서면서 주도권이 통합주창자에게로 이동하자 보건복지부도 결국 통합을 지지하게 되었다(김순양, 2006: 14-18).

한편, 지역의보 노조는 1980년대 후반부터 의보통합을 이끄는 핵심적

---

18) 신한국당은 1995년부터 1997년까지 존재했던 정당인데 1995년 12월 집권 민주자유당이 신한국당으로 당명을 변경하여 출범하였다. 1996년 실시된 15대 총선에서 과반수에 못 미치는 139석을 차지해 제1당이 되었으나, 이후 자민련과 민주당의원들을 영입하여 과반수를 확보하였다. 1997년 11월 15대 대선을 앞두고 민주당과 합당, 한나라당으로 당명을 변경하였다.

인 사회세력이었다. 그리고 1990년 이후 결성된 다수의 시민단체들 역시 통합지지의 한 축을 형성하였다. 1994년 4월 이들은 '의보연대회의'에 집결하였으며, 통합결정이 이루어지던 1998년에는 노동 · 농민 · 여성 · 시민단체 등 77개 단체와 6개의 지역연대회의를 망라하게 되었다(의보연대회의, 1998: 8). 민주노총 준비위원회는 노동법 개정과 의보통합을 1995년 2대 사회개혁 과제로 설정하고, 3월 말부터 시작될 임금교섭과 단체협약에서 의료보험 통합문제를 함께 논의하기로 하였다. 전국농민회 총연맹은 그 해 중점사업으로 '농정개혁투쟁'에 의보통합투쟁을 첫머리에 올려두기도 하였다.

2) 통합 찬 · 반 논의: 정책 아이디어와 이해관계

(1) 통합주의와 조합주의의 정당화 논거와 정책 아이디어

국민의 의료보장문제와 기존 체제(조합방식 의료보험)의 한계에 대응하기 위해 주요 행위자들이 제시했던 정책 아이디어의 핵심적인 내용은 결국 조합방식의 유지 · 개선과 새로운 통합방식 도입의 둘로 정리될 수 있다. 다음에서는 이 두 정책 아이디어의 정당화 논거와 세부적인 대안 및 양 진영 간의 논의과정을 검토한다.

조합주의자들은 통합방식이 도입되면 정부 재정소요와 관료적 비능률성이 늘어나고, 노사참여에 대한 공동체의식의 결여가 나타난다고 주장했다. 또한 분립체제상에서 각 조직 간의 경쟁에 의해 발생하는 창의유발 효과가 없어지고, 지역주민이나 자영자에 대한 사용자 부담 분 지원문제로 인해 기업과 근로자가 공영체제와 이해관계가 대립하게 되며, 의료시설 이용물이 다른 데도 불구하고 통합이나 균등화를 추구하는 것은 불공평하다는 주장을 내세웠다.

조합주의자들은 재정통합을 위해서는 동일 보험료 부과체계와 단일 보험요율이라는 조건이 성립해야 하지만 우리나라의 조세행정 시스템으로는 자영자 소득파악이 현실적으로 불가능하다는 공감대가 형성되어 있음을 내세웠다. 특히, 우리 사회의 자영자 규모는 취업자의 37.6%(2001년 3월 현재)를 차지하여 선진국(10% 내외)과 비교할 때 매우 높은 수준이었다. 자영자 소득파악의 실패는 곧바로 보험재정의 악화를 낳고, 이 문제의 해소는 소득이 원천적으로 노출되는 근로자와 기업에게 전가될 수밖에 없다는 점을 지적했다(김영배, 2001: 16).

반면, 통합주의자들은 대상자들이 급속하게 늘어나는 상황에서 전 국민 의료보험을 확립할 수 있는 길은 통합 뿐이며, 통합을 통해 위험과 재정을 분산함으로써 소득의 역진적 분배효과를 방지할 수 있다고 주장했다. 전 국민에게 위험을 분산해야만 공평한 급여보장을 받을 수 있다는 것이다. 또한 총 부담능력 내의 진료조절로 재정 부담을 최소화할 수 있으며, 통합을 통해서 행정관리의 비효율성과 과도한 중복낭비, 의료기관과 피보험자의 불편과 불만, 기업주의 보험기금 전용과 기타 조합운영 상의 부당행위 등 사회보장제도의 발전을 저해하는 요인들을 개선할 수 있다고 주장했다(이광찬, 2009: 125-145).

통합주의자들에 따르면, 의료보험을 통합하는 목적은 국민 개개인의 부담능력과 형편에 맞는 적정 수준의 보험료를 부담하도록 하여 형평성을 실현하고, 다보험자 방식을 하나의 보험자로 통합함으로써 관리운영비의 절감을 통하여 의료보험의 효율성을 높이며, 보험자를 대형화하여 위험분산기능을 극대화시킴으로써 보험재정의 안정화를 도모할 수 있다는 것이다. 즉, 부담의 형평성 확보, 적정 보험료 부담, 보험재정의 안정적 확보와 효율적 운영, 적정 보험급여 제공을 통한 국민 의료보장 실현 등을 제시했다('기획단', 1998; 차홍봉, 1988; 김용익, 1999). 그리고 이를 통해 사회보장제도 기능의 하나인 소득재분배를 제고하고 국민연대(national solidarity)의 역할을 수행할 수 있다는 것이다.

(2) 주요 행위자들의 이해관계

의료보험연합회와 경제단체(전경련과 경총)들은 통합을 하면 기존 조합의 적립금을 새로운 통합기구로 이전해야 되기 때문에 반대하였고, 기존 개별조합이나 기업들은 자신들이 누려왔던 적립금 운용에 따른 모든 이권을 잃게 되기 때문에 반대하였다(김연명 외, 2000: 91-92). 의료보험통합을 통해 보험재정상의 이익을 얻게 되는 지역의보 가입자들(농어업인, 자영업자 등)은 통합에 찬성한 반면, 기업인들은 대부분 봉급생활자가 손해를 본다는 입장에서 통합에 반대하였다. 노동계 중에서도 민주노총은 저소득계층의 소득재분배 효과를 강조하며 통합에 찬성한 반면, 한국노총은 봉급생활자가 손해를 본다고 보고 반대 입장을 취했다. 전반적으로 볼 때, 농민조직과 노동조직은 의보통합으로 보험료 부담을 낮추고 급여규모를 확대시킬 수 있다고 보았기 때문에 통합에 찬성하였다.

정부 내에서도 기존 체제의 변동이 가져올 불확실성을 회피하고자 했던 보건복지부는 통합방식에 반대한 반면, 경제기획원과 국무총리실은 관리운영비 절감효과를 기대하고 찬성을 하는 등 주요 행위자들은 자신들의 이해관계에 따라 찬·반 입장을 채택하였다. 또한 『경향신문』과 『한겨레신문』을 제외한 대부분의 언론들은 통합에 대한 반대 여론을 조성하고자 하였고, 학계에서도 보건학·경제학·경영학을 전공하는 일부 전문가들은 조합주의를 찬성하였다. 통합을 지지하는 정도와 시기상의 차이는 있었지만 여·야 정당들은 결국 모두 통합을 찬성하였고(『신동아』, 2001년 5월호), 선거 시 정치적 지지를 획득하기 위한 수단으로 의료보험 통합 이슈를 활용하였다. 의사들과 의료조합들은 통합에 찬성하였는데, 그 이유는 통합이 적자조합의 진료비 체불 등과 같은 문제를 해결하는 데 도움이 되기 때문이었다(김연명 외, 2000: 96-97).

3 여론과 정권의 변화 및 정책형성

1) 여론과 정권의 변화

1990년 1월 22일 통일민주당과 신민주공화당, 민주자유당의 '3당 합당'으로 여소·야대 국회에서 여대·야소 국회로 바뀌면서 의보통합 노력은 크게 제약되었다. 또한 '3당 합당'을 배경으로 해서 1993년 2월 출범한 김영삼 정부가 각종 '민주화 개혁'과 정치·군·공직개혁 및 사정·부패척결 등을 우선시하면서 의료보험 개혁 이슈는 소강상태로 들어갔다(이광찬, 2009: 107).

그러나 여전히 시민단체 등 통합주창자들은 공청회 개최, 성명서 발표, 서명운동 등 다양한 방법을 통해서 통합에 우호적인 여론을 조성하고자 노력하였으며(의보연대회의, 1999), 야당과 정치적 연합을 구축하면서 보건의료정책에도 영향력을 확대하였다. 당초 조합주의적 의료보험체계가 태생적으로 안고 있던 문제점은 사라지지 않았고, 정치민주화와 함께 형성된 시민단체들까지 의보연대회의를 중심으로 통합을 요구하면서 사회적 여론은 점차 통합론으로 기울었다(원석조, 2006: 171). 1995년 전문가 195명을 대상으로 실시한 의료보험제도에 대한 설문조사에서, 의료보험의 조합방식 관리운영체계에 대해 10.7%만이 찬성하였고, 다른 방식으로 바뀌어야 한다는 의견이 89.3%였다. 대한의학협회도 이미 통합일원화 시행을 지지하였다(정종주, 1995: 121). 또한 앞서 논의했던 외환위기는 여론이 통합체제 쪽으로 급격하게 기우는 데 결정적인 역할을 수행했다.

이러한 분위기 하에서 1997년의 대선에서 주요 정당들은 모두 의료보험의 통합을 공약으로 제시했으며, 1998년 친 시민사회적인 김대중 정부가 등장함으로써 통합주창자들의 영향력은 더욱 강화되었고, 이는 선상보험통합으로 귀결되었다(김순양, 2006: 13).

2) 김영삼 정부와 국민의료보험법

1989년 노태우 대통령의 거부권 행사로 의보통합을 이루지 못한 뒤, 통합정책을 추진했던 사회보장연구 학자들과 전국농민회, 가톨릭농민회, 의료보험공동투쟁위원회 등 재야단체들은 통합 법안의 재의결을 국회에 요구하였으나, 1990년에 이루어진 3당 합당으로 여대·야소 국회로 바뀌면서 재의결이 추진되지 못하였다. 또한 김영삼 정부는 출범하자마자 단행한 민주화 개혁과 정치권·군인 등의 공직자 개혁, 그리고 사정·부패척결 등을 정책의 우선과제로 채택하였고, 이에 따라 의료보험 개혁 이슈는 그 모멘텀(momentum)을 잃게 되었다.

그러나 의보통합 노력은 꾸준히 추진되고 있었다. 1991년 3월 23일 의료보험조합노조, 서울시 철거민협의회, 일부 의료인으로 구성된 '의료보장쟁취공동위원회'가 조직되어 서울 서강대에서 국민의료보험법안을 재의결할 것을 촉구하는 결의대회를 열었고, 이철용·박영숙·정기영 의원의 발의로 그 해 5월 임시국회에 법안을 제출하였다. 당시 야당이었던 새정치국민회의에서는 통합의료보험실시를 14대 총선 공약으로 제시하였다. 또한 1993년 김영삼 정부가 출범하자 시민단체 등은 '노태우 정부에서는 직선으로 대통령이 선출되었으나 여전히 군부독재의 잔재가 남아있어 의보통합정책을 반대하였지만, 이제 문민정부는 국회에서 이미 만장일치로 통과된 바 있는 통합정책을 추진하는 것이 합당하다'는 논리를 내세우면서 여·야 정치인들을 압박하였다.

김영삼 정부는 1994년 2월 의료보장개혁위원회('의보위'), 1996년 11월의 의료개혁위원회 등 다양한 형태의 위원회 구성이나 공청회 개최 등을 진행하였다(문옥륜, 1997: 25). 그러나 당시 정부위원회들은 대체로 조합주의자들을 중심으로 구성되었기에 이를 통해서 중립적인 대안을 모색하려는 의도를 가졌다고 보기는 어렵다. 한편, 정부는 1994년 2월 1일 김영삼 대통령 직속으로 '농어촌발전위원회'라는 자문기구를 구성하여 1993년 12월 15일 우루과이라운드에서 쌀시장 개방을 합의해 준 데 대한 농민들의 불만을 잠재우기 위해 6개월 시한으로 활동하였다(이규식, 2012: 63-64). 그러나 이는 한시적인 활동일 뿐 문민정부의 통합정책 의지와는 무관하다고 할 수 있으며(차홍봉, 1988: 122), 김영삼 대통령은 농어촌발전위원회의 건의가 아니라 조합방식을 유지하고자 하는 '의보위'의 건의를 수용하였다.

'문민정부' 출범 당시부터 김영삼 대통령은 사회부패 척결에 치중하면서 의보통합정책에 대한 의지가 빈약하였고, 김영삼 정부 말기인 1996년 11월 21일 국민회의와 자민련이 의료보험 관리체계를 통합 일원화하는 것을 주 골자로 한 통합의료법안을 정기 국회에 상정하기로 공동발표하고, 같은 달 30일 국민회의 이성재·이재선·신낙균·김한길 의원 외 68인의 명의로 '국민건강보험법'[19]을 제안하였으나 여당인 신한국당은 여

19) '국민건강보험법안'의 주요 내용은 건강보험의 관리체계와 재정통합, 보험료의 누진율제도, 건강보험수가조정위원회 설치, 보험급여비용심사원 설치, 요양기관에 대한 계약제나 지정제는 공단과 의약단체 간의 협의로 결정, 요양급여기간 철폐 등이었다.

전히 통합정책을 반대하여 국회에 법안이 계류되는 상황이었으며, 그 당시에도 실질적으로 야당이 통합정책을 주도하였다.

그러나 정권의 말기로 가면서 여권 내에서 변화가 나타나기 시작했다. 김영삼 정부는 의료보험과 관련해서는 여전히 조합주의 방식을 선호하였으나, 임기 말인 1997년부터 여권 내의 권력 중심이 정부에서 여당으로 넘어가면서 여당은 단계적 통합정책을 대선공약으로 채택하였고(『한겨레』, 1997. 12. 11), 이미 국정 주도권이 여당에 넘어가 있던 상황에서 정부의 반대에도 불구하고 대선 전략의 일환으로 통합정책이 주장되게 되었다(김순양, 2006: 9).[20] 1997년 10월 김영삼 대통령이 여당을 탈당한 가운데, 같은 달 30일 황성균 의원[21] 외 30인이 '국민의료보험법안'을 발의하였다. 국민의료보험법안의 주요 내용은, 보험자는 국민의료보험공단으로 하고 피보험자는 공·교 공단과 지역피보험자로 하되 재정은 구분계리하는 것이었다. 당시 야당인 국민회의는 의료보험을 전면 통합하는 내용의 법안을 제안해 놓은 상황이었으며, 여당의 법안에 대해서 대체로 긍정적이었다. 이러한 상황 전개는 정치적 활동이 정당 중심으로 진행되는 요인으로 작용하였고, 중요한 선거를 앞두고 정당 간의 경쟁을 공공정책으로 전환시키는 의회의 기능 강화가 의료보험 통합정책의 진전에 기여하는 방향으로 나아갔다(정사성, 2003: 66-67).

이러한 배경 하에서 정책결정의 기회가 찾아왔으며, 오랜 시간 동안 정치·사회적인 갈등과 분열을 야기했던 의료보험 통합쟁점이 국회에서 다시 논의될 수 있게 되었다. 당시 이성재 의원 등이 제안한 '국민건강보험법'과 황성균 의원 등이 제안한 '국민의료보험법'을 합쳐 지역의료보험

20) 당시 한보사태가 발생하여 국정조사가 실시되었고, 김영삼 대통령의 아들인 김현철이 구속되면서 대통령의 국정 장악력이 급속히 떨어지기 시작했으며, 여기에 외환위기 사태까지 발생한 상황이었다(이규식, 2012: 74). 따라서 이 시기 김영삼 정부는 조합방식을 주창하던 행정부의 의견을 여당에 반영시키기 어려운 상황이었다.

21) 황성균 의원은 제15대 국회의원 선거 시 경남 사천에서 신한국당의 공천을 받지 못하자 무소속으로 출마하면서 통합을 추진하던 가톨릭농민회, 기독교농민회 등으로부터 건강보험통합 추진을 약속하고 선거지원을 받아 당선된 후 신한국당에 입당하였다(이규식, 전 연세대학교 교수 인터뷰, 2015년 2월 6일).

조합과 공·교 조합을 통합하는 1차 통합 법안이 '국민의료보험법'으로 1997년 11월 14일 상임위원회를 거쳐 같은 달 18일 국회 본회의를 통과함으로써 정책결정이 이루어졌다(국회사무처, 1997: 31). 이로써 의료보험법이 제정된 1977년으로부터 20년 만에 의료보험 통합관리체제의 일원화를 위한 수많은 노력의 결실로 첫 성과를 거두게 되었다.

3) 김대중 정부와 국민건강보험법

1997년 김대중 후보는 TV 토론회에서 대선공약의 일환으로 의료보험통합은 물론 4대 사회보험의 통합을 추진하겠다고 공언하였고, 결국 대선에서 당선되면서 국민회의는 의료보험 전면 통합정책을 위한 준비에 착수하였다. 외환위기 사태 하에서 경제위기 극복을 위한 노사정위원회[22)]가 1998년 1월에 구성되었고, 같은 해 2월 6일에 1차 합의서가 발표되었다. 김대중 정부는 의보통합을 대통령직인수위원회의 100대 과제로 채택하였고, 노사정위원회에서도 그 해 2월 의료보험통합에 합의함으로써 통합정책은 거스를 수 없는 대세가 되었다(양재진, 2008: 90).

이와 같은 분위기가 조성될 수 있었던 것은 외환위기 상황 하에서 민주노총이 노사정위원회에서 제안한 통합방안을 정부가 수용함으로써 통합에 가장 반대하였던 경총·경실련·한국노총 등이 불가피하게 이를 수용하게 된 것이다(이규식: 2012: 97).[23)] 특히, IMF 체제는 의료보험 통합정책에도 상당한 영향을 미쳤고(김순양, 2006: 13), 경제위기 해결방안으로 노사정위원회가 구성되어 통합정책이 합의사항에 포함되었기 때문에 이를 추진할 수밖에 없었다. 무엇보다도 그 당시 의보통합에 대한 언론의 관심이 증대하였고, 1997년 중반부터 정당들도 통합을 지지하게 되자 여론은 통합이 대세를 이루었다.[24)]

---

22) 1997년 말 경제위기 상황을 해결하기 위해 1998년 1월 15일 출범한 이해관계 당사자 간의 협의체로서 제1기 노사정위원회의 활동 기간은 출범한 날부터 그해 2월 9일까지였다.

23) 의보통합방안은 노동시장의 구조조정 과정에서 노동단체의 양보를 얻어내기 위한 교환물의 성격을 지녔다(대한민국정부, 1998: 201).

24) 차흥봉은 당시 사회적 분위기가 민주화 시대와 더불어 이미 사회 각 분야는 물론이고

김대중 정부는 자민련의 김종필 총재와 연대하여 정권을 창출하였고, 초대 복지부 장관에 자민련의 주양자(전 공·교 공단이사장)를 임명하였다. 주양자 장관은 평소 통합정책에 반대하는 인사였고, 자신이 부임하면 김종대를 기획관리실장으로 기용하여 통합의 문제점을 분석한 다음 김대중 대통령에게 보고하려고 하였으나, 재산파동으로 인해 그 해 4월 말 퇴임함으로써 그 계획은 무산되었다.

김대중 정부는 1998년 3월 23일 대통령 직속으로 의료보험통합추진기획단('기획단')을 발족하고, 대통령의 공약사항이며 노사정 합의사항인 의료보험 통합을 본격적으로 추진하기 위한 작업에 들어가면서 '기획단'의 단장으로 명지대학교 송자 총장을 임명하였다. '기획단'의 주 업무는 통합의료보험법 제정을 위한 시안을 마련하는 일과 회의를 통해 발췌된 주요 쟁점사항을 선정하고 각계의 의견을 수렴하여 공청회를 개최하는 일이었다(이규식, 2012: 80-82). 김시창은 김대중 정부에서 '기획단'을 설립한 것은, 통합정책이 사회 각계에서 이미 그 당위성을 인정받고 있었으므로 의료보험 통합의 시행을 신속하게 실천에 옮기기 위한 것이었다고 증언하였다.[25] '기획단'은 정부를 도와 의료보험 완전통합법안의 검토·심의를 거쳐 구체적인 주요 내용과 골격을 확립하기 시작하였고(기획단, 1998), '국민의 정부'라는 기치에 걸맞게 김대중 정부는 통합정책을 제1의 우선적 정책으로 채택하면서 시민단체들을 정책수립과정에 참여시켰다(이광찬, 2009: 113).

'기획단'은 공청회를 거친 후, 1998년 8월 10일 작업결과를 바탕으로 보건복지부의 통합법안인 '국민건강보험법안'을 입법 예고하고 국회에 상정하기로 하였다. 노사정위원회에서 합의한 대로 야당인 한나라당이나 한국노총도 찬성하였으며, 통합정책은 진보적 시민단체, 민주노총과 지역의보노조, 청와대와 여당의 지도부가 중심이 되어 주도하게 되었다(김순양, 2006: 10).

각 정당들도 통합정책을 찬성하면서 여론이 모두 통합정책을 지지하는 쪽으로 기울었다고 증언하였다(차흥봉 전 보건복지부 장관 인터뷰, 2015년 4월 28일).

25) 김시창 전 국민연금관리공단 이사 인터뷰, 2015년 1월 16일.

이전의 국민의료보험법은 정당 중심으로 1차 통합정책의 단초를 마련하였지만, 직장의료보험과의 통합은 이루어지지 않았기 때문에 김대중 정부는 '기획단'을 활용하여 전 국민들을 대상으로 피보험자가 동일한 통합정책을 이루기 위해 박차를 가하였으며, 이러한 신 정부의 노력은 정책변동의 기회를 마련하는 데 기여하였다. 1998년 12월 2일 황성균 등 야당 의원들이 기존에 통과한 국민의료보험법을 전면 개정하여 완전한 통합을 추구하는 국민의료보험법 개정 법률안을 국회에 상정하였다. 이에 따라 같은 달 9일에 개최된 법안심사소위에서 복지부가 상정한 법안과 위 황성균 의원 등이 상정한 법률안을 심의한 결과 보건복지위원회의 단일 대안으로 제안하자는 의견의 일치를 보았다(이규식, 2012: 83). 같은 달 23일 보건복지위원회는 '국민건강보험법안'을 중심으로 하되 국민의료보장법 개정 법률안의 일부 조항을 삽입하여 수정·보완한 '국민건강보험법안'을 상정하였고, 그동안 많은 논란을 불러온 의료보험 통합정책은 직장의보까지 통합하는 것을 골자로 한 보건복지위의 단일안인 '국민건강보험법안'으로 1999년 1월 6일 199차 국회 본회의를 통과함으로써 정책결정을 마무리하였다(국회사무처, 1999: 9, 원석조, 2006: 171-174). 이에 따라 같은 해 2월 8일 임시국회에서 법률 제5854호로 「국민건강보험법」이 공포되었고(국가법령정보센터, 2015: 건강보험법 연혁),[26] 이에 피보험자가 국민 전체가 되고 국민건강보험공단이 단일보험자인 체제로 조직이 완전통합 되는 건강보험이 실현되었다.[27]

국민건강보험(조직의 완전통합) 제도가 도입될 수 있었던 요인, 즉 정책형성의 설명요인에 있어서는, 무엇보다도 '상황의 변화'가 가장 중요한 요인이었다고 하겠다. 즉, 1997년의 외환위기와 이로 인한 IMF의 관리체제는 1960년대 이후 우리나라의 경제와 사회에 전례 없는 충격을 안겼다. 특히, 당시 심각한 경제위기 상황 하에서 시민의 삶의 질이 급속하

---

26) http://www.law.go.kr/main.html 검색일 2015년 5월 11일.

27) 진보적 시민단체와 노동단체는 사회개혁의 일환으로 완전 통합을 지지하였으나, 보수적 노동단체와 경제단체 등은 조직통합에는 반대하지 않았지만 재정통합은 반대하였다.

게 악화되었고, 이에 따라 제 사회세력들이 제기하는 사회정책적 요구에 대응하기 위해서 정치권은 의료보험을 포함한 사회정책 영역에 관심을 기울일 수밖에 없었다. 또한 이러한 상황 하에서 그동안 의보통합에 대한 주요 반대세력이었던 경총·한국노총 및 일부 복지부 관료들은 침묵하지 않을 수 없었다.

'상황의 변화'라는 필요조건과 더불어 우리 사회 내부에서 전개되던 사회세력의 성장과 그들의 정책 아이디어(건강보험통합) 제시가 충분조건을 구성했다고 볼 수 있다. 1990년대는 정치·사회적인 민주화가 무르익어 가던 시대로서 이 시기 동안 수많은 사회세력들이 형성되었고, 의보통합과 관련해서도 다수의 집단들이 통합을 지지하는 목소리를 냈으며, 학계·업계의 연구자·실무자들은 통합과 관련한 정책대안들을 마련하고자 노력하였다. 이에 더하여, 여·야 정당들도 모두 사회적 약자를 위한다는 명분으로 통합정책을 선거에 활용하였으며, 여론 역시 통합정책을 지지하는 방향으로 대세를 이루었다. 부수적으로, 통합방식을 지지했던 세력들이 조합체제가 지니고 있는 약점을 지적하고 이를 개선하려는 명분을 내세웠다는 점에서 '기존 정책의 유산'도 일정 부분 정책변동에 기여했다고 볼 수 있다.

주요 행위자들의 행동 동기와 관련해서, '이익의 힘'은 제한적인 역할을 담당한 것으로 보인다. 이 시기 동안 주로 사회적 약자들, 그리고 보수보다는 진보로 이루어진 사회세력들의 정치·사회적 이념이 건강보험 통합정책으로 결집된 요인은 통합정책을 통해 이들에게 주어질 '이익의 힘'이라기보다는 향후 건강보험제도가 통합체제로 나아가야 한다는 신념체계에서 비롯된 '정책 아이디어'에 있었다고 하겠다. 또한 정치권 역시 '상황의 힘'에 압도된 상태에서 통합정책을 받아들일 수밖에 없었던 것으로 볼 수 있다. 다만, 농민과 노동조직이 통합으로부터 얻게 될 이익을 고려했다는 점이 인정되며, 여·야 의원들이 통합정책을 선거수단으로 활용한 점은 대선을 앞둔 시점에서 각 정당의 정치적 필요성을 의식해야만 하는 그들의 '이익의 힘'이 보조적으로 작용하였다고 보는 것이 타당하다고 하겠다.

제 5 장 정책집행: 이론적 논의

제5장에서는 먼저 정책집행의 주요 모형인 상의하달 접근모형과 하의상달 접근모형, 그리고 가두관료제 모형에 대해 살펴본다. 이어서, 최근 들어 정책집행의 주요 쟁점이 되고 있는 공공 서비스 제공 상의 중복과 그 해소방안 및 정부－민간 간 파트너십 방식에 의한 정책집행 방식의 내용과 그 함의에 대해 살펴보도록 한다.

제 1 절 정책집행의 모형

정책집행은 이미 오래 전부터 행정 현상의 하나로서 존재해 왔으나, 고전적 행정이론들은 정책의 집행에 대해서 그리 많은 관심을 보이지 않았다. 예를 들어, 베버(M. Weber)의 관료제이론에 의하면, 상급자인 정책결정자와 하급자인 정책집행자 간에 엄격한 계층제적 구별이 있고, 하급자인 정책집행자들은 상급자의 명령을 받아 법규에 정해진 집행방식대로 정책을 충실하게 집행하는 것으로 이해되고 있다. 또한 정치・행정이원론에서도 정치는 정책수립의 역할을 하고 행정은 이 정책을 세부적으로 실행에 옮기는 역할을 하는 것으로 본다.

그러나 1970년대 들어 정책집행론은 정책연구의 주요 분야로 자리매김하는 계기를 갖게 되었으며, 그 계기는 바로 미국 사회복지정책의 발전과 좌절이었다. 미국에서는 1960년대 말 존슨(L. B. Johnson) 행정부가 이른바 '빈곤과의 전쟁(War on Poverty)'과 '위대한 사회(Great Society)'라는 캐치프레이즈를 내걸고 각종 사회복지정책을 채택했다. 즉, 존슨 행정부는 빈곤, 소년범죄, 실업, 도시문제, 인종 및 남녀 차별, 기타 각종 사회문제들을 해소하고자 하는 법률들을 의회에서 성공적으로 통과시켰으며, 이러한 법률들이 소기의 성과를 가져올 것으로 믿었다. 그러나 이 정책들의 대부분은 기대했던 성과를 가져오지 못하는 정책실패로 귀결되었다.[1] 그리고 이러한 정책실패를 가져온 원인에 대한 규명 과정에서 설득력 있는 주장으로 제기된 것이 바로 정책집행의 실패라는 관점이었다. 이에 따라 정책결정 단계와 정책효과에 대한 평가 단계를 이어 주는 정책집행에 대한 관심이 급증하게 되었으며, 이러한 연구 경향을 주도했던 모형이 정책집행의 '상의하달(top-down)' 접근이었다. 이후 '상의하달' 접근모형에 대한 반론으로 '하의상달(bottom-up)' 접근모형이 나타났다(Ham & Hill, 1993).

1 상의하달 접근모형

상의하달 접근모형은 정책결정과 집행, 그리고 정책결과에 대한 평가

1) 예를 들어, 연방정부는 캘리포니아 주 오클랜드 지역의 실업문제를 해소하기 위해 2,300만 달러의 재원으로 공공시설공사와 사기업체에 대한 보조를 통해 고용을 증진하려 했다. 그러나 3년 후 극히 소수의 일자리만 창출되었고, 300만 달러 정도의 재원밖에 집행되지 않았다. 결국, 이 사업은 실제로 집행된 것은 별로 없이 흐지부지 끝나고 말았다. 또한 개혁적인 초등 및 중등교육정책을 통해 사회적으로 불우한 처지에 있는 아동들에게 각종 프로그램과 자원상의 특혜를 부여하고자 했으나, 이 정책은 애초의 정책의도와는 달리 학교에 대한 일반재정 지원의 형태로 변질되고 말았다(안해균, 1997: 343-345).

를 명확히 구분하는 입장이다. 이들에게 집행은 정책과의 관계 측면에서 정의된다. 즉, 집행과정이란 "이전의 정책결정에 의해서 정해진 목표의 성취를 위해 행해지는 공적·사적 개인 또는 집단의 행위"(Van Meter & Van Horn, 1975: 445)로 정의되고 있으며, "'집행한다'는 단어는 '정책'이라는 목적어를 가져야 한다."(Pressman & Wildavsky, 1973: xiv)라고 이해되고 있다. 요컨대, 상의하달 접근론자들은 결정된 정책은 실행에 옮겨져야 하며, '정책을 실행에 옮기는 것'은 연구할 가치가 있다고 보고 있다. 그러나 그들은 동시에 고전적 행정이론가들과는 달리 정책을 실행에 옮기는 과정을 단순한 기계적 과정으로 보고 있지는 않다. 1960년대 미국의 '위대한 사회' 프로그램이 연방정부의 열망을 뒷받침하지 못하는 지방의 현실로 인해 실패(또는 제한된 성공)로 귀결된 경험이 이들로 하여금 좀 더 신중한 입장을 취하게 만들었다고 볼 수 있다.

상의하달 접근모형을 주도한 이들은 프레스먼과 윌다브스키(Pressman & Wildavsky, 1973)다. 이들은 '위대한 사회' 프로그램이 실패한 여러 원인을 지적했으며, 그중에서 특히 '집행흠결(implementation deficit)' 개념은 주목을 요한다. 집행흠결 개념에 의하면, 성공적인 정책집행은 지방수준에서 활동하는 서로 다른 여러 조직과 부서 간의 연계에 달려 있다. 즉, 일련의 집행과정에서 여러 정부 수준에서 다수의 부서를 거쳐서 집행이 수행되면, 이 집행과정에 참여하여 일정 역할을 담당할 것으로 요구되는 기관들 간의 협조의 정도가 거의 완벽한 정도에 이르러야만 한다. 만약 그렇지 않으면, 많은 수의 작은 결함들이 누적되어 궁극적으로 정책실패를 낳게 된다는 것이다. 예를 들어, 중앙정부의 복지정책 담당 부처(보건복지부)에서 특정정책을 입안하는 데 주도적 역할을 담당하는 공무원이 그 정책과 관련하여 지니고 있는 열정·이해(understanding)·능력의 정도를 완벽한 상태(수치 1.0으로 표시)라고 가정해 보자. 만약 이 공무원이 특정정책의 결정에서부터 그 정책의 일선기관에서의 집행까지 직접 담당한다면 우리는 이 정책이 어느 정도 그 기본취지를 살릴 수 있을 것으로 기대할 수 있을 것이다. 그러나 이러한 상황은 현실적으로 불가능하다. 공공정책의 영향력 범위가 전국에 미치고 있는 상황 하에서 이 공무원은 다른 기관들과 그 기관 소속 공무원들의 도움을 필요로 할 수밖에 없기 때문이다. 이 경우 정책의 집행을 담당해야 할 여타 공무원들과 그들의 소속 기관이 보건복지부와 명령-복종 관계에 있다면, 그래도 정책 본래의 취지를 실현할 수 있는 가능성이 상대적으로 높아질 것이다. 그러나, 만약 보건복지부가 명령이 아니라 협조를 구해야 할 기관들(예를 들면, 지방자치단체)의 도움을 받아 정책을 집행하는 경우라면 그 정책은 실패하게 될 가능성이 커지게 된다. 지방자치단체에서 정책을 집행하게 되는 공무원(예를 들어, 사회복지과 소속 공무원)은 해당 정책에 대한 열정·이해·능력 면에서 완벽한 상태에 있지 않을 가능성이 높다. 예를 들어, 지방자치단체 공무원의 열정·이해·능력 정도를 수치 0.9로 표시해 보자. 이 정도의 상태는 완벽하지는 않지만 그래도 상당히 높은 수준이라고 할 수 있다. 그런데 만약 해당 정책을 집행하기 위해 하나의 부서가 아니라 두 개의 부서가 관여하게 되고, 그 경우 두 번째 업무담당자(예컨대, 지역보건과 소속)의 열정·이해·능력 정도도 0.9로 표시될 수 있다고 하면, 그 정책을 집행하기 위해서 두 업무담당자의 협력이 필요하게 될 것이고, 그 결과는 0.81(0.9×0.9)로 나타나게 된다. 만약 세 개의 부서가 협력해야 하고, 그 부서(예 자치행정과)의 업무담당자가 동일한 0.9의 상태에 있다고 하면, 그들의 협력의 결과는 0.729(0.9×0.9×0.9)가 된다. 이는 정책의 집행에 여러 기관이 참여하게 될 경우, 아주 작은 결함들이 모여서 정책실패가 나타날 수 있는 가능성을 보여 준다.

정책집행 실패의 원인에 관한 프레스먼(J. Pressman)과 윌다브스키(A. Wildavsky)의 연구 이후 여러 학자들이 정책실패가 야기되는 원인을 규명하고자 노력했으며, 그들의 노력은 궁극적으로 '완벽한 집행(perfect implementation)'이 이루어지기 위해서는 어떠한 조건들이 갖추어져야 할 것인지에 대한 논의로 정리된다. 완벽한 정책집행을 위한 조건들이 규명된다면, 중앙정부는 그러한 조건을 갖추려는 노력을 추진할 수 있으며, 이러한 노력을 통해 상의하달식으로 지방정부를 활용하여 중앙정부의 의지를 관철할 수 있게 된다. 이는 곧 상의하달 접근모형이 정책집행에서의 합리모형이라는 것을 의미한다.

호그우드와 건(Hogwood & Gunn, 1984)은 상의하달 접근모형을 통해서 밝혀진 완벽한 집행의 조건들을 다음과 같이 정리하고 있다.

첫째, 정책집행기관이 처해 있는 외부 상황이 그 기관의 활동에 결정적인 제한을 가하지 않아야 한다. 정책집행기관이 처해 있는 지역사회의 정치적·경제사회적 상황으로 인해 기관의 자율성이 심각하게 제한되어 있는 경우 그 기관은 정상적인 정책집행을 할 수 없을 것이다. 따라서 지역사회의 전체적인 상황이 공공기관들의 자율성에 결정적인 제한을 가하지 않도록 하는 종합적인 상황 조정 노력이 필요하다.

둘째, 적절한 시간과 충분한 재원이 프로그램에 사용될 수 있어야 한다. 또한 전체적인 자원에 제한이 없고, 집행의 각 과정에서 필요한 자원의 혼합 제공이 가능해야 한다. 정책결정의 합리모형에서와 마찬가지로 상의하달의 정책집행이 성공적으로 수행되기 위해서는 시간과 재원이 확보되고 이 자원들이 시의적절하게 사용될 수 있도록 하는 노력이 필요하다.

셋째, 집행될 정책이 타당한 인과관계를 지닌 이론에 기반해 있으며, 원인과 결과 간의 관계가 직접적이어야 한다. 바람직한 정책은 목표와 수단 간의 인과 관계를 나타내는 일종의 논리적인 가설의 형태를 띠게 된다(김영평, 1992: 10-13). 정책연구자들에 의한 연구성과가 충분히 축적되어 있을 경우 정책입안자들은 그 연구성과를 활용하여 정책의 내용을 구성할 수 있을 것이며, 이러한 건실한 토대에 기초를 둔 정책은 목표 달성의 가능성을 높일 수 있다. 적절한 내용을 지니지 못한 정책은 아무리 성공적으로 실행에 옮겨진다고 해도 정책효과를 거두기 힘들다. 따라서 연구자와 실무자들은 원활한 상호작용을 통해 정책내용의 질을 높이려는 노력을 기울여야 한다.

넷째, 성공을 위해서 다른 기관에 의존할 필요가 없는 단일 집행기관이 존재하며, 만약 다른 기관들이 개입되어야만 한다면, 이는 그 수와 중요성 면에서 최소한이어야 한다. 프레스먼과 윌다브스키의 집행결손 개념에서 설명된 바와 같이, 중앙의 뜻을 최대한 수용하여 실행에 옮길 수 있는 집행기관의 존재를 강구할 필요가 있다.

다섯째, 달성되어야 할 목적에 대한 완벽한 이해와 합의가 존재하며,

이 조건들은 집행과정 동안 지속되어야 한다. 이는 정책이 결정 단계에서부터 명료성을 확보하고 있어야 하며 관련 이해당사자 간의 합의에 근거하고 있고, 이러한 이해와 합의가 정책집행 과정 동안 유지되어야 한다는 것이다. 이와 관련하여, 프레스먼과 윌다브스키의 연구에서 발견된 또 하나의 중요한 사항은 집행담당자가 계속 바뀜으로써 정책의 원래 취지를 지속시키기가 어려웠다는 점이다. 따라서 하나의 주요 정책을 실행에 옮기는 동안 가능한 한 동일한 담당자들이 그 업무를 수행하도록 하는 것이 바람직하다. 그렇게 해야 정책의 취지에 대한 이해와 담당자들 간의 협력을 최고의 수준으로 유지할 수 있는 가능성이 증대될 것이다.

여섯째, 합의된 목표로 나아갈 때 완벽한 세부 사항과 절차 하에서 각 참여자에 의해서 수행되어야 할 과업을 세부적으로 나타내는 것이 가능해야 한다. 이는 업무담당자들 개개인이 자신이 수행해야 할 역할이 무엇인지가 분명하고, 그 역할을 수행하는 데 필요한 세부 절차들이 확실히 규정되어 있어야 한다는 것이다. 따라서 성공적인 정책집행을 위해서는 세부적인 업무 분장과 업무 절차를 규정하는 공식화 노력을 경주해야 한다.

일곱째, 프로그램에 연루된 다양한 요소들 간에 완벽한 의사소통과 조정이 존재해야 한다. 경우에 따라 의사소통의 왜곡을 피할 수 없는 경우가 있을 수 있다. 제한된 시간 내에 많은 양의 정보를 전달해야 하는 경우가 그 예의 하나가 될 수 있다. 그러나 이러한 불가피한 정보 왜곡을 최소화하기 위해서 충분한 시간과 재원을 확보하는 노력을 병행해야 할 것이며, 불가피하지 않은 의사소통의 왜곡은 발생하지 않도록 해야 한다. 특히, 집행과정에 참여하는 행위자들의 개인적인 이익을 실현하기 위해 정보의 왜곡이 발생하는 것은 철저히 막아야 한다. 또한 조직 내 여러 부서들 간에 보이지 않는 장벽이 존재하지 않도록 하고 이들 간의 이견을 조정할 수 있는 메커니즘들을 강구해야 한다.

여덟째, 집행기관 내에서 권위적 위치에 있는 이들이 자신의 부하들로부터 완벽한 복종을 얻어낼 수 있어야 한다. 베버의 관료제 모형에서 상정하고 있는 바와 같이 정책집행 조직은 계층제적으로 구성되어야 하고, 상관은 업무의 수행과 관련하여 자신의 부하들과 명령-복종 관계를 유지해야 한다. 그렇게 해야만 상층부의 의지가 하층부의 실제 업무 수행자들에게 정확하게 전달될 수 있으며, 조직 하층부 구성원의 재량행위로 인해 정책내용이 변질되는 것을 막을 수 있다.

이처럼 정책집행의 상의하달 접근모형은 정책의 성격, 조직 내·외의 맥락, 정책의 영향을 받는 외부세계 등을 검토해야 한다고 주장한다. 그러나 이 접근법 내에는 어떻게 해서 정책결정 단계에서 명료성(clarity)을 확보할 수 있는지, 왜 그것이 잘 되지 않는지, 어떻게 해서 이익갈등이 집행 단계에 이르러서야 타협에 이를 수 있는지 등이 다루어지지 않고 있다. '정책'이란 상의하달 모형이 상정하고 있는 것처럼 그렇게 쉽게 손에 잡힐 수 있는 개념이 아니며, '정책'은 형성 단계가 아니라 오히려 집행 단계를 거치면서 구체화될 수 있다. 이렇게 볼 때, 프레스먼과 윌다브스키는 '정책'과 그것의 '집행' 간에 과도한 구분을 하고 있다는 비판을 받을 수 있고, 이러한 맥락에서 정책집행의 하의상달 접근모형의 의의가 제고될 수 있다.

2 하의상달 접근모형

정책결정과 정책집행이 명확히 구분되는 단계라고 보는 상의하달 접근모형과는 달리 하의상달 접근모형은 집행되어야 할 '정책'을 확인하는 데 어려움이 있을 수 있다고 본다. 이 모형은 한 발 더 나아가 정책은 어쩌면 의도적으로 복잡하고 불확정적이고 모호하고 심지어 무의미하게 만들어질 수도 있다고 본다. 또한 집행의 의지가 불확실한 채로 정책결정이 행해질 수도 있다고 지적한다.[2)]

2) 이러한 현상은 특히 정책결정과 집행의 책임이 명확하게 분리된 경우에 나타날 수 있다. 예를 들어, 입법부와 행정부, 또는 중앙정부와 지방정부가 이질적인 세력으로 구성된 경우(예 서로 다른 정당이 각 부문의 중심 세력인 경우), 입법부와 중앙정부는 정책의 실행가능성에 대한 신중한 고려 없이 정책을 결정하고, 그 정책이 소기의 성과를

정책결정의 점증모형이 설명해 주는 바와 같이 정책은 협상과 타협의 산물일 수 있다. 대부분의 정책은 갈등하는 가치 간의 타협을 대변한다고 볼 수 있다. 그런데 그러한 갈등하는 세력·가치들은 정책결정 단계에서 모든 구체적인 사항들에 대해 완전한 합의에 도달하지 못하는 경우가 많다. 이 경우 갈등 세력들은 잠정적이고 포괄적인 수준에서 정책의 내용을 구성하는 데 만족하고, 정책의 구체적인 내용들에 대한 논의는 집행 단계로 미루게 된다. 따라서 정책집행 단계에도 갈등하는 세력들과 가치들이 지속적인 경쟁 상태에 놓여 있게 된다. 다시 말해서, 대다수의 정책들은 핵심적 이익들의 타협 사항을 포괄하고 있는데, 그들 간의 타협은 한번에 결판나는 것이 아니라 정책을 실행에 옮기는 과정에서 지속적으로 이루어진다. 어떤 면에서 보면, 정책결정자들은 이러한 현상을 바람직한 것으로 보고 있을 수 있다. 왜냐하면, 그것이 결정의 문제를 회피할 수 있게 해 주기 때문이다.[3)]

이상의 논의는 집행과정이 단순한 기술적 실행과정이 아니라 정치과정의 성격을 지니고 있으며, 집행과정에서도 중요한 결정이 내려질 수 있음을 의미한다. 정책입안 단계에서 일반적이고 포괄적인 형태에 머물게 된 정책내용을 집행 단계에서 더욱 구체화해 나가게 되고 이는 집행과정에서 입안 단계 못지않게 중요한 정책결정이 수행된다는 것을 말한다. 이러한 현상은 정책과정을 결정 단계와 집행 단계로 명확히 구분하는 것이 어려우며, 정책이 '상호연결된 일련의 결정들'로 규정될 수 있음을 보여준다.

정책집행의 하의상달 접근모형론자들은 이러한 현상이 어느 정도 불가피하며 바람직하기도 하다고 주장한다. 그 논거는 다음과 같다. 첫째, 정책내용을 둘러싼 갈등이 정책입안 과정에서 완전히 해소될 수 없는 경

거두지 못했을 경우, 행정부와 지방정부에게 정책실패의 책임을 전가할 수 있다.

3) 집행연구를 더욱 복잡하게 만드는 것은 재원배분과 실질적 프로그램 간의 관계다. 즉, 중앙정부가 특정 프로그램에 직접 재원을 제공하는 것이 아니라 종합적인 집행기관(지방자치단체)에 재원을 제공하는 간접적 재원 제공의 경우, 정책과 그것의 집행 간의 관계는 결코 직접적이지 않다.

우가 대부분이다. 둘째, 특정 정책과 관련된 정보들이 가능한 한 많이 수집되었을 때 핵심적인 결정을 내릴 필요가 있으며, 이러한 상황은 정책입안이 아니라 정책집행 단계에서 좀 더 잘 갖춰질 수 있다. 셋째, 정책의 집행을 담당하고 있는 이들은 그 분야의 전문가들이며, 따라서 그들이 국회의원과 중앙정부 부처 공무원들보다 핵심적 결정을 내리는 데 더 잘 준비되어 있다. 넷째, 정책입안 단계에서는 새로운 정책수단이 어떤 효과를 야기할지에 대해서 잘 알 수 없기 때문에 정책을 집행하는 과정에서 지속적인 정책내용의 개선을 모색해야 한다.

정책집행의 하의상달 모형에 관한 이상의 논의를 통해서 우리는 정책의 집행 국면에서도 정책결정이 계속되고 있으며, 이는 정책의 구체화 과정 또는 정책과 행위 간의 전진-후퇴 과정으로 해석될 수 있다. 이러한 맥락에서 하의상달 접근모형의 주요 주창자 중의 한 사람인 엘모어(Elmore, 1980)는 정책집행 과정을 '후방으로부터의 지도그리기(backward mapping)'라고 이름 붙이고 있으며, 이외에도 하의상달 모형은 '진화로서의 집행(implementation as evolution)', '학습으로서의 집행(implementation as learning)', '연립형성으로서의 집행(implementation as coalition)' 등으로 불리고 있다. 상의하달 모형이 정책집행의 합리모형인 반면, 하의상달 모형은 정책집행의 점증모형이라고 할 수 있다. 상의하달 모형과 대비하여 하의상달 모형이 지니고 있는 주요한 특징은 정책 현상의 원인과 결과에 관해서, 그리고 정책과정 참여자와 기관 간의 관계에 대해서 미리 정해진 규범적인 가정(predetermined assumption)을 하지 않고 있다는 점이다.

정책집행의 하의상달 모형의 설명력을 보여 주는 정책 예는 무수히 많다. 다음에서는 우리나라 지역의료보험정책의 시행과 의약분업정책의 도입(1981~1982년), 의약분업 정책사례(1999~2001년)를 통해서 하의상달 모형에 대한 이해의 수준을 높이도록 한다.[4] 의약분업은 의료행위 가운데 의와 약을 구분하여 의사는 환자의 질병을 진단하여 처방전을 발행

4) 이하의 내용은 최성모 · 송병주(1992)와 안병철(2002)을 참조함.

하고, 약사는 발행된 처방전에 따라 조제하도록 하여 의사와 약사의 전문 기능을 분담하는 정책이다. 우리나라에서 1980년대 초에 처음으로 의약분업의 필요성에 대해 심각하게 고려하게 된 계기는 지역의료보험의 시행에서 찾을 수 있다. 보건사회부(현 보건복지부)는 1981년부터 강원도 홍천군, 전라북도 옥구군, 경상북도 군위군의 3개 지역에 지역의료보험의 시범사업을 추진했다. 그런데 3개 지역에서 실시된 시범사업의 집행과정에서 3개 지역 약국의 수입이 30~40% 정도 감소하는 등 약국의 폐업 위기라는 예상치 못했던 문제가 발생했다. 그러한 문제가 발생한 가장 큰 이유는 의료보험사업 내용 면에서 약국은 의료보험 요양취급기관에서 제외되었기 때문에, 종래에 약국을 이용하던 환자들도 약국을 기피하는 경향을 보였다는 데서 찾을 수 있다. 그러나 전반적으로 볼 때, 의료보험이 시행되기 시작한 1977년 이후 국민들의 의료 이용 및 의약품 소비 행태에 변화가 나타났다는 점도 지적할 수 있다. 즉, 의료보험제도의 시행 이후 병의원의 이용은 증가하고 약국의 수입은 감소하는 현상이 나타나고 있었다.

1990년부터 의료보험이 전 국민을 대상으로 실시되게 되면 전국적으로 약국의 경영 상태가 심각하게 악화될 것으로 예상되는 상황 하에서 대한약사회는 약사들의 이익을 보호하기 위해 약국을 의료보험 요양취급기관으로 지정하고, 서구식의 엄격한 의약분업을 실시하자는 정책안을 보건사회부에 제시했다. 이에 대해 보건사회부는 약사회의 의견을 받아들였다. 의약품의 오·남용으로부터 국민의 보건과 안전을 지키기 위해 의약품의 사용과 소비 행태를 규제하고, 의료보험정책을 효과적으로 실시하기 위해서 의약분업 문제가 선결되어야 했기 때문이다. 이에 보건사회부는 1982년 7월부터 강화, 보은, 목포지역에서 시작되는 제2차 지역의료보험사업에 의약분업 정책을 도입하기로 결정했다. 그러나 의사의 수입 감소를 걱정한 대한의사협회의 반대로 인해 우여곡절 끝에 목포에서만 시범적으로 의약분업이 시행되었을 뿐, 그 후 의약분업은 이루어지지 못했다.

의약분업을 시행하고자 하는 노력은 1990년대 후반 김대중 정부 하에서 재개되었다. 정부가 의와 약을 분리하여 얻고자 했던 정책목표는 의약품 오·남용 방지, 약제비 절감, 환자의 알 권리 및 의약 서비스 향상, 제약산업 발전 및 의약품 유통구조의 정상화 등이었다. 이러한 목표들 중 핵심이 되는 것은 의약품 오·남용 방지와 약제비 절감을 유도하는 것이었으며, 여기서는 의약품 오·남용 방지를 위한 주요 정책수단이라 할 수 있는 주사제 통제문제에 한정하여 정책집행 과정에서 정책내용이 어떻게 변화해 나갔는지를 살펴보도록 한다.

우리나라에서 주사제는 항생제와 함께 의약품 오·남용을 야기하는 주요 요인이다. 따라서 주사제를 의약분업 적용 대상으로 지정하여 주사제 오·남용을 억제하는 것이 필수적이다. 그런데 정책설계 당시 주사제를 분업 대상에 포함할지의 여부에 대해서 정책 이해 당사자인 의사협회와 약사회의 의견이 달랐다. 의사협회는 환자 불편과 불필요한 비용 낭비를 들어 제외해야 한다고 했고, 약사회는 의약품 오·남용을 들어 포함할 것을 주장했다. 그러나 이들이 내세운 명분 뒤에는 주사제의 관리권을 획득함으로써 경제적 이익을 얻으려는 동기가 숨어 있었다. 정책형성 단계에서 주사제의 의약분업 포함에 관한 의사협회와 약사회의 의견은 첨예하게 충돌했으나, 최종적으로 냉동·냉장·차광·항암주사제를 제외한 주사제는 의약분업 대상에 포함되었다. 그러나 정책형성 과정에서 의사들의 이익을 대변하는 데 실패한 의료계는 이를 만회하기 위해 집행 단계에서 집단행동을 시도했다. 의사협회가 집단행동을 감행하면서 주사제 제외를 거듭 요구하자 보건복지부는 이러한 의료계의 주장을 수용하여 주사제의 예외규정을 신설했다. 즉, 보건복지부는 약사법 시행규칙에 '치료에 꼭 필요한 경우'라는 단서 조항을 달아 다시 의료기관에서 직접 주사를 놓을 수 있도록 규정을 변경했다. 여기서 한 발 더 나아가 국회의 보건복지위원회에서는 주사제의 전면적 제외를 논의하기에 이르렀으며, 결국 주사제는 의약분업에서 완전히 제외되는 정책변화 과정을 거치게 되었다.

이상 우리나라의 의료보험과 의약분업 정책사례는 한 정책의 집행과정에서 나타나는 의도하지 않았던 문제를 해결하기 위해 또 다른 정책이 필요하게 될 수 있다는 점과, 정책의 집행과정에서도 중요한 결정들이 일어날 수 있다는 점 등 정책집행의 하의상달 모형의 주요 주장들이 현실 정책과정에서 나타나고 있음을 보여 준다. 그러나 하의상달 모형이 현실성을 지니고 있다고 해서 상의하달 모형보다 우월하며 상의하달 모형은 유용성을 지니지 못한다는 것은 아니다. 정책결정의 합리모형과 마찬가지로 정책집행의 상의하달 모형은 정책실무자들이 그 달성을 위해 항상 노력해야 할 이념형적 상태를 보여 주고 있기 때문이다. 또한 정책집행의 상의하달 모형은 대의제 민주주의의 기본틀을 기반으로 하는 이념적 규범성도 지니고 있으므로, 오늘날 행정부의 정책 지배를 통제하고 정치의 우위를 다시 세우고자 하는 정부개혁의 기본 조류와도 잘 조응한다고 할 수 있다.

그러나 상의하달 모형과 하의상달 모형은 각각 다음과 같은 부정적 함의를 지니고 있다. 먼저, 상의하달 모형은 최고정책결정자와 중앙정부가 정책상황을 장악하는 힘을 강화해야 한다고 해석될 수 있어, 분권과 참여를 제한하는 방향으로 나아갈 위험이 있으며, 반면 하의상달 모형은 자칫 정책집행을 담당하는 관료나 전문가들에 의해 정책지배(policy domination)가 일어나는 것을 정당화할 위험이 있다. 정책실무자들은 각 모형이 지니고 있는 강점과 약점을 이해하고 실제 정책 상황에서 양 모형들이 제시하고 있는 교훈들을 적절히 활용할 수 있는 역량을 강화해야 할 것이다.

3 가두관료제 모형

정책집행은 일선공무원들에 의해 행해진다. 따라서 일선공무원에 대한 이해의 수준이 높아지면 정책집행에 대한 이해도 높아진다고 할 수 있다. 일선공무원과 관련하여 우선적으로 고려해 볼 수 있는 사항은 그들이 규칙을 준수하는 몹시 경직된(rigid) 행태를 보이는 이들이라는 견해다.

머튼(Merton, 1957)에 따르면, 공무원들은 사회 관계의 내적 체계를 보호하고 그들의 조직 내 위신을 갖게 해주며 비인격성을 강조함으로써 고객과의 갈등을 피하게 해주는 규칙에 특히 더 우호적이다. 따라서 안전을 보장해 주는 그와 같은 규칙들은 거의 절대적이 되며, 이런 의미에서 수단이 목적으로 취급됨으로써 정책목적이 왜곡되게 된다는 것이다. 또한 공무원들의 행위는 의회나 법원 등에 의한 공적인 조사에 개방되어 있다. 따라서 그들은 더욱더 규칙(규정)에 맞춰서 행위하게 된다는 것이다. 이러한 과정을 거치며 공무원들은 규칙에 의존하는 안전 — 비판의 회피, 획일성의 추구 — 을 높은 보상보다 중요시하게 되고 경직되게 된다는 것이다.

한편, 일선공무원의 규칙 의존적인 행태에 대한 '안전' 추구적인 해석을 넘어서서 공무원들의 행태는 그들이 자신의 업무 상황에 완전히 몰입되는 것을 피하려고 노력하는 과정에서 나타나는 현상이라고 보는 견해가 있다. 만약 그들이 규칙에 의존하는 행태를 보인다면 그렇게 하는 것이 그들의 상황관리에 도움이 되기 때문에 그렇게 한다는 것이다. 이 관점은 공무원들에게 가해지는 압박(pressures)에 초점을 두고, 자신의 삶에 질서를 부여하고자 하는 공무원들의 노력에 의해서 정책이 어떻게 재형성되는가를 탐구한다. 이러한 연구 경향은 립스키(M. Lipsky)를 중심으로 하는데 이 연구 경향은 공무원들이 완전한 규칙 순응(rule conformity)을 보인다기보다는 그들이 규칙을 집행하면서 선택을 하고 있으며 그 선택은 특히, 그들 자신을 보호하고 타인들에 대해서는 무관심한 결과로 나타난다고 보고 있다. 이러한 특성을 보이는 일선공무원들을 립스키는 '가두관료제(street-level bureaucracy)'라고 명명했다.

립스키는 "일선관료들이 내리고 있는 결정과 그들이 정립해 놓은 일상적 업무 및 과정(routines), 그리고 불확실성과 과중한 업무 부담에 대처하기 위해서 그들이 고안한 수단들이 모두 그들이 수행하는 공공정책"이라고 주장한다(Lipsky, 1980: xii). 이러한 주장에는 두 가지 요소가 들어 있다. 하나는 일선공무원들이 일상화되고(routine) 정형화된(stereotyped) 형태로 사람들을 다루는 방식을 발전시킨다는 것이고, 다른 하나는 일선공무원들이 내리는 정책결정은 고객에 대한 서비스를 제공한다는 이상을 진전시키는 것이라기보다는 그들이 봉착하고 있는 압박에 대처하고자 하는 실행의 발전이라는 것이다. 그런데 이 두 가지 요소는 일선공무원들의 업무에서 나타나는 일종의 패러독스를 보여 주고 있다.

일선공무원들은 거대한 관료제 내에서 하나의 구성원에 불과하지만, 동시에 그들은 상당한 정도의 재량적 자유와 자율성을 지니고 있다. 립스키는 일선공무원들이 쉽사리 상관의 통제 하에 놓이지 않는다고 본다. 일선공무원들이 제공하는 서비스의 주요 부분은 인간적 판단을 필요로 하고 기계적 프로그램화에 의해 대치될 수 없는 요소로 되어 있기 때문에 그들이 상당한 재량권을 갖게 된다는 것이다. 그리고 그 재량은 특히 사회복지사나 교사와 같이 공적으로 채용된 준 전문가의 경우에 두드러진다.

한편, 고객과의 관계에서 일선공무원들은 고객에 대해 우월한 위치에 있게 되고, 고객은 일선공무원들이 정한 업무 절차에 순응해야만 효과적으로 서비스를 제공받을 수 있는 상황에 처하게 된다. 특히, 국가복지를 포함한 사회복지 서비스를 제공받아야만 삶을 유지할 수 있는 저소득층 주민들은 복지 서비스 수급에 대한 필요를 몹시 강하게 갖고 있으므로, 그들에 대한 복지 서비스의 분배와 전달을 담당하는 공무원들과 대면할 경우 자유로운 의사 표시를 하지 못하고 공무원이 원하는 방식대로 따를 수밖에 없게 된다. 우리나라의 경우에도, 국민기초생활보장 대상자를 선정하는 권한이 각 주민센터(읍 · 면 · 동)에서 사회복지사 자격증을 가지고 사회복지 업무에 종사하는 일선공무원들에게 부여되어 있다. 기초생활보장 대상자로 선정되어야 할 필요가 있는 저소득층 주민들의 입장에서 볼 때, 이들 일선공무원들은 어떤 의미에서 그들에 대한 일종의 '생사여탈권'을 가진 것으로 생각될 수 있다. 요컨대, 일선공무원들은 고객인 주민의 삶에 대한 엄청난 통제권을 지니게 된다는 것이며, 공무원과 주민들 간의 관계를 권력 관계로 파악할 수 있다는 것이다. 이런 면에서 립스키는 일선공무원들이 정책을 결정하고 사회 내의 특정 재화와 용역의 배분을 결정하는 정치적 역할을 수행하고 있다고 보았다.

그런데 립스키는 위의 주장과 병행하여 일선공무원들에 대한 전혀 다른 해석도 제공하고 있다. 즉, 일선공무원들은 자신의 업무 수행 효과나 자신의 고객이 처해 있는 상황에 대해서 사실상 적절한 통제를 하지 못하고 있으며, 심지어 자신이 수행하는 업무의 속도에 대해서도 제대로 통제하지 못하고 있다는 것이다. 이러한 통제권의 한계는 업무 수행에 필요한 자원의 동원가능성이 불확실하고, 업무 수행 상황과 업무 수행의 결과를 예측하기 힘들며, 수요는 무한한 데 반해 시간은 늘 부족하다는 압박 상태에서 연유한다고 볼 수 있다. 이처럼 제한된 자원 하에서 수요는 쇄도하고 있는 상황[5]에 대해서 일선공무원들은 자신의 생존을 위해 자기 나름의 대처 방안을 모색하게 된다. 즉, 그들은 우선 고객들의 요구를 우선순위화하고 이에 근거해서 자원을 배분하는 합리적 방식을 개발한다. 그런데 이러한 방식은 자칫 고객에 대한 비인격적이고 권위주의적인 태도로 표출될 위험성을 지니고 있다. 예를 들어, 우리나라 읍·면·동에서 사회복지 업무를 담당하는 공무원들은 제한된 자원(예 복지예산, 업무 시간)으로 다수의 저소득층 주민들을 상대해야 하므로 이들에 대한 과도한 정서적 몰입을 할 수 없는 상황에 처해 있다. 따라서 그들은 자칫 개별 고객에 대한 심도 있는 조사와 이해를 갖추지 못한 상태에서 업무 규정과 자신의 업무 처리 방식을 기계적으로 적용하게 될 수 있고, 이 경우 고객들은 이러한 현상을 사회복지 공무원들의 권위주의적인 태도로 받아들이게 된다.

일선공무원들이 업무 상황의 압박에 대처하는 또 하나의 방안은 고객을 유형화하고 유형별로 정형화된 방식을 적용하여 그들의 요구에 대처하는 것이다. 이는 일종의 자기부과적인 규칙 순응인데, 경찰이나 사회복지 공무원이 시민을 유형 분류하여 그에 따라 대처하는 행위가 이 방안의 예가 될 수 있다. 경찰관들이 사회 질서를 유지하려는 시도로서 주민들을 대상으로 불심검문을 행하는 경우, 경찰관은 자기 나름의 경험과 업무 방식에 근거하여 특정의 외모를 지니고 있는 주민들만을 대상으로 조사를 행하게 된다. 길거리에서 보행하고 있는 모든 주민들을 다 조사하는 것은

5) 이러한 상황은 특히 사회복지 서비스와 관련된 기관에서 자주 나타나게 된다

불가능하기 때문이다. 이때 경찰관들은 나름대로의 기준에 의해 주민들을 유형화하고 각 유형별로 정형화된 방식(예 조사; 자유보행 허용 등)을 적용하고 있는 것이다. 마찬가지로, '복지 기만행위(welfare fraud)'[6]를 줄여야 할 사회복지 공무원들도 자신이 접촉하는 주민들을 나름대로의 노하우와 기준을 적용하여 분류한 후, 이러한 선입견에 근거하여 그들을 대응하게 된다. 그런데 일선공무원들의 이러한 대응방식 또한 자칫 자신들의 편견으로 인해 무고한 주민들에 대한 적절하지 않은 대우로 귀결될 수 있다.

이상 립스키가 제시하고 있는 일선공무원의 상반된 이미지는 결국 일선공무원들은 압박을 받는 상황 하에서 희소한 자원의 사용에 대한 결정을 내리게 되고, 이때 그들의 자의적인 판단과 규칙 적용이 행해질 수 있는데, 그것이 고객의 입장에서는 공무원들에 의한 권력 행사로 해석될 수 있다는 것으로 정리될 수 있다. 정책집행의 성공 여부와 관련하여 립스키의 주장은 새로운 정책방안이 상의하달 방식으로 부과되면 그 정책이 일선 수준에서 잘 집행되리라고 기대하기가 쉽지 않다는 함의를 지닌다.

제 2 절 공공 서비스 제공 상의 중복과 그 대응방안

공공부문에서 여러 기관들에 의해 유사한 서비스가 제공되는 현상은 정책집행의 주요 관심사 중의 하나이다.[7] 이러한 서비스 중복 상황 하에서, 공공 서비스의 효율성을 제고하고 질적 수준을 높이기 위한 접근법과 관련하여 세 개의 학설(doctrines)이 서로 다른 주장을 제시하고 있다. 첫째는 서비스 제공 상의 중복을 제거하고 일사분란한 관료제적 조직구조의 구축을 통해서 효율성을 높일 수 있다는 입장이고, 둘째는 공공부문에

6) 국가복지의 수혜를 받을 조건을 갖추지 못한 이들이 의도적으로 자신의 상태를 위장하여 수혜를 받는 행위.
7) 이 절의 내용은 주재현 · 신동석(2014: 104-109)을 수정 · 인용함.

도 복수의 경쟁적인 서비스 제공기관 중에서 소비자 선택이 가능한 제도를 구축해야 한다는 입장이며, 셋째는 복수의 기관들 간에 협력체계를 구축해서 중복을 최소화해야 한다는 주장이다(Thompson et al., 1991; Hood & Jackson, 1991).

첫 번째 학설은 독점적인 공공 서비스 제공기관의 필요성과 의의를 주장하는 전통으로서 공공기관의 대응성과 공공기관에 대한 통제가능성에 대해서 비교적 낙관적인 견해를 지니고 있는 입장이다. 이러한 관리사상에 있어, 소비자 선택과 경쟁은 사적 서비스의 영역에서만 적절한 것으로 이해되며, 공공영역에서 한 기관이 다른 기관이 행한 작업을 훼손하거나 무효화시켜서는 안되기 때문에 공공영역은 단일의 행위자(unitary actor)로 행동해야 한다고 주장된다.[8] 두 번째 학설은 경쟁이 공공조직의 해이를 줄이고 소비자의 편익을 높일 수 있는 방법이라고 보는 입장으로서 고전적인 경제학의 전통을 반영한다. 이 입장은 독점적인 서비스 제공기관을 효과적으로 통제하고, 소비자에 대한 독점적 생산자의 대응성을 높일 수 있다는 주장에 대해 회의적이다. 반면, 이 주장은 복수의 기관들이 소비자의 선택을 받기 위해 경쟁하게 되면 어떠한 방법에 의해서건 비용이 절감되고 서비스의 질이 높아질 것으로 기대한다. 기관들 간에 경쟁이 있게 되면, 공무원들이 정한 과업이 아니라 시민들이 필요로 하는 서비스가 종종 '예기치 않았던' 방법을 통해 성취될 가능성이 높아진다는 것이다(Hood, 1986: 117-122).[9] 세 번째 학설은 1980년대 이후 대두한 뉴

8) 이 입장은 후술할 세 번째 입장, 즉 경쟁관계에 있지 않은 복수의 기관이 서비스의 생산과 제공에 관여하는 것도 바람직하지 않은 것으로 본다. 다수의 비경쟁적인 제공자들이 한 서비스를 제공하는 경우는 그 여러 기관들 사이에 합의와 협력이 있어야 하는데, 여기서 거래비용 문제가 야기될 수 있고 그 결과는 사업 성공 가능성의 저하로 나타날 수 있다. 이는 정책집행 연구 상의 '집행흠결(implementation deficit)' 개념과 같은 맥락에서 이해될 수 있다(Pressman & Wildavsky, 1979).

9) 복수의 기관들이 유사한 서비스를 제공하고, 서비스 이용자들이 제한 없이 중복적으로 서비스를 이용하는 경우, 이러한 현상에 대해 서비스의 안정적인 공급이라는 관점에서 그 바람직함을 주장하는 입장이 있을 수 있다(cf. Hood, 1991: 14). 그러나 이러한 경우에 대한 학계의 일반적인 논의는 두 경쟁적인 학설 중 하나의 방향으로 개선을 모색하는 것으로 귀결되고 있다. 즉, 중복적인 서비스를 제거하거나, 복수의 기관들 간에 경쟁기제를 명확하게 도입하는 것이 바람직하다는 것이다.

거버넌스론의 입장으로서, 공공 서비스에 대한 수요가 복잡하고 다양화된 현대사회에서 공공부문 내 또는 공공부문과 민간부문의 다양한 기관들의 협력과 역할분담이 없이는, 사회가 필요로 하는 서비스를 적절한 수준에서 제공하는 것이 불가능하다는 점을 내세운다(Rhodes, 1996; Kooiman, 2003).

공공 서비스 중복에 대한 정부의 대응방안에는 위의 세 학설을 반영한 원형(prototypes)과 원형들이 복합적으로 포함된 혼합형(hybrid types)이 있다. 다음에서는 이 원형과 혼합형에 대해 개념적으로 논의한다.

1 원형적 대응방안

'통합(integration)'은 중복적인 서비스를 정리해서 하나의 기관이 서비스의 생산과 전달을 책임지게 하는 접근방식이다. 이렇게 하기 위해서는 경우에 따라 여러 기관에 흩어져 있는 관련 기능들을 하나의 기관으로 집중해야 할 필요성이 있을 수 있다. 그러나 동등한 수준에 있는 기관들이 자발적으로 한 기관에 서비스 제공권을 통합할 수 있는 가능성은 그리 크지 않기 때문에, 통합은 여러 기관들의 상위에 있는 관리자(또는 기관)의 명령을 통해서 이루어지는 경우가 일반적이다. 따라서 '통합'은 기본적으로 계층제적인 조정방식에 토대를 둔다. 계층제적인 조정방식은 정부의 공식적 법규나 행정 명령 등을 통해서 통제 및 조정이 이루어지는 것을 말한다. 이 접근방식에서는 행정관료제의 논리, 즉 법적·합리적 권위에 토대를 둔 조직 운영방식이 행정조직 내·외를 대상으로 하는 정책결정과 집행에서 핵심적인 역할을 담당한다(Etzioni-Halevy, 1983: 27; Hague & Harrop, 2004).

이러한 통합적인 접근은 공공 서비스 제공의 파편화(fragmentation)를 감소시킬 수 있지만 역기능을 초래할 가능성이 있음을 간과해서는 안 된다. 즉, 서비스의 통합은 고객과 서비스 제공자 사이의 거리를 증가시켜 서비스에 대한 접근성을 낮출 수 있으며, 이는 자칫 서비스 제공기관의 책임성을 저하시킬 가능성을 지닌다. 또한 통합과정에서 부작용이 나타날 수 있다. 예컨대, 기존 서비스 제공기관들 사이의 갈등이 고조될 수 있고, 다른 목적·기술·인식을 가진 기존 기관의 인력들이 단일 조직으로 통합될 경우 조직 내의 갈등을 야기할 가능성도 무시할 수 없다(Gilbert & Specht, 1974; 조성한 외, 2006).

공공부문 내에서 기관들 간의 '경쟁(competition)'을 제고해야 한다는 입장은 경쟁이 공공기관의 서비스 수준 제고 노력을 강화하고 궁극적으로 책임성을 높일 수 있다고 본다. 즉, 공공기관을 통제하기 위해서는 '중복(redundancy, duplication, overlap)'과 그들 간의 경쟁(competition)이 필요하다는 것이다. 이러한 주장은 중복을 최소화하려는 관리사상과는 정반대의 입장이지만, 이 입장은 민간부문 시장과 달리 경쟁이 없는 공공부문처럼 무능하고 비효율적인 행위자도 퇴출될 위험이 없는 경우에 그러한 행위자들에게 긴장과 적극성을 부과하기 위해서 의도적인 중복과 경쟁을 적용할 수 있다고 주장한다(Gilbert & Specht, 1974). 공공부문에 이 관리방식을 적용하는 것은 먼저 유사 기능을 수행하는 다수의 기관들이 존재하도록 유도한 후, 이들 기관 간에 경쟁을 유발하여 보다 높은 경제성과 서비스의 품질을 확보하는 방안으로 구체화될 수 있다. 여기서 주목해야 할 점은 서비스 이용자들에게 직·간접적으로 서비스 제공자를 선택할 수 있는 권한을 부여하는 것이다. 이는 마치 민간시장에서 성립되는 소비자-생산자 관계와 유사한 관계를 공공부문에도 구축하는 것으로 볼 수 있다(Self, 1993; Pollitt, 1993).

이러한 경쟁방식은 소비자 선택의 범위를 증가시킬 뿐만 아니라 기관과 전문가들에게 활력을 주고, 고객의 요구에 민감하도록 하며 기업가 정신과 창의성을 일깨운다. 그러나 이 전략이 항상 의도하는 결과만을 가져오는 것은 아니다. 특히, 신규 기관의 등장에 의해 기관들 간의 경쟁이 야기된 경우, 동일한 고객과 자원을 대상으로 건전한 경쟁을 하는 대신에 수성하려는 기존의 기관과 시스템에 새로운 발판을 마련하고자 하는 신설 기관 사이에 해결하기 어려운 갈등이 야기될 수도 있으며, 경우에 따라서는 서비스 전달체계의 인적·물적 자원, 시간, 정보, 지식 등이 낭비

됨으로써 오히려 비효율성이 나타날 수도 있다(조성한 외, 2006).

'협력(partnership)' 방식은 광범위한 지역을 대상으로 하는 특정 서비스 조직(단일 기능 수행)이 다른 특정 기능을 수행하는 조직과 연계·조정을 꾀하는 방법이다. 이는 지리적으로 연계가 가능한 지역 내의 관련 기관들이 기술, 인적 자원, 물적 자원, 지식 등을 공동으로 이용하는 체제로 구현된다. 협력은 자율적인 기관들이 자발적으로 협조하는 것을 전제로 하기 때문에 종종 쌍무협정(bilateral agreement)을 맺는 경향이 있다. 협력적인 접근은 관련 기관들 간의 신뢰에 토대를 둔 조정기제이다. 여기서는 여러 관련 기관들이 대립적인 존재가 아니라 서로 협력하고 신뢰하는 존재로 파악된다. 역동성·복합성·다양성으로 특징지어지는 현대사회에 있어 가장 효과성이 높은 조정기제는 통합이나 경쟁이 아니라 협력이라는 진단과 이에 대한 믿음이 이 조정기제의 등장배경을 형성하고 있다(Kooiman, 1993, 2003; Vliet, 1993).

협력방식은 정부 내 단일기관에 의한 서비스 제공이 사실상 쉽지 않은 정책문제에 직면할 경우 정부가 취할 수 있는 기본적인 접근법이 될 수 있다. 그러나 다수의 기관이 서비스의 생산과 전달에 관여하기 때문에 파편화(fragmentation)와 집행흠결(implementation deficit)의 쟁점이 제기될 수 있는 가능성을 지닌다. 또한 협력 프로그램의 성립과 운영을 위해서 충족되어야 할 조건들이 다수라는 점이 이 접근방식이 효과적으로 실행되기 어렵다는 점을 방증한다(주재현, 2004b).

2 혼합형 대응방안

혼합형 대응방안에는 다음과 같은 가능성들이 존재한다.

먼저, 두 원형적 요소가 혼합될 수 있는 가능성은 [통합×경쟁], [통합×협력], [경쟁×협력]의 세 가지이지만, 각 경우에 있어 어떤 요소가 주가 되는지까지 고려하면 여섯 가지의 가능성이 존재한다.

[통합×경쟁]은 논리적으로는 성립하기 어려운 혼합방식이다. 즉, 서

비스 제공을 하나의 기관으로 통합하면서 동시에 경쟁을 제고하는 것은 논리적이지 않다. 그러나 통합의 범위가 완전하지 못할 경우에는 현실적으로 성립될 수 있는 가능성이다. 즉, 기존의 중복적인 서비스를 완벽하게 하나의 기관으로 통합하지 못한 채 중복 기능 중의 일부만을 통합하거나 일부 지역에서만 통합할 경우, 여타 기능에 대해서는 경쟁기제를 도입할 수 있고, 또 여타 지역에서는 경쟁체제를 성립시킬 수 있다. 물론 경쟁기제를 주된 요소로 하되, 일부 기능이나 지역에서만 통합을 추구하는 경우도 가능하다.

[통합×협력]도 위와 같은 맥락에서 성립될 수 있다. 기존의 중복적인 서비스를 완벽하게 하나의 기관으로 통합하지 않은 상태에서 중복 기능 중의 일부만을 통합하거나 일부 지역에서만 통합할 경우, 여타 기능에 대해서는 협력기제를 도입할 수 있고, 또 여타 지역에서는 협력체제를 모색할 수 있다. 반대로 협력기제를 주된 요소로 하고, 일부 기능이나 지역에 대해서만 통합을 추구할 수도 있다.

[경쟁×협력]도 논리적으로는 고려하기 쉽지 않다. 여러 기관들이 경쟁하면서 동시에 협력하는 상황을 상정하기 어렵기 때문이다. 그러나 이 경우에도 중복적인 기능 중의 일부에 대해서만 경쟁기제를 적용하고, 나머지 기능에 대해서는 역할분담에 의한 협력체제를 구축할 수 있다. 또한 일부 지역에서는 경쟁체제로 운영하고, 다른 지역에서는 협력체제를 구축하는 것도 가능하다. 어떤 요소의 비중을 높게 책정하는가에 따라 그 양상이 다르게 나타날 수 있다는 점도 지적될 수 있다.

다음으로, 세 원형적 요소가 모두 포함되는 것은 [통합×경쟁×협력]의 경우이다. 세 요소를 모두 포함하는 것 역시 논리적으로는 성립되기 어려우나 현실적으로는 나타날 수 있다. 통합의 대상이 일부 기능이나 지역에 한정되고 여타 기능이나 지역에서 경쟁과 협력방식이 복합적으로 적용될 경우, 이러한 대응방식이 성립가능하다. 여기서도 어떤 요소가 더 강조되는지에 따라 다양한 가능성이 나타날 수 있다.

논리적으로 성립되기 어려운 대안들이 실제 정책상황에서 존재할 수 있는 이유는 현실세계가 원형적인 대응방안만으로 취급될 수 있을만큼 단순하지 않다는 점과 정책주체인 정부의 문제해결 역량이 제한되어 있다는 점에 기인한다. 요컨대, 하나의 원형적 대응방안을 토대로 서비스의 중복문제를 해소할 수 있는 완벽한 제도를 구축하는 것은 현실의 복합성과 정부역량의 한계로 인해 실현되기 어렵다. 이러한 상황 하에서 서비스 중복에 대한 정부의 대응은 혼합형의 형태로 나타날 수밖에 없다고 하겠다.

제 3 절 협력방식에 의한 정책집행

위에서 살펴본 세 원형적 대응방안 중 여기서는 협력방식에 의한 정책집행과 공공 서비스 제공에 대해 좀 더 심층적으로 살펴보도록 한다. 정책집행의 주체 면에서 볼 때, 정부관료제가 정책집행을 완전히 독점하는 것은 아니며, 현실적으로 공·사 간의 혼합(mix)에 의해서 정책집행이 이루어지는 경우가 다수 발견된다. 특히, 최근 들어 전 세계적으로 행해지고 있는 정부개혁의 흐름 속에서 이러한 추세는 더욱 확고히 자리매김하고 있다. 복잡성·역동성·상호의존성의 심화로 특징지어지는 현대사회는 공공 서비스의 제공에서도 다양성과 포괄성을 동시에 달성할 것을 요구하고 있다. 그러나 납세자인 시민들은 정부의 효율성에 대해 불신하고 있으며, 정부의 조세 증가에 대해 부정적으로 반응하고 있다. 다양한 형태의 공공 서비스에 대한 수요 증가와 정부 재원의 한계라는 상호모순적인 조건들은 정부 이외의 사회 내 여타 행위 주체들의 역할 증대라는 현상을 만들어내고 있다. 그 결과 비영리 자원조직들(NPOs)과 민간기업의 서비스 제공자로서의 역할 증대에 대한 기대가 증가하고 있으며, 한국사회도 현대사회의 이러한 일반적인 추세에서 볼 때 예외가 아니다. 이러한 맥락에서 이하에서는 정부-기업 간 파트너십, 민간위탁 등 정부와 민간기관 간의 협력에 의한 정책집행과 관련된 개념들을 살펴본다.

1 정부-기업 간 협력 관계

위에서 언급한 상황의 변화를 배경으로 하여, 최근 들어 공공 서비스의 생산과 전달에서 뉴거버넌스(new governance) 관점이 상당한 공감대를 형성하고 있다. 거버넌스는 정부(government)보다 폭넓은 개념으로서 정부가 정부 외의 주요 행위자들 — NPOs, 기업 등 — 과 역할 분담과 협력 관계를 통해 공공 서비스의 생산과 전달을 수행하려는 노력을 가리킨다.

뉴거버넌스 관점은 정부와 기업 간의 관계에서는 특히, 정부-기업 간 협력 관계(Public-Private Partnership: PPP)로 나타나고 있다. 정부와 기업 간의 협력인 PPP는 "바람직한 공공정책 효과를 산출하기 위해서 공공 부문과 민간 부문 간에 합의된 소망을 토대로 위험을 공유하는 관계"(IPPR, 2001: 2)라고 포괄적으로 정의될 수 있으며, 더 구체적으로는 "사회기반시설(infrastructure) 사업의 개발 · 구축 · 운영 · 재정 지원을 목적으로 하는 공공 부문과 민간 부문 간의 협력 형태 또는 합동 노력(joint endeavor)"(UN, 2001: 1)을 말한다. PPP는 민간운영자와 공공기관 간의 장기 계약에 의해 공공 서비스의 생산과 제공에 민간의 관리(private management)를 도입하는 접근법으로서, 공공 서비스와 관련 시설들을 모두 민간 부문으로 완전히 이전해 버리는 민영화(privatization)와는 구분된다(UN/ECE, 2000a: 4). 일반적으로 PPP는 ① 정부와 기업 간에 상호작용이 존재하고, ② 그들이 추구하는 목적에 공통 요소가 있고, 그 목적을 달성하는 과정상의 강조점은 시너지 효과를 내는 것이며, ③ 그 목적은 사회적이고 상업적인 특성을 지니고 있고, ④ 참여하는 정부와 기업의 행위자가 가지고 있는 각각의 신분과 책임성에 변화가 발생하지 않는 경우에 성립될 수 있는 개념이다(Kouwenhoven, 1993: 120).

PPP는 재원 출처와 운영 주체라는 두 기준에 의해 다음의 몇 가지 유형으로 구분된다. ① 공공 부문에서 재정지원을 담당하고 민간 부문이 운영을 담당하는 경우이다. 이 경우, 사업은 정부와 기업 간의 양허나 임대차 협정(concession or lease agreements)을 통해서 수행된다. ② 민간 부문이 재정 지원을 담당하고 공공 부문이 운영을 담당하는 경우이다. 민간 부문의 역할은 사업을 위한 재원을 제공하는 것에 한정된다. ③ 민간 부문에서 재원 조달과 사업의 운영을 모두 담당하는 경우이다. 이 경우, 사업 운영상 존재하는 위험이 전적으로 민간 부문에 전가되는 데 대한 반대급부로서 사업 운영을 통해서 나타나는 수익이 운영 주체인 민간 부문 기관에 귀속되는 것이 용인되어야 하며, 정부의 역할은 각종 관련 입법을 포함한 규제상의 틀(regulatory framework)을 제공함으로써 사업의 실행을 가능하게 하는 것에 한정된다. ④ 재정 지원과 사업 운영을 공공/민간 부문에서 공동으로 담당하는 경우이다. 여기서는 공공과 민간 부문에서 공동으로 참여하는 기관(joint company)을 형성하고 이 기관이 사업의 모든 과정을 관장하게 된다. ⑤ 재정 지원은 공공과 민간 부문에서 공동으로 담당하되, 사업의 운영은 민간 부문이 담당하는 경우다. 공공 부문은 재정 지원과 더불어 사업의 실행을 가능하게 하는 규제상의 틀을 형성하는 역할을 수행한다(UN/ECE, 2000b: 41-42; cf. Glennerster, 1997: 6).

이상의 유형들 중에서 특히, '민간 부문에서 재정 조달과 사업 운영을 모두 담당하는 PPP'의 대표적 형태로서 BOT(Build-Operate-Transfer) 방식이 있다. BOT 방식이란 프로젝트의 민간 사업주가 필요한 자금을 조달하여 시설(설비)을 완공한(build) 후, 일정 기간[10] 동안 당해 프로젝트를 운영하여(operate) 그 수익으로 채무 상환 및 지분 출자자에 대한 배당을 실시하고, 운영 기간이 종료되면 발주자(정부)에게 양도하는(transfer) 방식을 말한다. BOT 방식의 핵심은 프로젝트 시공 및 운영을 위한 자금 조달 및 상환은 전적으로 프로젝트 전담회사가 책임을 지며, 프로젝트 자산의 궁극적인 소유권은 정부에 귀속시키는 것이다. BOT 사업에서 중요한 것은 정부와 민간사업자 간의 역할 분담 및 정부의 보증이며, 이는 정부와 민간사업자 간의 양허협정(concession agreement)을 통해서 결정된다.

---

10) 일반적으로 30년 정도의 기간이며, 그 이상일 수도 있다.

PPP, 그리고 특히 BOT 방식은 발전소·도로·철도·교량 등 상당수의 지역개발사업과 공적 사회복지의 제공에서 활용되고 있다.[11] 공적 사회복지에서는 사회보장과 같은 핵심적 영역을 제외한 여타 영역에 이 방식들이 적용될 수 있다. 예컨대, 막대한 비용이 들어가는 공적 사회복지 관련 시설(예 공공병원, 공립학교, 공공주택, 요양소 등), 공중보건 관련 사업(예 상·하수도 건설 등), 또는 실버산업의 영역에서 기업의 자원을 활용할 가능성이 열려 있다. 물론 기업들이 이러한 사업 영역에 진입하는 것은 이타적인 동기에 의한 것이 아니다. 따라서 기업을 활용할 경우에는 관련 사업의 공공성에 훼손이 발생할 위험성을 완전히 배제하기 어렵다. 그러나 공공 서비스의 수준을 유지·향상하는 데 소요되는 비용의 문제를 고려해볼 때 기업의 재원을 활용하는 PPP 또는 BOT 방식의 의미에 대해서 적극적으로 고려해 볼 필요가 있다고 하겠다.

2 민간위탁

민간위탁(contracting out, outsourcing)이란 정부 부문에서 필요로 하는 공공 서비스의 생산과 공급을[12] 정부 또는 공공 부문 내에서 하지 않고 민간 부문으로부터 조달하는 것을 말한다. 민간위탁은 지방 공공 서비스 공급의 민영화 전략 가운데 가장 널리 사용되는 방법이다. 서비스 공급의 세 가지 요소를 서비스의 공급 결정, 서비스의 생산, 서비스의 대가 지불(재정 부담)이라고 할 때, 서비스의 공급 결정과 대가 지불은 (지방) 정부가 담당하고 서비스의 생산만을 민간 부문이 담당하는 방법이다. 민간위탁은 정부가 무엇을, 언제, 어떻게 공급하는가에 대한 결정권을 가지

11) BOT 방식은 일반적으로 공공재적 성격이 강한 프로젝트, 사업의 추진 시에 국가의 개입이 필요한 프로젝트, 국가경제에 미치는 영향 때문에 국가가 개입을 원하는 프로젝트의 경우에 사용될 수 있다.

12) 정부가 직접 소비하는 경우뿐 아니라 일반 국민을 위해 정부가 대신 지불하는 경우도 포함한다.

고 있으면서 민간의 활력을 이용하는 방법으로서, 공급 주체의 변동이라는 점에서는 민영화와 같지만 재화·서비스를 구입하는 쪽이 소비자가 아니라 정부라는 점에서 차이가 있다. 요컨대, 민간위탁은 각 급의 정부가 최종적인 관리 책임과 비용 부담을 보유하면서 재화나 서비스의 생산·공급 기능을 민간 부문에 맡기는 것이다(서정섭, 2001; 허만형, 2001).

민간위탁의 단계는 입찰과정과 경쟁, 수탁자 선정과 계약, 서비스 공급 및 지도·감독, 결과평가 및 재계약 여부 결정의 네 단계로 크게 구분될 수 있다(김순양, 1998; 정윤길, 2000). 첫째 단계인 입찰과정과 경쟁 단계에서는 유능한 민간 부문을 적극적으로 경쟁과정에 유치할 필요가 있다. 민간위탁을 추진하는 근본 취지 중의 하나는 양질의 서비스를 좀 더 저렴한 비용으로 공급하는 것이다. 즉, 정부기관이 공무원을 통해 직접 공공 서비스를 제공하는 것보다 민간기관을 통해 서비스를 제공하는 것이 더 효율적일 경우 민간위탁의 가치가 발휘될 수 있다. 따라서 이를 위해서는 유능한 민간조직들이 입찰과정에 참여할 수 있도록 정부가 적극적인 노력을 기울여야 한다. 경쟁을 유치하기 위해 정부는 계약 절차를 널리 광고하고 명확한 명세서를 제시하며 공정한 심사를 보장한다는 확신을 심어 주는 노력을 해야 한다. 또한 자격 기준을 명기하되 가급적 이를 개방하여 실질경쟁을 장려하며, 원하는 서비스의 질과 수준도 구체적으로 제시해야 한다.

둘째 단계인 수탁자를 선정하고 계약서를 작성하는 단계에서 가장 중요한 것은 낙찰과정의 투명성과 공정성을 보장하여 그 결과 가장 유능한 수탁자를 선정하는 것이다. 이를 위해서는 의사결정이 합리적이고 투명해야 하며, 탈락자를 설득할 수 있어야 하고, 이의 제기 절차가 마련되어야 한다. 계약서의 내용에는 달성하고자 하는 성과가 명확하고도 구체적으로 제시되어야 한다. 또한 효과성을 측정할 수 있도록 서비스를 받을 단위, 일정, 통로에 대한 사항 등의 적절한 이행 조건과 계약 불이행에 따른 벌칙 조항을 포함하되 구체적이고 통제 가능한 형태로 작성되어야 하고 쌍방 간의 책임 한계도 분명해야 한다. 그러나 수탁자의 선정과정에는 불가피하게 평가자의 가치판단이 개입하게 된다. 따라서 이 가치판단의 결과가 보편적인 합리성을 지니고 선정과정에 참여하는 기관들에게 납득될 수 있도록 하는 것이 관건이 된다.

셋째 단계는 서비스 공급 및 지도・감독 단계로서 수탁자가 실제로 서비스를 생산하며 이 과정을 지도・감독하는 단계다. 이 과정에서 정부는 효율적인 감독 체계를 구비해야 하며 예산 지원을 적기에 해야 한다. 또한 계약 내용의 준수 여부, 서비스 수준 등을 정기적으로 면밀하게 모니터링해야 한다. 이러한 모니터링은 현재의 문제점을 해결하는 수단일 뿐만 아니라 장래의 계약에 활용될 수 있는 정보를 제공해 주는 활동이다. 따라서 이 모니터링을 위해서는 과정평가 장치가 제대로 구비되어야 한다. 한편, 수탁자는 적절한 전문성과 프로그램을 구비하고, 직원들의 동기부여를 유지하며, 적절한 교육훈련을 행하고, 할당된 비용을 부담하며, 고객들의 욕구를 수렴하고, 서비스 전달상의 형평성을 유지해야 한다.

마지막으로, 민간위탁의 결과를 평가하여 이를 토대로 재계약 여부를 결정하는 단계를 거치게 된다. 여기서의 평가는 총괄평가이며, 이를 위해서는 적절한 평가 기준이 있어야 한다. 평가기관은 적절한 평가 인력・전문성・중립성을 유지해야 한다. 평가 결과를 토대로 재계약 여부를 결정해야 하며, 재계약 과정에서도 경쟁을 유지해야 한다. 또한 평가의 결과는 민간위탁 체제 전반에 대한 점검의 의미도 지닐 수 있으며, 따라서 민간위탁 체제에 대한 개선책의 모색과 환류로 연결되어야 한다.

이상 민간위탁의 모든 단계에서 공통적으로 중시되어야 할 사항은 위탁과정에 참여하고 있는 정부와 민간기관 간의 신뢰 형성이다. 유능한 조직들을 경쟁과정에 유치하고, 수탁기관을 선정하며, 지도・감독과 평가를 거쳐 재계약 여부를 결정하는 과정들에서 정부가 민간기관들로부터, 그리고 민간기관들이 정부로부터 신뢰를 얻어내지 못한다면 민간위탁은 한동안 공공 서비스를 제공하기 위한 하나의 방법이 될 수는 있겠지만, 결코 수명이 오래가는 서비스 제공 수단이 되지는 못할 것이다. 왜냐하면, 상호신뢰가 없이 운영되는 민간위탁은 결코 바람직한 정부-민간기관 간의 파트너십을 형성하지 못할 것이며, 상호신뢰에 기반한 파트너십이 아니고 참여조직 상호의 단기적인 이익 추구에 따라서 형성된 관계는 그러한 이익의 수준이 감소되는 시점에 이르게 되면 그 관계의 지속을 보장할 수 없을 것이기 때문이다. 한편, 사회복지를 비롯한 공공 서비스의 제공에서 정부가 민간 부문의 도움을 필요로 하는 현상은 앞으로도 지속될 것으로 예상된다. 이러한 상황 하에서 민간위탁이라는 정책수단의 가치는 단지 단기적으로만 사용하고 폐기될 수 없는 중요성을 띠게 된다. 따라서, 정부와 민간기관들은 상호신뢰의 형성에 상당한 비중을 두고 이의 형성을 위한 노력을 꾸준히 개진해야 한다.

제 6 장 정책집행의 실제 및 사례분석

제6장의 제1절에서는 정책집행의 모형을 토대로 우리나라 정책집행의 실제에 대해 살펴보고, 제2절에서 '방과후 돌봄 서비스' 사례를 통해서 서비스 제공의 중복에 대한 정부의 대응방식을 분석한다. 이어서 제3절에서 우리나라 지역사회복지관 민간위탁의 현황에 대해 검토하고, 정부와 민간기관 간 협력의 함의를 논의한다. 마지막 제4절에서는 정부-기업 간 파트너십에 의한 정책집행 사례(경기도 민간투자사업)를 분석한다.

제 1 절 한국 정책집행의 실제

상의하달 정책집행 모형을 토대로 우리나라 정책집행의 실제를 검토한 사례들은 특히 환경정책 분야에서 주목할 만하다. 환경정책을 적절하게 집행하기 위해서 필요로 되는 조건들로 조직내적 집행요인, 조직 간 집행요인, 바람직한 집행전략, 환경범죄에 대한 억제력 등이 제시되었다(박광국, 1995).

조직내적 집행요인 중에서는 조직구성원의 행태적인 요인보다 조직

구조적인 요인들의 중요도가 높은 것으로 나타났으며, 이는 일선집행관료들(시·군·구청 공무원들)이 중앙집권적인 통제방식에 익숙해져 있어 제도나 법적 기제에 의존해서 정책문제에 대처하려는 경향을 보이는 것으로 볼 수 있다. 바람직한 집행전략 측면에서는 중앙기관(환경부) 공무원과 일선집행관료들의 견해가 다르게 나타났다. 중앙 공무원들은 문제 해결을 위한 과학적 지식을 선호했으나, 일선관료들은 이해당사자 간의 협상을 중요한 집행전략으로 여겼다. 또한 일선관료들은 지역 간 다양성을 고려하지 않는 명령통제방식이 주된 집행수단으로 사용되는 데 대해 비판적이었고, 자신들의 재량권이 크지 않은 데 대해서도 불만을 드러냈다. 환경범죄의 억제력 측면에서 공무원들은 규제의 절대적 수준이 외국에 미치지 못한다고 평가하였으나, 정책집행의 실현가능성에 대해서는 어느 정도 긍정적으로 여기고 있었다. 한편, 조직 간 집행요인의 중요성은 상대적으로 낮았다. 즉, 중앙 및 일선공무원들은 집행과 관련된 외부이해 관련 집단들로부터의 지지확보가 정책집행에 긴요하다고 여기는 정도가 높지 않았다(최종원·백승빈, 2001: 174-176).

한편, 상의하달 정책집행에서 중요하게 고려된 사안은 정책대상 집단의 순응이었으며, 수질규제정책의 경우 정책대상 집단의 순응에 영향을 미치는 요인들로 사회적 압력(정책환경), 정책내용, 정책집행기관 등이 제시되었다. 각 요인의 하위변수로는 대통령과 국회, 언론기관, 환경단체(이상 사회적 압력), 정책의 적절성, 정책내용의 명확성, 정책의 효과성(이상 정책내용), 집행능력, 위법행위에 대한 적발 및 처벌요인, 정책수단(이상 정책집행기관) 등이 정리되었다(강제상·김종래, 1996).

이상의 요인과 변수 중 정책집행기관 관련 변수 중에는 '정책수단'의 영향이 높은 것으로 나타났고, 정책내용 관련 변수들도 긍정적인 영향을 미치는 것으로 분석되었다. 그러나 '위법행위에 대한 적발 및 처벌'은 피규제대상으로 하여금 규제에 순응하도록 하는 강력한 수단임에도 불구하고 피규제대상의 순응에 미치는 영향이 드러나지 않았다. 이는 집행기관의 적발노력이나 처벌의 엄격성이 충분하지 않다는 점, 그리고 집행기관의 전문지식과 경험·정보 등의 집행역량이 부족하다는 점을 의미한다고 하겠다. 또한 '사회적 압력'의 영향도 높지 않았다. 피규제대상인 기업들은 사회적으로 수질규제의 중요성이 강조된다고 해도, 실제 규제정책이 집행되기 이전에는 그러한 사회적 압력의 영향을 중요하게 인식하지 않는 것으로 해석된다(최종원 · 백승빈, 2001: 176-178).

환경정책 외의 다른 분야에서 논의되었던 집행영향 요인들은 다음과 같다. 먼저, 문화정책 분야에서의 집행영향 요인에 대해서는 정치적 요인, 조직내적 요인, 법령적 요인, 인구통계학적 요인(사회경제적 요인) 등이 제시되었고(박광국, 1999), 수입농산물규제정책 분야에서는 집행환경, 정책내용, 집행기관(조직적 수준에서의 집행기관, 개인적 수준에서의 집행기관) 등이 제시되었다(이명화, 1995). 또한 사회규제 영역에서의 순응 또는 불응을 야기하는 원인과 관련해서, 정책요인, 집행기관요인, 대상집단요인, 환경요인 등을 제시하고, 특히 정책불응 요인을 세분화해서 제시하기도 하였다(배점모, 1995). 그러한 정책불응 요인에는 강화요인 반복의 미흡, 보상의 미흡, 처벌의 미흡, 피드백의 미흡, 정보시스템(기억장치)의 부재, 정보공개의 미흡, 조직의 방어기제의 존재, 잘못된 원인귀인, 교육훈련 및 홍보의 부족, 의사전달채널의 봉쇄, 이해의 부족, 외부기관의 압력(통제)의 존재, 부정부패의 존재 등이 해당된다(최종원 · 백승빈, 2001: 178).

이상 논의를 통해 알 수 있는 바는, 우리나라의 정책집행을 고전적 이론모형에 비추어 이해하고자 할 때, 상의하달 정책집행 모형이 주된 이해의 수단으로 사용되고 있으나, 일부 하의상달 정책집행 모형의 요소들이 혼합되어 활용되고 있다는 점이다. 즉, 상의하달 모형을 위주로 하되, 하의상달 모형의 요소 — 일선관료 또는 정책대상 집단의 행태 등 — 를 포함해서 분석의 틀이 구성 · 활용되고 있다. 그러나 최근 들어 하의상달 모형과 가두관료제 모형의 핵심요소라고 할 수 있는 일선집행관료의 행태에 대해 좀 더 체계적으로 이해하려는 시도가 나타나고 있다.

일선집행관료에 대한 체계적인 접근은 주로 사회복지전담공무원을 대상으로 수행되었다. 사회복지전담공무원은 사회복지 분야의 전문성을 지니고 있는 이들로서, 립스키(M. Lipsky)의 가두관료제 모형으로 파악하기에 적절한 공무원 집단으로 볼 수 있다.

우리나라의 사회복지전담공무원들은 담당업무가 과중한 편이며, 그 원인은 부족한 인력에 비해 업무의 양이 과다하다는 데 있었다. 업무의 다양성이 늘어나고 이에 따라 업무지침이 방대해지는 가운데 법과 지침에 규정된 업무를 원칙대로 수행하기 위해서는 인력이 더 투입되어야 하는 상황에 처해 있다. 이에 더하여, 민원인들은 과거에 비해 권리의식이 매우 강해져서, 경우에 따라 공무원들에게 과다한 압박을 가하기도 하며, 이로 인해 공무원들이 소진(burnout)을 경험하는 일도 잦아지고 있다. 이러한 상황 하에서 일선 사회복지전담공무원들은 자신의 업무에 대한 자부심과 권위, 전문성을 낮게 평가하는 경향이 나타나고 있다. 또한 사회복지전담공무원들은 대립되는 역할기대에 처해 있다. 즉, 그들은 '국민의 대리인'과 '국가의 대리인' 간의 갈등, 그리고 '사회복지사의 역할'과 '공무원의 역할' 간의 충돌에 직면해 있다. 그런데 그들은 이러한 갈등 상황에서 '국가의 대리인' 및 '공무원의 역할'을 더 우선시하는 경향을 보이며, 이러한 경향은 경력의 정도에 비례해서 커지는 것으로 나타났다(김이배, 2010: 164-167).

위와 같은 조건 하에 처해 있는 사회복지전담공무원들은 재량의 활용에 있어 상당한 갈등을 경험하고 있다. 업무지침 내에서 재량을 허용하는 '기타 사항'과 같은 단서조항들이 많아서 재량을 활용할 수 있는 여지는 상당히 있으나,[1] 그들은 재량을 소극적으로 행사하는 행태를 보였다. 규정이 모호할수록 그들은 오히려 더욱 규정에 집착했는데,[2] 그 이유는 재량의 확대가 민원제기와 감사의 대상이 되기 때문이었고, 재량을 활용하

---

1) 또한 법규가 구체적이어도 법규를 사건에 적용하는 과정에서 재량이 활용될 수 있다. 구체적이고 명확한 지침이 있어도 개별 사안이 그러한 규정에 포섭될 수 있는지의 여부에 대해서는 일선 사회복지전담공무원의 판단이 요구되기 때문이다(김영민 · 임도빈, 2011: 36).

2) 그 결과, 후술하는 바와 같이 사회복지 관련 지침이 점점 더 구체화되고 있는 경향이 발견되었다. 따라서 사회복지전담공무원들의 재량이 예전에 비해 축소되고 있었다(김영민 · 임도빈, 2011: 37). 단, 그렇다고 해도 일선공무원의 재량이 완전히 사라질 정도로 지침이 구체화되는 것은 사실상 불가능하다.

는 적극적 행정을 할수록 업무가 더 늘어나는 구조였기 때문이었다. 결국, 과중한 업무 상황 하에서 재량을 행사하려는 동기가 감소되는 현상이 나타나고 있었고, 그들은 재량을 부담스러운 것으로 여기고 있었다. 따라서 사회복지전담공무원들이 사용하는 재량은 대체로 공무원 일반의 권한 한도 내에서 제한적으로만 활용되는 것으로 볼 수 있다(김이배, 2010: 168-169; 김영민·임도빈, 2011: 32).

사회복지전담공무원들의 재량 행사는 다음의 몇 가지 특성을 보인다(김영민·임도빈, 2011: 42-49).

첫째, 재량의 축소 경향이다. 이 특성은 조직내부적인 통제의 강화에 의해 야기되었다. 최근 들어, 공무원 조직 내에서도 상관의 권위에 대해 무조건적으로 복종하는 계층제적인 문화는 약화되고 있다. 법규와 지침에 의거해서 업무를 수행하는 경향이 확산되고 있고, 상관의 명령일지라도 지침과 법규에 반하면 무조건적으로 복종하지는 않는다. 이러한 변화는 법규와 지침이 정비되고, 법규·지침의 원활한 활용이 가능해지고 있는 현상을 토대로 한다. 그러나 이처럼 법규와 지침이 정비되는 과정은 종전에 비해 일선관료의 단독적인 판단을 어렵게 하고 있으며, 결과적으로 일선관료에 대한 조직내부적인 통제가 강화되고, 그들의 재량이 축소되는 현상으로 귀결되고 있다.

재량의 축소 경향은 IT 기술의 발전에 의해서도 영향을 받았다. 특히, 사회복지통합전산망 시스템의 도입으로 복지급여 대상자의 재산상태, 지급한 금액 및 현황 등이 실시간으로 확인될 수 있게 되면서 사회복지전담공무원들은 재량을 행사하는 데 있어 매우 소극적일 수밖에 없게 되었다. 이러한 경향으로 인해, 사회복지전담공무원을 포함한 일선관료제가 사실상 시스템 관료제(system-level bureaucracy)로 대체되었다는 평가가 나오고 있으며, 일선관료의 재량이라기보다 시스템 관료제의 재량이 논의의 대상으로 부각되고 있다.

둘째, 소극적인 재량 행사와 자기구속이다. 위에서 언급한 대로 사회복지전담공무원들은 재량을 소극적으로 행사하고자 하였다. 그 이유는 IT 기술의 발전으로 인한 행정과정 투명성의 제고, 재량 행사 이후 발생할 문제에 대한 책임추궁 가능성, 공격적인 민원인들에 대한 부정적인 인식 등이다. 또한 재량을 행사하는 경우에 있어서도 그에 대한 근거를 마련하려는 태도를 보였다. 즉, 자신의 판단을 정당화함에 있어 전문성을 내세우기보다는 공문이나 지침 등을 확보하고자 하였다. 구체적으로는 상급기관에 판단 자체를 의존하거나, 지침의 구체화를 문서로 요구해서 판단 기준을 제시받거나, 모호한 사안에 대한 질의응답을 통해서 공식화를 추구하는 방식 등이 사용되고 있다.

이상 살펴본 우리나라 일선 사회복지전담공무원들의 행태는 립스키가 제시했던 가두관료제의 모습과 상이한 측면을 지니고 있음과 동시에 유사한 측면도 보인다. 먼저, 우리나라 사회복지전담공무원들은 재량을 폭 넓게 발휘하기보다는 오히려 재량을 축소하려는 행태를 드러냈다. 이는 사회복지전담공무원들이 스스로를 사회복지사라는 전문직이 아니라 공무원으로 인식하고 있다는 점과 관련이 있다. 또한 사회복지전담공무원들은 스스로 규칙을 창조함으로써 자신의 업무상 편의를 구하는 것이 아니라 상급기관에게 규정의 구체화를 요구하는 행태를 보였다. 이러한 패턴은 립스키의 모형과 차이를 보이는 부분이다. 그러나 우리나라 사회복지전담공무원들도 주어진 제약 하에서 자신의 업무상 편의를 모색하려 노력하고 있다는 점에서는 립스키가 상정하는 가두관료제와 통하는 모습을 보인다. 상급기관에게 판단의 부담을 넘김으로써 스스로를 보호하고자 하는 것이다. 이렇게 볼 때, 우리나라의 일선관료들은 재량을 적극적으로 사용하는 것이 아니라 소극적으로 사용하는 방법을 통해서 업무의 단순화와 정형화를 도모하는 패턴을 보인다고 하겠다(김영민 · 임도빈, 2011: 50-52).

제 2 절 서비스 중복에 대한 정부의 대응 사례: 방과후 돌봄

공공 서비스의 중복 상황에 직면한 현실세계의 정부는 제5장에서 논의했던 원형 또는 혼합형의 대응방식을 적용할 수 있다. 이러한 적용의 성공 여부는 선험적으로 결정될 수 있는 성격의 것이 아니며, 정책사안과 정책환경의 특성, 정부의 역량 등 여러 변수에 의해 경험적으로 판단될 수밖에 없다. 우리나라 정부도 이러한 일반론의 예외가 될 수 없음은 물론이다. 우리나라의 경우, 공공 서비스의 중복에 관한 관심은 주로 서비스 전달체계의 개선방안 모색을 중심으로 논의되어 왔으나(조성한, 1997; 김통원, 2006; 주재현 · 이인수, 2009; 이만우 · 김영수, 2013),[3] 최근 들어서는 융합행정 또는 협업행정에 대한 연구(박천오 외, 2012a/2012b; 장상윤, 2013)가 나타나고 있는 추세이다. 그러나 서비스 중복에 대한 정부의 대응방안들을 체계적으로 접근한 연구는 찾아보기 힘들다.

이런 맥락에서 여기서는 '방과후 돌봄 서비스' 사례를 대상으로 '통합 · 경쟁 · 협력'의 세 접근방안을 적용해서 우리나라 정부의 정책대응 양상을 분석하고, 그 시사점을 도출하고자 한다. 방과후 돌봄 서비스는 보건복지부, 교육부, 여성가족부의 제도가 중첩되는 영역이다. 3개 정부기관의 사업이 팽창하고 그에 따라 프로그램과 이용자의 중복이 발생하게 된 주된 계기는 2006년부터 시행된 '제1차 저출산 · 고령화 기본계획'에서 찾을 수 있다. 그 이전까지의 정책은 각 부별로 기관의 목적에 따라 개별 사업으로 시행되어 사업의 규모가 그리 크지 않았고 시범적인 성격이 강하였다. 그러나 15개 중앙부처, 연구기관, 민간전문가가 대폭 참여하여 5년 간(2006~2010년) 추진할 정책과제를 발굴하고 시행하는 '제1차 저출산 · 고령사회 기본계획'이 수립되면서 자녀 양육부담 감소와 일과 가정의 양립을 위해 방과후 돌봄 서비스가 확대되기 시작하였다. 이러한 제도적 변화는 저출산 현상의 극복을 전제로, 일과 가정의 양립, 가족 친

3) 서비스 전달체계에 대한 논의는 특히 사회복지 서비스 분야에서 활발하게 이루어졌다.

화적 사회문화 조성, 그리고 건전한 미래세대 육성을 위하여 우선적으로 저소득층과 맞벌이 부부를 대상으로 집중적인 정책적 지원을 실시하고 차후 대상을 확대해 나아가는 것으로 하였으며(대한민국정부, 2006), 이에 따라 3개 정부기관은 사업에 필요한 시설확충을 위해 양적 팽창을 거듭하게 되었다. 다음에서는 먼저 3개의 프로그램 내용을 살펴보고, 이어서 그 중복의 현황과 이에 대한 정부의 대응을 검토한다.[4)]

1 제도의 내용과 중복 현황

1) 방과후 학교: 교육부

'방과후 학교'는 사교육비절감, 교육격차해소, 돌봄기능확대, 지역사회 학교 실현을 통하여 공교육을 내실화하기 위한 방안으로 제시되었고, 정규수업 이외의 시간을 활용해서 학생과 학부모의 요구와 선택에 따라 수익자 부담 또는 재정지원으로 운영되는 교육 및 보호프로그램을 말한다(방과후 학교 홈페이지, 2014). '방과후 학교' 프로그램은 1995년 '5. 31 교육개혁(안)'에서 학생의 인성 및 창의성을 함양하는 특기적성 교육과정 방안으로 제시된 방과후 교육활동으로 시작하여, 2004년 '2. 17 사교육비 경감대책'에 방과후 수준별 보충학습과 자율학습을 허용하는 방과후 교육으로 확대되었다. 이후 교육인적자원부(현 교육부)는 2005년 3월 정규교육과정 이외에 이루어지고 있는 특기 · 적성교육, 수준별 보충학습, 방과후 교실을 확대 개방하여 다양한 형태의 교육활동을 체계적으로 제공하는 방안을 '방과후 학교'라 칭하고, 2006년부터 전국적으로 확대하였다(김기홍, 2006; 최태호, 2012).

초등보육 프로그램인 '방과후 교실' 또한 2004년 교육인적자원부의 '2. 17 사교육비 경감대책'에서 사교육비 경감을 위한 대책의 하나로 선정되

---

4) 이 절의 내용은 주재현 · 신동석(2014: 109-124)을 토대로 함. 여기서 논의하는 내용은 2014년까지의 상황에 대한 사례분석이다.

었으며, 2006년 3월에 기존의 특기적성교육, 수준별 보충학습과 함께 '방과후 학교'에 통합되었다(제양순, 2011). 현재는 '초등 돌봄교실'이라는 용어로 사용되고 있고, 돌봄과 교육의 양 측면을 포괄하지만 돌봄의 측면이 더욱 강화된 프로그램이다.

'방과후 학교'는 수익자 부담으로 운영하고 이용대상은 초등학생부터 고등학생 중 희망자에 한하여 학교 내의 프로그램을 이용할 수 있다. 저소득층의 경우에는 교육 바우처 제도의 일환으로 일정 금액의 자유수강권을 지급하여 원하는 프로그램을 이용하게 하고 있다. 2013년 현재, 방과후 학교 프로그램에 참여하고 있는 학교 수는 총 11,397개로서 전체 학교의 99.9%에 해당하며, 초등 돌봄교실 운영에 참여하고 있는 학교 수는 5,784개이고, 이는 전체 초등학교의 97.3%에 해당한다(교육부, 2013a; 변종임 외, 2009: 185).

방과후 학교의 프로그램은 특기적성, 교과심화, 돌봄교실 프로그램으로 이루어져 있고, 학교별로 학교운영위원회에서 지역과 학교의 여건에 맞게 프로그램을 선택하여 시행 중에 있다. 이 중 특기적성과 교과심화영역은 초등학교부터 고등학교까지 전 학년에 걸쳐 시행 중에 있고, 프로그램의 내용에 따라 초등학교는 저학년과 고학년으로 구분하여 시행하고 있다. 돌봄교실의 경우는 2013년 4월까지 5,784개(97%)의 초등학교가 운영 중에 있으며, 평일 주·야간 돌봄과 일부 토요일 돌봄교실을 운영하고 있다(교육부, 2013a; 김홍원, 2013).

'방과후 학교'는 2008년부터 지방이양사업으로 시행되면서 교육부, 시·도 교육청 및 시·군·구 교육지원청, 단위학교의 추진체계로 되어 있고 행정지원 및 교육프로그램 차원에서 지방자치단체와 일부 학부모, 사회적 기업 등의 민간 참여도 이루어진다. 각 운영 주체의 역할 중 특히 교육부는 지방교육재정교부금을 통해 시·도 교육청에 방과후 학교 사업 예산을 지원하며, 관련 정책의 총괄 조정 및 관리 역할을 담당한다.

2) 지역아동센터: 보건복지부

지역아동센터는 1980년대 빈곤층의 아동·청소년을 위해 자생적으로 시작되었던 공부방이 2004년 법제화를 거쳐 아동복지법상 국가의 지원을 받는 아동복지시설로 성장한 것으로서, 지역사회 아동의 보호·교육, 건전한 놀이와 오락의 제공, 보호자와 지역사회의 연계 등 아동 건전육성을 위하여 종합적인 아동복지 서비스를 제공하는 시설이다(지역아동센터중앙지원단, 2013a). 아동복지시설로 인정된 2004년부터 정부 지원금을 받기 시작하여, 해마다 500~600여 개씩 증가하면서 2013년 6월 말 기준으로 전국 지역아동센터는 4,036개소로, 지역사회 내 보호를 필요로 하는 18세 미만의 아동 109,256명이 이용하고 있다(지역아동센터중앙지원단, 2013b).

지역아동센터의 프로그램은 기본프로그램과 특별프로그램으로 구분된다. 기본프로그램은 지역아동센터에서 쉽게 진행할 수 있도록 보호·교육·문화·복지(아동정서지원)·지역사회연계 프로그램으로 구성되며, 특별프로그램은 지역아동센터의 특성에 맞게 기획한 외부 후원프로그램, 경제교육, 토요카페, 진로상담, 직업인 만남, 역할극 등으로 구성된다(지역아동센터중앙지원단, 2013a).

2005년에는 급속하게 팽창하는 지역아동센터를 지원하기 위해 지역아동정보센터가 발족되었고, 이어서 전문적인 교육프로그램을 지원할 교사 파견 및 지원을 위해 아동복지교사 중앙지원센터가 운영되었다. 2011년에는 두 기관을 통합하여 보건복지부 산하에 '지역아동센터중앙지원단'과 16개의 '시·도 지원단'이 설립되어 현재까지 운영되고 있다. 지역아동센터의 추진체계를 보면, 보건복지부에서 지역아동센터 운영 기본계획을 수립하고 총괄·관리하며, 보건복지부 위탁 지역아동센터 중앙지원단은 지역아동센터 운영 전반에 대한 지원 및 관리업무를 담당한다. 또한 시·도별 담당부서가 있으며, 지역아동센터 중앙지원단 산하에 지역아동센터 시·도 지원단이 설치 운영되어 시·도별 지역아동센터 관련 업무를 담당하고 있다.

3) 청소년 방과후 아카데미: 여성가족부

청소년 방과후 아카데미는 청소년의 방과후 삶의 질 향상과 지역사회 공적 서비스 확대란 정책적 비전 하에 중앙·지방 및 학교와 가정·지역사회가 연계하여 방과후 돌봄이 필요한 '나홀로 청소년'을 대상으로 가정과 공교육을 보완하는 공적 서비스 기능을 강화하는 데 목적을 둔 사업이다(여성가족부, 2012).

청소년 방과후 아카데미는 1998년부터 청소년 수련원, 청소년 문화의 집 등 각 지방자치단체의 시설들이 자체적으로 시행해오던 사업이었으나, 2004년 국가청소년위원회의 출범과 함께 4대 핵심 주요 정책과제 중의 하나로 채택되어, 2005년 전국 46개소에서 시범사업으로 실시된 후 2006년 전국으로 확대되었다(국가청소년위원회, 2006). 이후 정부조직 개편에 따라 2008년 보건복지가족부로 이관되었다가 다시 2010년부터 여성가족부가 청소년 정책을 수행하게 되면서, 2013년 현재 200개소의 청소년 시설에서 청소년 방과후 아카데미가 운영되고 있다. 설치대상시설은 청소년 수련시설, 청소년 문화의집, 사회복지관, 청소년 공부방, 청소년 단체 시설 등이다.

청소년 방과후 아카데미 사업의 대상은 기초생활수급대상 및 차상위계층의 저소득층, 부모의 실직·파산 등으로 경제적 형편이 어려운 가정, 맞벌이, 한부모, 그리고 장애부모 가정 등 취약계층의 청소년들(초4~중2)이다. 2012년도에 파악된 청소년 방과후 아카데미 이용 청소년들은 총 7,371명으로, 초등학생이 5,700명(77%)이고, 중학생은 1,671명(23%)이다(김지경 외, 2012: 11).

프로그램은 학습지원활동과정(기본공통과정), 전문체험활동과정, 자율체험활동과정, 특별지원과정, 생활지원과정 등 5개 부문으로 구성되어 있다. 학습지원활동은 기본공통과정으로서 주요 교과목의 학습을 지원하고, 전문체험활동과정은 문화·예술, 스포츠, 과학·탐구, 세계·시민, 인성 및 기타 등의 항목으로 구성·운영되고 있다. 자율체험활동은 다양한 자율 체험활동을 각 운영기관에서 재량으로 자유롭게 편성할 수 있다. 특별지원과정은 청소년캠프, 부모교육 등과 같은 프로그램들이고, 생활지원은 급식, 상담, 건강관리, 생활일정관리 등의 서비스를 제공하는 것이다(김지경 외, 2012; 청소년아카데미 홈페이지, 2014).

청소년 방과후 아카데미의 추진체계를 살펴보면 2006년 지자체 매칭

펀드 방식(국비 : 지방비=5 : 5)을 도입하여 지자체 보조 사업으로 진행 중으로 여성가족부와 지방자치단체가 공동 운영하고 있고, 여성가족부가 지방자치단체를 통하여 사업신청서를 제출받아 검토 후 최종 지정하는 방식으로 이루어진다. 여성가족부는 청소년 방과후 아카데미 사업의 운영을 지원하기 위해 '청소년 방과후 아카데미 운영지원단'을 구성 · 운영(전문기관 위탁 운영: 한국청소년활동진흥원)하고 있으며, 이곳에서 전국의 방과후 아카데미 평가 등의 업무를 수행하고 있다. 각 청소년 방과후 아카데미 운영시설에서는 수련시설장, 지자체 청소년업무 관계자, 보건소장, 사회복지 관련 기관장 등 지역사회 청소년 관련 기관 · 단체의 장 등으로 구성된 '청소년 방과후 아카데미 지원협의회'를 구성 · 운영하고 있다(여성가족부, 2012).

4) 방과후 돌봄 서비스의 중복

(1) 이용 연령대의 중복

3개 사업은 「초중등교육법」[5]과 「아동복지법」,[6] 「청소년기본법」[7]의 연령대가 중복됨으로 인해 이용 연령대가 중복될 수밖에 없는 상황이다. 특히, 초등학교 고학년을 대상으로 3개 사업의 연령층이 중복되고 있고, '방과후 학교'와 '지역아동센터'는 초등학교 저학년, '방과후 학교'와 '방과

표 6-1 방과후 돌봄 서비스별 이용 아동 · 청소년 연령 비교

분류 \ 연령(세)	4	5	6	7	8	9	10	11	12	13	14	15	16	17
학년			초1	초2	초3	초4	초5	초6	중1	중2	중3	고1	고2	고3
방과후 학교			주 대상											
방과후 아카데미						주 대상								
지역아동센터	일 부		주 대상						일부대상					

자료: 양계민(2011: 5).

5) 「초등교육법」상 만 6세부터 초등교육이 시작된다.
6) 「아동복지법」상 만 18세 미만을 아동으로 본다.
7) 「청소년기본법」상 만9세 이상 24세 이하를 청소년으로 본다.

후 아카데미'는 중학생들에게서 대상자 중복이 두드러지고 있다(〈표 6-1〉 참조).

(2) 프로그램 내용의 중복

3개 사업이 제공하는 프로그램을 살펴보면, 학습지도, 문화체험과 특별활동(특기적성), 생활지원(급식, 위생, 안전, 귀가지도 등), 생활지도(상담, 사례관리), 외부 지역자원 연계 등의 사업을 중복적으로 제공함을 알 수 있다. 특히, 세 개의 돌봄사업에서 공통적으로 아동·청소년의 보호와 급식 지원을 제공하고 있는 것은 이 프로그램들이 취약가정이나 맞벌이가정 자녀들의 보호 측면에 주목하고 있음을 방증한다고 하겠다. 또한 세 방과후 돌봄사업의 운영시간대도 대체로 야간까지 포함하고 있다(〈표 6-2〉 참조). 요컨대, 세 개의 방과후 돌봄 서비스는 그 명칭과 서비스 제공 장소만 다를 뿐 실질적으로 학습, 급식, 인성지도 등의 공통적인 프로그램을 운영함으로 인해 사업 간의 차별성을 찾아보기 힘들다.[8)]

표 6-2 방과후 돌봄 서비스 내용 비교

구 분	방과후 학교 (초등돌봄교실)	지역아동센터	청소년아카데미
서비스	학습지도	학습지원 (숙제지도, 학습지도)	학습보완 (숙제지도, 교과보충 등)
	문화체험, 특기적성	놀이 및 특별활동지원	문화지원 (문화, 예술, 스포츠 등)
	급식, 안전귀가지도	생활지원(급식, 위생, 안전)	생활지원 (급식, 위생, 안전, 귀가지도)
	상담 및 인성지도	사례관리 (상담, 부모교육 등)	생활지도 (개인사례관리, 심리상담, 건강관리, 부모교육 등)
	외부자원연계	지역자원연계	지역자원 연계
이용 시간대	방과 이후 야간 22:00 (엄마품 온종일 돌봄교실 06:30~22:00)	1일 8시간 (14:00~19:00 필수운영) 토·일요일 운영가능	평일 15:00~21:00 주말 5시간 (09:00~18:00 사이)

자료: 이태수(2011: 3) 일부 내용 재구성.

8) 세 기관의 방과후 돌봄 서비스에는 미세하나마 정책목표 상의 차이가 존재한다. 즉, 교

(3) 시설 이용의 중복

제한된 돌봄 서비스를 특정 이용자들이 중복하여 사용하게 되면 서비스의 형평성과 사업의 효율성 면에서 문제가 발생하게 된다. 초등학생의 약 15%는 한 주일의 대부분을 방과후에 성인의 보호 없이 보내며, 한 주일 중 일부를 방과후에 성인 보호 없이 보내는 초등학생들까지 포함하면 그 비율은 약 30%(전체 초등학생 328만 명 중 97만 명)에 이른다는 점(전명기, 2013)을 고려해 볼 때, 시설의 중복이용은 제고되어야 할 부분인 것이다. 지역아동센터를 대상으로 지역아동센터와 방과후 학교의 중복 이용을 조사한 이향란(2010: 42-45)에 의하면, 조사대상 센터의 85%에서 두 프로그램을 중복적으로 이용하는 아동들이 발견되었다. 지역아동센터는 시설이용의 중복성을 해소하고자 초등돌봄교실(방과후 학교의 교과-특기적성 프로그램 이용 제외), 타 지역아동센터, 청소년 방과후 아카데미, 보육시설(유치원 포함), 방과후 보육시설의 중복이용을 금하고 있다(홍승아 외, 2013; 지역아동센터중앙지원단, 2013a). 그러나 이용 아동 수에 따라 보조금을 받거나 학교평가[9]의 점수로 반영되는 현실 속에서 중복이용 금지를 실행에 옮기는 것이 쉽지 않은 실정이다.

육부는 사교육비절감과 돌봄기능확대 등을 통해 공교육의 내실화를 추구하고, 보건복지부는 지역사회 아동의 건전육성을 위한 종합적 아동복지 서비스 제공을 추구하며, 여성가족부는 방과후 돌봄이 필요한 청소년을 대상으로 공적 서비스 기능을 강화하는 데 목적을 둔다. 그러나 이러한 미세한 정책목표 차이에도 불구하고, 실제 서비스가 이루어지는 일선현장에서는 실질적으로 유사한 서비스가 제공되고, 정책 간의 차별성이 두드러지지 않는다는 점이 부각된다. 이렇게 볼 때, 방과후 돌봄 서비스 사례는 또한 미세한 정책목표의 차이가 정책현실에서는 충분히 반영되기 어렵다는 점을 보여주는 정책사례의 예가 된다고 하겠다.

9) 2013학년도 학교평가지표 가이드북에 의하면 참여학생 수에 따라 정량평가하며, 초등학교의 경우 100점 만점에 최고 4점을 부여하게 되어 있다.

2 방과후 돌봄 서비스 관련 제도변화

1) 보건복지가족부 중심의 통합 시도: 부분 통합과 중복

방과후 돌봄 서비스의 중복 상황 하에서, 이를 일부 통합하고자 하는 노력이 보건복지가족부(2008~2010년)에 의해 시도되었다. 2008년 정부조직 개편에 따라 국가청소년위원회와 여성가족부의 가족 및 보육업무, 그리고 기획예산처 양극화 민생대책본부의 업무를 보건복지가족부로 이관함에 따라 국가청소년위원회에서 실시하던 방과후 아카데미 사업을 보건복지가족부의 지역아동센터 사업과 통합할 수 있게 된 것이다. 보건복지가족부의 통합 시도는 단계적인 접근을 취했다. 즉, 초기단계에서는 [통합×협력] 접근법을 취하여, 이전 보건복지부의 지역아동센터가 중심이 되지만, 방과후 아카데미 사업과 관련된 기능과 조직을 유지한 상태에서 지역아동센터와 협력을 모색하는 방식이었다. 이후 중기단계에는 일부 유사기능을 통합하고, 장기단계에 이르면 기능과 조직을 완전 통합할 것을 계획했다.

그러나 이 통합 시도는 3개 사업 전체를 대상으로 한 것이 아니라 2개 사업만을 통합하려 했다는 점에서 부분적인 통합 시도로 볼 수 있다. 따라서 여전히 교육과학기술부 주관의 방과후 학교와 보육 프로그램은 보건복지가족부의 프로그램과 중복을 일으키는 상황이었으며, 이 중복에 대한 대처는 불분명한 상태였다. 즉, 양 기관의 돌봄 서비스 중복 현상에 대해서는 통합, 경쟁, 협력의 세 접근 중 어떤 방식을 어떻게 조합할 것인지에 대한 논의가 결여되어 있는 상황이었다. 따라서 이러한 부분적인 통합 시도에 대해서는 결국 [부분 통합×중복]으로 정리할 수 있다.

그러나 이러한 부분적인 통합 시도마저 실패로 귀결되었다. 2010년 정부조직 개편으로 인해, 여성부가 다시 여성가족부로 환원되고 보건복지가족부가 보건복지부로 개편되면서 청소년 정책 업무가 여성가족부로 이관되었다. 이때 청소년 방과후 아카데미 사업이 여성가족부로 이관됨으로써 방과후 돌봄 서비스는 다시 현재와 같이 3개 부 3개 사업으로 진행되게 되었다.

2) 교육부 중심의 협업 추진과 변화: 통합과 협력

위의 통합 실패 후에도 기관 간 연계 협력을 통해 효율적인 돌봄 지원 체계를 마련해야 할 필요성이 지속적으로 제기되었으며, 이에 대한 대응으로 기관 간 '협력'을 주된 구성요소로 하는 혼합형 대응방안(협력×통합)이 모색되었다. 즉, 2012년 10월에 4개 부[10]가 방과후 돌봄 서비스의 업무협약을 체결하여 돌봄아동 지원 등 방과후 돌봄 정책논의를 위한 기관 간 협의체 구성·운영, 공동 수요조사, 중복·누락 방지를 위한 정보 공유 및 연계, 프로그램 연계모델 개발에 관한 공동 연구용역 등의 추진 과제에 합의하였다. 이 업무협약에 의하면, 4개 부가 참여하는 '방과후 돌봄정책협의회'를 구성·운영하고 위원장은 각 부 담당 실장이 순환하여 수행하며, 위원장 포함 15명의 위원은 각 부가 지명하는 공무원 및 민간 전문가로 하여 최소 연간 2회 정기적으로 회의를 개최하는 것으로 되어 있다.

이 대응방안은 협의체의 운영을 위한 최소한의 '통합' 요소 — 위원장 선임, 협의체 주관 기관(교육부) 선정 등 — 를 지니고 있었지만, 동등한 수준에서의 기관별 역할분담을 토대로 '협력'을 통해 중복 제거와 효율성 제고를 모색하고자 하였다. 각 기관의 역할분담을 보면, 우선 교육과학기술부가 기관 간 협의체를 주관하고, 일선 학교를 통해서 지역별 돌봄 서비스 이용 현황 및 수요조사를 매년 실시한다. 보건복지부는 취약계층 아동보호를 최우선으로 하며, 지역아동센터의 기능강화와 드림스타트센터의 전국 확대를 통해 아동복지 서비스 연계체계를 구축함으로써 지역사회 돌봄 안전망을 강화한다. 여성가족부는 취약계층 청소년의 방과후 돌봄 및 활동의 지원을 확대·강화하며 청소년수련시설 및 프로그램 등과 연계를 위해 노력하고 등하굣길 안전이동을 위한 동행 서비스 지원을 확대한다. 행정안전부(현 행정자치부)는 각 기관에서 시행하는 방과후 돌

10) 교육과학기술부(현 교육부), 보건복지부, 여성가족부, 행정안전부(현 행정자치부).

봄사업이 지역에서 체계적으로 연계되어 시행될 수 있도록 지방자치단체의 자발적 참여를 유도・지원한다(보건복지부, 2012). 요컨대, 각 사업의 프로그램 운영상 공간의 제약으로 인해 다양한 인성 및 특성 프로그램을 이용하지 못하는 문제를 해결하기 위하여 지역사회 내 돌봄 서비스 기관의 시설과 프로그램을 연계함으로써, 공간적 제약을 벗어난 다양한 돌봄 서비스를 제공하기 위한 협업이었다.

그러나 박근혜 정부로의 정권 교체 후, 대통령 공약사업과 국정과제의 일환으로 초등돌봄교실의 확대가 강조되면서 당초 협업 의도와는 달리 교육부 중심의 '부처통합 방과후 돌봄 서비스'로 변화가 발생했다(교육부, 2013d; 보건복지부, 2013; 여성가족부, 2013). 이는 '협력'보다는 '통합'에 더 큰 비중이 주어진 혼합형 대응방안(통합×협력)으로서 궁극적으로 교육부의 주도 하에 방과후 돌봄 서비스를 통합하려는 접근으로 이해될 수 있다.

이에 교육부는 2013년 9월부터 전국 78개 초등학교에서 통합 방과후 돌봄 서비스의 시범운영을 실시하였고(교육부, 2013c), 저소득층과 맞벌이 부부 자녀 중심의 방과후 돌봄교실을 2014년부터 일반 초등학생 1~2학년도 무상으로 이용할 수 있는 방안을 마련하였다(교육부, 2013b). 또한 교육부는 방과후 돌봄 서비스를 지원하기 위하여 '방과후 돌봄 서비스 연계체제 구축・운영 매뉴얼(안)'을 발표하고, 시・도 교육청 및 교육지원청을 중심으로 돌봄지원협의회를 구성하여 각 사업을 연계・추진하는 것으로 하였다. 이에 각 부의 산하기관들이 협조하며, 드림스타트센터에서는 시설 미이용 아동・청소년을 발굴하여 시간대별 연계 등 맞춤형 돌봄 서비스 제공을 주관하는 것으로 되어 있다(한국교육개발원, 2013).

그러나 돌봄지원 및 운영협의회 인원 구성에 있어, 교육청 인원이 다수를 차지하고, 직접적인 이해관계를 갖고 있는 지역아동센터나 청소년아카데미 참여 인원은 적게 구성되어 있다(한국교육개발원, 2013: 19-20). 따라서 교육부 중심의 접근법은 역할분담 및 협업체계를 이끌어내기보다는 교육청 중심의 사업으로 집중될 수밖에 없는 구조로 되어 있다.

교육부는 2014년 1월에 국고 1,008억 원 등을 투입하여 돌봄교실 9,600

실을 추가로 설치하고, 총 17,000실의 돌봄교실에서 약 33만 명의 초등학생들을 대상으로 돌봄 서비스를 제공할 계획을 발표하였다(교육부, 2014). 반면, 지역아동센터는 2013년보다 74억 원(5.9% 증액)이 증액되었고, 청소년 아카데미는 16억 원(10% 감액)이 감액되어 지원하는 것으로 결정되었다(보건복지부, 2014; 여성가족부, 2014). 이러한 일련의 변화를 토대로 초등 돌봄교실 중심의 방과후 돌봄 서비스로 전개될 것으로 전망되나, 이에 대한 보건복지부 관련 행위자들인 지역아동센터는 아동 수에 따른 운영비 차등지급의 폐지와 아동의 우선 배정을 요구하며 운영권을 일괄 반납하는 방안을 고려하였으며, 여성가족부 관련 행위자인 청소년아카데미는 시설 간 시간대별 운영안에 불참할 것을 통보할 정도로 교육부(안)에 대한 강한 반발을 표명하였다.[11] 이러한 분위기 하에서 돌봄지원협의회와 돌봄운영협의회가 적절하게 작동하지 못하고 있어, 교육부 중심의 통합 노력이 큰 무리 없이 전개될 수 있을지에 대한 의문이 제기되었다.

교육부 중심의 '통합'이 위와 같은 패턴으로 진행된다면, '완전 통합' 이전 단계에서 필요로 되는 '협력' 기제의 작동을 기대하기는 어렵다. 왜냐하면, '협력' 기제가 성과를 내기 위해서는 관련 행위자들 간에 상호신뢰의 토대가 있어야 하는데, 위와 같은 상황 전개는 이러한 상호신뢰를 구축하기보다 오히려 기존의 신뢰까지 파괴하는 효과를 내기 때문이다.

3 사례의 함의

방과후 돌봄 서비스 사례검토가 제공해주는 이론적 · 실천적 함의는 다음과 같다.

첫째, 서비스 중복현상에 대한 정부의 대응방안에 '통합' 요소가 공통

11) 2014년 2월 4일 (사)전국지역아동센터연합회 주관 '부처 간 방과후 돌봄 서비스 연계 정책' 관련 긴급대책회의시 보건복지부 담당 사무관과 협의 토론에서 발표된 내용임.

적으로 포함되었다는 점이다. 이는 두 측면에서 해석할 수 있다. 하나는 '통합' 요소의 불가피성이다. 어떤 대응방안이 되었건 정부의 활동은 궁극적으로 일정한 질서의 형성을 모색한다. 질서의 형성은 정부 내외의 행위자들이 미래를 예견하고 이를 근거로 자신들의 행동경로를 결정함에 있어 긴요하기 때문이다. 방과후 돌봄 서비스 사례에서도 관련 행위자들(3개 부 및 일선 학교, 센터 등)이 제도 개편 후 발생할 일들에 대해 예측하도록 하기 위해서는 반드시 '통합' 요소의 작동을 통한 질서의 형성이 필요했던 것으로 해석할 수 있다. 다른 하나는 우리나라 정책입안자들은 서비스 중복에 대해서 기본적으로 한 기관으로 통합하는 것을 바람직한 접근방식으로 이해하고 있다는 것이다. 이는 아래의 두 번째 시사점과 관련해서 살펴볼 필요가 있다.

둘째, 방과후 돌봄 서비스 중복현상에 대한 정부의 대응방안에는 '경쟁' 요소가 결여되었다. 한국 정부는 일반적으로 공공기관 간 또는 공공기관과 민간기관 간의 '경쟁'을 유도하는 방안을 제도화하기보다는 '통합'을 통해 유사한 서비스 제공기관들의 중복을 제거하기 위해 노력하고 있다. 이러한 경향은 특히 중앙정부 소속기관과 자치단체에서 제공하는 서비스가 중복된다고 판단되는 경우, 자치단체 쪽으로 기능을 통합하려는 노력을 통해서 잘 발견된다. 방과후 돌봄 서비스 사례에서도 정부는 궁극적으로 한 기관으로 서비스 제공 및 관리권을 '통합'하고자 하였다. 이렇게 볼 때, 서비스 중복현상에 직면해서 한국 정부가 취할 것으로 기대할 수 있는 가장 현실적인 대응방안은 [통합×협력]의 형태이다. 한 기관에 의한 완전한 통합을 일거에 달성하는 것은 사실상 불가능하기 때문에, 일단 관련 기관들 간의 연계와 협력을 통해 중복의 최소화를 모색하면서 궁극적으로 한 기관으로 서비스의 제공과 관리를 통합하고자 하는 것이다. 그러나 이 접근방식을 실현하는 것은 쉽지 않다. '통합' 주체가 될 기관의 '조직 제국주의(organizational imperialism)' 성향이 발현될 수 있기 때문이다.

셋째, 교육부 중심의 '통합' 방안은 기회를 잡은 기관의 조직 제국주의 성향이 발현되는 사례를 보여준다. 위에서 논의한 대로, '통합'의 주체가 될 수 있는 기회를 갖게 된 교육부는 여타 관련 기관들과의 '협력' 노력보다는 자신들의 영향력을 확대하는 데 우선적인 관심을 보였다. 그러나 교육부 중심의 체제구축을 통해 방과후 돌봄 서비스 중복현상을 일시에 해소하는 것은 불가능하다. 따라서 일정 기간 동안은 기존 관련 기관 및 행위자들과의 협력을 통해서 단계적인 통합 노력을 기울여야 하는데, 현재와 같은 '제국주의적' 태도는 여타 기관들과의 신뢰에 부정적인 영향을 미치고 그들의 협력을 끌어내기 어렵게 하는 요인이 된다.

이러한 현상은 '통합'을 위주로 하는 대응방안이 현실의 맥락에서 주목할 만한 부작용을 가져올 수 있음을 시사한다. 따라서 관련 정책과 제도의 입안자들은 정책·제도의 내용형성 뿐 아니라 그 실행단계에서 나타날 수 있는 현상들에 대해서도 면밀하게 고려하여야만 정책·제도의 취지를 실현할 수 있을 것이다.

제 3 절 우리나라 지역사회복지관 민간위탁의 실제

1 지역사회복지관의 민간위탁 현황

우리나라에서 정부와 사회복지 NGO[12] 간의 파트너십에 의해 사회복지 서비스를 생산·제공하는 대표적인 예로 지역사회복지관의 민간위탁 운영을 들 수 있다. 지역사회복지관 민간위탁 운영의 경우, 정부가 재정을 부담하고 사회복지 NGO는 실제 운영을 담당하기 때문에 전형적인 파트너십의 형태를 취하게 된다. 복지시설의 민간위탁 유형에는 건물과 대지가 모두 자치단체 소유이면서 민간위탁이 된 유형, 법인 소유의 대지에 자치단체에서 건물을 지어서 민간위탁이 된 유형 등이 있다. 다음에서는

12) 사회복지 NGO는 사회복지법인과 비영리법인을 포함하는 포괄적 조직 형태로서 '비영리 자원조직'과 같은 의미로 이해할 수 있다.

이 지역사회복지관의 민간위탁 사례의 현황을 살펴보도록 한다.

우리나라 사회복지 정책의 집행형태는 내용상으로는 보건복지부가 정점이 되지만, 일선 자치단체에 복지 업무를 담당하는 독자적인 집행기관이 없고, 행정안전부(현 행정자치부) 산하의 광역시·도, 시·군·구, 읍·면·동(주민센터)으로 이어지는 행정조직을 통해 일반 행정직 및 사회복지직 공무원들이 복지정책을 집행하는 형태를 지닌다. 공공복지 전달체계상 서비스 제공의 최일선 집행기관은 주민센터·보건소 등의 행정조직과 그 외에 공공 부문에서 직영하는 상담소·보호시설 등이 있다. 그러나 최근 들어 공공 부문 복지자원의 한계와 복지 서비스의 효율성, 전문성 증대를 목적으로 민간 부문의 복지사업 참여가 확대되고 있다. 민간부문의 참여는 주로 지역복지 서비스를 주민들에게 제공하는 일선 복지시설 및 기관을 직접 운영하거나 수탁·운영하는 형태이다. 최근 형성된 대부분의 시설들은 공공 부문에서 시설을 설치하고 민간에 위탁·운영하는 형태를 취하고 있다. 시설을 수탁·운영하고 있는 주체의 대부분은 사회복지법인이며(70% 이상), 그 밖의 비영리법인 일부가 수탁·운영에 참여하고 있다(25% 정도). 이 민간기관들은 정부의 보조금에 크게 의존하여 시설 및 기관을 운영하고 있으므로 공공복지 전달체계의 하위 집행기관으로서의 역할을 수행하고 있다고 볼 수 있다. 요컨대, 사회복지정책 집행체계의 구성은 중앙정부인 보건복지부는 종합적인 기획·조정과 통일적인 기준 설정 등의 업무를 담당하고, 광역자치단체는 지도·감독·지원·조정 등의 기능을 수행하며, 기초자치단체는 일부 기획 기능과 실질적인 서비스 전달 기능을 수행하는 방식으로 역할 분담이 되어 있다. 공공기관 가운데 서비스 전달 기능을 담당하는 대표적인 기구는 주민센터(읍·면·동)이며, 민간 부문이 직영 또는 수탁을 통해 운영하고 있는 모든 지역사회 복지기관이 지역복지 전달체계상의 최일선 서비스 전달 기능을 담당한다(김경혜 외, 1999; 이영철, 2000).

지역사회에서 대인복지 서비스를 제공하는 일선기관은 대부분 민간 부문에서 운영하고 있다. 민간 부문은 비영리기관과 영리기관으로 구분될 수 있는데, 대부분의 복지기관은 사회복지법인이나 종교법인 등이 운영하는 비영리기관이며, 대표적인 영리기관으로는 사설 어린이집과 유료 노인요양시설 등이 있다. 영리·비영리를 망라한 민간 부문 복지기관들로는 사회복지관, 노인복지관, 장애인복지관, 청소년회관, 주간 및 단기보호시설을 포함한 재가복지 서비스시설, 노인 및 장애인 요양시설, 여성들을 위한 일시보호시설, 자활 및 취업지원시설, 상담시설, 보육시설 등이 있다. 이러한 다양한 시설들 중에서 종합사회복지관은 지역사회에서 필요한 사회복지 서비스를 종합적으로 제공하며 사회복지법인 등 NGO에 의해 운영되는 대표적인 이용시설이라 하겠다.

지역사회복지관[community (welfare) center][13]은 지역사회 내에서 일정한 시설과 전문인력 및 자원봉사자를 갖추고, 지역사회 문제를 예방·치료하며, 지역사회 및 주민의 연대감을 조성하고, 주민의 복지 증진을 위한 종합복지센터로서 설립된 기관을 말한다. 즉, 지역사회복지관은 지역사회에서 일정한 시설과 전문인력을 확보하고, 지역사회 주민의 욕구 충족뿐 아니라 지역사회 문제의 예방과 개선을 위한 직접적 혹은 간접적인 사회복지 서비스를 제공하며, 주민 참여와 자원 동원 등의 분야에서 지역사회가 공동으로 대처하는 능력 향상에 기여함으로써 지역사회 통합을 증진시키려는 지역사회 중심의 복지기관이라 할 수 있다.

앞서 정리된 민간위탁의 과정들에 비추어 우리나라 지역사회복지관의 민간위탁 현황을 살펴보면 다음과 같다(김순양, 1998; 정윤길, 2000; 서정섭, 2001; 허만형, 2001; 손희준·최영환, 2003). 먼저, 민간위탁을 위한 경쟁의 유치 면에서, 현재 복지관 운영은 지방자치단체, 사회복지법인, 비영리법인, 종교단체로 자격 요건을 제한하고 있으며, 그 결과 경쟁과정의 참여자 수는 제한되어 있다. 이는 곧 수의계약에 의한 수탁자 결정과 재계약 시에도 큰 문제점이 없는 한 거의 자동적으로 계약 기간을 연장해 주는 현상으로 귀결되고 있다. 즉, 수의계약 방식은 주로 서비스 공급자가 한정되어 있기 때문에 사용되고 있으며, 일단 수탁자가 결정된 뒤로는

13) 사회복지관, 사회관(community center), 인보관(neighbourhood center), 근린복지협의회(district or neighbourhood council) 등 다양하게 지칭되고 있다.

서비스 공급의 연속성을 유지하는 데 사용되고 있다. 한편, 경쟁입찰 방식은 새로운 시설에 대한 운영권자를 모집할 경우에만 부분적으로 이루어지고 있다. 입찰 사실은 주로 게시판에 게시하거나 회람을 돌리는 방법을 통해서 알려지고 있으며, 공고 내용에는 신청 자격, 신청 기간, 신청 시 필요한 제출 서류, 위탁 기간 등에 관한 사항이 기재되어 있으나, 평가 기준이나 가산점 등에 관한 사항은 들어 있지 않은 경우가 대부분이다.

다음으로, 수탁자 선정과 계약 단계에서 계약자 선정 기준 중 가장 중요하게 고려되는 사항은 적절한 인력과 장비의 구비 여부이다. 그 다음은 유사한 사회복지 서비스를 제공한 경험이 있었는지의 여부이다. 반면, 사업계획서나 공급 비용 등은 상대적으로 충분히 고려되지 못하고 있다. 이러한 현상이 발생하는 원인은 인력과 시설 기준의 충족 여부가 가장 중요한 기준으로 법령에 정해져 있기 때문이다. 또한 검증되지 않은 새로운 기관보다는 재원 확보 능력이 있고 명성이 있는 법인이나 비영리법인, 특히 종교단체 등이 상대적으로 정부로부터 선호되고 있다는 점도 지적될 수 있다. 이에 더하여, 기존의 계약자를 교체하는 데 따른 비용과 법적인 문제의 발생가능성도 고려되고 있다. 즉, 한 수탁자가 장기간 운영해 온 시설의 경우 기존 시설 투자에 대한 보상의 문제, 법적인 분쟁 등이 발생할 가능성이 크기 때문이다. 이러한 이유들로 인해 경쟁보다는 관행이 중요한 선정 지침으로 작용하고 있는 실정이라고 하겠다. 그런데 이러한 현실은 자칫 정부와 해당 NGO 간에 모종의 유착이 존재하는 것으로 해석할 수 있는 여지를 제공한다. 문제는 이러한 관행이 정부-NGO 간의 건전한 관계에서 행해지고 있는 것이라고 여타의 사회구성원들이 믿을 수 있는 신뢰의 정도가 아직 한국 사회 내에 충분히 구축되어 있지 못하다는 점이라고 하겠다.

한편, 계약서의 작성에 필요로 되는 사항들은 위탁의 목적, 관리 운영, 위탁 기간, 위탁사업, 비용 부담, 비용 수납, 배상 책임, 법령 준수, 지도 감독 및 보고, 해약 등이다. 그런데 이러한 내용들은 지극히 일반적이고 추상적인 것들이며, 구체적인 운영 방법, 서비스 수준, 프로그램 내용 등에 대한 사항들은 담고 있지 못하다. 또한 수탁자의 권리를 보호할 장치는 없이 일방적인 의무 사항만을 규정하고 있다.

서비스 공급 및 지도·감독 단계에서는 먼저 민간위탁이 비용 절감 효과가 그리 크지 않다는 점을 지적할 수 있다. 자치단체들이 사회복지서비스는 '전달되는 것으로 일단 목적이 달성되는 것'으로 해석되는 경향이 있다는 점이 이를 간접적으로 입증하고 있다. 민간위탁으로 인한 비용 절감은 경쟁을 전제로 할 때 가능할 수 있지만 사회복지관의 위탁은 경쟁을 수반하지 않는 경우가 대부분이기 때문에 기대한 비용 절감 효과가 나타나지 않은 것이다. 또한 자치단체의 보조금이 충분하지 않은 상태 하에서 시설 이용자들의 요금도 저렴하게 책정되고 있어 제공되는 서비스의 질이 저하될 위험성이 있다.

지도·감독 면에서 시장·군수·구청장은 사회복지관의 운영 전반에 관해서 연 1회 이상 정기검사를 실시하고 필요한 경우 연 2회 지도·점검해야 한다. 지도·감독에 많이 이용되는 방법은 현장검사와 회계감사 및 분기별 보고서이다. 그런데 현장검사는 전문성의 부족으로 인해 실질적으로 성과측정보다 행정적인 통제 위주의 감독이 이루어지고 있다. 따라서 회계감사와 분기별 보고서가 주된 정책 수단이 되며, 특히 회계감사가 가장 중요한 수단으로 인식되고 있다. 결국, 계층제적이고 하향적인 통제가 중요시되는 반면 NGO들로부터의 창의적인 의견 제시와 이의 수렴을 가능하게 할 협력적인 지도 방식은 몹시 취약한 것으로 보인다.

민간위탁 결과를 평가하고 이를 환류하는 것도 아직 적절히 이루어지지 않고 있다. 민간위탁 사업은 정기적인 실적평가를 하고 이를 재계약 과정에 반영해야 한다. 그러나 위탁사업의 성과를 측정할 수 있는 지표는 아직 적절하게 개발되지 못하고 있다. 즉, 평가 기준이 모호하고 관계 법령이 비현실적이라는 점이 지적된다. 따라서 위에서 지적된 바와 같이, 위탁 서비스에 대한 모니터링과 평가의 결과가 다음 계약에 반영되거나 이로 인해 계약의 내용이 수정된 경우는 매우 드물다. 한편, 평가 결과를 이용하여 수탁기관인 NGO들에게 적용하는 인센티브 수단은 복지관을 운영할 때의 자율성 부여, 재계약에 대한 언질 제공, 복지관 운영에 필요한 보조금의 적기 지급 등이다. 이러한 인센티브 내용은 아직 평가 결과의 활용이 체계적으로 이루어지지 않고 있다는 것을 보여 준다. 그러나 수탁기관들의 복지관 운영상 자율성을 제고하려는 노력은 정부와 수탁기관인 NGO 간의 협력 관계를 형성해 나가는 데 나름대로 의미를 지닐 수 있는 주요 수단으로 발전할 수 있다는 점도 지적되어야 할 것이다.

2 정부와 민간기관 간 파트너십의 함의

정부와 민간기관 간의 협력이 증대하는 이유는 파트너십 프로그램에 참여하는 기관들이 협력을 통해서 얻을 수 있는 것이 크다고 판단하기 때문이다. NGO들은 국가의 대리인으로서 서비스 전달의 역할을 담당하면서 정부로부터 지원금(grants)이나 세제 혜택을 받는다. 이들은 또한 민간기업으로부터 자금과 관리상의 지원을 받는 일도 많아지고 있다. 정부와 기업의 지원을 받으면서 NGO들은 자신의 조직 성립 목적을 달성하기가 용이해진다. 정부기관의 입장에서는 직접적으로 전달하기 어려운 서비스나 자원(전문성, 인력 등)의 한계가 있는 경우 NGO를 통해 이 문제를 해결할 수 있으며, 민간기업은 NGO들을 지원함으로써 PR 효과를 낼 수 있으므로 그러한 관계를 유지하는 데 소극적이지 않다. 정부와 기업 간의 파트너십도 늘어나고 있다. 정부 입장에서는 민간 부문의 재원과 관리 기술을 이용할 수 있는 이점이 있으며, 민간기업 입장에서는 참여에 따른 재정적 또는 여타의 편익이 있을 수 있기 때문이다(Parsons, 1995: 497-500).

이처럼 오늘날 정부·기업·NGO 간에는 프로그램의 성격에 따라 상호의존성과 공동의 이익이 존재하는 경우가 많아지고 있다. 따라서 일반적인 측면에서의 협력 필요성을 넘어서서, 개별 프로그램별로 관련 주체들이 공동의 목적을 가질 수 있는지의 여부가 실질적인 파트너십 형성에 긴요한 조건이 된다고 볼 수 있다. 그러나 이러한 파트너십으로의 경향은 NGO의 독립성에 부정적인 영향을 끼칠 소지가 있다. 재정적인 측면과 관리상의 덕목을 중시하는 과정에서 단체의 기본 취지를 잊고 방향 감각을 상실할 수 있기 때문이다. 따라서 NGO들은 정부와 기업에 대한 비판자로서의 역할을 수행하지 못하게 되며, '공동체주의(communitarianism)'의 주창자로서의 비영리 자원 부문의 역할은 쇠퇴하게 될 수 있다.

우리나라에서 정부와 비영리 자원 부문은 전통적으로 견제와 균형의 관계를 형성했다. 시민사회가 분출하기 시작한 1980년대 후반 이전까지의 NGO는 매우 취약한 상황에 있었으며, 지식인 중심의 일부 시민단체들은 대개 당시의 권위주의 정부에 대한 비판과 견제의 역할을 수행했다. 사회 전체적 차원의 자유화가 시대적 대세가 된 1980년대 후반부터 김대중 정부가 들어서기까지의 기간 동안 다양한 자원조직들이 형성되었으며, 이들은 이전 시대의 유산을 이어받아 정부와 기업에 대한 견제와 보완의 역할을 수행했다. 그런데 김대중 정부와 노무현 정부에 이르러 그동안 '주변(border)'에 머물고 있던 자원적·비영리 부문이 단지 '중심(center)'에 대한 비판과 견제의 역할을 수행하던 것을 넘어서서 정책의 결정과 집행 과정에 직접 깊숙하게 개입하기 시작했다. 이는 김대중 정부와 노무현 정부가 이전의 정부들에 비해 상대적으로 진보적인 성향을 지녔다는 점과 자원적·비영리 부문 자체의 역량이 증대했다는 점에 기인하는 것으로 보인다. 이러한 맥락에서 경우에 따라 정책 사안별로 정부와 NGO 간에 협력 관계가 형성되기도 하였다. 그러나 정부-NGO 간의 협력 관계가 위에서 지적한 문제점을 극복하고 성과를 내기 위해서는 양 부문 간의 진정한 상호신뢰와 이해가 있어야 할 뿐 아니라, NGO들의 독립성 유지 노력이 전제되어야 할 것이다.

제 4 절 파트너십 방식 정책집행의 사례분석: 민간투자사업

최근 10여 년 동안 그 중요성이 높아가고 있는 뉴거버넌스 논의는 정부 관료제나 시장 기제 일방에 의한 공공 서비스 제공이 지니고 있는 문제점을 인식하고, 공공 부문과 시장 부문 — 더 구체적으로는 정부와 기업

―의 연계를 강화하여 이를 공공 서비스의 생산과 제공에 활용하고자 하는 노력을 보이고 있다. 이러한 맥락에서 여기서는 공공 서비스의 생산과 제공이 실질적으로 행해지고 있는 지방정부를 대상으로 해서, 정부와 기업 간에 파트너십을 구축하기 위해 필요한 조건들은 무엇인지, 이러한 조건들에 비추어본 현황은 어떠하며 앞으로 어떤 노력들이 추진되어야 하는지에 대해 살펴본다. 분석의 범위는 경기도청 주관의 파트너십 사업에 한정한다.[14] 다음에서는 먼저 정부-기업 간 파트너십(PPP: Public-Private Partnership)의 성공 조건들을 검토한 후, 경기도 PPP 사업의 대표적 사례인 사회기반시설에 대한 민간투자사업의 전반적 현황과 경기도청이 주무관청이 되어 추진한 일산대교와 제3경인고속도로 건설사업의 개요를 살펴보고, 경기도청 주관의 민간투자사업을 분석한다.[15]

1 PPP(Public-Private Partnership)의 성공 조건 검토

PPP에 관한 주요 이론적 논의(UN/ECE, 2000a, 2000b; Rondinelli, 2003; IPPR, 2001; Kouwenhoven, 1993 등)에서 제시된 성공 조건들 중 중복적으로 제시되고 있는 조건들과 주목할 만한 의미가 있다고 판단되는 조건들을 선별하여 이를 1차 및 2차 조건으로 구분·정리하였다. 1차적 조건은 PPP의 성립 및 운영 단계를 관통하여 지속적인 의의를 지니고 있으며, 2차적 조건의 토대가 되는 핵심적 조건을 의미한다. 2차적 조건은 1차적 조건의 토대 위에서 PPP의 실질적 운영을 가능하게 하는 구체적 조건을 말한다.[16] 〈표 6-3〉은 이상의 1차·2차 조건들을 정리한 것이다.

14) 경기도는 지난 수년 간 민간 투자사업을 적극적으로 추진해 온 대표적 자치단체 중의 하나라는 점에서 분석 대상으로 선정된 의의를 찾을 수 있다. 그리고 여기서 설정된 분석틀에 의해 경기도의 현황을 조사하고 이를 토대로 향후 발전 방향을 검토한다.

15) 이 절의 내용은 주재현(2006b)을 수정·인용함.

16) 실제 분석은 파트너십 프로그램의 성립과 운영에 지속적으로 영향을 미치는 1차적 조건들에 한정하도록 한다.

표 6-3 PPP(Public-Private Partnership)의 성공 조건

구 분	PPP의 성공 조건
1차적 조건	- PPP의 적용 필요성과 논거의 존재 및 체계적 접근법의 채택 - 정부와 민간기업 간의 상호신뢰 구축 - PPP를 지지하는 정부와 정치적 상층부의 명확한 의지 표명 및 지원 - PPP 사업을 주관 · 지원하는 정부기관 및 조직 체계의 설치 - PPP 사업에 필요한 법적 · 규제적 장치의 정비 - PPP 사업에 소요될 재원의 적절한 조달
2차적 조건	- 사업 수행에 따른 비용과 위험 부담 정도, 수익 배당 정도의 명확성 - 각 참여자들이 갖는 책임과 권한의 명확한 배분 - 사업의 적절한 단계 구분 - 사업 중 발생할 수 있는 갈등의 관리에 대한 사전 합의 - 사업과 관련된 행위의 적법성 확보 - 제3자의 이익과 권리의 보호

1차적 조건들에 대해 부연하면, 'PPP의 적용 필요성과 논거의 존재 및 체계적인 접근법의 채택'은 PPP를 통해 공공 서비스를 제공하고자 하는 정부의 입장과 적절한 이익이 보장되어야 하는 기업의 입장 간에 궁극적인 상호의존성이 존재하고 양 부문의 목적이 수렴하고 있어야 함을 의미한다. 또한 분석에 기초한 체계적인 접근을 통해 이러한 논거를 구체화해야 한다는 것이다. PPP의 적용 필요성이 인정되는 경우에는 일반 시민과 공무원들로부터의 지지도 확보할 수 있을 것이다.

'정부와 기업 간의 상호신뢰 구축'은 양자 간에 상하 관계 또는 일방적 이용 관계 등을 극복하고 양자가 진정한 파트너가 되어야 성립될 수 있다.

'PPP를 지지하는 정부와 정치적 상층부의 명확한 의지 표명 및 지원'을 위해서는 공공 부문의 강력한 리더십이 있어야 할 것이며, 이는 PPP를 성공으로 이끌기 위한 정부의 다양한 지원으로 나아가게 된다.

'PPP 사업을 주관 · 지원하는 정부기관과 조직 체계'는 원 스톱 서비스를 제공할 수 있는 조직의 형성과 적절한 서비스를 제공할 능력이 있는 공무원이 있어야 함을 말한다.

'PPP 사업에 필요한 법적 · 규제적 장치의 정비'는 기업이 능률적 · 효과적으로 활동할 수 있도록 하는 법적 체계 구축, 불필요한 규제의 철폐,

투명한 정부규제 등을 의미한다.

마지막으로, 'PPP 사업에 소요될 재원의 적절한 조달'은 사업의 경제성이 있어야 한다는 전제 하에 다양한 원천—필요 시 공공 부문을 포함—으로부터의 안정적 재원 조달이 가능해야 함을 말한다.

2 경기도 사회기반시설에 대한 민간투자사업의 현황

경기도에서 추진한 민간투자사업은 2005년 6월 현재 총 32개 사업이다. 이 32개 사업은 도로・교량 5건, 경전철 4건, 하수처리시설 21건, 슬러지 소각로 2건으로 구성된다. 이 중에서 이미 준공된 사업은 5개로서 하수처리시설과 슬러지(sludge) 소각로 건설사업이다. 착공되어 건설이 진

표 6-4 일산대교 건설사업 주요 내용

항 목	주요 내용
① 사업 내용	
o 사업 위치	경기도 고양시 법곳동~김포시 걸포동
o 사업 규모	1.84km, 왕복 6차선
o 사업 목적	지역경제의 활성화 및 지역의 균형개발
② 총투자비	2,267.76억 원(2001년 12월 31일 기준, 물가상승률 5% 전제)
o 정부 지원(지방비)	367.67억 원/16.21%(총투자비 대비)
o 총민간투자비	1,900.09억 원/83.79%(총투자비 대비)
▪ 타인자본	1,377.57억 원/72.5%(총민간투자비 대비)
▪ 자기자본	522.52억 원/27.5%(총투자비 대비)
③ 수익률	
o 세전 실질 및 경상	10.99%(추정치); 16.54%(추정치)
o 세후 실질 및 경상	9.20%; 14.66%
④ 사업 기간	
o 건설 기간	4년 5개월(2003년 8월~2007년 12월)
o 운영 기간	30년(2008년 1월~2037년 12월)

자료: 경기도청(2005: 4).

행 중인 사업은 13개로서 하수처리시설사업(12개)이 대부분이고, 나머지 1개 사업은 일산대교 건설사업이다. 한편, 그 외 사업들은 아직 설계, 협상, 제안서 검토, 계획검토 중인 상태에 있다. 32개 사업 중 경기도청이 주무관청이 되어 추진한 사업은 일산대교 건설사업, 제3경인(시흥~남동 간) 고속도로 건설사업, 그리고 석수~분당도로 건설사업이다. 다음에서는 2005년 당시 제안서 검토 단계에 있던 석수~분당도로 건설 사업을 제외한 2개 사업에 대해 살펴본다.

일산대교 건설사업은 정부고시사업으로 시작되어 1999년 3월 모집공고, 2000년 5월 우선협상 대상자 선정, 2002년 6월 실시협약 체결 및 사업시행자 지정, 2003년 8월 실시계획 승인 및 공사 착공의 과정을 거쳐 2008년 1월 개통되었다. 사업시행기관은 대림산업 외 4개 회사로 구성된 일산대교 주식회사이다. 사업 현황 주요 내용은 〈표 6-4〉와 같다. 특기할 사항은 경기도청이 건설비용의 일부를 지원한다는 점과 일산대교 주식회사의 운영기간이 30년이라는 점이다.

제3경인(시흥~남동 간) 고속도로 건설사업 역시 정부고시사업으로 시작(1996년 3월 민자유치 대상사업 확정, 재정경제원)되어, 1997년 3월 시설사업 기본계획 고시, 1997년 4~8월 모집공고, 1997년 12월 우선협상자 선정, 2004년 9월 실시협약 체결 및 사업시행자 지정을 거쳐, 2005년 10월 실시계획 승인 후 2006년 8월 착공했으며, 2010년 5월 개통되었다. 민간투자법인은 경기지방공사와 한화건설 등 8개 회사로 구성된 제3경인 고속도로 주식회사이다. 사업 현황 주요 내용은 〈표 6-5〉와 같다. 제3경인고속도로 건설사업은 총투자비에서 정부 지원 부분은 없지만, 경기도는 용지보상비의 일부를 직접 지원하였다.

표 6-5 제3경인고속도로 건설사업 주요 내용

항 목	주요 내용
① 사업 내용	
ㅇ사업 위치	경기도 시흥시 논곡동~인천시 남동구 고잔동
ㅇ사업 규모	14.27km, 4~6차선

ㅇ사업 목적	합리적인 수도권 광역간선도로망 구축
② 총투자비	6,162억 원(2002년 9월 기준, 물가상승률 5% 전제)
ㅇ건설 보조	–
ㅇ총민간투자비	6,162억 원/100%
▪ 타인자본	1,540억 원/25%
▪ 자기자본	4,622억 원/75%
③ 수익률	
ㅇ세전 실질; 경상	9.59%; 15.07%(물가상승률 5% 전제)
ㅇ세후 실질; 경상	8.28%; 13.69%(물가상승률 5% 전제)
④ 사용료	
ㅇ초기 사용료	소형 1,578원, 중형 2,683원, 대형 3,472원(본선 통과 시, 부가세 포함)
⑤ 사업 기간	
ㅇ건설 기간	4년(2006년 8월～2010년 7월)
ㅇ운영 기간	30년(2009년 11월～2040년 10월)

자료: 경기도청(2005: 10).

3 경기도 민간투자사업의 성공 조건 검토

1) PPP 적용 필요성과 논거의 존재 및 체계적 접근법의 채택

PPP 사업은 이를 통해 공공 서비스를 제공하고자 하는 정부의 입장과 적절한 이익이 보장되어야 하는 기업의 입장 간에 궁극적인 상호의존성이 존재하고, 양 부문의 목적이 수렴되어 있어야 한다. 경기도청 주관 사업의 경우, 제3경인고속도로 건설사업은 중앙정부의 포괄적인 고속도로 건설계획의 일환으로 추진되어 경기도청 자신의 주도 하에 추진되었다고 보기 어려운 점이 있으나, 일산대교 건설사업은 경기도가 자체적으로 고시한 사업이다.[17] 비록 뒤늦게 추진되었으나 일산대교 건설사업이 제3경인고속도로 건설사업보다 그 사업 진행 속도가 빨랐던 것도 이러한 사업의 성격 차이에 기인한 점이 있다고 할 것이다. 어찌 되었건 경기도

17) 경기도청 업무담당자 A씨와의 인터뷰(2005년 10월 5일).

의 입장은 더 적은 비용을 들여 양질의 공공 서비스를 제공하고 지역경제를 활성화하는 것이라고 하겠다. 한편, 민간투자사업에 참여한 기업 측의 입장은 이 사업을 통해 공익 실현에 이바지함은 물론 적절한 수익을 올릴 수 있을 것이라는 판단하에 참여하는 것이었다.[18] 이는 경기도청과 사업 참여기업 간에 상호의존성과 목적의 수렴이 존재함을 의미한다.[19] 그러나 이러한 긍정적인 요소의 존재에도 불구하고, 체계적 접근의 측면에서 경기도청의 민간 투자사업 추진에는 다음과 같은 한계가 따른다.

전반적으로 볼 때, 경기도청 주관의 민간투자사업은 사업 진행이 원활하지 못하다는 평가를 받고 있으며, 그 원인 중의 하나로서 민간투자 대상사업 선정상의 문제가 지적되고 있다. 즉, 수익성이 낮은 사업이 대상사업으로 선정되거나 경기도의 사업 능력을 고려하지 않고 대규모 사업 위주로 추진되거나, 또는 사업계획에 대한 충분한 검토 없이 사업이 추진되어 사업성을 높이기 위한 각종 대책이 마련되지 못한 상태에서 사업이 진행되었다는 것이다(조응래, 2000: 73; 경기개발연구원, 1998b: 138). 제3경인고속도로 건설사업의 경우, 사업추진에 내해 낙관적으로 전망했으나, 당초 중앙정부에서 재정지원을 해주기로 했던 용지보상비에 대한 지원이 불투명해짐으로써 협상이 장기간 동안 교착 상태에 빠진 바 있다. 또한 일산대교 건설사업의 경우에는 사업계획에 대한 철저한 검토가 부족했던 결과 협약 내용에 반영되지 않았던 추가적인 건설 비용을 부담하게 되었다. 이러한 상황들은 민간투자사업을 추진한 경기도청의 입장에 대한 긍정적인 이해가능성에도 불구하고, 경기도청이 이러한 입장을 정밀한 논리와 분석을 거쳐 추진하지 못하고 있음을 보여 준다.

2) 정부와 민간기업 간의 상호신뢰 구축

민간투자사업 참여자인 정부와 기업의 양자 간에 상하 관계 또는 일

18) 참여기업 측 B씨와의 인터뷰(2005년 10월 7일).

19) 민간투자사업의 사업자에 대해서는 특혜 시비가 일어날 수 있다(경기개발연구원, 1998a: 244-245). 그러나 경기도청의 2개 민간 투자사업에서는 특혜 시비로 인한 문제는 존재하지 않는 것으로 보인다.

방적 이용 관계 등이 극복되고 양자가 진정한 파트너가 되어야 정부와 민간기업 간에 상호신뢰가 성립될 수 있다. 그런데 우리나라의 민간투자사업에서 정부의 태도는 일반적으로 정부와 민간 간의 사업적 타결(business deal)에 의해 사업이 추진되는 것으로 인식하기보다는 정부가 특정 사업을 민간에게 발주해 주는 것으로 인식하는 경향이 있다. 따라서 정부는 우월적인 위치에서 참여기업을 상대하는 경우가 많다는 지적이 있다(조응래, 2000: 74; 경기개발연구원, 1998b: 138). 이러한 상황은 정부와 민간기업 간에 건전한 상호신뢰감이 발전하는 것을 어렵게 한다.

경기도청도 이러한 일반적인 문제점으로부터 자유롭기는 힘든 것으로 보인다. 즉, 경기도의 경우에도 민간투자사업 참여기업들을 진정한 사업상 파트너로 대하기보다는 계약상 갑/을 관계의 관점에서 바라보는 경향이 있다. 이러한 인식 경향은 정부 측의 행태에 반영된다. 예를 들어, 사업 추진 과정에서 도청의 승인이나 도움이 필요한 경우 사업시행기관인 기업은 해당 사안이 신속하게 처리되기를 바라나 도청 측은 기업의 바람만큼 신속하게 일을 처리하지 않는 경우가 발생한다. 또한 도청 측은 사업의 운영을 통해 발생하게 되는 기업 측의 수익에 대해 다소 부담을 느끼고 이를 견제하고자 하는 경향을 나타내기도 한다.[20] 요컨대, 정부와 참여기업 간의 상호신뢰 구축이라는 측면에서는 아직 많은 노력이 경주되어야 할 것으로 판단된다.

3) PPP를 지지하는 정부와 정치적 상층부의 명확한 의지 표명 및 지원

정부와 정치적 상층부의 의지는 PPP 사업을 성공으로 이끌기 위해서 필요한 조건 중의 하나로서 이는 곧 공공 부문으로부터의 강력한 리더십이 필요함을 의미한다. 공공 부문의 의지는 사업 참여기업에 대한 다양한 지원으로 구체화된다. 우리나라의 「사회기반시설에 대한 민간투자법」(이하 「민간투자법」)에 나타나 있는 기업에 대한 주요 지원 가능 사항들은

20) 참여기업 측 B씨와의 인터뷰.

다음과 같다. 기본적으로 「민간투자법」은 참여기업에 적정 수준의 투자 수익을 보장하고 있다는 점이 지적되어야 한다.[21] 즉, 정부는 개별 사업의 특성과 위험, 민간의 재원 조달 능력 등의 사업 수행 능력, 민간 참여자의 경쟁 정도 등에 따라 개별 사업의 투자수익률이 다르게 결정될 수 있도록 하고 있다. 다음으로, 정부는 민간 사업시행자가 공사 기간을 단축하거나 공사비 등 사업비를 절감하는 경우 이로 인해 사용료 또는 무상 사용 기간을 조정받지 않도록 하고 있다. 이는 민간 투자자가 창의적·효율적으로 업무를 수행할 경우 초과 수익을 얻을 수 있는 기회를 열어 놓은 것이라고 하겠다. 또한 사업 추진 과정에서 인허가 필요성이 발생할 경우, 중앙 및 지방의 관련 기관을 통해 인허가 업무를 지원 또는 대행할 수 있도록 하고 있다. 그러나 정부가 PPP 사업 참여기업들을 지원할 수 있는 사안들은 이러한 법적인 규정 내용에 한정되는 것은 아니며, 각 지방정부 또는 사업별로 독특한 지원이 있을 수 있다.

경기도의 경우, 법에 규정되어 있는 주요 지원 가능 사항들에 상응하는 조치를 어느 정도 취하고 있는 것으로 보인다. 특히, 시설의 건설 과정에서 발생하는 각종 규제문제 — 문화재 보전, 환경보전, 도로구역 문제 등 — 의 처리와 관련하여, 민간 사업시행기관은 이 사안들에 대처하는 데 필요한 정보의 수집과 제공을 담당하고, 경기도청 내 담당부서들(건설계획과, 투자진흥과)은 이 문제를 해결하기 위해 도 내·외의 해당 기관을 대상으로 한 행정적 노력을 수행한다. 또한 사업 추진 과정에서 예기치 못했던 민원이 발생한 경우에도 경기도는 민간 사업 시행자를 도와 민원을 해소하기 위해 노력한다.[22] 또한 앞서 살펴본대로 경기도청은 건설비

---

21) 이 사항은 기업에 대한 구체적인 지원은 아니지만, 민간투자사업에 대한 정부의 기본적 입장을 나타내고 있다는 점에서 언급될 필요가 있다. 한편, 이 점에 대해서 정부가 사실상 독점적으로 수행되는 민간투자사업에 대해서 과다한 이익을 보장하고 있다는 지적이 있다(경실련, 2006). 이와 관련해서는 민간투자법 내용의 타당성, 민간 투자사업 참여기관의 실제 선정 방식, 정부와 참여기업 간의 양허협정 체결 과정과 내용 등에 대한 심층적인 분석이 필요하나, 이는 이 글의 범위를 넘어서고 있으므로 여기서는 차후의 과제로 남겨 놓기로 한다.

22) 경기도청 A씨 및 참여기업 측 B씨와의 인터뷰.

의 일부를 부담하거나 용지보상비의 일부를 지원하고 있다.

그러나 민간투자사업 참여기업에 대한 경기도청의 지원은 이상에 한정된다. 기업 측의 수익 발생 가능성에 대해서는 위에서 논의한 바와 같이 오히려 부담을 느끼는 경향도 있다. 요컨대, 민간투자사업 참여기업에 대한 경기도의 지원은 법적으로 정해진 수준을 넘지 못하고 있다고 할 수 있다. 이러한 현상을 야기한 요인 중의 하나는 민간투자사업에 대한 경기도청 상층부로부터의 지지가 제한되어 있다는 점이다. 제3경인고속도로 건설사업은 경기도청에서 직접 제안한 사업이 아니었으며, 일산대교 건설사업의 경우 전 지사 시절 제안된 사업이었다는 점이 이들 사업에 대한 추가적이고 강력한 지지 표명이 드러나지 않은 주요 이유라고 하겠다.

4) PPP 사업을 주관 · 지원하는 정부기관 및 조직 체계의 설치

PPP 사업에 참여하고 있는 민간기업에게 원 스톱 서비스를 제공할 수 있는 정부기관과 적절한 서비스를 제공할 능력이 있는 공무원의 존재는 민간기업에 대한 간접적인 형태의 지원 방안이라고 할 수 있다. 「민간투자법」에서는 한국개발연구원 내에 '사회기반시설에 대한 공공투자관리센터'를 설치하여 사업 선정에 관한 검토, 사업타당성의 분석, 기업이 제출한 사업계획의 평가, 실시 협약 체결을 위한 협상, 인허가 신청 업무의 대행 등 민간기업을 지원하는 기능을 수행하도록 하고 있다. 그러나 중앙정부 부처 내에 PPP에 관한 업무를 전담하는 총괄적인 부서를 두고 있지는 않다.

경기도의 경우에도 민간투자사업에 관한 업무를 총괄적으로 수행하는 단일 부서는 없다. 현재 경기도청 주관의 민간투자사업은 경제투자관리실 내의 투자진흥과와 건설도시정책국 내의 건설계획과에 의한 이원체계로 운영되고 있다. 투자진흥과는 민간기업이 제출한 사업계획의 심의와 경기도 민간투자사업 심의위원회 관련 업무를 수행하고 있으며, 실질적인 사업 진행과 관련된 업무들은 건설계획과에서 담당하고 있다. 이러한 이원화된 체계는 사업 추진 초기 단계부터 지속되어 오고 있는데, 이러한 체제에 대해서는 "대상사업을 선정하고 기본계획을 고시하는 것에서부터 사업계획의 평가와 협상, 건설을 위한 인허가 등이 원 스톱 서비스 방식으로 이루어지지 못하고 있다."(조응래, 2000: 70)는 지적이 있다. 실제 사업 파트너인 기업 측은 협약 체결 전에는 주로 투자진흥과와 접촉을 하다가 협약 체결 후에는 주로 건설계획과와 접촉하고 있다. 현재 이러한 이원적 체계에 대해 기업 측에서 뚜렷한 불만을 제기하고 있지는 않다.[23] 그러나 서비스 지원 체계를 정비하려는 노력이 필요없다고 단정하기는 어려울 것으로 보인다.

한편, 담당 공무원의 빈번한 교체에 대해서는 기업 측으로부터 다소간 불만이 제기되고 있다. 기업 측에서는 동일한 업무 담당자가 장기적·지속적으로 참여함으로써 해당 사업의 추진 배경에 대한 정보를 가지고 있음은 물론 사업 관련 지식과 기술을 축적하여 상당한 전문성과 노하우를 쌓고 있다. 반면, 경기도청 측에서는 순환보직제로 인해 업무 담당자가 자주 교체됨으로써 배경 정보와 관련 지식면에서 깊이 있는 전문성과 노하우를 축적하기 어렵다. 또한 업무 담당자의 잦은 교체로 인해 기업과 경기도청 측 인사 간에 인간적인 신뢰 관계가 구축되기 어려운 상황이다.

5) PPP 사업에 필요한 법적·규제적 장치의 정비

1994년 「사회간접자본시설에 대한 민간자본유치촉진법」이 처음 제정되었을 당시에는 다른 법령과 상충되는 문제도 많았으며 민자사업을 활성화하는 데 필요한 제도적 장치로서 부족함이 많았다. 그러나 1998년 「민간투자법」으로 개정되고, 1999년 민간투자법시행령, 2000년 이후 민간투자사업 기본계획 등이 마련되면서부터 법령상의 충돌이 개선되고 기타 제도 개선으로 인해 민간투자사업을 위한 전반적인 법적·규제적 장치는 상당히 정비되었다. 이러한 법·제도의 개선이 지방정부 차원에서 제대로 운영되기 위해서는 조례의 제정 등 민간투자사업의 활성화를 위한 추가적인 제도 개선이 필요하다.

경기도의 경우, 1995년 5월에 '경기도 민자유치사업 심의위원회 조례'

---

23) 참여기업 측 B씨와의 인터뷰.

를 제정했다. 1996년 3월에 '경기도 민자유치사업 심의위원회'를 구성했으며, 1996년 5월에는 '민자유치사업실무위원회'를 구성했다. 이후 '경기도 민간투자사업 심의위원회 조례'로 조례 명을 변경했으며, 법 개정 내용을 조례의 개정에 반영했다. 경기도 민간투자사업 심의위원회는 위원장인 행정부지사와 부위원장인 민간투자사업 담당 실·국장을 포함한 20인 내외의 위원으로 구성된다.[24)]「민간투자법」과 '심의위원회 조례'의 제정으로 인해 경기도의 민간투자사업을 위한 법적 틀은 어느 정도 윤곽을 갖추었다고 할 수 있다. 그러나 여전히 세부 쟁점에 대해서는 추가적 정비의 여지가 남아 있다. 예를 들어, 민간투자사업 상 최소 운영수입 보장과 초과수입 환수의 기준 및 방법은 실시 협약에서 별도로 정하도록 되어 있는데 이를 위한 구체적인 시행 방안 등은 마련되어 있지 않은 문제가 있다(조응래, 2000: 74).

6) PPP 사업에 소요될 재원의 적절한 조달

PPP 사업은 경제성이 있어야 한다는 전제 하에 다양한 원천으로부터 안정적인 재원 조달이 가능해야 한다. 경기도청 주관사업의 경우, 현재 재원 조달에는 큰 문제없이 진행되고 있다. 그러나 제3경인고속도로 건설사업은 한때 용지보상비 부문에 대한 정부로부터의 재정 지원이 불투명해져 어려움을 겪은 바 있으며, 일산대교 건설사업은 사전에 예상하지 못했던 비용이 추가됨에 따라 경기도청에서 건설 비용의 일부를 부담하게 되는 상황으로 전개되었다. 이러한 경험은 사업 준비 단계에서부터 재정적 소요에 관한 최대한의 검토와 분석이 있어야 한다는 교훈을 제시하고 있다.

---

24) 심의위원회는 ① 사회간접자본시설에 대한 민간투자와 관련된 주요 정책의 수립에 관한 사항, ② 민간 부문의 사업 제안에 관한 사항, ③ 민간투자시설사업 기본계획의 수립 및 변경에 관한 사항, ④ 사업시행자의 지정과 사업실시계획의 승인·변경에 관한 사항, ⑤ 법령 위반 등에 대한 처분과 공익을 위한 처분에 관한 사항, ⑥ 대상사업의 지정 취소에 관한 사항, ⑦ 기타 민간투자사업의 원활한 추진을 위하여 위원장이 부의하는 사항 등을 심의한다(경기도의회, 2005).

4 분석 결과 및 함의

정부와 기업 간 파트너십(PPP)의 성공을 위한 1차적 조건들에 견주어 경기도의 민간투자사업을 정리해 보면, ① 정부와 참여기업 모두에게 사업의 필요성과 논거는 명료하게 파악되고 있으며, 이에 따라 양 부문 간에 상호의존성과 목적의 수렴이 존재한다. 그러나 체계적인 분석을 통해 사업을 정당화하고 뒷받침하기 위한 노력은 부족하다. ② 정부와 기업 간의 상호신뢰 구축이 충분히 이루어지지 못하고 있다. ③ 민간투자사업을 지지하는 정치적 상층부의 의지 표명이 두드러지지 않는다. 그러나 사업의 진행에 필요한 재정적·규제적 차원에서의 지원은 적절하게 이루어지고 있다. ④ 사업을 관장하는 도청 내 부서가 존재하고 있으나 그 부서는 원 스톱 서비스를 제공하지 못하며, 또 다른 부서와의 협력 하에 사업을 관리하는 분절적인 형태를 취하고 있다. 또한 업무 담당 공무원이 자주 교체됨으로 인해 선문싱 및 기업 측 파트너와의 신뢰를 쌓기 어려운 상황이다. ⑤ 사업에 필요한 최소한의 법적·규제적 장치는 강구하고 있다. ⑥ 다소 어려움이 있기는 했으나, 현재 사업에 소요되는 재원은 적절히 조달되고 있다.

경기도청이 주무관청이 되어 진행하고 있는 두 사업 — 일산대교, 제3경인고속도로 — 의 검토를 통해서 드러난 경기도의 강점들은 다음과 같다.

첫째, 경기도청과 양대 사업 참여기업 간에 상호의존성이 존재하며, 양자 간에 궁극적인 목적의 수렴이 존재한다. 이는 민간투자사업 성립을 위한 핵심적 조건 중의 하나가 충족되어 있다는 것을 의미한다.

둘째, 사업의 추진을 가능하게 하는 재원이 적절하게 조달되고 있다. 이 조건 역시 민간투자사업의 성립을 위한 핵심적 조건의 하나다. 따라서 경기도는 민간투자사업 성립을 위한 주요 기본조건들을 충족하고 있고, 이는 큰 맥락에서 볼 때 사업의 성공가능성을 예측하게 한다. 또한 만족스럽지는 않으나, 경기도는 법적·규제적 장치와 민간기업에 대한 지원면에서 어느 정도 강점을 지니고 있는 것으로 나타났으며, 이 또한 민간투자사업의 원활한 수행에 도움을 줄 것으로 기대된다.

위의 강점들에도 불구하고, 경기도가 민간투자사업을 성공적으로 추진해 가기 위해서 더욱 관심을 기울여야 할 조건들은 정부와 기업 간의 신뢰 구축, 체계적 접근법의 적용, 정치적 상층부의 지지 유도, 통합적 업무 담당기관의 필요성 검토, 공무원의 전문성 제고 등이라고 하겠다.[25] 이러한 조건들과 관련된 문제점들을 정리하면 다음과 같다.

첫째, 분석적인 접근법의 채택이 미흡하다. 이는 사업에 소요될 비용에 대해 정밀한 검토를 하지 못함으로써 사전에 예상하지 못했던 추가적인 비용을 부담하게 되는 경우 등을 통해 단적으로 나타난 바 있다.

둘째, 정부 부문과 기업 부문 행위자들 간의 상호신뢰 구축이 충분하지 못하다. 상호의존성이 존재하고 목적이 수렴하고 있다고 해서 반드시 양 부문 행위자들 간에 상호신뢰가 형성되는 것은 아니며, 경기도의 경우에도 그와 같은 현상이 나타나고 있다고 하겠다.

셋째, 민간투자사업 관련 업무가 단일기관에 의해서 통합적으로 취급되지 않고 있으며, 업무 담당자의 잦은 교체로 인해 전문성의 축적에 어려움이 있다. 이 문제는 상호신뢰 구축 상의 어려움과도 연결되어 있는 쟁점이다.

넷째, 정치적 상층부로부터의 지지가 충분하지 않다. 이 문제는 자칫 민간투자사업 참여기업에 대한 정부 지원의 결여, 나아가 민간투자사업 자체에 대한 정부 관심의 철회로까지 발전할 가능성을 지니고 있다는 점에서 주목을 요한다.

25) 경기도를 넘어서는 좀 더 보편적인 맥락에서의 정책제언은 주재현(2006b)을 참조.

제 7 장 정책평가

제7장에서는 정책평가가 지니고 있는 의미를 개념과 필요성, 가치의 측면에서 살펴본 후, 정책평가 활동이 함축하고 있는 합리성과 정치성의 의미를 검토한다. 정책평가의 합리성을 검토하는 과정에서, 특히 합리적 행위로서의 정책평가를 위한 대표적인 방법이라 할 수 있는 실험법과 그 유사 형태들에 대해 논의하며, 미국의 정책사례를 통해서 인간에 의해 사회적 맥락에서 수행되는 정책평가가 필연적으로 지니게 되는 정치성에 대해 살펴본다.[1)]

제 1 절 정책평가의 의의

정책평가에 대해 앤더슨(Anderson, 1979: 153)은 "실제의 생활 조건에 대한 정책의 영향을 측정하고자 시도하는 것"이라고 정의내렸으며, 홀리(Wholey, 1970: 25)는 "국가 사업계획의 전반적인 효과, 즉 목표 달성

1) 이 장은 주재현(2004c)을 수정 · 인용함.

정도를 평가하는 것"이라고 정의했다. 또한 다이(Dye, 1981: 30)는 정책평가를 "공공정책의 결과에 대한 학습"이라고 개념 정의했다. 이렇게 볼 때, 정책평가란 특정 정책과 프로그램이 그것의 목표를 달성했는지를 검토하는 것이며, 정책평가 연구는 특정 정책과 프로그램이 성취하고자 하는 목표에 비춰서 어떤 효과를 냈는지에 대한 객관적 · 체계적 · 경험적인 조사를 말한다.[2] 좀 더 포괄적으로 보면, 정책에 대한 평가는 다음의 질문들에 대한 답을 얻으려는 의도에서 수행된다고 할 수 있다: '특정 정책과 프로그램이 사회에 긍정적인 효과를 내고 있는가?', '정책과 프로그램의 수행에 소요되는 비용과 그 정책 · 프로그램이 사회에 미치는 긍정적 효과 간의 관계는 어떠한가?', '특정 정책과 프로그램에 소요되는 인적 · 물적 재원을 다른 정책 · 프로그램에 사용하는 것이 사회에 더 큰 편익을 가져올 수 있는가?'

정책평가는 다음과 같은 이유들로 인해 그 필요성이 인정된다(안해균, 1997: 462-464).

첫째, 오늘날 많은 경우에 정부의 정책은 의도했던 효과를 거두지 못하는 정책실패로 귀결되고 있으며, 정책평가는 정책의 효과성을 확인한 후 정책실패의 원인을 찾아내고 이에 대한 처방을 내리려는 의도를 지니고 있다.

둘째, 정부의 활동에 대한 책임을 물을 때 정책평가가 중요한 수단이 될 수 있다. 정부의 정책활동에 소요되는 경비는 납세자인 국민들로부터 나온 것인데, 이러한 재원을 사용하는 공무원들에 대한 책임을 물을 수 있는 수단이 구비되어 있어야 신중한 예산집행이 이루어질 가능성이 증대되며 이 점에서 정책평가의 의의를 찾을 수 있다.

셋째, 앞의 내용과 연결된 사항으로서, 최근 들어 전 세계적으로 강조되고 있는 정부개혁은 정부활동의 경제성과 효율성에 대해 강조하고 있으며, 정부정책에 대한 평가는 정부로 하여금 이러한 경제성과 효율성을

2) 후술하는 바와 같이, 정책평가는 정책과정의 모든 단계에서 행해질 수 있다. 그러나 정책의 효과를 검토하는 것이 정책평가의 가장 일반적인 형태라고 할 수 있다.

높이려는 노력을 강화하게 할 수 있다.

넷째, 정부 입장에서 볼 때, 정책평가는 정부가 특정 정책에 대한 지지를 확보하는 데 도움이 될 수 있다. 정부가 특정 정책을 지속하기 위해 일반 유권자 또는 의원들로부터 지지를 획득하고자 하는 경우, 정부가 자신의 입장에 대한 설득력을 높이기 위해서는 단순한 수사가 아니라 좀 더 구체적인 증거가 필요하게 된다. 이때 특정 정책에 대한 긍정적인 정책평가의 결과는 중요한 증거 자료로 사용될 수 있는 것이다.

정책평가에 적용될 수 있는 가치 또는 기준들로는 다음의 몇 가지를 들 수 있다. 첫째, 효과성(effectiveness)이다. 효과성은 목표의 달성 정도를 말한다. 효과성을 측정 기준으로 삼을 경우, 정책평가는 정책이 정책목표를 얼마나 달성했는지, 의도했던 결과를 어느 정도 가져왔는지 등을 검토한다. 그런데 효과성과 관련하여 정책산출(policy outputs)과 정책효과(policy outcomes or impacts)의 개념이 구분된다는 점을 기억해야 한다. 정책산출은 정부가 수행하는 정책의 내용을 말하며, 정책효과는 정부활동이 야기한 실제 결과를 의미한다.[3] 한편, 정책효과와 관련하여 주목해야 할 현상으로서 '예상하지 못했던 효과(unanticipated consequences)'가 있다. 이는 정책설계 단계에서 정책입안자들에 의해 고려되지 못했던 효과가 정책집행 후 나타나게 되는 경우를 말한다.[4] 이러한 현상이 발생하는 이유는 완벽하게 합리적인 정책결정이 불가능하기 때문이다. 예상하지 못했던 정책효과는 긍정적인 결과로 귀결될 수도 있지만 많은 경우에 부정적인 정책 부작용(side effects)으로 나타나게 된다.[5] 그리고 이러한 부정적인 정책효과들은 정책변동을 야기하는 원인의 하나로 작용하게

---

3) 예를 들어, 1977년에 처음 시행된 우리나라 의료보험제도의 정책 내용이 담고 있는 주요 수혜집단은 노동계급인 생산 현장의 임금노동자였지만, 정책집행 후 실제로 혜택을 받은 주된 집단은 중간계급의 사무직 근로자들이었다. 이 경우, 우리나라 초기 의료보험정책의 정책산출과 실제 정책효과는 명백히 구분된다고 할 수 있다.

4) 위의 초기 의료보험제도에서 중간계급들이 주된 정책 수혜자가 된 것도 '예상하지 못했던 정책효과'로 해석될 수 있다.

5) '예상하지 못했던 효과'의 가장 극단적인 형태는 '정반대의 효과(reverse consequences)'로서 목표했던 것과 정반대의 결과를 야기하는, 즉 해결하고자 하는 문제를 더욱 악화시키는 경우다.

된다.

정책평가의 두 번째 가치 또는 기준은 능률성(efficiency)이다. 이는 투입에 대한 산출의 비율로서, 주어진 일정한 투입으로 더 많은 산출을 도모하거나 또는 일정한 산출을 도모하기 위해 적은 투입을 들이는 것을 의미한다. 정책평가를 경제성(economy) 추구의 수단으로 삼는 일부 정부개혁의 흐름 속에서는 효과성보다 오히려 능률성이 더 중요한 기준으로 사용될 수 있다. 정책평가의 또 다른 가치/기준은 형평성(equity)이다. 이는 분배의 공정성을 의미하는 가치로서, 정부정책을 통해 사회 내 부(富)와 권력의 재분배를 이루려는 정치적 입장을 견지하는 세력들이 정책평가를 이해하는 기준이라고 볼 수 있다. 형평성도 정책평가의 가치/기준으로 사용될 수 있기는 하지만 효과성이나 능률성에 비해서는 적용 가능성이 낮다고 하겠다.

제 2 절 합리적 행위로서의 정책평가

합리적 정책과정의 일환으로서의 정책평가는 정책과 프로그램의 목적·목표를 명확하게 하고, 이 목적·목표를 어느 정도나 달성했는지를 측정하는 방법을 강구하고, 정책수행에 들어가는 비용과 이 비용에 대한 편익을 객관적으로 측정해야 한다. 또한 정책과 프로그램이 직접적·간접적 대상으로 하는 대상 집단을 확인해야 한다. 특히, 대상 집단과 이들에 대한 효과와 관련하여 볼 때, 정책·프로그램이 대상 집단(예를 들어, 저소득 계층, 병자, 불량주택 거주자 등)에 대해 어떤 효과(예를 들어, 물리적·경제적 조건의 개선, 행태의 개선, 지식 수준과 관심의 변화 등)를 의도할 것인지를 명확히 해야 한다. 만약 하나의 정책이 여러 효과를 야기할 수 있는 것으로 판단될 경우, 어떤 효과에 우선적인 관심을 두어야 할지를 결정해야 한다. 이와 병행하여, 특정 정책이 야기할 수 있는 '의도하지 않은 효과'(특히 부작용)에 대해서도 검토해야 한다. 또한 정책평가자들은 특정 정책이 장기적인 효과를 기대하는 것인지 또는 단기적·직접적인 효과를 내고자 하는 것인지에 대해서도 고려해야 한다.

합리적 행위로서의 정책평가는 정책과정의 각 단계에서 여러 형태로 수행될 수 있다. 먼저, 정책설계 단계에서 나타나는 평가는 정부개입의 필요성 여부 대한 파악, 정책대상 인구의 규모와 분포에 대한 조사, 정책의 비용 대비 편익의 정도에 대한 분석, 정책목표와 정책내용의 조응 여부에 대한 검토, 성공적인 정책집행 가능성에 대한 검토 등의 형태를 띤다. 예를 들어, 노숙자 문제에 대한 정책대안을 마련하는 경우, 노숙자 문제의 심각성은 어느 정도인지, 노숙자의 수와 분포는 어떠한지, 정책대안별로 예상되는 소요 비용과 각 대안의 수행이 노숙자 문제의 해소에 기여하는 정도에 대한 분석, 특정 정책대안(예를 들어, 노숙자 '쉼터'의 설치)이 노숙자 문제를 해소할 수 있을지에 대한 판단, 노숙자 '쉼터'의 설치에 들어갈 비용의 조달가능성과 노숙자들을 '쉼터'에 실제로 수용할 수 있을지에 대한 검토 등이 정책설계 단계에서 행해질 수 있는 평가활동이다.

다음으로, 정책집행 단계에서 행해시는 평기활동은 특정 정책이 의도했던 대상에 실제로 전달되고 있는지, 그 정책이 당초의 프로그램 설계대로 집행되고 있는지, 정책을 수행할 때 적절한 자원이 소비되고 있는지 등을 모니터링하는 형태로 나타난다. 위의 노숙자 '쉼터' 설치 방안의 경우, 노숙자 '쉼터'에 실제로 노숙자들이 수용되고 있는지(노숙자들 이외의 다른 사람들이 수용되고 있지는 않은지), 노숙자 '쉼터'를 관리하고 있는 이들이 사업계획대로 노숙자 수용 업무를 수행하고 있는지, 정책설계 단계에서 계획했던 정도의 비용이 소요되고 있는지(아니면 과도한 비용이 들어가고 있지는 않은지) 등을 분석하는 것이 집행 단계에서 행해질 수 있는 평가활동이다.

마지막으로, 정책집행 후 행해지는 평가활동은 해당 정책이 의도했던 목표를 달성하는 데 어느 정도 효과적이었는지, 의도하지 않았던 효과가 발생하지는 않았는지 등을 조사하는 형태를 띤다. 노숙자 '쉼터'의 경우, 노숙자 '쉼터'의 설치가 노숙자 문제의 해소에 어느 정도 효과적이었는지(예를 들어, 노숙자 '쉼터'에 실제로 얼마나 많은 노숙자들이 수용되었는지, '쉼터'의 설치 후 노숙자들로 인한 사회적 문제들이 얼마나 줄어들었는지, 시설에 수용되었던 노숙자들이 얼마나 자활 능력을 갖게 되었는지 등), 노숙자 '쉼터'의 설치에 따른 부작용은 없는지(예를 들어, 지역사회 주민들의 노숙자 '쉼터' 설치 반대 운동에 따른 사회적 비용의 발생) 등을 조사·분석하는 것이 평가활동의 예가 될 수 있다. 앞서 언급한 대로 정책의 효과를 검토하는 것이 정책평가의 가장 일반적인 형태이지만, 합리적인 평가활동은 정책과정의 형성 및 집행 단계에서도 수행될 수 있다는 점이 기억되어야 한다.

제 3 절 정책평가의 방법들

합리적인 정책평가를 위한 구체적인 방법에는 공청회(public hearings), 현장방문(site visits), 정책산출 측정자료의 개발(program or output measures), 전문가적 기준과의 비교(comparison with professional standards), 실험 및 '준'실험(experiments, quasi-experiments) 등이 있다(DiNitto & Dye, 1983: 243-246).

1 공청회

공청회는 현실적으로 행해지는 가장 일반적인 형태의 정책평가다. 의회의 각종 위원회들은 행정부 각 부처의 책임자를 대상으로 해당 부처가 수행하고 있는 정책·프로그램의 성과에 대해 보고할 것을 요구한다. 이는 특히 예산심의 시기에 집중적으로 행해진다. 또한 각 부처는 정보 제공 활동 차원에서 관련 의원과 공중에게 사업보고서를 제공하기도 한다. 그러나 이러한 구두 및 문서 형태의 보고는 사업의 성과는 극대화하는 반면 비용이나 부정적 측면은 극소화하는 경향이 있기 때문에 객관적인 정책 · 프로그램 평가라고 하기 어렵다.

2 현장방문

이는 의원, 고위관료 또는 민간전문가 등으로 구성된 조사팀이 특정 정책 · 프로그램의 집행 현장을 방문하여 조사를 수행하는 것을 말한다. 이 조사팀은 현장에서 업무담당자나 고객과 인터뷰를 하거나, 또는 해당 기관의 업무 수행 상황을 직접 관찰하기도 한다. 이러한 활동을 통해 조사팀은 현장의 업무담당자들이 적절한 업무 수행 능력을 지니고 있는지, 고객들이 서비스에 만족하고 있는지 등에 관한 정보를 수집하게 된다. 그러나 이 방법도 과학성의 정도가 높은 평가방법이라고 보기는 어렵다고 하겠다.

3 정책산출 측정자료의 개발

각 기관들은 자체적으로 정책 · 프로그램의 산출 정도를 측정할 수 있는 자료를 개발한다. 예를 들어, 보건복지 주무 기관에서는 여러 복지 프로그램의 수혜자 수, 직업훈련 프로그램에의 참여자 수, 사용 가능한 병상 수, 병원의 수진자 수 등의 자료를 작성한다. 그러나 이러한 자료들을 통해서는 해당 프로그램이 사회에 미치고 있는 구체적 효과를 알기가 쉽지 않다. 즉, 복지 프로그램의 수혜자 수만으로는 저소득 가정의 실제 생활 조건에 대해서 구체적으로 알기 어렵다. 또한 직업훈련 프로그램에 참여하고 있는 훈련생의 수는 이들이 어느 정도로 노동시장에서 취업에 성공할 가능성이 높은지를 알려 주지 못한다. 마찬가지로, 병상 수와 수진자 수만으로는 국민의 실제 건강 상태가 어떤지 충분히 알기 힘들다. 따라서 정책산출 측정자료들은 정책효과에 대한 정보 면에서는 제한된 유용성만을 지니고 있다고 하겠다.

4 전문가적 기준과의 비교

일부 정책영역에서는 전문가 협회가 편익과 서비스에 대한 자신들의 기준(standards)을 개발해 놓고 있다. 한 명의 사회복지사가 동시에 효과적으로 관리할 수 있는 최대 수혜자의 수, 인구 10만 명당 요구되는 최소 병상의 수 등이 그러한 기준의 예가 될 수 있다. 이러한 기준이 존재하는 경우, 정부의 산출 정도를 이 기준에 대비하여 평가할 수 있으며, 이러한 비교는 분명 유용한 정보를 제공해 줄 수 있다. 그러나 이 방법은 여전히 정부정책의 효과(outcomes, impacts)라기보다는 정책산출(outputs)에 초점을 맞추고 있는 한계를 지닌다.

5 실험 및 '준'실험

정책과 프로그램을 평가하기 위한 '전통적'인 연구설계는 비교 가능한 두 집단 — 실험집단과 통제집단 — 을 이용하여 실험을 하는 것이다. 이때 두 집단은 실험집단에게만 정책·프로그램이 집행된다는 점을 제외한 모든 면에서 동질적이어야 한다. 여기서 '동질적'의 의미는 두 집단의 전체 구성원들이 평균적인 의미에서 같다는 것이다. 즉, 두 집단을 구성하는 개개인이 모두 완전히 같을 수는 없지만 전체적으로 보아 평균적인 측면에서 같다는 것이다. 두 집단을 동질적으로 구성하기 위해서는 연구대상이 되는 개인들을 두 집단에 무작위로 배정(random assignment)해야 한다. 무작위로 배정한다는 것은 어떤 한 개인이 실험집단이나 통제집단에 배정될 기회가 동일하도록 하는 조건 하에 이들 두 집단 가운데 어느 하나에 배정한다는 것을 의미한다(박정호, 2001: 342-343).[6]

---

6) 실험대상이 되는 개인들이 무작위로 통제집단과 실험집단에 배정되어야만 두 집단 간에 혹은 실험 이전에 나타날 수 있는 차이를 배제할 수 있기 때문에 실험대상의 무작위적 배치는 다음에서 살펴볼 '진'실험설계를 가능하게 하는 데 매우 중요한 조건이 된다.

특정 정책을 실험집단에게만 적용하고 일정한 시간이 흐른 후 실험집단과 통제집단을 비교하여 두 집단 간에 차이가 있는지를 주의깊게 측정하고, 만약 두 집단 간에 차이가 있다면 이 차이가 그 정책으로 인한 것인지를 확인하려는 것이 이 연구설계의 의도이다. 여기서 정책은 독립변수가 되고 실험집단에서 발생한 변화는 종속변수가 되며, 정책이 대상에 미친 효과를 파악할 수 있게 된다. 물론 이때 측정된 차이가 그 정책으로 인한 것인지 아니면 다른 변수의 작용에 의한 것인지를 확실히 해야 한다. 따라서 완벽한 실험이 되기 위해서는 다른 변수들을 '통제'하고 오직 독립변수의 영향만을 관찰할 수 있는 실험실에서 연구가 수행되는 것이 바람직하다. 사회 현상에서는 이러한 실험실적 상황을 조성하는 것이 사실상 불가능하기 때문에 '진'실험설계(true experimental designs)의 조건을 완화한 '준'실험설계(quasi-experimental designs)로 대체하는 경우가 많다. 그러나 이러한 한계에도 불구하고 위의 방법들에 비해 실험설계를 통해 정책의 효과를 측정할 수 있는 가능성이 상대적으로 높기 때문에 사회과학자들은 이 방법을 적용하고자 노력한다. 다음에서는 다양한 '진'실험 및 '준'실험설계 방법에 대해 설명한다(Singleton, et al., 1993).

'진'실험설계의 대표적 형태는 '등가[7]집단 사전-사후조사비교 실험설계(pretest-posttest control group design)'이다([그림 7-1 참조]). 여기서 X는 독립변수의 작용 즉 정책의 실행을 의미하고, O는 종속변수의 관찰 또는 측정, 즉 정책의 효과를 의미한다. 또한 R은 실험의 대상이 되는 개인들이 무작위로(randomly) 통제집단 및 실험집단에 배정되었음을 표시한다.

그림 7-1 등가집단 사전-사후조사비교 실험설계

	O1	X	O2
R			
	O3		O4

7) 등가(equivalent)란 동질적임을 의미한다.

이 설계는 정책을 실행하기 전과 후에 실험집단의 상태를 측정하며 이때 통제집단의 상태도 같이 측정된다(통제집단에게는 정책을 적용하지 않음은 물론이다). O2와 O4에서 발견되는 차이(즉, 정책의 효과)는 독립변수인 X(즉, 정책)에 의해 발생되는 것으로 추론할 수 있다.

'진'실험설계의 두 번째 형태는 '등가집단 사후조사비교 실험설계(posttest-only control group design)'이다([그림 7-2] 참조). 이 방법은 '진' 실험설계의 기본요소들—실험대상의 무작위적 배정, 실험집단에 대한 독립변수의 적용, 독립변수 적용 후 양 집단 관찰·측정—을 모두 포함하고 있으나, 사전조사를 하지 않는 점이 '등가집단 사전-사후조사비교 실험설계'와 다르다.

그림 7-2 등가집단 사후조사비교 실험설계

	X	O1
R		
		O2

그림 7-3 솔로몬의 네 집단비교 실험설계

	O1	X	O2
	O3		O4
R			
		X	O5
			O6

사전조사를 하지 않음으로써 얻을 수 있는 장점은 비용을 절감할 수 있다는 점과 사전조사의 실행이 독립변수 적용에 미칠 수 있는 효과[8]를

8) 사전조사를 받은 조사대상은 그렇지 않은 이들보다 독립변수(정책)의 적용에 의식적으로 반응할 가능성이 높다. 이는 실험대상이 자의식을 지닌 인간이기 때문에 발생할 수 있는 현상이라 하겠다.

배제할 수 있다는 점이다. 따라서 실제로는 위의 '등가집단 사전-사후조사비교 실험설계'보다 '등가집단 사후조사비교 실험설계' 방법이 선호된다고 말할 수 있다.

'진'실험설계에서 마지막으로 고려해볼 수 있는 형태는 이른바 '솔로몬의 네 집단비교 실험설계(Solomon four-group design)'로서 이는 위의 두 '진'실험설계를 혼합해 놓은 형태이다([그림 7-3] 참조). 이 실험설계의 장점은 다양한 비교가 가능하다는 것이다. 우선, O2와 O5를 O4 및 O6와 비교함으로써 독립변수의 효과를 살펴볼 수 있다. 다음으로, O4와 O6를 비교함으로써 사전조사의 효과를 조사할 수 있다. 또한 O2와 O5를 비교함으로써 사전조사와 독립변수의 상호작용이 있는지를 검토할 수 있다. 마지막으로, O1과 O3의 비교를 통해 실험대상의 무작위적인 배치가 적절한 효과를 보고 있는지를 검토할 수 있다. 이 실험설계는 위의 두 방법보다 훨씬 다양한 정보를 제공해 주지만 실험에 들어가는 비용이 크게 증가한다는 단점을 지닌다.

그림 7-4 이(異)표본 사전-사후조사비교 실험설계

	O1	X	
R			
		X	O2

'진'실험설계는 법적·윤리적·실제적 문제점들로 인해 현실 세계에서 적용하기 힘든 경우가 대부분이다. 실험대상을 실험집단과 통제집단에 무작위로 배치하는 것이 불가능한 경우라든가, 통제집단을 구성하는 것 자체가 어려운 경우가 종종 발생한다. 정책의 평가를 위해 인간들을 두 집단으로 구분하는 것이 법적 형평성에 대한 심각한 위반이 될 수 있기 때문이다. 양 집단의 구성과 이 집단들에의 무작위적인 배치가 가능한 경우에도 '진'실험설계가 상정하고 있는 수준의 변수 통제를 수행할 수 있는 가능성은 몹시 희박하다. 이는 두 집단 간에 나타나는 차이가 정책·

프로그램에 의한 것인지의 판단을 어렵게 한다. '준'실험설계는 사회과학 분야와 정책평가에서의 이러한 한계를 인정하되 이 한계 내에서라도 실험을 시도해 보려는 노력으로 이해될 수 있다. 그러나, '준'실험설계에 의한 연구 및 평가 결과는 해석자들 간의 의견불일치와 그에 따른 토론의 여지를 크게 남겨 놓고 있다.

'준'실험설계의 한 형태는 '이(異)표본 사전-사후조사비교 실험설계(separate-sample pretest-posttest design)'이다([그림 7-4] 참조). 이 설계는 실험대상을 무작위로 추출하는 것은 가능하되, 동일한 표본을 대상으로 통제집단과 실험집단을 구성하지 못한 채 서로 다른 표본에 대해서 사전조사와 독립변수(정책)를 적용한 후에 사후조사를 실시하고 이 조사 내용을 비교하는 것이다. 이 실험설계는 한 도시의 모든 주민, 한 회사의 모든 피고용인, 한 학교의 모든 학생 등 관심의 대상이 되는 모집단 전체를 대상으로 동일한 독립변수의 적용(즉, 정책·프로그램의 실행)이 이루어지게 되는 상황에서 유용하다. 그러나 이 실험설계에서 행해지는 비교는 '진'실험설계에서 추구하는 통제/실험집단 간 비교라는 엄밀성에는 미치지 못한다.

그림 7-5 비등가집단 사전-사후조사비교 실험설계

O1	X	O2
O3		O4

'준'실험설계의 또 다른 형태는 '진'실험설계의 하나인 '등가집단 사전-사후조사비교 실험설계'와 유사한 형식을 취하고 있지만, 실험대상을 통제집단과 실험집단에 무작위로 배치하지 못하는 '비등가집단 사전-사후조사비교 실험설계(nonequivalent control group designs)'이다([그림 7-5] 참조). 이 실험설계는 초·중·고등학교의 학급과 같이 이미 구분되어 있는 집단들을 대상으로 종종 수행된다. 이 실험설계는 실험대상의 무작위적 배치에 많은 시간과 비용이 들어가는 경우 '진'실험설계에 대한

그림 7-6 단일집단 사전-사후조사비교 실험설계

O1	X	O2

대안으로 그 유용성이 인정되나 실험/통제집단의 동질성을 확인하지 못하고 실험을 전개하는 한계를 지닌다.

위의 두 실험설계보다 더욱 단순한 형태로서, 하나의 집단을 대상으로 행해지는 '단일집단 사전-사후조사비교 실험설계(one-group pretest-posttest design)'가 있다([그림 7-6] 참조). 독립변수의 적용 이전과 이후의 상태를 조사·측정하고, 이를 비교한다는 점에서 정책효과를 확인하기 위한 최소한의 조치를 취하고 있으나, 실험/통제집단의 구분과 이 집단들에 대한 실험대상의 무작위적 배치를 하지 않고 있어 '진'실험설계에 비해 상당한 한계를 지닌다. 그러나 이 실험설계는 현실 세계의 정책을 평가할 때 가장 광범위하게 사용되고 있는 조사방법 중의 하나이다.

실험설계에 의한 정책효과의 평가가 가장 대표적인 정책평가 방법임에도 불구하고, '진'실험설계 방식을 적용하여 정책효과의 평가를 수행한 연구는 사실상 찾아보기 힘들다. 심지어 '준'실험설계 방식을 사용한 정책평가연구도 그리 활발하지 않다. 다음에서는 실험설계 형태 중 '단일집단 사전-사후조사비교 실험설계' 방식을 원용한 정책평가연구로서 우리나라 영구임대주택 정책의 효과성을 평가한 사례를 간략히 살펴보도록 한다.[9)]

개인 소비재인 주택은 시장 기제에 의해 그 수요와 공급이 이루어지는 것을 원칙으로 한다. 그러나 정부가 이 주택시장에 개입하여 시장 내에서 적절한 주택을 마련하지 못하는 일부 저소득 주민을 대상으로 주택을 공급하기도 하는데, 이처럼 공공 부문의 개입에 의해 공급된 주택을 공공주택(public housing)이라고 한다. 이 공공주택은 사회적 형평성을

9) 이하는 김정호(2001)를 참조. 김정호(2001)의 접근방식과 이를 보완하는 추가적인 분석방법을 적용한 정책평가 사례는 제8장 제2절을 참조.

달성하기 위해 사회보장적 차원에서 제공되는 주택으로서 우리나라의 영구임대주택도 공공주택의 하나로 이해할 수 있다. 우리나라 정부는 1989년부터 1992년까지 25만 호의 영구임대주택을 도시영세민에게 공급하는 정책을 실시했다.

영구임대주택 정책은 '최저소득 계층의 주거생활 안정과 주거 수준의 향상 및 경제 수준 향상'을 그 정책목표로 한다. 과연 영구임대주택 정책은 이러한 목표를 달성하고 있는가? 영구임대주택 정책은 어떠한 정책효과를 발생시키고 있는가? 이러한 질문들에 대한 답을 구하기 위해서 우선 정책목표에서 제시된 '주거 수준'과 '경제 수준'을 세부 평가지표로 구체화할 필요가 있다. '주거 수준'은 인간다운 생활을 위한 최저생활 기준에 미달되는지의 여부를 결정하는 기준으로서 거주밀도, 주거 만족, 주택 수준, 근린의식, 직주(職住) 관계, 생활환경 등을 척도로 설정할 수 있으며, '경제 수준'은 입주자의 경제적 상태를 파악하기 위한 기준으로서 가구 총소득, 생활비, 빚, 주거비에 대한 부담, 소득 향상 시설에 대한 선호 등을 척도로 설정할 수 있다.

표 7-1 영구임대주택 정책평가 기준, 척도 및 지표

평가 기준	척 도	지 표
주거 수준	거주밀도	사용방 수, 총 사용 면적, 가구원당 거주 면적
	주거 만족	현 주택에서 꼭 필요한 개선 사항, 현 주택에서 방이 하나 더 있을 경우 사용 용도
	주택 수준	주택 형태, 주택 재료
	근린의식	주민조직이나 모임의 참여 형태 및 정도
	직주 관계	직장 통근 시 교통 수단, 직장 통근 시간
	생활환경	필요한 생활편익 시설
경제 수준	가구 총소득	월평균 가구 총소득
	생활비	난방비, 공과금, 수도료, 전기료, 연료비, 식비
	빚	빚의 유무와 정도 및 이유
	주거비	주거비에 대한 부담 정도
	소득 향상 시설	소득 향상 시설에 대한 선호와 희망 업종

자료: 김정호(2001: 289).

이 척도들을 좀 더 세부적인 지표로 구성한 것이 〈표 7-1〉이다. 이 지표들은 연구대상 집단에 대한 사전-사후조사 결과를 비교하는 준거로 사용된다.

연구의 범위는 대구시로 한정했으며, 대구시의 전체 생활보호 대상가구를 모집단으로 하여 그중 영구임대주택의 공급 대상가구로 분류되었던 607가구(전체의 1.8%에 해당)를 영구임대주택 정책이 실시되기 이전의 상태를 조사하는 표본으로 선정했다. 정책시행 이전의 상태에 관한 자료는 대한주택공사에서 1989년 4월 중에 조사한 자료를 활용했다. 정책실시 이후의 상태에 대해서는 위의 대상 가구 중 2001년 7월에 영구임대주택에 실제로 입주한 328가구를 대상으로 정책 실시 이전과 동일한 척도를 사용하여 측정했다.

측정 결과, 영구임대주택은 도시영세민의 주거 안정과 주거 수준을 향상시키는 데 상당한 효과가 있는 것으로 나타났으나, 경제 수준을 향상시키는 데는 그리 큰 효과를 내지 못한 것으로 나타났다. 예를 들어, 주거만족의 한 지표인 '현 주택에서 꼭 필요한 개선 사항'을 실펴보면, 정책집행 전에 비해 정책집행 후에 '작은 방이 더 컸으면', '안방이 더 컸으면',

표 7-2 현 주택에서 꼭 필요한 개선 사항

구 분	집행 전	집행 후
작은 방이 더 컸으면	177(37.2%)	104(31.7%)
안방이 더 컸으면	151(31.7%)	99(30.2%)
방이 하나 더 있었으면	119(25.0%)	73(22.3%)
부엌이 더 컸으면	1(0.2%)	27(8.2%)
다락, 창고가 있었으면	5(1.1%)	7(2.1%)
마루가 있었으면	2(0.4%)	6(1.8%)
화장실이 있었으면	10(2.1%)	3(0.9%)
식탁 놓을 장소가 있었으면	3(0.6%)	3(0.9%)
세수, 샤워 장소가 있었으면	2(0.4%)	2(0.6%)
빨래를 할 장소가 있었으면	6(1.3%)	0(0.0%)
계	476(100.0%)	324(100.0%)

자료: 김정호(2001: 290).

그리고 '방이 하나 더 있었으면' 등의 주요 항목에서 개선이 나타나고 있다(〈표 7-2〉 참조).

반면, 영구임대주택에 입주한 후 주거비 부담의 증가, 직주 분리에 따른 교통비 상승 및 기타 생활비의 증가 등으로 인해 경제 수준은 여전히 개선을 보이지 못하고 있는 것으로 조사되었다. 이러한 연구의 결과는 영구임대주택의 긍정적 효과를 극대화하고 부정적 효과를 최소화하는 방향으로의 정책변동이 있어야 함을 보여 준다. 특히, 임대료・관리비 등의 개선과 함께 소득 향상 시설을 적극적으로 유치・조성하는 세부 프로그램이 있어야 한다는 등의 추가적인 정책제언을 할 수 있다.

이러한 정책적 함의에도 불구하고, 이 연구는 통제집단을 구성하지 못했으며 영구임대주택 정책의 시행이라는 독립변수 이외의 여러 외적 변수들을 통제하지 못한 상태에서 수행되었기 때문에, 영구임대주택의 입주 가구가 나타낸 주거와 경제 수준에서의 현재 상태가 영구임대주택 정책만의 효과라고 보기 어려운 근본적인 한계를 지니고 있다. 따라서 우리는 이 연구에 대한 보완적인 연구와 나타난 연구 결과에 대한 경쟁적인 해석을 통해 정책효과의 실재에 접근하려는 노력을 계속해야만 한다.

제 4 절 정책평가의 정치성

지금까지는 정책평가의 과학적이고 합리적인 측면에 대해서 살펴보았다. 그러나 정책평가에는 정치적인 측면이 병존하고 있다. 다음에서는 먼저 과학적 정책평가의 제약 요인을 살펴본 후, 이어서 미국의 사례를 검토한다.[10)]

10) 이 절의 내용은 DiNitto & Dye(1983: 246-253)를 참조하여 작성함.

1 과학적 정책평가의 제약 요인

합리적인 평가활동은 다음과 같은 요인들로 인해 제약받고 있으며 정책평가의 정치성이 부각되고 있다. 첫째, 불명확하고 모호한 정책목표는 과학적인 정책평가를 어렵게 한다. 정책형성과 정책집행 부분에서 지적했던 바와 같이, 정책과 프로그램의 토대가 되는 법규는 종종 몹시 불분명하고 추상적인 내용으로 구성되어 있다(예를 들어, '저소득층 삶의 조건을 개선하고……', '사회의 건강 상태를 개선하는……', '삶의 질을 고양하고……' 등). 이와 같은 상황 하에서 정책평가자들은 평가하고자 하는 정책의 목표가 무엇인지를 스스로 정의해야 하며, 이는 경우에 따라 평가자의 판단에 의해 사회 내 일부 집단에게 불이익을 가져올 수도 있는 정치적 함의를 지닌 행위가 된다.

둘째, 정책은 상징적인 효과를 노리고 채택되는 경우가 많다. 이 경우 정책은 대상 집단의 조건에 사실상 별다른 개선 효과를 가져오지 못하며, 단지 그 대상 집단으로 하여금 정부가 자신들에 대해 많은 관심을 지니고 있다는 심리적 만족을 가지도록 의도되고 있다. 따라서 정부는 정책이 실질적인 효과를 가지고 있지 않다는 사실을 드러낼 평가활동에 호의적이지 않으며, 이는 합리적인 정책평가를 어렵게 한다.

셋째, 정부기관들은 정책평가 주체에 대한 관리를 통해 정책에 대한 부정적 평가를 회피하고자 한다. 일반적으로 정부기관과 공무원들은 진행 중인 정책과 프로그램에 조직적 · 재정적 · 심리적으로 상당한 투자를 하고 있다. 따라서 그들은 본능적으로 그 정책과 프로그램이 제대로 수행되고 있지 못하다거나 과다한 비용이 들어가고 있다거나 예상하지 못했던 부작용을 발생시키고 있다는 평가 결과가 나오는 것을 회피하고자 한다. 따라서 그들은 평가 결과를 통제할 수 있는 내부적 평가를 선호하며, 외부적으로 평가를 수행해야 하는 경우에는 자신들이 통제하기 용이한 기관에 평가를 위탁하려는 경향을 보인다. 만약 자신들의 통제 범위를 넘어서는 기관으로부터 정책과 프로그램에 대한 부정적 평가 결과가 발표되면 가능한 수단들을 동원해서 그 평가 결과의 의미를 희석시키고자 노력한다.

넷째, 정부기관과 공무원들은 평가활동보다는 정책 수행과 일상적인 관리 업무에 우선적인 관심을 두고 있다. 정책과 프로그램의 평가는 현재 수행 중인 업무에 추가적인 부담을 주게 되는데, 공무원들은 현재 수행 중인 업무에 우선적인 관심을 두고 있기 때문에 평가활동을 위한 체계적인 준비를 충분히 하지 못하는 경우가 많다. 또한 평가활동은 재원, 장비, 시간과 인력 면에서 추가적인 투입을 필요로 하지만 정부기관들은 현재 진행 중인 업무로 인해 충분한 투입을 할 수 없으며, 이로 인해 정책평가의 결과에 대한 신뢰도는 하락하게 된다.

다섯째, 정부기관들에 의해 평가 결과가 적절하게 활용되지 못하는 경우가 다수 발생한다. 자신이 수행 중인 정책과 프로그램이 의도했던 결과를 가져오지 못했다는 평가 결과가 나올 경우, 그 결과를 유쾌하게 받아들일 공무원들은 거의 없을 것이다. 그런데 만약 그 평가 결과가 특별한 대안(개선방안) 없이 제시되었을 경우, 그 결과는 공무원들에게 사실상 거의 활용되지 않는다. 나아가 정책실패를 명백히 보여 주는 평가 결과가 나온다 해도, 이에 대한 공무원들의 일반적인 반응은 현 정책방향을 유지한다는 전제 하에 부분적인 보완을 하여 다시 기존 정책을 끌고 나가는 것이다. 따라서 정책평가의 결과는 정책방향을 바꾸는 식의 급격한 변화를 가져오지 못하고 단지 부분적인 보완의 수단으로만 사용되는 한계를 지닌다. 다만, 정책평가 결과가 이미 바뀐 정책방향의 정당성을 높여 주는 수단으로 활용되는 경우는 있을 수 있다.[11)]

정책과 프로그램이 전혀 유용한 효과를 내지 못하고 있으며 비생산적이라는 평가를 받은 정부기관은 다음과 같은 주장·전략을 채택하여 정책/프로그램의 유지를 도모한다: ① 해당 정책/프로그램의 효과는 장기적인 안목으로 파악해야 하며, 단기적인 평가를 통해서는 그 효과가 적절히 나타나지 않는다. ② 해당 정책의 효과는 일반적이고 비계량적인 것인

11) 다음의 미국 정책사례에서 LAND 연구소의 평가 결과가 이의 예가 된다.

것이어서 계량적이고 조야(粗野)한 통계지표들에 의해서는 파악되지 않는다. ③ 실험설계에 의해 평가가 이루어진 경우, 실험설계가 지니고 있는 약점(예를 들어, 윤리적 문제, 실험대상인 인간의 자의식에 의한 실험의 왜곡, 독립변수 이외의 변수 통제의 난점 등)을 들어 평가 결과의 가치를 떨어뜨린다. ④ 실험설계가 적절하지 못했거나 평가자의 편견에 의해서 정책의 긍정적 효과가 부각되지 못했음을 주장한다. ⑤ 정책효과가 드러나지 않는 것을 정책의 집행이 아직 강력하지 않기 때문이라거나 정책집행에 충분한 자원이 투입되지 못해서라고 주장하고 오히려 추가적인 자원 투입의 필요성을 제기한다.

2 사례: 수입 수준 보장 정책효과에 대한 실험

미국의 연방정부가 실험설계를 통해서 정책효과를 조사하고자 했던 대표적인 사례의 하나로서 경제기회청(Office of Economic Opportunity: OEO)의 재정 지원에 의해 수행되었던 뉴저지 주 근로 동기 변화 실험(New Jersey Graduated Work Incentive Experiment)을 들 수 있다. 이 실험은 극빈층에 대한 현금급여(welfare payments)가 그들의 근로 동기에 미치는 효과를 조사하려는 의도로 설계되었다. 국가복지 체계가 인간 행태에 어떤 영향을 미치는지, 좀 더 구체적으로는 극빈층 가정에 일정 수입 수준을 보장(guaranteed annual income)하는 복지 프로그램이 그들에게 어떤 영향을 끼치는지를 알기 위해서 OEO는 뉴저지와 펜실베이니아의 1,350가정을 대상으로 하는 3개년 사회실험을 지원했다. 이 조사연구는 위스콘신 대학의 '빈곤연구소(Institute for Research on Poverty)'에 의해 수행되었다.

극빈층 가정에 일정 수준의 수입을 보장하기 위해 국가가 그들에게 현금을 지급하게 되면 수혜 대상자들의 근로 의욕이 감퇴될 것인가? 극빈가정의 남성 가장들에게 현금급여를 하면 그 가장들은 더 이상 노동을 하지 않을 것인가? 보장되는 수입의 수준이나 가구 내 근로수입 증가에 따른 현금급여의 감소 정도에 따라 수혜 대상자들의 노동 행태에 변화가 발생할 것인가? 위의 실험은 이러한 질문들에 대한 답을 구하고자 했다.

그런데 이 정책실험은 시작 단계에서부터 중요한 문제들에 봉착했다. 무엇보다도 우선 의미 있는 조사 결과를 낼 수 있는 규모의 가구를 대상으로 실질적인 수입 수준이 보장되는 현금급여를 제공하는 것은 비용이 너무 많이 들 것으로 예상되었다. 예를 들어, 1,000가구를 대상으로 1가구당 1년에 평균 1,000달러의 급여를 제공하고 각 가구를 3년 간 관찰하는데 드는 비용은 행정과 자료 수집, 분석, 연구, 보고서 작성에 드는 비용을 제외하고도 최소한 3백만 달러가 될 것으로 예상되었다. 다음으로, 이상적으로는 전국적인 표집(sampling)을 행해야 할 것이지만, 이는 한 지역을 대상으로 조사하는 것보다 관리비용이 많이 들며, 지역마다 다른 고용 조건 등으로 인해 정책효과를 적절히 가려내는 것이 어려운 것으로 판단되었다. 따라서 한 지역에서 표본을 추출하는 것이 상대적으로 정책 이외의 조건을 동질적으로 유지하는 것으로 기대되었다. 또한 모든 형태의 극빈 가정을 실험대상에 포함시키는 것이 바람직하지만 그렇게 하려면 표본의 수를 크게 해야 하고 이는 비용의 급증을 의미하는 것이었다. 따라서 18세에서 58세에 해당하는 노동 가능 남성이 있는 극빈 가정을 대상으로 표본을 추출했으며, 일정 수준의 수입이 보장되었을 때 이들이 보이는 근로 행태상의 변화가 연구의 주된 초점이 되었다.

보장되는 수입의 수준이 가져올 효과를 확인하기 위해서 네 개의 수준을 설정했다. 실험대상 가정들을 네 개의 집단으로 구분해, 첫 번째 집단에는 사회보장청이 정한 빈곤선에 해당하는 수입의 50%를 지급했고, 두 번째 집단에는 75%, 세 번째 집단에는 100%, 그리고 마지막 집단에는 125%를 지급했다. 다음으로, 근로수입(outside earnings) 증가에 따른 현금 지급액의 감소가 가져올 효과를 측정하기 위해 집단별로 수입 증가에 따른 수혜액의 감소 비율을 30%, 50%, 70%, 100%(즉, 현금 지급 중단: 통제집단)로 했다.

실험은 1968년 8월에 시작되어 1972년 9월까지 지속되었다. 그런데 그 사이 중요한 정치적 사건들이 발생했으며, 이는 이 실험에 심대한 영향을 미쳤다. 즉, 1969년 닉슨(R. Nixon) 대통령이 미 하원에 가정지원계획(Family Assistance Plan: FAP)안을 제출했는데, 이 안은 모든 가정에 빈곤선의 50%에 해당하는 최저 수입을 보장하고 근로 수입의 증가에 따라 지급액의 50%를 감소하기로 하는 내용을 담고 있었다. 닉슨은 복지제도 개선을 최우선 국내 정책과제로 삼았으며, 미 행정부는 OEO가 수행 중인 실험의 결과를 기다리지 않고 FAP를 도입했다.

FAP 법안이 제출된 후 닉슨 행정부는 OEO로 하여금 수입수준 보장 정책을 지지하는 평가 결과를 내놓도록 하는 압력을 행사했으며, 특히 FAP에서 보장된 수입 수준과 지급 감소율이 저소득층의 근로 의욕을 감소시키지 않는다는 주장을 뒷받침하는 증거를 요구했다. 이에 OEO는 서둘러 뉴저지에서 행한 실험의 중간보고서를 발표할 수밖에 없었으며, 이 보고서는 "현금 수혜를 통해 수입을 보장받은 가정(실험집단)과 그렇지 못한 가정(통제집단) 간에 근로수입 수준에 차이가 없다."는 주장을 담고 있었다. 즉, 국가복지 수혜가 수혜 대상자의 근로 의욕을 감소시키지 않는다는 것이며, FAP 법안을 지지하려는 의도가 반영되었던 이 중간보고서의 주장은 이후의 최종보고서에서도 그대로 유지되었다.

그런데 이 연구 결과는 OEO의 연구 개시 후 뉴저지에서 있었던 변화를 반영하지 않은 잘못된 결과라는 주장이 후에 랜드(RAND)연구소에 의해 제시되었다. 랜드연구소에 의하면, 위의 연구에서 뉴저지 주가 실험 대상 지역으로 선택된 이유는 그곳에서는 주정부가 제공하는 복지 프로그램이 없었기 때문에 연구의 취지를 살릴 수 있는 표본 가정들을 선발할 수 있을 것이라고 기대할 수 있었기 때문이다. 그러나 실험개시 6개월 후 뉴저지 주정부는 주 내 모든 해당 가정에 현금급여를 지급하는 정책을 채택·시행했다. 즉, OEO 연구팀이 설정했던 통제집단 가정들도 실험집단 가정들이 받던 현금급여 수준에 상응하는 급여를 주정부로부터 받게 되었으며, 이는 OEO 실험설계의 근본을 뒤흔드는 변화였다. 그러나 OEO 연구는 이 사실을 무시했으며, 그 결과는 당연히 통제집단과 실험집단 간에 차이가 나타나지 않았다는 발견과 이에 따른 FAP에 대한 지지로 이어졌다는 것이다. 뉴저지 주정부에 의한 복지 프로그램 채택을 고려하여

1978년에 랜드연구소가 다시 분석한 결과는 수입 수준을 보장받은 집단의 주당 근로 시간이 그러한 보장 없이 노동했을 때에 비해서 6시간 반이나 감소한 것으로 나타났다.

위의 사례가 의미하는 바는 과학적이고 합리적이어야 할 정책평가 활동이 경우에 따라 정치적 고려 때문에 왜곡될 수 있다는 것이다. 평가를 담당하는 기관이나 연구자는 많은 경우에 평가 결과에 영향받을 집단들로부터의 압력에 처하게 된다. 평가자와 평가기관들의 연구가 언제나 이런 압력에 의해 왜곡되는 것은 아니다. 그들은 외적 압력에도 불구하고 객관적인 평가 결과를 내놓으려고 노력한다. 그러나 이들도 의식적·무의식적으로 외적 압력의 영향을 받을 수 있는 가능성으로부터 자유롭지 못한 것 또한 사실이다. 특히, 평가를 실질적으로 담당하는 기관과 연구자는 평가에 소요되는 연구비를 제공하는 기관의 요구로부터 자유롭지 못할 가능성이 크다. 위의 미국 정책 평가사례는 OEO의 연구비를 제공받는 위스콘신 대학의 연구팀이 닉슨 행정부로부터 FAP를 지지할 수 있는 결과를 내라는 압력을 받은 OEO의 요구로부터 자유롭지 못했다는 것을 보여 준다.

위 사례는 또한 연구자들이 정책평가가 행해지는 시점의 시대적 분위기로부터도 자유롭지 못할 수 있음을 보여 준다. 1960년대 후반과 1970년대 초, 미국에서 사회복지정책의 발전이 활발하던 시대적 상황은 부지불식 간에 연구자들의 인식에 영향을 미쳐 그들로 하여금 정부의 복지 프로그램이 수혜자들의 근로 의욕에 가져올 수 있는 부정적 효과를 적절하게 인지하지 못하게 했다는 추론이 가능하다. 반면, 랜드연구소가 OEO의 연구와 정반대의 연구 결과를 발표한 1970년대 후반에는 국가복지의 확대에 대한 부정적 인식이 사회 전반에 확산되고 있었으며, 이러한 분위기가 랜드연구소의 연구 의제 설정과 연구 과정에 영향을 미쳤을 것이라는 추론도 가능하다.

정책평가 활동이 정치적·사회적 요인에 의해서 영향을 받는다고 해서 합리적인 정책평가의 추구가 무의미하다는 것은 아니다. 이 장을 시작할 때 정리한 바와 같이 과학적인 정책평가 활동은 반드시 필요하며 몹시 중요한 의의를 지니고 있다. 다만, 우리는 과학성과 합리성을 추구하는 정책평가 활동도 정책형성 및 집행활동과 마찬가지로 정치성과 제한된 합리성의 관점에서 해석될 수 있다는 점을 인식할 수 있어야 할 것이다.

제 8 장 정책평가의 현황과 사례연구

여기서는 우리나라의 대표적인 평가체계인 국무조정실 정부업무평가체계에 대한 정리를 통해서 정책평가의 현황을 살펴보고, 이어서 '주민생활지원서비스 전달체계 통합' 사례를 대상으로 해서 개별 정책에 대한 실제 평가사례를 검토한다.[1)]

제 1 절 국무조정실 정부업무평가체계

1 개념, 목적 및 원칙

'평가'란 일정한 기관 · 법인 또는 단체가 수행하는 정책 · 사업 · 업무 등에 관해서 그 계획의 수립과 집행과정 및 결과 등을 점검 · 분석 · 평정

1) 정부업무평가체계 부분은 주재현 · 진종순(2013: 43-54)을 토대로 정부업무평가시행계획(2014/2015), 정부업무평가기본법과 그 시행령 등을 참고로 해서 작성하였으며, 주민생활지원서비스 전달체계 통합 사례분석은 주재현 · 이인수(2009)를 수정 · 인용함.

하는 것을 말하며, '정부업무평가'는 국정운영의 능률성·효과성 및 책임성을 확보하기 위해서 중앙행정기관, 지방자체단체, 중앙행정기관 또는 지방자치단체의 소속기관, 공공기관에서 행하는 정책을 평가하는 것으로 정의된다(「정부업무평가기본법」, 제2조). 다시 말해서, 평가는 집행된 정책이 당초 설정한 목표나 효과를 달성하고 효율적으로 추진되었는지를 분석하고 평정하는 것을 말하고, 정부업무평가는 국정운영의 능률성·효과성·책임성을 확보하기 위하여 중앙행정기관, 지방자치단체, 공공기관 등이 행하는 정책·사업·업무 등에 관해서 그 계획의 수립과 집행과정 및 결과 등을 점검·분석·평정하는 것을 말한다.[2)]

정부업무평가는 통합적인 성과관리체계의 구축 및 자율적인 평가역량의 강화를 통해 국정운영의 능률성·효과성·책임성을 확보하여 정책 등의 품질을 제고시킴으로써 국민의 만족도 향상을 목적으로 하고 있다. 각 중앙행정기관 및 지방자치단체는 해당 기관이 수행하는 정책 및 사업 등에 대해 계획을 수립하고 이를 스스로 평가함으로써 자체적인 평가역량 강화를 도모하고 있다.

정부업무평가의 기본원칙은 통합적 정부업무평가제도의 구축이다. 통합적 정부업무평가는 「정부업무평가기본법」 제정의 주된 취지로서, 각 중앙행정기관이 시행하는 각종 평가에 대해 법률 또는 대통령령에 근거해서 평가를 실시하도록 함으로써 평가의 남설 또는 중복을 지양하고 있다. 또한 중앙행정기관이 시행하는 평가를 통합하여 실시함으로써 개별적인 평가로 인한 평가대상 기관의 부담 및 중복평가로 인한 비효율성 제거를 도모하고 있다. 통합적 평가의 실시를 위해서 평가시기를 가급적 일원화하고 평가대상을 조정하는 한편, 평가지표 체계의 일관성을 유지하도록 하고 있다.

평가의 실시와 관련된 기본원칙에는 평가의 자율성·독립성·객관성·전문성·참여기회 보장 등이 있다. 중앙행정기관, 지방자치단체 등이

2) 국무조정실 정부업무평가체제에 관한 내용은 국무총리실(2012), 김병로 외(2010), 국무조정실(2014) 등의 내용을 참조로 재구성하였으며, 여기서는 중앙행정기관 평가에 논의를 한정한다.

실시하는 평가는 각 기관이 자율적이고 독립적으로 수행해야 하며, 평가 결과의 객관성과 전문성 제고를 위해서 외부 전문가의 참여를 통해 이를 확보할 수 있도록 하고 있다. 또한 평가대상이 되는 해당 정책의 관련자가 평가에 참여할 수 있도록 해서 평가의 공정성 및 수용성을 제고할 수 있도록 하고 있다.

2 정부업무평가 추진체계

1) 국무총리

정부업무평가 추진을 위해 국무총리는 정부업무의 성과관리 및 정부업무평가에 관한 정책목표와 방향을 설정한 중장기 계획인 정부업무평가기본계획을 수립함으로써 평가의 기본방침 및 추진방향을 결정한다. 또한 정부업무평가기본계획을 기초로 정부업무평가위원회의 심의·의결을 거쳐 연도별 시행계획인 정부업무평가시행계획을 수립한다. 이를 평가대상 기관에 통보함으로써 매년도 평가추진을 위한 실행방안을 마련·시행하는 역할을 담당하고 있다.

평가의 실시와 관련하여 국무총리는 중앙행정기관을 대상으로 실시하는 특정평가의 시행 주체이다. 특정평가의 대상·기준·절차 등에 대한 계획을 정부업무평가시행계획 등에 반영하고, 국무총리실 및 평가 협조기관 등을 통해 특정평가를 실시한다. 또한 중앙행정기관이 실시한 자체평가 결과에 대해 확인·점검 결과, 평가의 객관성·공정성에 있어 문제가 있어 다시 평가를 실시할 필요가 있을 경우에는 정부업무평가위원회의 심의·의결을 거쳐 재평가를 실시한다.

그 밖에 정부업무평가의 원활한 수행을 위해 평가대상 기관에 대해 정부업무평가기본계획 및 시행계획의 수립·시행에 필요한 자료제공 등을 요구할 수 있으며, 통합적인 평가수행을 위해 전자통합평가시스템을 구축하고 각 기관 및 단체가 이를 활용할 수 있도록 하고 있다.

2) 정부업무평가위원회

정부업무평가의 실시와 평가기반 구축을 체계적·효율적으로 추진하기 위해 국무총리 소속으로 정부업무평가위원회를 두고 있다. 위원회는 국무총리와 법령에서 규정하고 있는 일정 자격의 민간인을 공동위원장으로 하고 있으며, 정부위원과 민간위원으로 15인 이내로 구성된다. 정부위원의 경우 중앙행정기관을 대상으로 하는 자체평가의 각 부문을 주관하는 국무조정실, 기획재정부, 행정자치부의 장관을 위원으로 하고 있으며, 민간위원은 대학, 연구기관 등의 전문가로 위촉하도록 하고 있다.

정부업무평가위원회는 재적위원 과반수 출석 및 출석위원 과반수의 찬성으로 의결을 하도록 하고 있다. 심의대상이 되는 평가 결과 또는 업무에 관여하는 등 이해관계가 있을 경우 그 사안에 대해서는 제척 또는 회피할 수 있는 규정을 마련하고 있다. 정부업무평가위원회는 정부업무평가의 기획·조정·총괄에 관한 사항 등을 심의·의결하는 것을 주요 임무로 하고 있다. 국가 차원의 중장기 평가기반의 구축·추진에 관한 사항, 정부업무평가기본계획 및 시행계획의 수립에 관한 사항, 정부업무평가제도와 관련된 성과관리에 관한 사항, 평가결과의 보고에 관한 사항, 평가 관련 기관 간 협조 및 평가업무의 조정 등에 관한 사항, 자체평가 및 특정평가의 운영 및 개선 등에 관련된 사항 등을 그 심의대상으로 하고 있다.

3) 평가총괄 관련 기관

중앙행정기관의 자체평가에 관한 업무를 효율적으로 수행하기 위해 정부업무평가위원회는 「정부업무평가기본법 시행령」에서 정하고 있는 평가 부문별 총괄 관련 중앙행정기관에 대해 자체평가 결과의 확인 및 점검을 요청할 수 있도록 하고 있다. 현행 자체평가는 주요 정책, 재정·R&D 사업, 행정관리역량 등 3대 부문으로 구분된다. 각 부문을 총괄하는 중앙행정기관(국무조정실, 기획재정부, 행정자치부·인사혁신처)은 정부업무평가위원회의 요청에 따라 각 중앙행정기관이 수행한 자체평가 결과의 객관성 및 공정성 등에 대해 확인·점검을 실시하고 이를 정부업무평가위원회에 보고하게 된다.

자체평가 결과에 대한 확인·점검 시 필요한 경우 정부업무평가위원회는 평가총괄 관련 기관에 대해 민간전문가의 참여를 요청할 수 있도록 하고 있다. 평가총괄 관련 기관은 부문별 평가지침 및 평가지표의 작성, 자체평가 결과의 확인·점검 및 재평가 실시 여부 등 자체평가의 운영에 필요한 사항에 대해 정부업무평가위원회에 의견을 제시할 수 있도록 하고 있다.

3 정부업무평가의 종류 및 절차

정부업무평가는 수행방식에 따라 자체평가, 특정평가, 재평가 등으로 구성된다. 자체평가는 중앙행정기관, 지방자치단체가 소관 정책 등에 대해 일정 절차를 거쳐 스스로 수행하는 평가를 말한다. 특정평가는 국무총리가 중앙행정기관을 대상으로 법령 및 정부업무평가시행계획 등에서 정한 일정 범위의 정책 등을 정부업무평가위원회를 통해서 하향식으로 평가하는 것을 말한다. 재평가는 이미 실시된 자체평가의 결과에 대해 자체평가를 수행한 기관 이외의 기관이 별도의 절차를 통해 시행하는 평가로서, 자체평가의 객관성 및 공정성 확보를 위해 제한적으로 실시된다. 다음에서는 중앙행정기관을 대상으로 한 자체평가와 특정평가에 대해 좀 더 세부적으로 논의한다.

1) 자체평가

(1) 개 요

「정부업무평가기본법」은 평가의 자율성 보장 및 자율적인 평가역량 강화를 위해 각 중앙행정기관의 장으로 하여금 소속기관의 정책 등을 포함해, 자체평가의 실시를 의무화하고 있다. 자체평가의 효율적 운영과 평가의 객관성 및 공정성을 확보하기 위해서 정부업무평가위원회가 평가총괄 관련 기관의 협조를 통해 자체평가 지표 및 매뉴얼 등을 개발·보급하고 있다.

자체평가를 실시하는 중앙행정기관의 장은 정부업무평가시행계획을 기초로 해서 자체평가의 대상이 되는 정책·사업·업무 등을 스스로 선정한다. 단, 그 기관의 임무를 달성하기 위한 기본적·필수적 정책, 성과목표 달성을 위해 필요한 정책, 자체평가 결과와 조직·예산 등 성과관리를 위한 연계가 필요한 정책 등을 포함해서 평가대상을 선정한다.

중앙행정기관의 장은 자체평가의 실시를 위해 평가 담당조직 및 자체평가위원회를 구성·운영해야 하며, 자체평가의 객관성 및 공정성 확보를 위해 자체평가위원회 구성원의 2/3 이상을 외부 민간위원으로 구성하도록 하고 있다. 자체평가위원회에 참여하는 민간위원은 평가 또는 각 부처 소관 업무에 전문적인 지식과 경험이 풍부한 자를 선정하는 것을 원칙으로 한다. 자체평가위원회의 운영에 필요한 사항은 각 중앙행정기관의 자율에 맡겨져 있다.

중앙행정기관의 장은 정부업무평가위원회의 심의·의결을 통해 마련된 정부업무평가시행계획에 기초해서 당해 기관의 자체평가 대상 및 구체적인 평가방법, 자체평가위원회의 구성 및 운영에 관한 사항 및 자체평가 결과의 정책·예산·인사 등 활용방안에 관한 사항을 담은 자체평가계획을 수립한다. 자체평가 계획은 매년 4월 말까지 정부업무평가위원회에 제출한다. 각 중앙행정기관의 자체평가 계획을 제출받은 정부업무평가위원회는 제출된 계획의 적정성 등을 검토한다. 계획의 보완 또는 자료의 추가제출이 필요할 경우 이를 요청할 수 있는 절차를 두어 자체평가계획의 충실성을 제고한다.

자체평가의 실시는 평가실시 시점을 기준으로 이전 연도에 추진된 정책 및 사업 등을 대상으로 실시하는 것을 원칙으로 한다. 정부업무평가위원회는 각 기관 자체평가의 객관성 및 공정성 제고를 위해 자체평가위원을 대상으로 하는 정책설명회 개최, 정책추진 현장에 대한 주기적인 점검 등을 실시할 것을 권장하고 있다.

각 중앙행정기관은 전년도 정책 및 사업 등에 대한 자체평가 결과를 매년도 3월 말까지 정부업무평가위원회에 제출하고, 정부업무평가위원회에서는 자체평가 결과의 객관성과 공정성에 대해 확인・점검을 실시한다. 그 결과 자체평가가 객관적이고 공정하게 이루어진 것으로 판단될 경우 최종 심의・의결을 통해 각 부처의 자체평가 결과는 최종 확정된다. 그러나 확인・점검 결과 평가 결과의 객관성・공정성에 문제가 있어 다시 평가할 필요가 있다고 판단되는 경우에는 정부업무평가위원회의 심의・의결에 따라 재평가를 실시하여 최종 평가 결과를 확정하게 된다. 한편, 정부업무평가위원회는 자체평가를 우수하게 운영한 기관에 포상과 공무원 표창 등 인센티브를 제공하여 각 중앙행정기관에서 자체평가가 내실 있게 운영되고 그 결과를 유용하게 활용할 수 있도록 유도하고 있다.

2015년도의 경우, 자체평가의 방향은 기관별 목표와 정책수단을 설정하고, 추진실적을 주기적으로 점검・평가하여 국정성과의 창출을 지원하는데 두었다. 또한 평가 결과를 정책・예산・조직・인사・보수 등에 반영하도록 함으로써 국정운영의 효율성과 책임성을 제고하고, 평가 결과와 개인성과급, 인사・조직, 예산 간의 연계를 지속적으로 확대하여 기관 내 성과제고를 위한 선의의 경쟁을 촉진하도록 하였다.

(2) 연혁과 구조

자체평가는 주요 정책, 재정사업(및 R&D 사업), 행정관리역량 등 3개 부문으로 구분된다. 주요 정책 부문은 1990년부터 매년 실시하였으며, 재정사업과 행정관리역량 부문은 기획예산처, 국가과학기술위원회, 중앙인사위원회 등에서 나뉘어 시행되다가, 2006년에 「정부업무평가기본법」이 시행되면서 자체평가에 통합되어 실시되고 있다. 자체평가가 그동안 3개 부문으로만 구성되었던 것은 아니다. 2008년부터 2010년까지는 3개 부문으로 평가되다가 2011년에 행정관리역량은 특정평가로 이관되고 주요 정책으로 평가부문이 일원화되었다. 그러나 2012년 다시 행정관리역량을 자체평가로 이관하고, 「국가재정법」 상의 재정사업 평가를 자체평가 부문으로 환원하였다.

주요 정책 부문은 각 부처가 추진하는 주요 사업을 대상으로 실시하는 평가이다. 재정사업 부문은 「국가재정법」에 따른 재정사업에 관한 평가와 「국가연구개발사업 등의 성과평가 및 성과관리에 관한 법률」에 따른 국가연구개발사업에 관한 평가로 나뉜다. 행정관리역량 부문은 기관의 전반적인 관리업무와 생산성을 높이기 위해 인사・조직・정보화관리 등에 대한 노력 정도를 평가하는 것이다.

표 8-1 자체평가 부문 변동 현황

연 도	2008~2010년	2011년	2012년	2013~2015년	평가시행기관	평가총괄 관련 기관
부 문	주요 정책	주요 정책	주요 정책	주요 정책	중앙행정 기관장 (자체평가 위원회)	국무조정실
	재정사업		재정사업	재정사업 (및 R&D 사업)		기획재정부
	행정관리역량		행정관리역량	행정관리역량		행정자치부 인사혁신처

자료: 국무총리실(2012. 37)에서 수정・보완.

(3) 평가방법 및 평가 결과 활용

2015년의 경우, 주요 정책 부문은 '2015년도 성과관리 시행계획'[3]상의 관리과제를 말하며, 각 부처가 기관특성 및 업무특성을 반영할 수 있도록 평가지표, 측정방법 등을 자율로 선정한다. 과제수행의 난이도・중요도・자원투입량 등을 고려하여 평가대상 과제별로 가중치를 부여해서 평가하며, 평가지표는 각 부처의 특성에 맞게 개발・활용하되 과제별 정량평가 결과의 변별력이 강화되도록 평가체계를 설계한다. 평가지표 및 측정지표 수립 시 참고로 활용하도록 국무조정실은 예시 풀을 제시하고 있다.[4]

재정사업 부문은 일반 재정 및 정보화사업 중 3년 평가주기가 도래한 대상사업을 평가하며, 구체적인 사업은 사업수행부처와 기획재정부 간

3) 중앙행정기관의 장이 매년 수립하는 업무계획으로서 당해 연도 주요 정책, 사업 목표와 추진일정, 목표달성도를 측정할 수 있는 성과지표 등을 제시.

4) 평가방법 파트의 주된 내용은 김병로 외(2010: 9-12)를 인용함.

협의를 통해 선정한다. R&D 사업 부문은 R&D 사업 중 3년 평가주기가 도래한 대상사업을 평가하며, 구체적인 사업은 사업수행부처와 미래창조과학부 간 협의를 통해 선정한다. 성과목표달성도와 사업추진의 효율성 등을 중심으로 관련 기관(기재부, 미래부)이 공통평가지표를 개발 · 제시한다. 행정관리역량 부문은 중앙행정기관의 정책과 서비스 수준에 영향을 주는 조직 · 인사 · 정보화 등 관리능력 및 생산성 향상 노력을 평가하며, 관련 기관(행자부, 인사혁신처)이 공통평가지표를 개발 · 제시한다. 평가대상 정책 · 사업의 업무성격이 상이하여 절대등급 부여가 곤란할 경우에는 그룹별로 구분하여 상대등급을 적용한다.

중앙행정지관장은 평가 결과를 인터넷 홈페이지 등을 통해 공개하고, 국회 소관 상임위원회에 보고해야 한다. 또한 평가 결과를 조직 · 예산 · 인사 및 보수체계에 연계 · 반영하고, 기획재정부 장관은 평가 결과를 다음 연도 예산편성에 반영한다.

2) 특정평가

(1) 개 요

특정평가는 국무총리가 중앙행정기관을 대상으로 국정을 통합적으로 관리하기 위해서 필요한 정책 등을 평가하는 것으로서, 국무총리가 국정의 통합적 운영을 위해 실시하는 하향적 평가라는 점에서 자체평가와 구분된다. 특정평가는 2개 부처 이상의 중앙행정기관 관련 시책, 주요 현안시책, 혁신관리 및 대통령령이 정하는 대상부문에 대해 실시하도록 하고 있으며, 대통령령에서는 각 중앙행정기관이 공통적으로 추진해야 하는 시책으로서 지속적으로 관리가 필요한 부문, 사회적 파급효과가 큰 국가의 주요 사업으로서 특별한 관리가 필요한 부문, 기관 또는 정책 등의 추진에 대한 국민의 만족도를 측정하는 부문, 기타 정부업무평가위원회에서 중앙행정기관을 대상으로 평가의 필요성을 인정하는 부문을 평가대상으로 규정하고 있다. 구체적인 평가대상은 매년 초에 수립되는 정부업무평가시행계획을 통해 확정 · 공개된다.

특정평가를 실시하기 위해 국무총리는 정부업무평가시행계획에 당해 연도 특정평가의 기본방향에 관한 사항, 특정평가의 대상·방법·평가 결과의 활용 및 조치에 관한 사항 등을 반영해야 한다. 그리고 특정평가의 시행에 앞서 구체적인 평가방법·평가기준·평가지표 등을 마련하여 이를 평가대상 기관에 통보하고 공개해야 한다.

평가대상 기관은 특정평가 부문별로 평가실시에 필요한 실적자료 등을 제출하고, 이를 근거로 평가를 받는다. 특정평가의 실시를 위해 국무총리는 대상기관들에게 필요한 자료를 요구하거나, 평가업무 수행자로 하여금 특정평가 대상기관을 방문해서 평가에 관한 자료를 확인·점검하게 할 수 있다.

중앙행정기관 대상 특정평가의 각 부문별 평가 결과는 정부업무평가위원회의 심의·의결을 거쳐 최종 확정된다. 국무총리는 특정평가 결과에 대해서 위원회가 의결한 때에는 이를 특정평가 대상기관에 통보해야 하며, 전자통합평가체계 및 인터넷 홈페이지 등을 통해 공개해야 한다.

(2) 연도별 평가부문 변화 및 평가구조

특정평가는 2009년에서 2012년까지 큰 변동 없이 핵심과제, 녹색성장, 일자리과제, 정책홍보, 정책관리역량, 규제개혁, 국민만족도 부문에 대한 평가로 구성되었으나, 2013년도 이후 매년 약간의 변화를 보이고 있다. 2015년 특정평가의 부문별 개요는 다음과 같다.

① 국정과제 평가: 국정과제 및 핵심개혁과제에 대한 평가를 통해 국정성과의 창출을 뒷받침한다.

② 규제개혁 평가: 규제개혁 노력과 성과 등을 평가하여 경제의 활성화와 국민의 규제개혁 체감도를 제고한다.

③ 비정상의 정상화과제 평가: 과거부터 지속되어 온 잘못된 관행·제도, 비리·부패 등을 바로 잡아 국정운영성과를 뒷받침한다.

④ 정책홍보 평가: 국정과제 및 주요 정책에 대한 홍보 추진노력 및 성과를 평가하여 국민의 정책성과 이해 및 체감을 확산한다.

⑤ 기관공통사항 평가: 정부3.0, 부처 간 협업, 특정시책 이행 노력 및 성과를 평가한다.

⑥ 기관종합평가: 국정과제, 규제개혁, 정상화과제, 정책홍보 등에 대한 기관별 평가 결과를 합산한다. 평가 결과를 토대로 기관 차원의 국정성과 제고를 독려한다.

표 8-2 특정평가 부문 변동 현황

<table>
<tr><th>연 도</th><th>2008</th><th>2009</th><th>2010</th><th>2011</th><th>2012</th><th>2013</th><th>2014</th><th>2015</th></tr>
<tr><td rowspan="8">평가
부문</td><td rowspan="6"></td><td rowspan="4">핵심과제 및
녹색성장</td><td rowspan="2">핵심과제</td><td>핵심과제</td><td rowspan="2">핵심과제</td><td rowspan="2">국정과제</td><td rowspan="2">국정과제</td><td rowspan="2">국정과제</td></tr>
<tr><td>서민생활
안정과제</td></tr>
<tr><td>녹색성장</td><td>녹색성장</td><td>녹색성장</td><td rowspan="5">국정과제
지원
– 일자리
정책
– 부처 간
협업
– 규제개선
– 정책홍보
– 특정시책
이행관리</td><td rowspan="5">규제개혁
정상화과제
기관공통
사항
– 홍보
– 협업
– 정부3.0
– 업무태도
– 특정시책</td><td rowspan="5">규제개혁
정상화과제
정책홍보
기관공통
사항
– 정부3.0
– 협업
– 특정시책</td></tr>
<tr><td>일자리창출
과제</td><td>일자리창출
과제</td><td>일자리
과제</td></tr>
<tr><td>정책소통·
홍보</td><td>정책소통·
홍보</td><td>정책홍보</td><td>정책홍보</td></tr>
<tr><td>국정관리역량
(정책관리
역량)</td><td>정책관리
역량</td><td>정책관리
역량</td><td>정책관리
역량</td></tr>
<tr><td>규제개혁</td><td>규제개혁</td><td>규제개혁</td><td>규제개혁</td><td>규제개혁</td></tr>
<tr><td>국민
만족도</td><td>국민
만족도</td><td>국민
만족도</td><td>국민
만족도</td><td>국민
만족도</td><td>기관평가</td><td>기관
종합평가</td><td>기관
종합평가</td></tr>
</table>

(3) 평가방법, 평가등급 및 평가 결과 활용

2015년도 특정평가의 평가방법은 다음의 특성을 지닌다. 먼저, 정부업무평가위원회를 중심으로 평가부문별로 평가지원단을 구성·운영하여 평가의 객관성을 제고한다. 평가단에는 평가의 전문성·객관성 제고를 위해 평가위원 및 민간전문가와 정책수요자가 참여한다. 정부업무평가위원회에서 평가자별, 평가부문별 편차를 조정하고, 최종 심의·의결한다. 평가등급은 평가부문별로 대상기관에 3단계 등급(우수, 보통, 미흡)을 부여한다. 등급별 비율은 정부업무평가위원회에서 결정한다. 평가 결과에 따라 우수기관과 공무원 등에 대해 포상을 실시하고, 각 부처가 성과급 등에 특정평가 결과의 반영을 확대하도록 유도한다. 중앙행정기관의 장은 평가 결과에 제시된 개선·보완사항에 대한 조치계획을 수립·이행한다.

제 2 절 정책평가 사례: 주민생활지원서비스 전달체계 통합

1 문제의 제기

정부는 2006년 7월부터 단계적으로 주민생활지원서비스에 관한 행정체계를 개편하기 시작하여 2007년 7월부터는 이를 전국의 시・군・구에서 시행하였다. 주민생활지원서비스 전달체계는 변화하는 환경에 대처하기 위해 대민서비스 제공에 있어 저소득층 중심의 지원이라는 협의의 사회복지를 넘어서서 보건・고용・주거・평생교육・생활체육・문화・관광 등 주민의 다양한 서비스 수요에 부응할 수 있도록 서비스 제공영역의 범위를 확대하였다. 이에 따라 전국의 시・군・구 단위에서는 주민 삶의 질 향상과 관련된 8대 서비스를 공급자 중심의 서비스 전달체계에서 수요자 중심의 원스톱 통합시스템으로 전환하는 등 주민생활지원서비스 전달체계에 대한 일대 개편이 이루어졌다. 이러한 전달체계의 개편을 통해 정부는 주민들이 직접 체감할 수 있는 복지서비스를 제공하고, 주민 만족도를 향상시키며, 서비스의 중복 및 누락을 방지하여 행정의 효율성 향상을 기대하였다(대한민국정부, 2005: 38).

한편, 우리나라의 경우 세계에서 유례가 없는 급속한 고령화로 인해 노인복지서비스에 대한 관심이 부각되고 있다. 2008년 현재 65세 이상의 노인인구는 전체인구 대비 10.4%로서 이미 고령화 사회로 진입하였으며, 고령화 속도는 점차 가속될 것으로 추정되고 있다.[5] 노인인구의 증가에 따라, 제한된 재원 하에서 노인을 대상으로 한 복지서비스의 효율적 전달 및 그에 따른 서비스 만족도 제고의 필요성이 부각되고 있다. 정부의 주민생활지원서비스 전달체계 개편이 이러한 사회적 수요에 부응해야 함은 물론이다.

---

5) 우리나라는 2018년경 고령사회(65세 이상 인구가 전체 인구의 14% 이상인 사회)에 진입할 것으로 예측되고 있다.

이러한 맥락에서 여기서는 노인복지서비스에 대한 노인들의 만족도 조사와 사회복지 담당 공무원의 인식조사를 통해서, 주민생활지원서비스 체제로의 개편 후 사회복지서비스 전달체계가 개선효과를 보였는지를 평가한다. 노인들의 사회복지 만족도 개선 여부와 사회복지 담당 공무원 인식을 조사하는 이 연구는 노인복지의 영역을 중심으로 전달체계 통합정책의 효과성을 평가하는 의의를 지닌다. 본 연구는 경기도 평택시를 대상으로 수행되었다.[6] '준'실험설계방법을 원용하는 본 연구는 자료수집을 위해 설문조사를 실시하였으며, 기타 각종 관련 문헌을 조사하여 주민생활지원서비스에 대한 이론적 배경과 선행연구 동향을 검토하였다.

2 전달체계 개편의 개요 및 이론적 · 방법론적 논의

1) 주민생활지원서비스 전달체계

현재의 복지서비스 개념은 저소득층이나 특정계층을 넘어서 국민 전체의 삶의 질 향상을 위해 제공되는 서비스를 통합적으로 의미하고 있으며, 교육 · 고용 · 주거 · 문화 · 체육 · 관광 · 보건의료서비스 등까지도 모두 포함하고 있다. 따라서 이에 상응하는 복지 체감도를 증진시키기 위해 통합적인 전달체계로의 개선이 요구되고 있다. 통합적인 복지전달체계로서의 주민생활지원시비스에 대한 개념 정의는 현실적으로 명확히 규정하기 힘든 부분이 있는 것이 사실이다. 다만, 주민생활지원서비스란 용어는 어원적으로는 '주민생활'이라는 개념과 '지원'이라는 개념에 '서비스' 개념

---

6) 평택시를 대상으로 한 이유는, 본 연구의 주요 과제 중 하나가 주민생활지원서비스 통합 후의 노인복지서비스 이용 만족도를 조사하되 이를 통합 전의 이용 만족도와 비교하는 것인데, 서비스에 대한 사전조사를 본 연구자가 직접 실시하지 못한 상황에서, 사전조사의 기능을 대신해 줄 수 있는 조당호(2006)의 연구가 평택시 노인을 대상으로 해서 수행되었기 때문이다. 주민생활지원서비스 통합에 바로 앞서 노인복지서비스에 대한 만족도 조사를 수행한 연구는 드물며, 사실상 조당호(2006)의 연구가 본 연구의 사전조사를 대신해 줄 수 있는 유일한 연구라고 하겠다(연구방법에 대한 보다 자세한 논의는 다음 내용을 참조).

이 합쳐져서 생성된 것으로 파악할 수 있다(김병국 · 김필두, 2007: 7). 본격적으로 '주민생활지원서비스'의 개념이 도입되어 지방 행정개편이 추진된 것은 2005년 9월 국무조정실이 주관하여 부처합동으로 준비한 「희망한국 21」의 전달체계 개편 안이 제시되면서부터였다. 그러나 내용적인 준비과정은 '대통령자문 고령화 및 미래사회위원회'의 「주민통합서비스 제공체계 개선방안」(2006. 1), '빈부격차 · 차별시정위원회'의 「사회복지 전달체계 구축방안 연구」의 국무회의 보고(2005. 2), 그리고 보건복지부가 추진했던 사회복지 전달체계 개편, 특히 2004년 7월부터 시작한 '사회복지사무소 시범사업' 등으로부터 출발하였다(강혜규, 2005: 41-47).

이러한 전달체계의 재구조화를 위하여 정부는 시 · 군 · 구 및 읍 · 면 · 동의 조직개편을 실시하였다. 즉, 시 · 군 · 구에 주민생활지원 전담부서의 설치를 통해서 평생교육 · 문화 · 복지 · 고용 · 여성 · 보육지원 · 주거복지 · 청소년 등 주민생활지원 관련 업무를 하나의 부서로 통합하고, 주민생활지원 기획, 서비스연계 · 조정, 통합조사, 주거복지, 자활 · 고용, 교육 · 문화 영역 중 주민생활지원을 위한 업무담당 부서(과 및 팀)의 신설 및 강화가 가능하게 하였다. 또한 읍 · 면 · 동에 주민생활지원팀을 설치하고 행정직을 주민생활지원업무로 조정 · 배치하여, 찾아가는 서비스 및 정보제공 · 의뢰 · 연계 등의 주민생활지원서비스를 강화하도록 하였다. 이와 함께 주민생활지원팀 6급 담당을 신설하고, 사회복지직과 행정직이 협업하여 주민생활지원 업무를 처리하는 새로운 체계를 구축하도록 하였다.

나아가, 업무 및 서비스 여건 개선을 위하여 업무 효율화 및 실질적 연계를 위한 온라인 체계 구축을 추진하였다. 이전에 운영 중이던 복지행정시스템의 개선과 공공기관 간 전산시스템 연계 및 서비스의 통합적 제공을 위해 주민에게 필요한 각종 정보제공, 온라인 서비스 신청, 자격조회가 가능한 주민생활지원 포털(www.oklife.go.kr)을 구축하였으며, 대민서비스가 이루어지는 일선 읍 · 면 · 동에 필수적인 상담공간을 마련하였다. 또한 기존의 관료제적이고 중앙집권적인 상의하달식 조직문화에서 탈피하여, 수평적인 의사소통이 가능하도록 사례회의를 활성화하고자 하였다.

2) 선행연구 검토 및 연구접근법

이 연구는 먼저 주민생활지원서비스 전달체계 통합 전·후의 노인복지서비스 만족도 비교를 통해 전달체계 통합정책의 효과성을 평가하고자 하였다. 그간 국내에서 수행된 사회정책 분야 평가연구의 동향은 크게 주관적 만족도에 근거한 평가와 객관적 사회지표에 근거한 평가로 구분된다. 주관적 만족도에 근거한 평가는 지역사회주민들을 대상으로 그들의 욕구조사와 더불어 제공되는 서비스의 질에 대한 주관적 인식을 묻는 방식으로 진행되었다(김영섭, 1996; 이수경, 2004; 조당호, 2006). 객관적 사회지표에 근거한 평가는 주요 사회지표를 도출·정립한 후, 각종 통계자료를 수집·분석하여 각 지표별 현황을 파악하는 방식으로 진행되었다(하혜수, 1996; 이현송, 1997; 이원일 외, 2000; 부산여성정책개발센터, 2001). 사회정책의 효과에 대한 유용한 정보를 제공하는 성과를 보였음에도 불구하고, 기존의 사회정책 평가 관련 연구들은 '실험'방법을 적절하게 활용하지 못하고 있어, 정책평가의 기본취지라고 할 수 있는 정책의 효과 또는 정책목표 달성 정도를 제대로 확인해 내지 못하는 한계를 지닌다.

한편, 주민생활지원서비스 전달체계의 개편과 관련해서 일부 선행연구들이 존재하고 있다(차보현, 2006; 김병국·김필두, 2007; 이현주 외, 2007; 서재호, 2008; 강창현, 2009). 이 연구들은 전달체계의 개편 내용에 대해 서술한 후, 개편에 대한 평가와 더불어 앞으로의 개선방향을 제시한다는 점에서 유사성을 보인다. 그러나 이 연구들도 정책평가에 사용한 연구방법에 있어서는 약점을 지닌다. 즉, 기존 문헌 자료에 근거한 정성적 평가에 의존함으로써 평가의 타당성·객관성에 의문을 갖게 하거나(차보현, 2006; 서재호, 2008), 주로 공무원들을 대상으로 면담이나 설문지를 통해 정책의 효과를 묻는 접근을 택하여(김병국·김필두, 2007; 이현주 외, 2007) 전달체계 개편정책이 서비스의 질적 측면에서 이용자들에게 어느 정도의 긍정적인 효과를 가져왔는지를 실질적으로 확인하는 데 한계를 지닌다.

사회정책 평가에 '진'실험방법을 활용하는 것은 쉽지 않다. '진'실험설계(true experimental designs)는 법적·윤리적·실제적 문제점들로 인해 현실세계에서 적용하기 힘든 경우가 대부분이다(주재현, 2008: 80). 따라서 '준'실험방법(quasi-experimental designs)의 적용가능성이 논의될 수 있으며, 이런 맥락에서 김정호(2001)의 연구는 사회정책 평가연구에 시사하는 바가 크다.[7)]

본 연구는 김정호(2001)의 접근법을 원용하여 만족도 조사에 근거한 정책평가를 실시한다. 즉, 주민생활지원서비스 실시 전·후의 평택시 노인들의 노인복지서비스 질에 대한 만족도를 알아보고자 하나, 사전-사후조사비교에서 사전조사 시와 동일한 집단을 구성하지 못한 채 사후조사를 실시해야 하고, 다른 변수들을 적절히 통제할 수 없는 등의 문제점들 때문에 '준'실험설계가 불가피하였다. 구체적으로는 전술한 조당호(2006)의 연구를 사전조사로 활용하고, 조당호(2006)에서 개발한 만족도 조사 척도를 사용하여 사후조사를 실시한다. 그러나 '진'실험설계를 토대로 수행되지 못하는 본 연구의 사전-사후조사 결과의 비교가 주민생활지원서비스 통합정책의 효과를 적절히 보여줄 수 있을지, 즉 정책평가 결과가 내적 타당성을 지니고 있을지에 대한 의문이 제기된다. 이러한 약점을 보완하기 위해 본 연구는 정책현장에서 집행을 담당하고 있는 일선 공무원들을 대상으로 설문조사를 실시하여 정책효과에 대한 이들의 판단을 조사하고자 한다. 다른 누구보다도 일선에서 사회복지서비스의 전달을 책임지고 있는 공무원들이 느끼고 있는 제도변화의 효과를 검토하는 것이 지니는 의의가 크다고 할 것이다.[8)] 사전-사후조사 결과의 비교와 공무원 인식조사 결과는 주민생활지원서비스 통합정책의 효과를 규명하려는 본 연구의 목적에 기여할 수 있을 것으로 기대된다.

---

7) 김정호(2001)는 '준'실험방법을 적용하여 영구임대주택정책에 대한 평가를 시도했다. 이 연구의 방법론에 대해서는 제7장 제3절에서 논의했으므로 여기서는 생략하도록 한다.
8) 주요 선행연구에서 공무원의 판단을 토대로 정책효과를 검토하려한 것도 이 점을 고려한 것이라고 판단된다.

3) 설문조사 설계

조당호(2006)는 경기도 평택시에 거주하는 만 65세 이상 노인 300명을 선정하여 전화 면접조사를 실시하였으며, 본 연구는 2009년 현재 경기도 평택시에 거주하는 만 65세 이상 노인 102명을 대상으로 설문조사를 실시하였다. 2009년 4월 27일부터 5월 15일까지 직접 면접조사를 실시하였고, 회수율은 98%였으며 누락된 2부를 제외하고 최종 분석 자료로 총 100부를 사용하였다. 본 연구의 조사도구는 조당호(2006)의 조사도구를 그대로 사용하되, 조당호(2006)의 조사 결과에서 노인들의 이용 정도가 10% 미만인 서비스(노인 무료 이/미용 서비스, 노인 주간보호 및 단기보호 서비스, 취업에 대한 정보제공과 교육 및 알선 서비스)는 설문항목에서 제외하였다. 조사도구의 주요 내용은 경기도 평택시 노인의 일반적 특성 및 노인복지서비스 이용 만족도로 구성되었다(〈표 8-3〉 참조).

표 8-3 노인대상 설문조사 항목의 구성

영 역	설문 내용
일반적 사항	성, 연령, 출생지
생활실태	월평균 가구수입, 가족구성, 거주지역
노인복지서비스 이용만족도	• 경로당 • 경로의원 서비스 • 노인대학 • 노인무료급식 서비스 • 경로잔치 서비스

공무원 대상 설문조사는 경기도 평택시 소속 공무원 중 사회복지서비스와 연관된 업무를 담당하는 본청 및 출장소, 주민센터 공무원 69명을 대상으로 전수조사를 실시하였다. 2009년 4월 20일부터 4월 30일까지 실시하였으며, 평택시 공무원의 도움을 받아 조사를 수행한 결과 설문지 회수율이 97%에 이르렀으며, 불성실하게 응답하거나 누락되어 자료 분석에 부적합한 2부를 제외하고, 최종 분석 자료로 총 67부를 사용하였다. 조사도구는 차보현(2006), 김병국 · 김필두(2007), 박만리(2006), 서재호

(2008) 등의 연구를 토대로 본 연구자가 조사 목적에 맞게 재구성하였다. 조사도구의 내용은 실무자들의 일반적 사항(성별, 연령, 직급, 근무기간, 직렬 등)을 파악하기 위한 6개의 문항, 선행연구를 참조한 4개 분야(통합성, 전문성, 책임성, 서비스 질), 18개 문항, 그리고 주민생활지원서비스 활성화 방안 및 발전방안에 대한 의견 1문항으로 구성하였다(〈표 8-4〉

표 8-4 공무원 대상 설문조사 항목의 구성

	측정변수	설문 항목
서비스 의 질	• 접근 용이성 • 형평성 • 서비스 정보제공 • 서비스 이용정도 • 서비스 개선도	• 서비스 시행 후 주민들의 서비스 접근성이 용이해졌습니까? • 주민들이 동일한 수준의 서비스를 제공받고 있습니까? • 서비스에 대한 정보가 적절히 제공되고 있습니까? • 주민생활지원서비스 시행 후 지역주민들의 서비스 이용이 증가하였습니까? • 주민생활지원서비스 시행 전과 비교할 때 주민의 복지증진 및 편의를 위한 주민생활지원서비스가 개선되었다고 생각하십니까?
조직의 통합성	• 일관성/지속성 • 공공–민간기관 간 연계 • 환경구축 • 정보교류	• 주민생활지원서비스가 일관성 있고 지속적으로 제공되고 있다고 생각하십니까? • 통합서비스 제공을 위한 공공기간과 민간기관 간 상호유기적인 연계 시스템이 마련되어 있습니까? • 원스톱 서비스 제공이 될 수 있는 환경(네트워크)이 잘 구축되어 있습니까? • 일반행정직과 사회복지전담공무원 간의 상호 정보교류는 원활한 편입니까?
인력의 전문성	• 능력 • 전문인력 수 • 조직 내 인력배치	• 담당 공무원이 주민생활지원서비스 제공에 필요한 지식과 기술을 지니고 있다고 생각하십니까? • 주민생활지원서비스 제공 시 사회복지 전문인력 수는 적정하다고 생각하십니까? • 주민생활지원서비스를 위한 팀(과) 내 인력배치는 적절합니까?
업무의 책임성	• 업무의 역할규정 • 일선직원들의 의견 수렴 • 수혜자 의견청취 • 대응성 • 인력감독 및 지도	• 직급, 직종 간 업무와 역할이 명확히 규정되어 있습니까? • 일선 실무인력의 의견이 충분히 반영되고 있습니까? • 주민생활지원서비스 수혜자로부터 의견청취가 이루어지고 있습니까? • 공무원이 주민 욕구에 잘 대응하고 있습니까? • 인력의 감독 및 지도가 잘 이루어지고 있습니까?
기 타	• 기대효과 • 활성화 및 발전방안	• 주민생활지원서비스 도입으로 가장 기대되는 효과는 무엇입니까? • 주민생활지원서비스 활성화 방안 및 발전방안에 대한 귀하의 의견은 무엇입니까?

참조).

본 연구는 SPSS WIN 15.0 버전을 이용하여 회수된 설문지를 부호화 한 후 검토 작업을 거쳐 통계처리하였다. 노인 대상 설문조사분석에 사용된 기법은 단순빈도, 백분율, 평균 등의 기술통계이다. 응답문항 중 노인복지서비스 만족도의 경우 5점 척도로 하여, 매우 불만족(1점), 대체로 불만족(2점), 보통(3점), 대체로 만족(4점), 매우 만족(5점)으로 응답하게 하였다. 공무원 대상 설문조사분석에 대해서는 빈도분석과 t검증을 실시하였다. 조사대상자의 일반적인 사항을 파악하기 위하여 빈도와 백분율을 산출하였으며, 조사 대상 공무원 전체의 인식 경향을 분석하는 것에 더하여, 복지 관련 전문성 및 자격증을 가지고 있는 사회복지직 공무원과 일반행정직 공무원 간의 인식차이를 알아보기 위해 t검증을 실시하였다. 응답문항은 5점 척도로 매우 부정적(1점), 부정적(2점), 보통(3점), 긍정적(4점), 매우 긍정적(5점)으로 응답하게 하였다.

3 분석 결과

1) 노인복지서비스에 대한 만족도 조사

(1) 조사대상 노인의 일반적 특성과 생활실태

조당호(2006)의 경우, 전체 300명의 조사대상자 중 남성이 121명(40.3%), 여성이 179명(59.7%)으로 여성이 더 많았다. 연령을 70세 기준으로 나눈 결과, 70세 미만이 126명(42%), 70세 이상이 174명(58%)으로 70세 이상의 고령자가 조사대상자의 반수를 차지하였으며, 평택시 출생자는 118명(39.3%)로 조사되었다. 본 연구의 사후조사의 경우, 전체 100명의 조사대상자 중 남성이 47명(47%), 여성이 53명(53%)으로 여성이 더 많았다. 본 조사에서도 연령을 70세 기준으로 두 집단으로 나눈 결과, 70세 미만이 69명(69%), 70세 이상이 31명(31%)으로 70세 미만이 반수 이상을 차지하였으며, 평택시 출생자는 43명(43%)으로 나타났다.

표 8-5 조사대상 노인의 일반적 특성

구 분	항 목	사전조사		사후조사	
		빈 도	백분율	빈 도	백분율
성 별	남 성	121	40.3%	47	47%
	여 성	179	59.7%	53	53%
연 령	70세 미만	126	42.0%	69	69%
	70세 이상	174	58.0%	31	31%
출생지	평택시	118	39.3%	43	43%
	평택시 이외 지역	182	60.7%	57	57%

조당호(2006)의 경우, 조사대상자 월 평균 가구 수입을 분포별로 나누어 보면, 200만 원 미만이 54%로 가장 많았으며, 200~300만 원 미만이 8.3%, 300~400만 원 미만이 6%, 400만 원 이상이 1.3%로 나타났다. 가족구성형태는 부부로 구성된 가족이 43.7%로 가장 많았으며, 부부 + 자녀 + 손자녀로 구성된 가족이 25.7%였다. 이외에 독신인 가정은 14%, 부부 + 자녀로 구성된 가족이 11%로 나타났다. 거주지역은 일반수택지역 43.3%, 농촌 · 어촌 · 산간지역 39.3%, 아파트지역 14%, 저소득주택지역 1%, 영구임대아파트지역 0.7%, 상업지역 및 공단공업지역이 0.3%로 나타났다. 사후조사의 경우, 월 평균 가구 수입을 분표별로 나누어 보면, 200만 원 미만이 28%로 가장 많았으며, 300~400만 원 미만이 25%, 200~300만 원 미만이 23%, 400만 원 이상이 8%, 무응답이 16%였다. 가족구성형태는 부부 + 자녀 + 손자녀로 구성된 가족이 32%로 가장 많았고, 부부로 구성된 가족이 27%, 부부 + 자녀로 구성된 가족이 20%, 독신인 가정은 19%, 부부 + 손자녀로 구성된 가족이 2%였다. 조사대상자의 거주지역은 일반아파트지역 48%, 일반주택지역 45%, 저소득주택지역, 영구임대아파트지역, 상업지역이 각각 2%였으며, 농촌 · 어촌 · 산간지역은 1%로 나타났다.[9]

9) 사전조사에서 농 · 어촌 및 산간지역 거주자와 월평균 가구수입 200만 원 미만인 이들이 상당부분을 구성했던 것과 달리 사후조사의 경우 일반 아파트지역 거주자와 소득수

표 8-6 조사대상 노인의 생활실태

구 분	항 목	사전조사		사후조사	
		빈 도	백분율	빈 도	백분율
월평균 가구수입	200만 원 미만	162	54.0%	28	28%
	200~300만 원 미만	25	8.3%	23	23%
	300~400만 원 미만	18	6.0%	25	25%
	400만 원 이상	4	1.3%	8	8%
	무응답	91	30.3%	16	16%
가족구성	독 신	42	14.0%	19	19%
	부 부	131	43.7%	27	27%
	부부+자녀	33	11.0%	20	20%
	부부+자녀+손자녀	77	25.7%	32	32%
	부부+손자녀	0	0%	2	2%
거주지역	일반주택지역	130	43.3%	45	45%
	일반아파트지역	42	14.0%	48	48%
	저소득주택지역	3	1.0%	2	2%
	영구임대아파트지역	2	0.7%	2	2%
	상업지역	1	0.3%	2	2%
	공단공업지역	1	0.3%	0	0%
	농촌 · 어촌 · 산간지역	118	39.3%	1	1%

(2) 조사대상 노인의 서비스 이용현황 및 만족도

조당호(2006)의 경우, 서비스 이용현황 분석 결과 노인들이 이용하는 서비스는 경로당(43%), 경로잔치(39%), 노인무료급식(16%), 경로의원(15%), 노인대학(11.7%) 순으로 조사되었다. 본 사후조사의 서비스 이용현황 분석 결과, 노인들이 이용하는 서비스는 경로당(45%), 경로잔치(44%), 노인대학(42%), 노인무료급식(34%), 경로의원(26%) 순으로 조사되었다. 지방자치단체에서 제공되는 노인복지 관련 서비스 중 노인들의 이용도가 가장 높은 서비스는 경로당과 경로잔치이며, 무료급식과 경

준 면에서 상대적으로 여유 있는 이들이 많았다. 이러한 차이는 상당부분 사전조사와 사후조사 사이 기간 동안에 수행된 해당 지역의 재개발로 인해 아파트 거주자들이 다수를 구성하게 되었다는 점에 기인하는 것으로 판단된다.

표 8-7 조사대상 노인의 서비스 이용 현황

구 분		경로당	경로의원	노인대학	노인무료급식	경로잔치
이용 여부 (사전조사)	예	130(40.3)	45(15.0)	35(11.7)	48(8.7)	117(39.0)
	아니요	170(56.7)	255(85.0)	265(88.3)	252(91.3)	183(61.0)
	합 계	300(100%)	300(100%)	300(100%)	300(100%)	300(100%)
이용 여부 (사후조사)	예	45(45)	26(26)	42(42)	34(34)	44(44)
	아니오	55(55)	74(74)	58(58)	66(66)	56(56)
	합 계	100(100%)	100(100%)	100(100%)	100(100%)	100(100%)

로의원, 그리고 노인대학 등도 어느 정도 이용되고 있음을 알 수 있다.

서비스에 대한 만족도를 살펴보면, 먼저 조당호(2006)의 경우, 노인복지서비스에 대한 만족도 평균이 3.80으로 나타났으며, 경로잔치 서비스(4.22), 노인무료급식 서비스(4.12), 노인대학 서비스(3.91), 경로의원 서비스(3.82), 경로당 서비스(3.52) 순으로 조사되었다. 다음으로, 사후조사의 경우, 노인복지서비스 이용 만족도 평균이 3.18로 나타났으며, 경로잔치 서비스(3.27), 노인무료급식 서비스(3.24), 노인대학 서비스(3.21), 경로당 서비스(3.18), 경로의원 서비스(3.00)순으로 나타났다. 요컨대, 주민생활지원서비스 전달체계 통합 전·후의 노인복지서비스 만족도 조사 결과, 모든 서비스 항목에서 통합 후의 만족도가 낮게 나타났음을 알 수 있다. 그러나 이 연구의 실험설계 상에 존재하는 여러 가지 제한점들 — 표

표 8-8 노인복지서비스 이용 만족도

구 분	사전조사			사후조사		
	N	M	SD	N	M	SD
경로당 서비스 만족도	130	3.52	.97	45	3.18	.716
경로의원 서비스 만족도	45	3.82	.89	26	3.00	.894
노인대학 서비스 만족도	35	3.91	1.01	42	3.21	.750
노인무료급식 서비스 만족도	48	4.12	.76	34	3.24	.855
경로잔치 서비스 만족도	116	4.22	.71	44	3.27	.727

본추출상의 약점,[10] 통제집단의 미구성, 전달체계 개편 외 변수들에 대한 통제의 불능 등 — 을 고려해볼 때, 전달체계 개편 후의 만족도 저하가 전달체계 개편에 의해 야기된 것인지의 여부는 확실하지 않다.

2) 공무원 인식조사

여기서는 사후조사 결과(만족도의 저하)의 타당성을 검토하기 위해 실시된 공무원 인식조사 결과를 분석한다. 조사대상 공무원의 일반적 특성을 정리한 후, 전달체계 통합 후의 사회복지서비스의 질적 수준 개선도에 대한 인식을 분석한다. 이어서 서비스 개선도에 대한 조사 결과의 해석을 위한 자료로서, 조직의 통합성, 인력의 전문성, 업무의 책임성 등에 대한 인식조사를 분석한다.

(1) 조사대상 공무원의 일반적 특성

조사대상자의 성별을 살펴보면 남자 38.8%, 여자 61.2%로 여성의 수가 많았다. 연령을 살펴보면, 20대 16.5%, 30대 46.4%, 40대 22.5%, 50대 이상이 9%로서 30대와 40대(67.9%)가 조사대상자의 절대 다수를 차지하고 있는 것으로 나타났다. 직급별로는 6급 11.9%, 7급 29.9%, 8급 31.3%, 9급 20.9%, 기타 직급 4.5%로 7급과 8급(61.2%)이 다수를 구성하였으나, 전체적으로 보면 6~9급이 대체로 고르게 구성되었다. 현재 근무하는 기관에서의 근무 연수는 1년 미만이 41.8%로 가장 높은 수치를 보였고,[11] 1년 이상에서 5년 미만이 31.3%로 나타났다. 직렬별로는 사회복지직 공무원이 53.7%, 일반행정직 공무원이 46.3%로 사회복지직 공무원의 수가 다소 많았다.

---

10) 특히, 사후조사에서 월평균 가구수입이 상향조정된 점을 지적할 수 있다.

11) '현재 근무하는 기관에서의 근무 연수'가 1년 미만인 응답자가 많아진 이유는 일반행정직 공무원들 중 다수가 사회복지서비스 업무를 직접 담당한 기간이 그리 오래지 않은 데 기인한 것으로 보인다. 그러나 9급 신규 임용자를 제외한 이들 대부분은 포괄적인 주민생활지원서비스 분야에서 종사한 경력이 있는 이들로서, 전달체계 개편의 효과를 평가하려는 본 연구의 목적 달성에 심각한 지장을 초래하지는 않는 것으로 판단된다.

표 8-9 조사대상 공무원의 일반적 특성

	구 분	빈 도(명)	백분율(%)
성 별	남	26	38.8
	여	41	61.2
연 령	20대	11	16.5
	30대	31	46.4
	40대	15	22.5
	50대 이상	6	9
	무응답	4	5.6
직 급	6급	8	11.9
	7급	20	29.9
	8급	21	31.3
	9급	14	20.9
	기타	3	4.5
	무응답	1	1.5
근무 연수	1년 미만	28	41.8
	1년 이상~5년 미만	21	31.3
	5년 이상~10년 미만	4	6.0
	10년 이상~15년 미만	0	0
	15년 이상~20년 미만	4	6.0
	20년 이상	2	3.0
	무응답	8	12.0
해당직렬	사회복지직	36	53.7
	일반행정직	31	46.3

(2) 서비스의 질적 수준에 대한 인식

〈표 8-10〉은 주민생활지원서비스 통합 이후 사회복지서비스 제공 시의 서비스 질과 관련하여, 주민들의 사회복지서비스 접근용이성 개선 정도, 지역주민들에 대한 사회복지서비스 제공 수준의 균질성 향상 정도, 주민에 대한 사회복지서비스 관련 정보제공의 향상 정도, 지역주민들의 사회복지서비스 이용의 증가 정도, 주민의 복지 및 편의증진을 위한 서비스 개선 정도에 대해 질문하고 분석한 결과이다. 서비스 질에 대한 분석

표 8-10 서비스의 질적 수준

	해당직렬	사례수	평 균	표준편차	t값	df	유의확률
접근 용이성	사회복지직	36	2.83	0.697	-3.489	65	.001
	일반행정직	31	3.42	0.672			
형평성	사회복지직	36	2.61	0.645	-3.824	65	.000
	일반행정직	31	3.23	0.669			
서비스 정보제공	사회복지직	36	2.94	0.754	-2.426	65	.018
	일반행정직	31	3.35	0.608			
서비스 이용 정도	사회복지직	36	3	0.862	-2.488	65	.015
	일반행정직	31	3.45	0.568			
서비스 개선도	사회복지직	36	2.75	0.841	-3.631	65	.001
	일반행정직	31	3.45	0.723			

결과, 조사대상 공무원들은 전달체계 통합정책의 효과에 대해 미온적인 반응을 보였다. 특히, 사회복지직 공무원들이 일반행정직 공무원보다 통합의 효과성에 대해 부정적으로 인식하고 있는 것으로 나타났으며, 이 차이는 통계적으로도 유의미했다. 사회복지직 공무원의 경우 접근용이성(2.83), 형평성(2.61), 서비스 정보제공(2.94), 서비스 개선도(2.75) 등 4문항에서 '부정적'인 반응을 보였고, 서비스 이용 정도(3.00)의 경우 '보통'이라는 반응을 보였다. 반면, 일반행정직 공무원은 접근용이성(3.42), 형평성(3.23), 서비스 정보제공(3.35), 서비스 이용 정도(3.45), 서비스 개선도(3.45)의 5개 문항 모두 사회복지직 공무원에 비하여 높은 수치를 보여주고 있다.

(3) 조직의 통합성 정도

〈표 8-11〉은 전달체계 통합 이후 조직의 통합성과 관련하여, 사회복지서비스의 일관성과 지속적인 제공 정도, 공공-민간기관 간의 연계 정도, 원스톱 서비스가 제공될 수 있는 환경구축 정도, 일반행정직 공무원과 사회복지직 공무원 간의 상호 정보교류 정도에 대하여 질문하고 분석한 결과이다. 사회복지직의 경우 일관성 및 지속성(2.47), 공공-민간기

표 8-11 조직의 통합성

	해당직렬	사례수	평 균	표준편차	t값	df	유의확률
일관성 및 지속성	사회복지직	36	2.47	0.654	-2.160	65	.034
	일반행정직	31	2.84	0.735			
공공-민간 기관 간 연계	사회복지직	36	2.33	0.586	-3.530	65	.001
	일반행정직	31	2.84	0.583			
환경구축	사회복지직	36	2.28	0.615	-2.804	65	.007
	일반행정직	31	2.68	0.541			
정보교류	사회복지직	36	2.58	0.937	-2.225	65	.030
	일반행정직	31	3.06	0.814			

관 간 연계(2.33), 환경구축(2.28), 정보교류(2.58)의 4개 문항 모두에서 '부정적인' 반응이 나타났다. 일반행정직 공무원의 경우 일관성 및 지속성(2.84), 공공-민간기관 간 연계(2.84), 환경구축(2.68)의 3개 문항에서 '부정적인' 반응이 나타났다. 다만, 정보교류(3.06)의 경우 '보통' 이상의 반응을 보였으나, 정보교류를 제외한 모든 질문에서 두 직렬 모두 '부정적'인 반응이라는 것을 알 수 있다.

(4) 인력의 전문성 정도

인력의 전문성과 관련하여, 담당 공무원의 사회복지서비스 지식과 기술의 보유 정도, 사회복지서비스 담당 인력 수의 적절성 정도, 팀(과) 내 인력배치의 적절성 정도에 대해 질문하고 분석한 결과이다. 인력의 전문성 분야의 분석 결과, 담당 공무원의 능력에 관한 설문조사의 경우, 사회복지직과 일반행정직의 인식이 통계적으로 유의미한 차이를 보이지 않는 것으로 나타났으나, 전문인력의 수 및 조직 내 인력배치에 대해서는 통계적으로 유의미한 차이가 있는 것으로 나타났다. 구체적으로 보면, 담당 공무원의 능력에 대해 두 직렬의 평균은 사회복지직 3.42, 일반행정직 3.58로 나타났다. 즉, 평균적으로 두 직렬 모두 '보통' 이상의 반응을 보여주었다. 반면, 전문인력의 수 및 조직 내 인력배치의 경우 두 직렬 모두 '부정적'인 반응을 보였다. 다만, 사회복지직 공무원의 평균이 각각 1.44,

표 8-12 인력의 전문성

	해당직렬	사례수	평균	표준편차	t값	df	유의확률
능 력	사회복지직	36	3.42	0.5	-1.014	65	.314
	일반행정직	31	3.58	0.807			
전문인력 수	사회복지직	36	1.44	0.695	-4.521	65	.000
	일반행정직	31	2.19	0.654			
조직 내 인력배치	사회복지직	36	1.78	0.722	-3.048	65	.003
	일반행정직	31	2.29	0.643			

1.78로 나타나 '부정적'인 평가의 강도가 매우 높았으나, 일반행정직 공무원의 평균은 각각 2.19, 2.29로 사회복지직에 비해 다소 높은 수치로 나타났다.

(5) 업무의 책임성 정도

〈표 8-13〉은 업무의 책임성과 관련하여, 직원들의 역할이 명확히 규정되어 있는 정도, 일선 실무 담당자의 의견이 충분히 반영되고 있는 정도, 사회복지서비스 수혜자로부터의 의견청취 정도, 담당 공무원이 주민

표 8-13 업무의 책임성

	해당직렬	사례수	평 균	표준편차	t값	df	유의확률
업무의 역할 규정	사회복지직	36	2.97	0.91	-1.816	65	.074
	일반행정직	31	3.35	0.798			
일선직원들의 의견수렴	사회복지직	36	2.22	0.637	-3.336	65	.001
	일반행정직	31	2.77	0.717			
수혜자 의견청취	사회복지직	36	2.86	0.683	-2.398	65	.019
	일반행정직	31	3.29	0.783			
대응성	사회복지직	36	2.92	0.77	-3.008	65	.004
	일반행정직	31	3.48	0.769			
인력감독 및 지도	사회복지직	36	2.58	0.692	-3.422	65	.001
	일반행정직	31	3.23	0.845			

욕구에 잘 대응하고 있는 정도, 인력의 감독 및 지도가 잘 이루어지고 있는 정도에 대해 질문하고 분석한 결과이다. 업무의 책임성 분야 분석 결과, 업무의 역할 규정에 대해서는 사회복지직과 일반행정직 간에 통계적으로 유의미한 인식 차이를 보이지 않는 것으로 나타났으나, 일선직원들의 의견수렴, 수혜자 의견청취, 대응성, 인력감독 및 지도의 4개 문항은 통계적으로 유의미한 차이가 있는 것으로 나타났다. 사회복지직 공무원은 업무의 역할 규정(2.97), 일선직원들의 의견수렴(2.22), 수혜자 의견청취(2.86), 대응성(2.92), 인력감독 및 지도(2.58)의 5개 문항 모두에서 '부정적인' 반응이 나타났다. 반면, 일반행정직 공무원은 일선직원들의 의견수렴(2.77)에서 사회복지직 공무원과 같이 '부정적인' 반응이 높았지만, 업무의 역할 규정(3.35), 수혜자 의견청취(3.29), 대응성(3.48), 인력감독 및 지도(3.23)의 4개 문항에서는 사회복지직 공무원보다 높은 수치를 보였다.

(6) 전달체계 통합정책의 기대효과

〈표 8-14〉는 주민생활지원서비스 전달체계 통합 이후 기대되는 효과에 대해 질문하고 분석한 결과이다. 사회복지직의 경우 47.2%가 '주민들의 복지체감도 증진'에 응답하였고, 25%가 '주민들에게 원스톱으로 통합서비스를 제공'에 응답하였다. 일반행정직 공무원의 경우 38.7%가 '주민들의 복지체감도 증진'에 응답하였고, 32.3% '주민들에게 원스톱으로 통

표 8-14 전달체계 통합정책의 기대효과

	주민에게 원스톱으로 통합서비스 제공	주민들의 복지체감도 증진	서비스의 누락과 중복을 방지	찾아가는 맞춤형 복지서비스 실현	기 타	총 합
사회복지직	9	17	5	1	4	36
백분율(%)	25.0%	47.2%	13.9%	2.8%	11.1%	100.0%
일반행정직	10	12	7	2	0	31
백분율(%)	32.3%	38.7%	22.6%	6.5%	0%	100.0%
총 합	19	29	12	3	4	67
백분율(%)	28.4%	43.3%	17.9%	4.5%	6.0%	100.0%

합서비스를 제공'에 응답하였다. 전체적으로 볼 때, 응답자의 43.3%가 '주민들의 복지체감도 증진'이라고 답하였고, 28.4%가 '주민들에게 원스톱으로 통합서비스를 제공'에 답하였다.

(7) 해 석

전달체계 통합정책이 가져올 것으로 기대되었던 주된 효과는 주민들이 이용하기 편리한 서비스를 제공하여 주민들의 복지체감도를 증진시키는 것이었다. 그러나 전달체계 통합정책이 그러한 기대에 부응하여 서비스의 질적 수준을 개선시켰는지에 대해, 사회복지서비스 업무를 담당하고 있는 조사대상 공무원들의 응답은 대체로 미온적이었다. 특히, 사회복지직 공무원들의 평가는 부정적이었다. 일반행정직 공무원들이 다소 긍정적으로 평가함으로써 응답자 전체의 평균이 약간 상승했으나, 전반적으로는 결코 높은 긍정을 보였다고 보기 힘들다. 전문적인 지식과 기술 면에서 일반행정직 업무 담당자들보다 높은 수준에 있는 사회복지직 공무원들이 전달체계 통합정책에 부정적인 평가를 내린 점은 주목을 요한다.

서비스 질의 개선에 대해 부정적인 평가가 나오게 된 배경은 전달체계 개편이 조직의 통합성, 인력의 전문성, 그리고 업무의 책임성 면에서 긍정적인 효과를 가져오는 데 있어 그다지 성공적이지 못했다는 응답자들의 평가로부터 찾을 수 있다. 업무 담당자의 능력에 대한 설문문항 등 몇 항목을 제외한 대부분의 항목에서 조사대상 공무원들—특히, 사회복지직—은 전달체계 통합정책이 그다지 긍정적인 변화를 가져오지 못했다고 응답했다.

구체적으로 보면, 전달체계의 통합이 조직의 통합성을 높였는지에 대해서 사회복지직과 일반행정직 공무원들이 공통적으로 부정적인 평가를 내렸다. 주민생활지원서비스가 일관성 있고 지속적으로 제공되지 못하고 있고, 공공-민간기관 간의 연계도 잘되어 있지 않으며, 원스톱 서비스 제공이 될 수 있는 환경도 잘 구축되어 있지 않다는 것이다.[12] 다만, 사회

12) 통합적인 환경구축을 통한 복지서비스 제공을 위해서는 서비스 수요자를 중심으로

복지직과 일반행정직 간의 정보교류 항목에서는 사회복지직이 부정적으로 평가한 반면, 일반행정직이 상대적으로 부정적인 판단의 정도가 낮았다. 한편, 전달체계 통합정책에도 불구하고 사회복지 전문 인력의 수가 적정하지 않고, 조직 내 인력배치가 적절하지 못하다는 평가가 나왔다. 이는 주민생활지원서비스 체계로의 조직개편 이후 타 업무가 사회복지직 공무원들에게 많이 넘어 왔으나 인력충원이 적절히 이루어지지 않아 사회복지직 담당 공무원의 업무가 더 가중되었을 뿐만 아니라, 일반행정직은 9급 직원으로 배치되는 등의 기피현상이 나타나고 있으며, 일반행정분야와 사회복지 분야의 업무 구분이 모호하기 때문인 것으로 보인다.[13] 또한 업무의 책임성 분야에서도 사회복지직 공무원을 중심으로 전달체계 통합 후에도 직급·직종 간 역할규정이 불명료하고 일선 업무 담당자와 서비스 수혜자들로부터의 의견수렴이 충분하지 않으며, 공무원들의 대응성이 높지 않고 인력에 대한 감독과 지도가 잘 이루어지지 못하고 있다는 평가가 나왔다. 전달체계 통합정책에도 불구하고, 조직의 통합성, 인력의 전문성, 업무의 책임성에 큰 개선이 이루어지지 못했다고 본다면, 서비스의 질적 수준 역시 크게 개선되지 못했다고 보는 것이 타당하다고 하겠다.

4 요약 및 결론

본 연구는 평택시 노인복지 이용자들을 대상으로 주민생활지원서비스 체제로의 전달체계 통합 후 서비스 만족도에 변화가 있는지를 조사한 후, 주민생활지원서비스 체제의 운영에 대한 평택시 사회복지업무 담당 공무원들의 인식을 조사하여 노인대상 만족도 조사 결과의 타당성을 검토하였다.

조당호(2006)의 조사 결과를 사전조사로 하고 본 연구의 만족도 조사

해서 모든 분야에 포괄적으로 사용할 수 있는 시스템이 필요한데, 이 체제가 아직은 미흡한 실정이고 보완이 필요하다고 하였다(개방형 질문에 대한 공무원들의 답변).

13) 개방형 질문에 대한 공무원들의 답변(10건).

를 사후조사로 하여 사전-사후조사를 비교한 결과, 노인복지서비스 이용자들의 만족도가 사전조사 시에 비해 저하된 것으로 나타났다. 본 연구 실험설계의 한계를 고려하여, 이러한 조사 결과가 타당성을 지닌 것인지를 확인하는 수단의 일환으로 실시한 공무원 대상 인식조사에서도 공무원들은 대체로 통합정책의 실시 후에 서비스 질의 개선도가 그리 높아지지 않은 것으로 인식하고 있었다. 또한 조직의 통합성, 인력의 전문성, 업무의 책임성에 대한 다수의 설문 문항에서 일반행정직 공무원과 사회복지직 공무원 모두 부정적인 인식을 하고 있는 것으로 나타났으며, 특히 사회복지직 공무원들의 부정적인 인식이 매우 높은 것으로 조사되었다. 이상의 조사 결과에 근거해볼 때, 전달체계 통합정책은 기대했던 효과를 달성하는 데 크게 미흡했던 것으로 판단된다. 이러한 정책실패가 나타난 원인은 통합정책의 시행 후에도 전문성을 지닌 인력의 부족, 인력배치의 부적절성, 홍보의 부족, 의견수렴의 부족, 통합적인 전달체계의 미흡, 민간기관과의 협력의 미비, 일선 공무원에 대한 통제의 실패 등의 현상이 지속되었다는 데서 찾을 수 있을 것으로 보인다.

이에 본 연구는 다음과 같은 개선방향을 제시하고자 한다. 첫째, 보다 전문적인 서비스를 제공하기 위해 사회복지전담공무원을 확충하거나 사회복지분야 근무경력이 많은 공무원들을 일선에 배치할 필요가 있다. 사회복지직 공무원을 증원·보강한다던지 기존 일반행정직 공무원에게 적절한 교육을 실시하여 사회복지 업무 담당자로서의 전문성을 갖추도록 하여야 할 것이다.

둘째, 통합적인 사회복지서비스 제공을 위하여 일반행정직과 사회복지직 공무원들 간의 업무분담 및 업무협조 체제의 강화를 통하여 갈등을 해소하고, 인력운영의 효율성을 확보할 수 있어야 한다. 또한 민간기관과의 연계를 통해 복지서비스가 제공될 수 있어야 한다. 그리고 주민들의 다양한 복지욕구를 충족시키기 위해서 복지서비스 관련 정보에 주민들이 보다 손쉽게 접근할 수 있어야 한다. 이러한 과제들에 대응하기 위해서 지역사회복지협의체를 활용할 필요가 있다. 지역사회복지협의체는 각 지방자치단체 내 공공·민간부분의 복지 네트워크를 형성하여 지역사회복지 공급자와 수요자 간의 연계를 강화하고자 2005년 7월부터 전국적으로 설치·운영되고 있다. 아직 그 활용도가 그리 높지 않은 지역사회복지협의체를 더욱 활성화시켜 이를 공식적인 전달체계와 연계시키는 방안을 모색해야 할 것이다.

셋째, 업무의 책임성과 관련하여, 서비스 수혜자와 업무 담당 공무원들로부터의 의견수렴을 통해서 문제점을 개선해 나아가야 한다. 특히, 공무원들로부터의 의견수렴을 위해서는 우선 이들의 주민생활지원서비스에 대한 이해와 능동적인 업무참여가 필요하다. 그리고 실무 공무원에 대한 충분한 교육과 홍보가 이루어져야 한다. 교육과 홍보를 통해 공무원들의 이해도를 높여야만 주민들에게 제대로 된 복지서비스를 제공할 수 있을 것이다. 또한 일선 공무원들의 업무에 대한 조직 내·외로부터의 감시·감독 기제를 정비하여 책임 있는 서비스 제공이 이루어질 수 있는 제도적 장치를 구축해야 한다.

본 연구는 시간과 비용 상의 제약, 그리고 사전조사로 활용할 선행연구의 제약으로 인해 연구대상 지역이 경기도 평택시로 한정된 한계를 지닌다. 현실적으로 평택시의 주민생활지원서비스 전달체계의 현황이 다른 지역과 크게 다르지는 않은 것으로 판단되므로, 이 연구의 결과가 어느 정도 보편적인 의미를 지닐 수 있을 것으로 기대된다. 그러나 연구대상 지역이 특정 지역에 한정된 한계를 보완하기 위해서는 여타 지역을 대상으로 한 조사가 추가적으로 이루어져야 할 것이다. 마지막으로, 주민들의 복지체감도를 높이고 삶의 질을 향상시키기 위해서는 전달체계의 형식만을 개편하기보다 전달체계의 효과성을 높일 수 있는 여러 변수들을 보다 포괄적으로 개선하려는 관심과 노력을 기울여야 할 것이다.

제 9 장 정책변동: 이론적 모형

정책 단계(stages) 모형에 의하면, 평가 후 환류를 거쳐 정책과 프로그램에 변화가 일어날 수 있다고 한다. 즉, 정책종결이 발생하거나, 아니면 정책내용의 조정(adaptation)이 있게 된다고 본다. 그러나 현실에서는 이러한 합리적인 정책과정이 제대로 이루어지지 않는다. 즉, 평가 후 정책종결이 좀처럼 잘 일어나지 않는다는 것이 밝혀졌고, 평가의 결과가 정책변동의 동력이 되기 힘들다는 주장이 나오고 있다. 합리적인 분석에 근거한 정책평가는 정책변동과 관련된 다양한 이익들 간의 균형을 유지하고 새로운 결정에 도달하는 데 단지 하나의 요소가 될 뿐이며, 정책변동은 정책단계론자들이 생각하는 것보다 훨씬 더 복잡하다.

일반적으로, 사회문제를 다루는 국가정책은 정태적이지 않으며 항상 변하고 있다. 호그우드와 피터스(Hogwood & Peters, 1983: 25)가 지적한 바와 같이, 정책변동을 연구할 때 변화를 겪고 있는 정책과 그 형태 및 규모에서 아무런 변화를 겪고 있지 않는 정책을 구분하고자 하는 시도는 성립되기 어렵다. 어떤 사회문제가 단 하나의 공공정책으로 완전히 해결될 수 있는 경우는 많지 않다. 그러므로 일단 국가가 한 사회문제에 관여하게 되면, 우리는 그 문제에 대한 일련의 국가정책이 상당 기간에 걸쳐 지속될 것으로 기대할 수 있다. 이런 의미에서 공공정책은 본질적으로 역동성을 지니고 있다.

기존의 정책변동에 대한 연구는 대략 다음의 세 가지 주제를 다루어 오고 있다: 장기간에 걸친 정책변동(또는 국가개입 형태의 변화)에서 우리는 어떤 규칙적 또는 예측 가능한 패턴을 추출해 낼 수 있는가?; 정책변동(국가개입 형태의 변화)은 왜 발생하는가? 정책변동은 어떤 양상으로 전개되는가? 다음에서는 먼저 정책변동 또는 국가개입의 유형과 패턴에 대한 기존 연구들을 살펴보고, 이 책에서 발전시킨 '국가개입의 유형론'을 제시한다. 다음으로, 정책변동의 원인과 양태에 대한 이론적 논의를 살펴본다.

제 1 절 정책변동의 유형과 패턴

정책변동은 주로 특정 정책문제를 대상으로 하는 정책채택이 있을 때 발생하게 된다. 따라서 정책채택에 관한 연구들, 특히 정책의제 형성에 관한 연구들은 정책변동에 대한 우리의 이해를 도울 수 있다. 그러나 정책의제 형성을 포함한 정책채택에 관한 연구들은 하나의 정책문제에 대한 국가의 장기간에 걸친 정책변동을 파악하는 데는 한계를 지닌다.

한편, 정책변동에 관한 국내의 연구 경향에도 나타나는 바와 같이, 장기간의 정책변동과 그에 따른 정책변동의 패턴에 관한 연구는 정책변동의 원인이나 정책변동의 양상에 관한 연구에 비해 상대적으로 활발하지 못하다. 그러나 그럼에도 불구하고, 우리는 국가개입의 유형에 관한 연구와 정책과정에 관한 연구에서 정책변동의 패턴에 관한 연구가 부분적으로나마 진행되어 왔음을 확인할 수 있다. 정책변동 또는 국가개입의 유형과 패턴에 관한 기존 연구들은 다음과 같다.

1 정책변동 또는 국가개입의 유형과 패턴에 대한 기존 연구

1) 호그우드와 피터스

변화는 정책과정에서 지속적으로 발생하고 있다. 이 변화는 평가의 결과일 수도 있지만, 그보다는 정책환경 상의 변화, 정치적·관료적인 학습, 또는 현존하는 정책 아이디어와 조직구조의 발전에 더 기인한다고 볼 수 있다. 어떤 면에서는 기존 정책의 시행에 따라 나타나는 상황의 변화(악화일수도 있음) 또는 그 정책이 지니는 결함을 발견함으로써 이후의 정책변동이 발생하게 된다고 볼 수 있기도 하다. 이러한 전제 하에 호그우드와 피터스(Hogwood & Peters, 1983)는 정책변동의 유형을 제시하고 있다. 그들은 실제 발생하고 있는 정책변동이 다음의 네 가지 이념형적인 정책변동 유형 중 하나 이상의 요소를 지니고 있다고 보았다.

① 정책창안(policy innovation): '새로운' 정책문제에 직면하여 정부가 '새로운' 정책을 입안했을 때 나타나는 정책변동의 유형으로서, 조직·법 또는 공공지출을 모두 새로 도입해야 해는 상황을 말한다. 오늘날 '새로운' 정책문제가 제기될 수 있는 영역이 과거에 비해 축소되어 있으므로, 그러한 정책창안이 나타날 수 있는 가능성은 점점 낮아지고 있다.

② 정책계승(policy succession): 동일한 활동 영역 내에서 불만족스러운 기존 정책을 다른 정책으로 대체하는 정책변동 유형이다. 즉, 정부가 새로운 활동 영역에 개입하는 것이 아니고 접근법에 근본적인 변화가 없으며 기존 정책의 연속선상에서 파악될 수 있지만, 그 구체적인 형태는 몹시 다양할 수 있다. 우리나라의 경우, 「생활보호법」을 「국민기초생활보장법」으로 대체한 것이 하나의 예가 될 수 있다.

③ 정책유지(policy maintenance): 기존 정책(즉, 동일한 정책)을 상황에 맞게 적응시켜 나가는 정책변동의 유형이다. 정책유지는 구체적으로 다음과 같은 현상으로 나타난다. 즉, 기존의 고객에게 추가적인 수혜나 규제를 전달, 기존의 수혜를 받을 수 있는 고객의 범위를 확장, 수혜의

시기를 넓히거나 지역적인 영역을 확대, 기존 프로그램의 질이나 기준을 향상, 물가 상승에 따라 자동적으로 수혜 수준을 조정, 인구구성상의 변화에 따른 정책의 확장 등이 그것이다.

④ 정책종결(policy termination): 정책이나 프로그램이 폐기되거나 그 정책에 관한 공공지출이 중단되는 것을 말한다. 정책창안과 마찬가지로 정책종결도 오늘날 찾아보기 드문 현상이 되었다. 그러나 다음과 같은 정책쇠퇴 상황을 생각해 볼 수는 있다. 예컨대, 규모나 자원에서 감축이 일어나는 경우 — 대상 인구(예 학생의 수)의 감소 — 나, 고객에게 전달되는 산출물의 규모나 질이 떨어질 때, 그리고 기존 고객의 일부가 수혜 자격을 잃게 되거나 기존 프로그램 내용의 일부가 없어지는 등의 현상은 궁극적으로 프로그램의 완전한 종결로 나아갈 수도 있다.

호그우드와 피터스가 발견한 정책변동 상의 패턴은, 구미 선진 국가들에서는 정책창안이 아니라 정책계승이 주된 정책결정 형태가 되었다는 것이다. 즉, 정책창안의 수는 줄어드는 반면, 정책계승의 수는 증가하는 추세가 발견된다는 것이다. 사회문제에 대한 국가개입의 역사가 오랜 구미 국가들에서, 이제 '새로운' 사회문제의 영역과 사회문제의 수는 제한되어 있어, 정책창안이 발생할 여지는 크게 줄어들었다고 볼 수 있다. 한편, 이미 개입한 정책 영역에서 문제해결이 원활하지 못하고 이에 따른 시민들의 불만족이 높아지는 상황 속에서 구미 국가들은 기존 정책을 다른 정책으로 대체하여 대응하고자 하는 경향을 보이고 있다. 호그우드와 피터스는 이러한 현상에 대해 정책창안이 아니라 정책계승이 주된 정책결정 형태가 된 것으로 표현했다고 하겠다.

2) 폴스비

폴스비(Polsby, 1984)는 정책창안 개념을 더욱 발전시켜, 정책창안을 급성(acute) 창안과 만성(incubated) 창안으로 분류했다. '급성 창안'의 특징은 ① 문제 인지와 정책반응 간의 시간차가 짧고, ② 대안 탐색에 들어가는 시간과 에너지가 많지 않으며, ③ 만족모형에 근거한 의사결정을 수행하고, ④ 참여자 간의 갈등 수준이 낮다. 반면, '만성 창안'은 ① 문제인지와 정책반응 간의 시간차가 길고, ② 대안 탐색을 체계적으로 수행하고, ③ 대안이 먼저 발생한 후 이 대안의 주창자들이 해당 대안의 실현에 적합한 문제를 찾고자 노력하며, ④ 갈등의 수준이 높은 경우를 말한다. 또한 폴스비(N. W. Polsby)는 공공 분야의 기관 활동에서는 팽창기와 수축기가 존재하며, 정책창안은 어느 시기에도 발생할 수 있다고 주장한다.

3) 맥도너

맥도너(MacDonagh, 1961)는 19세기의 영국 「승객법(Passenger Act)」의 변천 과정을 연구하여 사회문제에 대한 국가개입상의 패턴을 발견해 냈다. 승객법은 19세기 영국에서 배편(범선)으로 대서양을 건너 신대륙인 미국으로 건너간 영국과 아일랜드의 이주자들이 이주 과정에서 겪게 된 비참한 현상에 자극받은 자유주의 지식인들이, 이 분야에서 정부의 규제를 발전시키는 과정에서 나타난 법적 조치로서, 맥도너(O. MacDonagh)는 정부개입의 발전이 다음과 같은 단계로 진행된 점을 발견해 냈다.

① 첫째 단계: 법 집행을 전담할 기관을 정립하지 않은 채로 입법을 시도했다. 입법 주도 세력은 정부 내 여러 기존 기관을 통해 법 집행이 이루어질 것으로 기대했으나 그 기관들은 그 새로운 과제를 무시했다.

② 둘째 단계: 입법 주도 세력은 전담기관과 공무원(감독관)을 성립시켰으며, 이 전담기관과 공무원의 출현으로 법의 실행이 안정적인 단계에 접어들었다.

③ 셋째 단계: 전담공무원들의 업무 집행에 필요한 행정환경 상의 수정이 가해지고 그들의 영향력이 확장되었다.

④ 넷째 단계: 행정인(법집행인; 감독관)들의 태도에 변화가 나타났다. 즉, 그들은 법이 완벽할 수 없다는 것을 받아들이고 지속적인 적응과 변화가 필요하다는 것을 이해하게 되었다.

맥도너의 연구는 특정 정책영역에서 국가개입이 어떤 단계를 거치면서 발전하는지를 잘 보여 주며, 국가정책의 변화와 관련하여 국가기관과 관료제의 발전 과정이 어떻게 진행되는지를 보여 주는 데 연구의 초점이 놓여 있었다.

4) 피콕과 와이즈먼

피콕과 와이즈먼(Peacock & Wiseman, 1961)은 공공지출의 팽창을 지표로 삼아 국가개입 증대 현상을 지적했다. 특히, 정부 지출상의 급속한 팽창과 상대적인 정체 현상의 패턴을 발견하여 이를 대치효과(displacement effect)라 명명했다. 즉, 피콕(A. Peacock)과 와이즈먼(J. Wiseman)은 20세기 초에서 1960년에 이르는 기간 동안 영국의 재정 지출이 어떻게 변해 왔는지에 대한 시계열적인 분석을 통해, 장기적인 관점에서 볼 때 정부의 재정 지출은 지속적으로 증가해 왔다는 점을 발견했으며, 이와 더불어 정부 지출은 급속한 팽창과 그에 뒤따르는 상대적인 정체기가 있을 수 있다는 점을 지적했다.

5) 던리비

던리비(Dunleavy, 1989)는 자유주의적 국가개입의 사다리모형(ladder of interventions model)을 제시했다. 던리비(P. Dunleavy)에 따르면, 국가 역할에 대한 자유주의적 접근에서는, 국방·치안 등의 핵심 기능을 제외하고, 국가가 사전 단계 없이 직접적으로 산출물 생산의 책임을 떠맡지는 않으며, 이 과정에는 여러 단계가 존재한다는 것이다. 즉, "국가개입은 개입 단계상의 낮은 방안이 먼저 시도되고 나서 그것으로 부족하다는 것이 확인되고 나서야 그 상위의 개입 방안이 수용되는 식으로 진행되어야 한다."는 것이 자유주의적 국가론자들의 입장이라는 것이다. 던리비가 정리한 자유주의적 국가개입의 단계는 다음과 같다.

① 단계 0: 정책문제의 존재가 부정됨.

② 단계 1: 정책문제의 존재가 인정됨. 그러나 정부개입이 상황을 개선시키지 않을 것이므로 개입치 않음.

③ 단계 2a: 시장의 외부 효과에 대처하기 위해 정부가 최소한으로 필요한 개입을 하는 것이 허용됨. 기본적으로 시장에서 일어나는 상호작용과 배분 과정을 충실히 지킴.

④ 단계 2b: 공공재·공유재 등을 제공하는 더 높은 단계의 개입에

대한 요구가 받아들여짐. 시장행위자에 대한 정부의 관여를 통해서 실행됨.

⑤ 단계 3: 시장에 의한 자원배분에 대한 제약의 필요성이 받아들여짐. 정부가 시장에서의 교환을 막는 강제적인 규제를 행하거나 또는 준시장에서 서비스를 생산할 조직을 만들고 이에 대한 보조금을 지급하는 역할을 함.

⑥ 단계 4: 국가가 재화와 용역을 생산하는 데 직접 개입할 필요성이 수용됨.

6) 미쉬라

미쉬라(Mishra, 1977)는 사회복지 체제를 잔여적 모형(residual model)과 제도적 모형(institutional model)의 둘로 분류했다. 잔여적 사회복지 모형은 개인의 사회경제적 욕구(need)를 충족시키기 위한 가장 자연스럽고, 정상적인 통로는 '가족'과 '시장경제'라는 원리를 기본으로 하고 있다. 그러나 때에 따라(예컨대, 경제적으로 불황이 닥치거나 가족이 위기에 빠질 때) 시장경제나 가족이 경제적・사회적 욕구를 모두 충족시켜주지 못할 때가 있다. 이처럼 가족과 시장경제라는 기본적이고 정상적인 욕구 충족 제도가 작동하지 못할 때, 제3의 제도로 사회복지제도(특히, 국가복지)가 작동하게 된다. 그러나 경제가 정상으로 회복되고, 가족이 위기에서 벗어난다면, 사회복지제도는 다시 작동을 멈추게 되고, 이러한 속성 때문에 '잔여적(residual)' 모형이라고 칭하게 된다.

한편, 제도적 사회복지 모형은 복잡한 현대사회에서 사회복지는 정당한(legitimate) 기능을 수행하고 있다는 관점을 기초로 한다. 현대사회에서 개인이 시장경제 체제에서 항상 정상적인 기회를 가질 수 있다는 보장이 없으며, 가족 역시 안전한 보장장치가 되지 못한다. 따라서 현대사회에서는 사회경제적 문제로부터의 안전망이 필요하게 되며, 국가를 중심으로 하는 제도적 사회복지가 그 기능을 담당하게 된다. 이 모형에서는 제도적 사회복지가 가족과 시장경제를 보완하는 부수적인 역할을 수행하는 것이 아니라, 사회구성원들의 욕구 충족 달성을 위한 중심적인 역할을 수행하는 것으로 이해된다. 즉, 사회복지제도는 더 이상 위기적 상황에만 대체되는 임시적 구호나 자선적 성격을 지닌 제도가 아니며, 집합적 책임(collective responsibility)을 지게 되는 사회경제적 안전망이 된다(조성한 외, 2006: 14-16). 이러한 유형론을 토대로 미쉬라(R. Mishra)는 구미 여러 나라에서 장기간에 걸쳐 발생한 패턴은 잔여적 형태의 국가개입에서 제도적 형태의 개입으로의 변화라고 주장한다.

7) 기존 연구들의 한계

이러한 기존 논의들은 이론적 완결성이나 현실의 다양성을 포착하는 능력 면에서 한계를 지니고 있다. 먼저, 영국의 경험에서 발견된 정부 재정 지출의 패턴은 좀 더 일반화된 가설의 형태로 발전되지 못했다. 한편, '국가개입의 사다리모형'은 구체적인 경험적 연구에 의해서 뒷받침되지 못했다. 던리비는 이 사다리모형이 영국의 국가 팽창을 설명하려는 신우익 론자들의 이론적 노력의 근거가 된다고 주장하고 있으나(Dunleavy, 1989: 255-256), 기본적으로 이 모형은 자유주의적 보수정치이론의 이념적·규범적 입장을 보여 주는 형태로 제시되었으며 경험적인 연구로 발전되지 못했다. 또한 정책창안이나 정책계승과 같은 개념을 제시하고 있는 호그우드와 피터스의 논의는 공공정책이 사회문제의 해결을 목적으로 하고 있는 정부의 '긍정적'인 반응이라는 가정 하에서 전개되고 있는 것으로 보인다. 즉, 정책창안이나 정책계승이라는 개념 속에서 '부정적'인 함의를 발견하기는 몹시 힘들다. 그러나 정부는 특정 사회문제의 존재를 의도적으로 무시하기도 하고 때로는 '억압'이나 '무의사결정(non-decision making)' 같은 '부정적'인 정책을 채택하기도 한다(Bachrach & Baratz, 1970).

특정 사회문제를 취급하기 위한 정부의 최초의 정책이 항상 '행위(action)'의 형태로 나타나는 것은 아니다. 경우에 따라 정부는 아무런 행위를 취하지 않을 수 있으며(inaction), 이것 또한 하나의 정책으로 볼 수 있다. 따라서 '정책창안'이라는 용어는 '정책개시(policy initiation)'로 대체될 필요가 있으며, 이때 정책개시는 정부의 '긍정적'인 반응뿐 아니라 '부정적'인 반응과 '무행위(inaction)'까지 포괄하는 폭넓은 개념이라 할 수 있다.[1)]

특정 사회문제에 대한 '무행위'가 정부의 '정책개시'인 경우, '정책계승'은 그 문제에 대한 정부의 차후의 모든 활동과 행위들을 포괄하게 된다.

2 국가개입의 유형론

여기서는 기존 연구에서 나타난 이러한 한계점들을 보완하기 위한 시도의 하나로서 '국가개입의 유형론(typology of state interventions)'을 제시하고([그림 9-1] 참조), 장기간에 걸친 정책변동에서 나타날 수 있는 패턴에 대한 일반론을 제시하도록 한다. 국가개입의 유형론은 '사회문제에 대한 국가정책의 장기간에 걸친 발전은 특정의 순서를 밟으며 진행될 수 있다'는 것으로 정리된다(Joo, 2014 참조).

'국가개입의 유형론'에서, '무시(disregard)'는 특정의 사회적 쟁점 및 이와 관련된 사회문제가 명백히 존재함에도 불구하고 정부가 그 쟁점 및 문제에 대해 아무런 관심을 보이지 않는 반응의 형태를 말한다. 반면, '관

그림 9-1 국가개입의 유형론

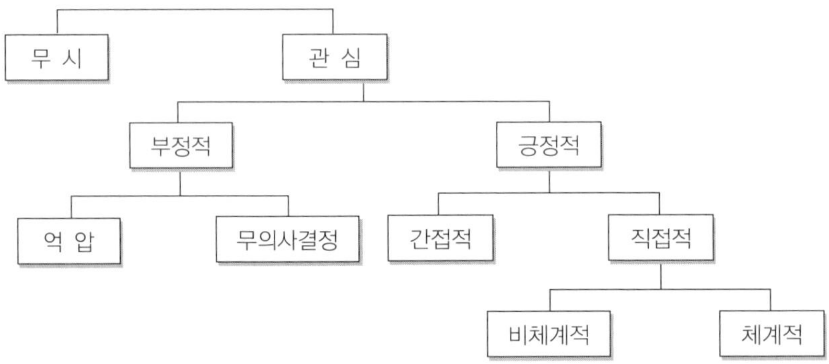

1) 폴스비(Polsby, 1984)는 정책창안과 정책개시(policy initiation)를 같은 개념으로 처리함으로써 역시 국가정책의 '부정적' 측면을 고려하지 않고 있으나, 이 글은 '정책개시'를 이처럼 긍정적이고 좁은 의미로 사용하는 데 동의하지 않는다.

심(attention)'은 정부가 더 이상 그 쟁점 및 문제를 무시하지 않는 상태를 일컫는다. 그러나 그 관심이 반드시 '긍정적(positive)'인 형태를 취하는 것은 아니며, 특히 관심 표명의 초기에 그것은 '부정적(negative)'인 형태를 취할 수도 있다. '부정적 관심'에는 두 가지 형태가 있을 수 있다. 하나는 '억압(repression)'이고, 다른 하나는 '무의사결정(non-decision)'이다. '억압'은 국가 엘리트의 기득권이나 그 기득권을 수호하는 제도에 도전하거나 도전할 가능성이 있는 사회 쟁점, 문제 및 사회집단을 억압적 법이나 물리적 강제력을 동원하여 억누르는 국가 반응의 형태다. '무의사결정'은 그러한 쟁점·문제·집단 등을 주로 '편견의 동원'을 통해 정부의 정책의제에서 배제하는 국가개입의 형태이다.

바크라흐와 바라츠(Bachrach & Baratz, 1970: 44-46)는 '무의사결정'의 형태들로서 물리적 강제력의 사용, 위협과 코옵테이션, 정치 체계의 현존 편견과 관행의 사용, 규칙과 절차의 재편성('편견의 동원'의 재편성), 사전 예상에 의한 반응(anticipated reaction) 등을 제시하고 있다. 따라서 여기에서 제시되고 있는 '억압'과 '무의사결정'이 바크라흐와 바라츠의 틀 안에서는 모두 '무의사결정'이라고 볼 수 있다. 그러나 물리적 강제력이나 억압적 법을 사용하는 것과 '편견의 동원'은, 전자가 더 직접적·노골적·저차원적인 반면, 후자는 상대적으로 간접적이며 고차원적인 권력의 행사라는 면에서 그 성격상 질적인 차이를 보이고 있음을 고려하여, '국가개입의 유형론'에서는 이 둘을 구분하여 사용한다.

'긍정적 관심'에는 '간접적(indirect)'인 형태와 '직접적(direct)'인 형태가 있을 수 있다. 이 두 형태는 사회문제에 대한 국가의 '긍정적' 정책이 해당 문제 및 관련 사회집단을 직접적으로 다루고 있느냐의 여부에 의해 구분된다. 즉, 특정 정책이 해당 문제와 집단을 직접적인 대상으로 하고 있다면, 이는 '직접적' 형태라 할 수 있다. 한편, 하나의 정책이 해당 문제와 집단을 직접적인 대상으로 하고 있지는 않지만, 그것들과 관련을 지니고 간접적이나마 긍정적 효과를 내는 경우에는, 그 정책은 '간접적' 형태라 볼 수 있다.

다음 범주인 '체계적(systematic)' 정책과 '비체계적(unsystematic)' 정

책의 구분은 '직접적' 형태에서 좀 더 세부적 정책 발전을 기술한다. 해당 문제와 집단을 직접적인 대상으로 하는 특정 정책수단이 정밀하면서도 포괄적인 규정에 기반을 두고 집행될 때 이를 '체계적-직접적' 정책이라 한다. 반면, 대상으로 하는 문제와 집단을 직접적으로 다루긴 하지만, 불완전하거나 불분명한 원칙 하에서 수행될 때 이를 '비체계적-직접적' 정책이라 부른다. 두 정책 유형 간의 주된 구분 기준은 그 '직접적' 정책이 법적 기반 위에서 집행되는가, 아니면 임시적(ad-hoc) 기반 위에서 집행되는가 하는 것이다.

'간접적' 관심, '직접적' 관심, '비체계적' 정책, '체계적' 정책 간의 차이는 기본적으로 정책의 형태에 근거하고 있다. 예를 들어, 다음에서 살펴볼 저임금 문제의 경우, 정부가 의회를 통과한 법(즉, 최저임금법)에 근거하여 저임금 문제를 취급한다면 최저임금법은 저임금 문제에 대한 '체계적-직접적' 정책이 된다. 반면, 의회를 통과한 법적 근거가 없이 정부가 행정지도 방안(예 저임금 지도)을 사용하여 기업체들을 규제하는 경우, 그 행정지도 방안은 '비체계적-직접적' 정책이 된다. 한편, 저임금 문제와 직접적인 연계를 지니지 않는 각종 사회복지 정책 중 근로자의 소득보전 수단으로서의 의미를 지니고 있는 방안들(예 의료치료, 산재급여, 가족급여, 모성급여 등)은 그 정책 의도에 따라 저임금 문제에 대한 '간접적' 형태의 정책 수단으로 파악될 수 있다.

이상 제시된 '국가개입의 유형론'은 정책변동의 가능성을 함축하고 있다. 즉, 우리는 한 사회문제에 대한 국가의 정책적 대응이 '무시' 형태에서 '억압'·'무의사결정'·'간접적'·'비체계적-직접적' 형태들을 거쳐 '체계적-직접적' 형태로 발전하는 패턴을 상정해 볼 수 있다. 그러나 국가개입이 필연적으로 이 모든 단계를 밟으면서 진행되라는 법칙이 있는 것은 아니다. 국가의 정책대응은 '무시' 형태에서 '부정적'·'간접적' 형태를 거침이 없이 바로 '직접적' 형태로 발전할 수 있다. 또 국가개입은 한 범주에서 하나의 형태만을 취하며 진행될 수도 있다. 예를 들어, 우리는 '무시'·'억압'·'체계적-직접적' 형태로 이루어진 일련의 국가정책을 상정할 수 있다. 나아가, 어떤 경우에는 동시에 둘 이상의 개입 형태가 병존할 수도 있다. 예를 들어, '억압' 형태가 '간접적' 그리고/또는 '직접적' 형태의 정책과 동시에 시행될 수 있다.[2] 경우에 따라서는 정책변동이 역순으로 진행될 수도 있다. 예를 들어, '직접적' 형태가 '간접적' 형태에 우선할 수 있으며, 국가가 특정 사회문제에 대한 '관심'을 철회하고 '무시' 형태로 돌아갈 수도 있다.

이러한 다양한 가능성이 존재할 수 있음을 고려해 볼 때, 모든 사회문제에 관한 국가개입에 일관되게 적용될 수 있는 단 하나의 경로를 예측하는 것은 사실상 불가능하다. 그러나 이러한 복잡성에도 불구하고, 우리는 '한 사회문제에 대한 국가의 정책적 개입은 대략 '무시' 형태에서 시작하여 '체계적-직접적' 형태로 진행해 간다'라는 최소한의 기대를 해볼 수 있으며, 이에 '국가개입의 유형론'은 '국가개입의 단계(stages of state interventions)' 개념으로 전환될 수 있다.

제 2 절 정책변동의 원인과 양태

1 정책변동의 원인

맥도너의 연구에서는, '상황의 필요성(즉, 19세기 영국에서 선편으로 대서양을 횡단하여 북미대륙으로 이주해 가는 과정에서 나타난 '도저히 그냥 둘 수 없을' 정도의 비참성과 높은 사망률)' 및 '기존 정책과 정부관료제로부터의 모멘텀'이 이주 문제에 대한 국가개입의 기본 동력이었다고 분석되고 있다. '국가개입의 사다리모형'에서는 '사회 · 경제적 환경의 변화'와 '정부의 정치 이념상의 변화'가 국가개입 수준의 변화에 대한 주요 설명변수로 여겨지고 있다. 호그우드와 피터스는 '기존 정책에 대한

---

2) 이 경우 채택의 시기 면에서는 '억압'이 다른 형태들에 선행할 가능성이 높다.

불만'이 정책계승을 유도하는 가장 중요한 요인이며, 다른 정부나 민간 부문으로부터의 '정책 아이디어의 도입'을 보충적인 설명요인으로 보고 있다. 한편, 폴스비는 '사회 내 이익집단', '전문가나 정책결정자의 지적 신념', 그리고 다른 지역의 경험으로부터 알게 된 '비교적 관점의 지식' 간의 상호작용 속에서 정책창안이 나타나게 된다고 본다.

후드(Hood, 1994: ch. 1)는 정책변동을 야기하는 것으로 여겨지는 이러한 다양한 설명 요인들을 다음의 네 가지로 정리했다.[3)]

첫째, 정책변동은 실험에 의해서 입증되거나 논리적 또는 수사적인 (rhetorical) 힘에 의해 뒷받침된 새로운 '아이디어의 힘'에서 나올 수 있다.

둘째, 정책변동은 자신의 목적에 맞는 상황 변화를 자아낼 수 있는 '이익의 힘'에 의해 야기될 수 있다.

셋째, 정책변동은 새로운 정책을 피할 수 없는 것으로 만드는 '주변 여건의 변화'에 의해 도출될 수 있다.

넷째, 정책변동은 '기존 정책의 유산'에 의해 내부적으로 조성될 수 있다.

여기서 '이익'과 '아이디어'가 정책과정에 참여하는 구체적인 행위자의 동기에 관한 것이라면, '외적 상황'은 그 행위자들이 처해 있는 환경과 구조적 제약 일반을 말한다. 한편, '정책유산'은 구조나 행위와 같은 정책

그림 9-2 정책변동의 요인들

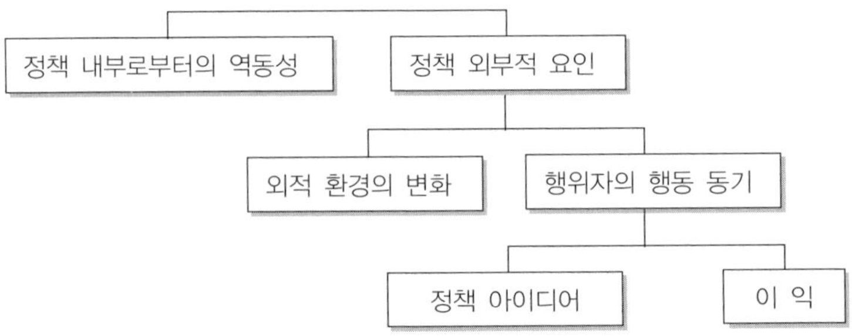

3) 제3장 제3절(정책결정의 설명요인)에 좀 더 자세하게 서술되어 있음.

외적 요인이 아닌, 정책의 내부로부터 나오는 역동성을 가리킨다([그림 9-2] 참조). 이 정책변동 요인 분류는 하나의 원론적인 구분이며 현실적으로 구체적인 정책변동은 이 네 요인들 간의 회색지대에서 이루어질 가능성이 높다. 그러나 우리는 이 원론적인 분류를 통해, 구체적인 분석을 위한 토대를 얻을 수 있다.[4]

2 정책변동의 양태

정책변동이 어떤 양상 또는 양태로 전개되는지를 분석하기 위해 정립된 이론적 모형에는 킹던(J. Kingdon)의 정책흐름모형(PSF: Policy Streams Framework)[5]과 사바티어(P. Sabatier)의 옹호연합모형(ACF: Advocacy Coalition Framework), 그리고 역사적 제도주의(Historical Institutionalism) 등이 있다. 이 모형들은 국내·외의 정책변동 사례 분석에 활발하게 적용되고 있다. 나음에서는 이 모형들의 내용에 대해 살펴본다.[6]

1) 정책흐름모형

정책흐름모형(PSF)은 기존 합리모형이 전제하는 인과관계를 부정하고 현실의 각 정책흐름이 '거의 상호독립적(nearly independent)'인 구조를 지니고 있으며, 별개의 흐름들이 서로 합류(coupling)할 때에 정책이 정책의 창(policy window)을 통과한다는 점이다. 정책흐름모형은 세 개의 흐름(정책문제의 흐름, 정책대안의 흐름, 정치의 흐름), 정책의 창, 그

4) 이 요인들은 이미 '정책결정의 설명요인'의 형태로 제3장에서 소개된 바 있다. 정책변동은 결국 정책결정의 한 형태이므로, 정책변동의 요인과 정책결정의 요인은 동일하다고 하겠다.

5) 킹던의 정책흐름모형은 의제형성에 관한 이론으로 시작되었으나, 시간의 경과와 더불어 정책형성 나아가 정책변동에 관한 이론으로 그 범위가 확장되었다.

6) 이론적 모형에 대한 정리는 김호윤(2015: 29-36)과 김일문(2014: 47-54)을 수정해서 인용함.

리고 정책활동가(policy entrepreneur)를 주요 구성요소로 한다.

(1) 모형의 개요

킹던이 제시한 첫 번째 흐름은 '정책문제의 흐름'이다. 특정 사회문제가 정책의제로 선정되는 데는 정책결정자 또는 정부관료들이 상황에 대해 인식하는 상태, 그리고 문제가 정의되는 방식이 중요하다. 정책결정자 또는 정부관료들이 상황을 인식함에 있어서는 주요 지표의 변화, 위기 또는 사건의 발생, 환류 등이 큰 영향을 미친다. 킹던은 사회의 모든 상황이 정책문제가 되는 것은 아니며, 문제에 대한 지각적 요소 내지 해석적 요소가 개입될 때에만 정책문제가 될 수 있다고 본다. 즉, 사회 상황이 정책문제가 되기 위해서는 정책결정자나 관료 등이 그 상황을 심각하게 고려하고 무엇인가 변해야 한다고 지각하고 인식해야 한다는 것이다.

'정책대안의 흐름'에서는 다양한 정책대안들이 몇 개의 실현가능한 대안들로 좁혀가는 과정을 겪게 된다. 이러한 정책대안의 흐름에 영향을 미치는 정책참여자는 정책공동체, 이익단체, 그리고 정책활동가이다. 즉, 정책대안의 흐름은 주로 연구자와 같은 전문가 집단 및 전문성을 지니고 있는 직업 관료, 오랜 기간 정책을 다루어온 의회 보좌관 등에 의하여 형성되는 흐름이다. 이들은 대학이나 연구소, 행정부, 의회, 이익집단들 간 정책공동체를 형성하면서 가능한 정책대안들을 개발하고 발전시켜 나간다. 즉, 정책대안의 흐름에서 가장 영향을 미치는 사람들은 전문가들이라 할 수 있다. 이러한 정책대안의 흐름에 영향을 주는 요인으로는 정책공동체의 존재 여부 혹은 분화 정도, 정책활동가의 활동의 정도, 그리고 이익 집단의 매개 등이 있다.

'정치의 흐름'은 정치적 사건이 발생하는 것이다. 이 정치적 사건은 정책문제 및 정책대안과 별개로 발생한다. 그러나 정치의 흐름은 정책의제 설정에서 가장 중요한 역할을 수행하는 흐름이라 할 수 있다. 정치의 흐름은 역동적이다. 정치는 국민 여론의 변화, 이익 집단의 압력 활동, 행정부의 교체, 의회 내 이념의 변동, 정당 의석의 변화 등을 통해 흐름이 바뀐다. 특히, 의회 및 행정부의 교체는 주요한 정책참여자의 변화를 가져온다. 이러한 정책참여자의 변화는 정책의제를 변경시키게 되는데, 정치의 흐름은 이와 같이 정책참여자를 변경시킴으로써 정책의제에 영향을 미치게 된다.

정리하면, 특정 정치체계에 영향을 미치는 사회문제들은 주요 지표의 변화를 통해서 확인할 수 있는데, 이 문제들은 정치체계의 위기나 두드러지는 사건의 발생 시에 정책형성에 영향을 미칠 수 있다('정책문제의 흐름'). 한편, 특정 정책공동체의 전문가들이 지식의 점증적인 축적을 통해서 해당 사회문제에 대한 정책대안을 창출하고 있는데, 그 정책대안들은 특히 이익집단의 매개를 통해서 특정 시기에 정책형성에 영향을 끼친다('정책대안의 흐름'). 또한 사회적인 분위기의 흐름이나 여론, 선거 결과와 정부의 변동·의회의 개편 등도 역시 정책형성에 영향을 끼친다('정치의 흐름')(김일문·주재현, 2014: 96-97).

PSF는 이 흐름들이 독립적으로 작용하다가 상호영향을 미치면서 결합될 때 정책의 창이 열려 정책산출(policy output)이 가능해지고 정책변동이 나타난다고 하였다. 이러한 흐름의 합류(결합)을 가능하게 하는 요인들은 시급한 문제의 등장이나 커다란 정치적 변화, 그리고 정책대안의 존재라고 볼 수 있으며, 이때 정치적 지도부를 포함한 정책활동가는 의제형성에 중요한 역할을 수행하는 반면, 행정관료나 전문가 집단은 정책대안의 탐색에서 중요한 역할을 수행한다. 정책의 창이 열리게 되면, 그

그림 9-3 정책흐름모형의 기본구조

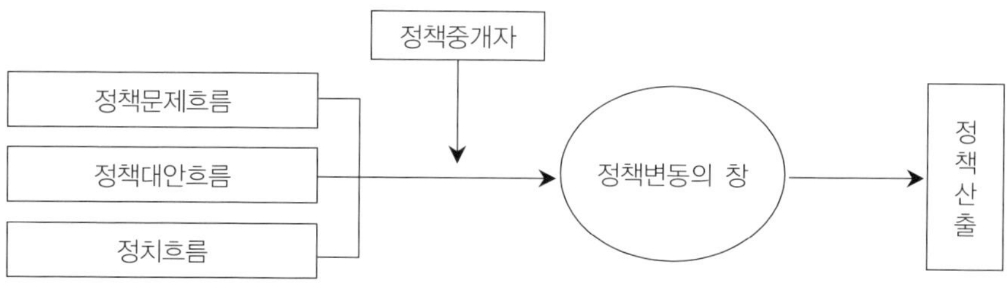

자료: Kingdon(1984)을 근거로 구성.

창 안에서는 각종 전략들을 구사하는 행위자들 간에 높은 수준의 상호작용이 이루어지는데, 이러한 게임의 장은 국회의결을 통해 입법절차가 끝나면 마감되며 최종 정책이 산출되고, 그 결과 정책변동이 발생하게 된다.

(2) 정책의 창

정책의 창이 열렸다는 것은 특정 정책을 지지하는 정책참여자들이 그들이 선호하는 해결책을 강요하거나 자신들의 특별한 문제에 관심을 기울이도록 압력을 행사하여 정책변동의 기회를 맞이했다는 것을 의미한다(양승일, 2014: 64). 그러나, 창이 오랫동안 열려 있는 경우는 매우 드물다. 기회를 놓치면 다른 창이 열릴 때까지 기다려야 한다. 정책의 창이 닫히는 것은 ① 관심대상의 문제가 특정 의사결정이나 입법에 의해서 충분히 다루어졌다고 느끼는 경우, ② 어떤 형태로든지 정부의 행동을 유도하지 못했을 경우, ③ 정책의 창을 열게 했던 사건이 정책의 창에서 사라지는 경우, ④ 인사변동으로 인한 경우, ⑤ 문제에 관한 대안이 존재하지 않는 경우 등이다.

(3) 정책산출과 정책변동

정책문제 · 정책대안 · 정치의 흐름에 의해 정책의 창이 열리면 정책참여자들이 자신들의 이해관계에 따라 서로 대응하며 전략을 이끌어 나간다. 온건 · 강경전략은 정책형성 과정의 상호작용을 통해 이전과는 다른 내용의 정책이 산출되고 정책변동이 이루어지는 것이다(양승일, 2014: 62-66).

그런데 정책의 창을 통과하려면 정책활동가(policy activists)[7]의 역할

7) 정책활동가는 자신들이 선호하는 향후 미래의 정책이 실현되는 것을 바라고, 이를 위하여 자신이 지니고 있는 여러 자원들을 투자하는 사람들을 의미한다. 정책활동가들이 이와 같이 정책의제 설정을 위하여 활동하는 동기에는 여러 가지가 있다. 특정 문제에 대하여 직접적인 관심을 지니고 있는 경우, 특정 정책대안을 실현하는 것에 자기 자신의 편익이 크게 영향을 받게 되는 경우, 자신의 가치를 증진시키기 위한 목적, 정책과정에 참여한다는 자기 자신에 대한 긍지 등도 정책활동가의 주요한 동기 부여가 될 수 있다. 이러한 이유 등으로 동기가 부여된 정책활동가들은 어떠한 정책문제에 대한 그들의 관심을 유포하여 이 정책문제를 정책의제로 끌어올린다. 또한 정책문제 해결을 위한 대안들을 소개하고 이 대안들이 채택될 수 있도록 노력한다. 자신의 정책대안들

이 중요하다. 정책활동가는 특정한 정책 아이디어의 관철을 위하여 자신의 시간, 돈, 정력, 명성 등 각종 자원을 기꺼이 투자하는 정책주창자이다. 이러한 정책활동가가 적시에 나타나는지의 여부가 정책의제 설정에서 결정적인 역할을 할 수 있다. 이러한 정책활동가들은 어떤 고정적인 정책적 위치를 보유한 사람만이 가능한 것은 아니며, 정책공동체 내의 누구라도 정책활동가가 될 수 있다. 의원, 선거로 선출된 공직자, 직업 관료, 로비스트, 학자, 언론인 등도 정책활동가가 될 수 있다.

PSF는 정책산출에 영향을 미치는 변수를 정책문제 흐름, 정책대안 흐름, 정치흐름의 다중흐름과 정책의 창에서 이루어지는 상호작용 등으로 보았는데, 그중에서도 다중흐름은 공공의제를 정책의제로 변경시키면서 정책변동 과정으로 이어져 정책산출을 도출한다는 점에서 가장 영향 정도가 큰 변수라고 하겠다(양승일, 2014: 202).

2) 옹호연합모형

(1) 모형의 개요

사바티어는 옹호연합모형(ACF)이 [그림 9-4]와 같이 외적변수(external parameters), 정책옹호연합(policy advocacy coalition), 신념체계(belief systems), 정책중개자(policy brokers), 정책학습(policy learning), 정책산출(policy output), 그리고 정책변동(policy change) 등으로 구성된다고 하였다. 다음에서는 위 구성요소에 대하여 살펴본다.

(2) 외적변수

ACF는 장기간에 걸친 정책변동 과정을 이해하기 위해서 제시되었고, 특정 정책을 옹호하는 정치적으로 매우 중요한 활동을 하는 정책옹호연합을 분석단위로 상정한다. 이러한 연합의 형성과 활동에 제약을 가하거나 전략적 기회를 제공하는 결정적인 영향은 정책하위체제의 외적변수에서 비롯된다. 외적변수는 안정적인 외적변수(stable external parameters)와 역동적인 외적변수(dynamic external parameters)로 구성되어 있는

이 채택될 수 있도록 각 흐름들을 결합하려 하고 흐름을 조정하려는 노력도 수행한다.

그림 9-4 옹호연합모형의 기본구조

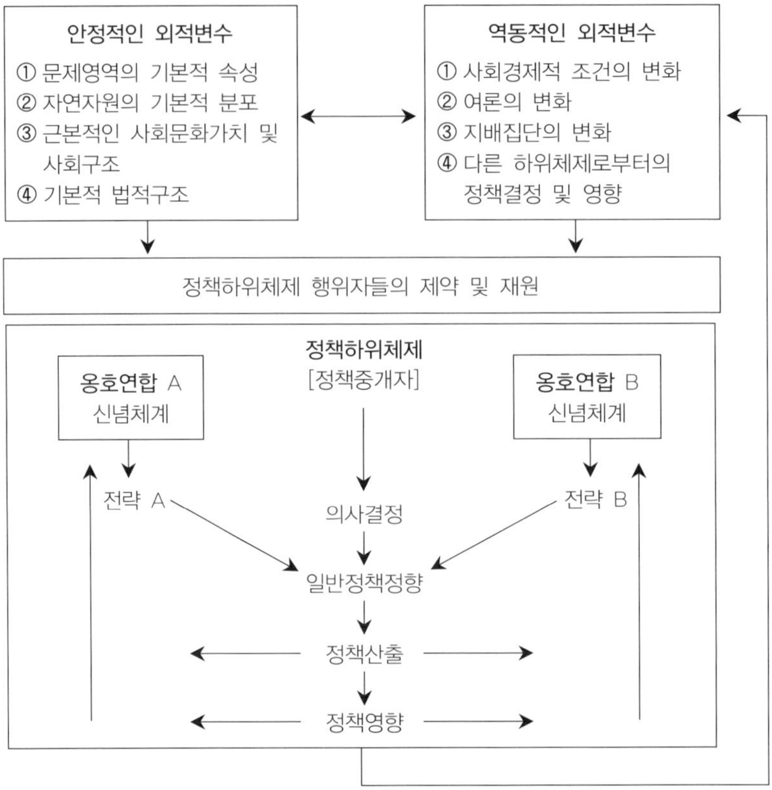

자료: Sabatier & Weible(2007: 191)을 근거로 재구성.

데, 안정적인 외적변수는 구성요소에서 알 수 있는 바와 같이 안정적이며 변화의 속도가 매우 더딘 반면, 역동적인 외적변수는 정책하위체제에 단기간에 커다란 영향을 미칠 수 있다(장지호, 2004: 177).

(3) 정책옹호연합 · 신념체계 · 정책학습

정책옹호연합은 특정 정책영역 또는 하위체제 내에서 신념을 공유하는 행위자들로서, 정책과정에서 경쟁하는 세력에 대항하여 자신들의 주장을 옹호하기 위해 연합의 형성이나 조직화된 협력을 모색하게 된다. 따라서 ACF는 서로 상이한 신념과 가치체계를 가지고 갈등하는 집단들이 각기 옹호연합을 형성하여 장기간에 걸쳐 대립하고 타협하는 경우를 분석하는 데 매우 유용한 모형이다(김순양·이지영, 2009: 101).

신념체계는 규범적 핵심, 정책 핵심, 그리고 이차적/도구적 측면의 계층적 구조로 구성되는데, 규범적 핵심(normative core)은 최상위 수준으로서 옹호연합이 추구하는 규범적·존재론적 공리가치의 우선순위를 정한다. 정책핵심(policy core)은 실제 운용되는 정책의 목표와 밀접하게 연관되어 있으며, 이차적/도구적 측면(secondary/instrumental aspect)의 신념은 정책수단, 예산의 배분, 성과에 대한 평가, 법적 개정 등에 따른 특정한 세부적 정책에 국한되는 것으로서 가장 구체적이며 상대적으로 변화가능성이 크다(장지호, 2004: 178).

정책학습은 옹호연합들 간의 상호작용 또는 정부의 대응에 대한 옹호연합의 반응 과정에서 나타나는 옹호연합들의 신념체계 수정을 의미한다. 정책학습은 특히 옹호연합들 간 상당한 수준의 갈등과 논쟁을 촉진하는 전문적인 공개토론회·공청회·포럼 등을 통하여 이루어진다. 그러나 신념체계의 수정은 규범적 핵심을 보호하기 위해 이차적/도구적 측면에서 주로 나타난다.

(4) 정책중개자, 정책산출과 정책변동

정책옹호연합들 간의 대립과 갈등을 중재하는 제3자를 정책중개자라고 하며, 정책중개자는 정책옹호연합들 사이의 갈등을 줄이면서 합리적인 타협점을 찾아내는 역할을 수행한다. 옹호연합 간의 갈등은 주로 정치인이나 관료 등에 의해 중재되는 것이 일반적이다.

정책옹호연합들의 정책학습을 통해 이차적/도구적 측면의 신념체계 수정이 일어나게 되고, 두 옹호연합에서 발생하는 이러한 변화가 정책중개자를 통해 성공적으로 조정될 때 결국 정책이 산출되게 된다. 이때 이전과 다른 정책이 산출될 경우 정책변동이 이루어졌다고 볼 수 있다. 이러한 정책변동은 정책집행 과정으로 이어지게 된다(양승일, 2014: 58-62).

3) 역사적 제도주의

역사적 제도주의(historical institutionalism)에서 핵심 개념은 '역사'와 '맥락(context)'이며 맥락을 형성하는 것이 역사이므로, 특정 시점에서의 맥락을 이해하기 위해서는 그 맥락의 배경이 되는 역사적 과정에 충실해야 한다는 점에서 '역사적' 제도주의로 볼 수 있다. 이는 곧 국가 정책을 설명함에 있어서 각국의 고유한 맥락의 중요성, 그리고 이러한 맥락을 형성하는 주요 요인인 역사의 중요성을 부각시키는 것이라고 할 것이다(Ashford, 1992). 일반적으로 역사란 특정 사회의 발전과 관련하여 의미 있는 과거 사실에 대한 인식을 말한다. 또한 제도란 장기간에 걸친 '인간 행동의 정형화된 패턴(a set of regularized patterns of human behavior)'을 말하며, 개인과 집단의 행위와 의사결정에 영향을 미치는 공식적 · 비공식적 제약요인을 의미한다.

역사적 제도주의에서 개인의 행위를 설명하기 위해서는 행위가 이루어지는 맥락을 이해해야 하며, 이러한 맥락은 곧 제도적 환경으로 구성되어 있으므로, 행위를 형성하거나, 혹은 제약하는 제도가 상정되면 이 제도가 형성된 역사적 배경을 설명해야 한다. 그러나 쎌렌과 스타인모(Thelen & Steinmo, 1992: 13)는 "제도가 정치를 제약하고 굴절시키긴 하지만 결과의 유일한 원인은 아니[며] …… 제도적 접근법이 다른 변수들, 특히 행위자들의 이익과 전략, 그리고 행위자들 간의 권력배분과 같은 다른 변수들의 중요성을 무시하지 않는다."라고 하면서 제도적 요인들과 비제도적 요인들(non-institutional factors)이 어떻게 상호연관되는지에 초점을 맞추어 정치 · 사회현상을 분석한다. 특히, 제도의 구성요소들의 결합양식이 달라짐에 따라 정책과 그 결과에 대한 비제도적 요인들의 영향력이 달라질 수 있다고 주장한다(Lieberman, 2001).

한편, 역사적 제도주의는 사회에 대한 국가의 일방적 의존성이 아니라 국가 영역의 상대적 자율성을 강조한다. 다원주의 혹은 집단이론에 있어서 정부란 사회집단이 자신의 선호를 실현하고자 하는 장이거나, 혹은 집단 간의 상호작용을 중개하는 중립적인 중재자에 불과하다. 또한 다원주의에 있어서는 사회를 재구조화할 수 있는 독립적·자율적 선호를 가진 행위자로서의 국가란 존재하지 않는다. 그러나 역사적 제도주의는 국가와 사회의 관계를 구조화시키는 제도적 특성(institutional arrangements)에 초점을 맞춤으로써 국가 중심적 접근법과 사회 중심적 접근법을 연결할 수 있는 가교 역할을 담당하고 있다고 평가할 수 있다(하연섭, 2003: 49-51).

역사적 제도주의는 제도의 변화에 대해서도 논의하고 있다. 제도의 구성요소들은 각기 다른 시기에 서로 다른 필요성에 의해 형성되었고, 이에 따라 각기 다른 논리를 갖고 있기 때문에 이들 간의 갈등은 필연적이며, 개인이나 집단이 자신의 목적을 달성하는 과정에서 이러한 갈등을 증폭시키게 되는 바, 결국 제도의 구성요소들 간의 균열과 갈등으로 제도가 변화하게 된다는 것이다. 즉, 역사적으로 형성되는 국가와 사회의 거시적 구조가 개인과 집단의 이해와 능력을 형성하고 제약할 뿐 아니라 개인과 집단의 선택과 행위에 의해 제도가 변화될 수 있다는 것이다.

이와 같이 역사적 제도주의는 각 개인이나 집단이 처해 있는 고유한 맥락의 중요성과 맥락을 형성하는 역사의 중요성을 부각시킴으로써 기존의 기술적이고 몰역사적인 정책연구를 극복할 수 있는 주요한 분석틀을 제시하고 있다.

3 혼합모형

정책흐름모형(PSF)이나 옹호연합모형(ACF), 그리고 앞서 살펴본 후드의 정책변동 설명요인론 등은 각각 장점과 더불어 단점도 지니고 있다. 최근 들어, 국내의 학계에서는 이 모형들의 장점들을 접목해서 좀 더 효과적인 혼합모형을 구성하려는 노력이 나타나고 있다. 여기서는 이러한 노력 중 PSF와 정책변동 설명요인론을 결합하는 정책흐름 수정모형[8]

8) 정책흐름 수정모형을 적용해서 정책사례를 분석한 연구의 예로 김호윤·주재현(2015)

및 PSF와 ACF를 혼합하는 ACMS(Advocacy Coalition Multiple Streams) 모형[9]을 살펴본다.

1) 정책흐름 수정모형

옹호연합모형(ACF)을 적용한 분석의 장점은 정책대안이나 입장에 따른 진영의 차이에 초점을 두고 모형의 세부 변수들을 적용해서 사례를 분석할 수 있다는 점이다. 그러나 이 접근의 단점은 모형에서 제시되는 세부 변수들을 도식적으로 적용하는 경향을 지닌다는 점이며, 특히, ACF는 매우 많은 다수의 세부 변수들로 구성되어 있어 이 변수들을 기계적으로 적용하게 되면, 당초 분석하고자 했던 사례를 큰 맥락에서 통합적으로 이해하는 데 있어 한계를 보일 수 있다는 점이다. 또한 ACF는 정책변동을 야기한 요인과 정책변동의 시점을 명확하게 파악하기 어렵고, 정책행위자들이 사용하는 다양한 전략들을 간과하는 한계를 지닌다.

한편, 정책흐름모형(PSF)은 ACF에 비해 구성이 단순하고 장기간에 걸쳐 수행된 정책변동 과정을 분석하는 데 있어 강점을 지닌다. 또한 PSF는 여러 시기로 구분해서 분석해도 정책변동이 정권교체 등의 정치흐름을 중심으로 출현하기 때문에 적용하기가 용이하고, 정책문제흐름 · 정책대안흐름 · 정치흐름이 비교적 명확하여 논쟁의 시작점을 촉발기제로 선정할 수 있으며, 정책의 창 안에서의 상호작용은 학습전략 외에도 다양한 전략들을 살펴볼 수 있다. 그러나 PSF는 그 다양한 전략들에 대해 세부적으로 검토할 수 있는 개념적 도구를 충분히 제시하지 않아 실제 정책변동이 어떤 변수의 영향에 의해서 야기되었는지를 정교하게 분석함에 있어서는 한계를 보인다.

ACF와 PSF는 공통적으로 정책변동의 원인을 밝히는 데 있어 제한된다. 두 모형은 정책변동이 어떻게 진행되었는지를 보여주는 데 있어,

---

을 들 수 있음. 정책흐름 수정모형에 대한 아래의 내용은 김호윤 · 주재현(2015: 55-62)을 인용함.

9) ACMS 모형을 적용해서 정책사례를 분석한 연구의 예로 김진식 외(2013)를 들 수 있음. ACMS 모형에 대한 다음의 내용은 김진식 외(2013: 64-67)를 인용함.

즉 정책변동의 양태를 체계적으로 기술하는 데 있어 강점을 지니지만, 어떤 요인과 변수가 정책변동을 야기하는 핵심적 또는 보조적 역할을 수행했는지를 분석하는 데 있어서는 제한된 성과만을 보인다. 이 점에서 정책변동 설명요인론의 강점이 부각된다. 정책변동 설명요인론은 '거시적인 개념적 틀'에 주목하기보다 실제 정책변동을 야기하는 일반적인 요인들을 정리한 후, 분석하고자 하는 정책사례에 대해서 각 요인별로 그 영향 정도를 구체적으로 분석하고 분석 결과를 토대로 해당 사례에 있어 어떤 요인의 설명력이 더 큰 지를 논의하는 특징을 지닌다. 그러나 정책변동 설명요인론은 각 설명요인들이 어떤 맥락에서 어떻게 적용될 수 있는지를 조망할 수 있는 안목을 제시하지 못하며, 각 요인들이 어떻게 영향을 주고받으면서 정책변동을 야기하는지를 체계적으로 파악함에 있어서 한계를 보인다. 〈표 9-1〉은 옹호연합모형, 정책흐름모형, 그리고 정책변동 설명요인론의 강·약점을 정리한 것이다.

'정책흐름 수정모형'은 간결하면서도 정책변동과정을 거시적으로 조망하는 데 강점을 지닌 정책흐름모형과 정책변동을 야기하는 요인에 주목

표 9-1 ACF, PSF, 정책변동 설명요인론의 강·약점

구 분	강 점	약 점
옹호연합모형	- 정책신념의 차이를 토대로 하고 있는 두 연합세력 간의 갈등과 조정의 분석	- 세부 변수들의 도식적 적용으로 인한 현상인식상의 분절화 - 행동 동기로서의 이익(interests)에 대한 고려의 결여 - 정책변동 영향요인에 대한 체계적 검토상의 제한
정책흐름모형	- 모형구성의 간결성 - 장기간에 걸친 정책사례의 분석 - 정책행위자의 다양한 전략적 행위에 대한 고려	- 정책변동 영향요인에 대한 체계적 검토상의 제한
정책변동 설명요인론	- 정책변동 영향요인 검토를 위한 개념의 제공	- 정책변동의 맥락을 파악함에 있어서의 한계 - 영향요인들 간의 상호작용 파악을 위한 틀의 결여

자료: 김호윤·주재현(2015: 57).

하는 정책변동 설명요인론을 접목해서 사례분석을 위한 모형을 구성한 것이다. PSF는 정책흐름에 따라 우연적으로 이루어지는 정책변동 현상을 이해하는 데 있어 정책과정 참여자들의 행동 동기와 병합해서 분석하는 데 효과적이다. PSF의 정책흐름(정책문제흐름 · 정책대안흐름 · 정치흐름) 중에서 특정 흐름이 촉발기제가 되어 정책의 창을 열게 되면 그 창 안에서 다양한 참여자들의 활동이 나타나는데, 이 과정에서 흐름들의 결합(coupling)이 이루어지면 정책변동이 야기될 수 있다. 정책변동은 행위자들의 동기 — 정책과정 참여자의 정치 · 경제적 이익추구와 정책적 신념 · 아이디어의 추구 — 와 그들이 처해 있는 외적 상황 및 주변여건의 변화, 그리고 기존 정책의 내부로부터 나오는 역동성(정책유산)에 의해 야기될 수 있는데, 상황과 여건의 변화 및 정책유산은 주로 정책문제의 흐름과 조응하며, 정책 아이디어는 정책대안의 흐름과 관련성이 높고, 행위자들의 이해관계와 정책 아이디어는 정치의 흐름과 정책의 창 내에서 작용하는 것으로 이해될 수 있다.

PSF에서는 정치의 흐름이 단독으로, 또는 문제의 흐름과 결합하면서 정책의 창을 열 가능성이 높은 것으로 본다. '정책흐름 수정모형'에서는 해당 정책문제에 대한 기존 정책의 유산과 상황의 변화가 문제의 흐름을 구성하고, 여론의 변화나 선거주기 · 정권교체 등이 정치의 흐름을 구성하는데, 특히 정치의 흐름에서는 관련 행위자들의 행동 동기(이익과 아이디어)도 중요한 검토의 대상이 된다. 한편, 정책대안의 흐름에서는 해당 정책문제 해결을 위한 관련 전문가나 공무원의 정책 아이디어(정책수단과 각 수단의 기대효과 주장)가 주된 검토 요소가 된다. 이들 흐름의 단독적인 효과나, 또는 우연한 결합으로 정책의 창이 열리게 되면 다시 관련 행위자들의 행동 동기에 주목하게 되고, 대안의 흐름에서 개발되어 온 정책대안의 의미 있는 접목이 발생할 때 정책변동이 야기될 것으로 기대할 수 있다. 정책흐름 수정모형을 도식화하면 다음의 [그림 9-5]와 같다.

그림 9-5 정책흐름 수정모형

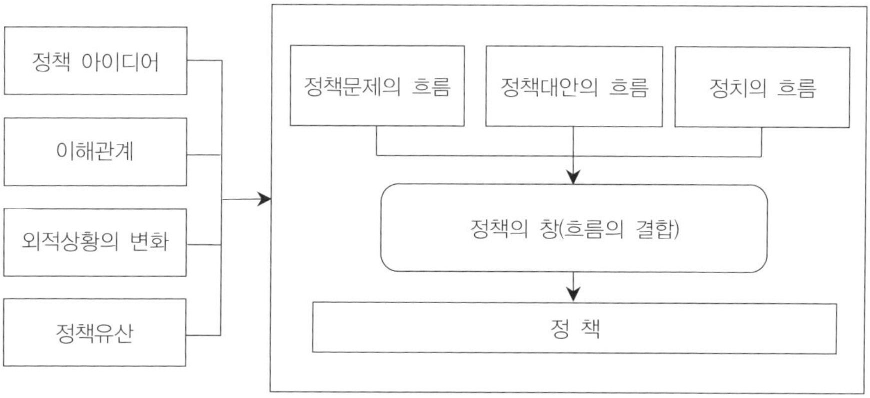

자료: 김호윤 · 주재현(2015: 62).

2) ACMS 모형

ACMS 모형은 옹호연합모형(ACF)과 정책흐름모형(PSF)의 장 · 단점을 상호보완적인 차원에서 접목한 혼합모형이다. 김진식 외(2013)에 따르면, ACF와 PSF의 장 · 단점은 〈표 9-2〉와 같다.

표 9-2 ACF와 PSF의 장 · 단점, ACMS 모형의 차별성

구 분	ACF	PSF	ACMS 모형
외적변수	충실	부실	충실
정책행위자의 체계적 구성(옹호연합)	충실	부실	충실
상호작용의 시작점(촉발기제)	부실	충실	충실
전략의 범위	부실	충실	충실

자료: 김진식 외(2013: 66).

ACF는 정책변동 과정의 시작점인 촉발기제가 명확하지 않고, 전략이 공청회 등 정책학습에 국한되고 있다는 점에서 그 범위가 상대적으로 좁다. 이러한 단점은 정책문제흐름, 정책대안흐름, 정치흐름 중 하나를 촉발기제로 삼아 그 시작점을 명확히 할 수 있고, 상대적으로 여러 전략을 활

용하는 PSF에 의해 보완될 수 있다. 한편, PSF는 정치·경제·사회·문화 등의 외적변수에 대한 검토가 체계적이지 않으며, 여러 정책행위자들을 특정 신념체계를 공유하고 있는 집단(옹호연합)으로 구성하지 않았다는 점에서 그들의 정체성을 규정하는 데 있어 한계를 지닌다. 이러한 단점들은 안정적이고 역동적인 외적변수에 충실하고, 옹호연합으로 정책참여자들의 정체성을 명확히 할 수 있으며, 그들의 신념체계도 비교적 체계적으로 다루고 있는 ACF에 의해 보완될 수 있다.

ACF와 PSF의 장점을 혼합한 ACMS 모형은 정책변동 과정을 분석하는 데 기여할 수 있을 것으로 기대된다. 현대 다원주의체제에서 정부부문 뿐만 아니라 민간부문도 정책변동 과정의 행위자로서 중요한 역할을 수행함에 따라 정부-민간부문 간의 상호작용이 커졌고, 이로 인해 정책변동 과정의 복잡성은 날로 커지고 있다. 이러한 상황 하에서 기존의 모형들은 복잡한 정책변동 과정을 제대로 분석하기에는 일정한 한계를 지닌 반면, ACMS 모형은 ACF와 PSF의 한계를 개선할 수 있도록 구성되어 있다는 점에서, 높은 수준의 복잡성을 보이고 있는 다원주의체제의 정책변동 과정을 논리적으로 설명하는 데 유용한 틀이 될 수 있다.

[그림 9-6]을 토대로 하여 ACMS 모형에 대해 간략히 설명하면 다음과 같다. 즉, 안정적인 외적변수와 역동적인 외적변수 등 외적변수가 정책하위체제의 행위자들인 옹호연합에게 제약 또는 재원으로 작용하고 있는 상황에서 옹호연합들은 일정한 신념체계를 공유하며 본격적인 게임의 장에 대비하게 된다. 이러한 상황에서 다중흐름 중 하나가 촉발기제로 작용하여 정책변동의 창이 열리게 되고, 이러한 창에서는 옹호연합 간 정책경로, 정책전략 등을 활용한 상호작용이 벌어지게 된다. 결국, 옹호연합 간 상호작용의 결과 정책산출이 이루어지고 창은 닫히게 되면서, 이전과는 다른 내용의 정책변동이 발생하게 되는 것이다.

그림 9-6 ACMS 모형

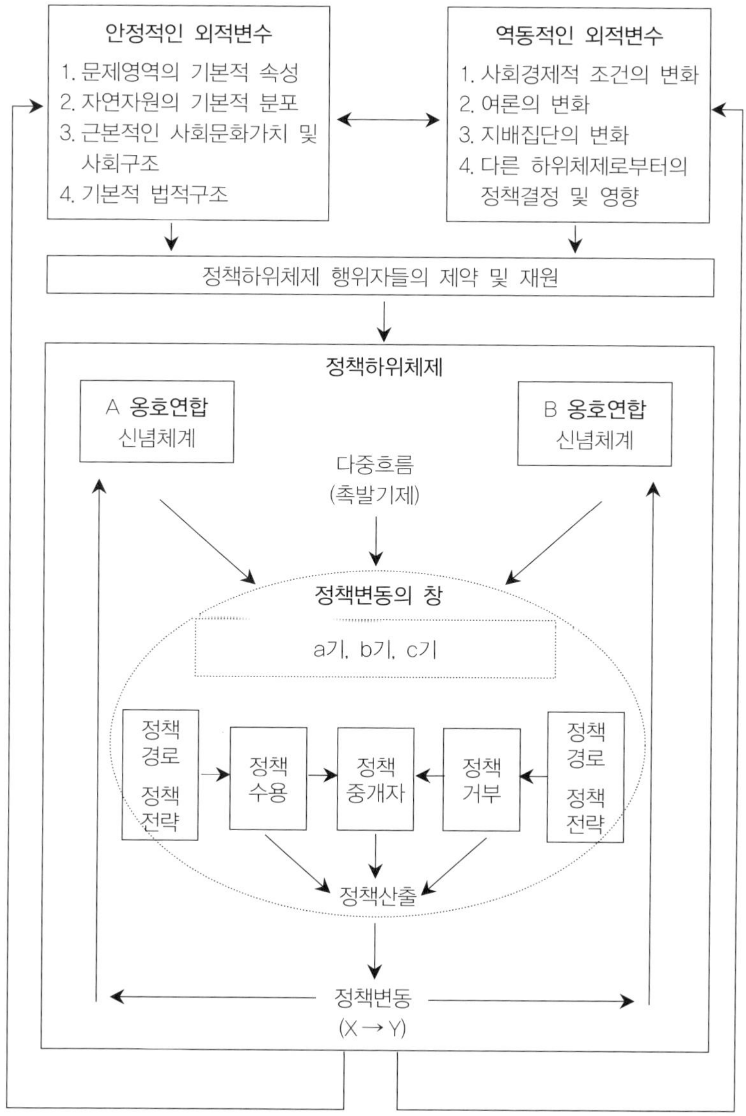

자료: 김진식 외(2013: 65).

제 10 장 정책변동: 사례분석

제10장에서는 정책변동에 관한 우리나라의 사례들을 분석한다. 저임금과 공해피해 보상문제에 대한 정부의 정책적 대응이 어떻게 변화해 왔고, 그러한 변화를 야기한 요인이 무엇이었는지를 검토한 첫 번째 사례에는 '국가개입의 유형론'과 후드의 정책변동 설명요인론이 적용되었다. 4대 사회보험 징수통합 정책이 어떻게 변동되었는지를 살펴본 두 번째 사례에는 킹던의 정책흐름모형이 적용되었다.

제 1 절 한국 정책변동 사례분석1: 저임금과 공해피해 보상문제에 대한 정책변동

1960년대부터 1980년대에 이르는 기간 동안 한국에서 이루어진 급속한 경제 발전은 다양한 부작용을 자아냈으며, 이 부작용 중의 일부는 사회적 쟁점으로 부각되었다. 저임금 문제와 공해피해 보상문제도 이러한 사회적 쟁점들 중의 하나였다. 다음에서는 이 두 사회 쟁점들에 대한 정부의 정책적 대응이 어떻게 전개되었는지를 살펴보도록 한다.[1]

1 문제의 인식과 노동 및 환경 정치

저임금 및 공해피해 보상문제는 그 문제에 의해 직접적으로 영향을 받은 집단들에 의해서 처음으로 제기되었다. 저임노동자를 포함한 생산직 노동자들은 박정희 정부의 성립 이래로 고용주 측과의 쟁의에서 임금인상을 요구했으며, 공해피해자들도 1960년대 중반 이래로 공해업체들을 대상으로 공해에 따른 경제적 피해의 보상을 요구했다. 단위 노동조합 및 그 중앙기구(한국노총)는 정부에 대해 노동자들의 요구를 공식적으로 대변했으며, 비록 중앙기구를 갖지는 못했지만 공해피해자들도 1970년대에 들어서는 자발적으로 지역적인 조직체를 형성했다.

그러나 1960년대에 걸쳐 그러한 조직의 구성원뿐 아니라 조직 자체도 자신의 요구를 정책 쟁점화할 수 있는 능력을 갖지 못하고 있었다. 그들의 의식 수준은 아직 낮았으며, 처해 있는 상황 — 저발전된 경제, 높은 실업률, 아직 본격화되지 않은 공해피해 상태 및 피해지역의 제한 등 — 또한 의식화의 진전을 어렵게 한 요인이었다.

이러한 상황 속에서, 저임금 및 공해피해 보상문제가 두드러진 사회적 쟁점이 되는 데는 다른 사회적 행위자들의 개입이 필요했다. 노동자들의 요구에 공감하며 그들의 이익을 대변하는 활동은 가톨릭 및 개신교 관련 활동가들에 의해서 처음으로 시작되었다. 그들의 노동 작업장에서의 전도 활동은 1950년대 말에 시작되었지만, 1960년대를 거치며 그들 중 일부는 신앙뿐 아니라 현실 세계에서 노동자들이 겪고 있는 문제에도 관심을 표명하기 시작했다. 야당 의원을 중심으로 한 일부 국회의원들도 1960년대 중반을 거치면서 노동자의 격심한 어려움에 대한 관심을 표명하기 시작했다. 그들은 국회에서의 의정활동을 통해 노동 이익을 대변하고자 시도했다. 1970년대 초 유신정권의 성립은 이 여타 행위자들의 노동문제 개입에 분수령을 형성한 사건이었다. 노사분규를 포함한 모든 사회 불안

1) 이하의 논의는 Joo(1999b), 주재현(1998b/2003)에 의함.

정 상태를 통제하고자 했던 당시 국가 엘리트의 의지 및 그것의 강력한 집행으로 인해 국회의원들이 기존의 입장에서 후퇴한 반면, 신·구교 활동가들은 오히려 그 활동의 수준을 강화했다. 이에 더하여, 권위주의 정권 시기를 통해서 가장 강력한 반정권 세력이었던 학생운동가들도 노동문제에 관심을 표명하게 되었다.

나아가, 1970년대를 거치며 노동력의 원활한 공급이 점차 어려워짐에 따라 산업노동자들의 잠재적 영향력 또한 증가하게 되었다. 노동자들과 그들의 지원 세력은 독립적인 노조를 세우고자 노력했으며 임금 인상과 노동 조건의 개선을 더욱 거세게 요구했다. 고용주와 정권 측은 주로 억압적 수단을 동원하여 노동 세력의 발전을 막고자 했다. 비록 이 두 세력 간의 힘 대결의 횟수가 그리 많은 편은 아니었지만, 그들 간의 충돌은 1970년대 중반경부터 한국 사회에서 눈에 띄는 정치·사회 현상의 하나가 되었다. 그 결과, 노동자들의 요구(특히, 임금 인상 요구)는 하나의 명백한 사회적 쟁점으로 자리잡게 되었다. 전두환 정부가 선 후 1980년대 전반기 동안의 가중된 사회통제 하에서 한동안 주춤했던 노동 측의 요구는 1980년대 중반에 들어서면서 다시 강력하게 제기되었다. 박정희·전두환 두 정부의 언론통제에도 불구하고, 노동 관련 쟁점들을 시민 대중으로부터 완전히 차단하는 것은 사실상 불가능한 일이었다. 그러나 노동 관련 쟁점들이 시민들에 노출되었다고 해서 시민들 사이에 생산직 노동자를 보호해야 한다는 공감대가 형성되었다고 말하기는 힘들다. 비록 1970년대와 1980년대를 거치며 시민대중들 간에 사회·경제적 상류층에 대한 상대적 박탈감이 형성되고 있었지만, 각 사회 계층 간에는 그 이익 면에서 상당한 거리가 있었다.

진보적 사회운동 세력의 공해피해 문제에의 개입은 노동문제 개입보다 훨씬 늦게 일어났으며, 이들에 앞서 공해피해 문제에 관심을 표명한 이들은 온건 세력이었다. 울산공단 주변 주민들의 공해피해에 대한 최초의 관심은 국회에서 나왔다. 1960년대 말과 1970년대 초 동안, 일부 국회의원들은 울산의 공해 문제를 심각하게 다룰 것을 행정부에 요구했다. 또한 일부 중간계급 배경의 지식인들도 1970년대 초 공해 관련 잡지를 통해 공해피해 문제의 심각성을 지적했다. 그러나 노동문제의 경우와 마찬가지로, 유신체제의 성립 후 그들의 주장은 크게 수그러들었다. 단지 소수의 야당 의원들만이 때때로 국회의 기관지에 실은 논설을 통해 공해 문제를 제기할 뿐이었다. 그러나 시민대중의 환경 의식 및 정부정책에 대한 그들의 영향력은 미미한 것이었다.

공해 및 그 피해자 문제는 1980년대 중반 반정권 세력의 일부가 전두환 정부에 대한 공격의 일환으로 공해피해자 문제를 동원하고 나서야 전국적인 차원의 사회 쟁점으로 제기될 수 있었다. 즉, 일군의 좌파 녹색운동가들이 온산공단 주변의 주민과 연대를 형성하여 '온산병'을 사회 쟁점화하는 데 성공한 것이다. 이는 또한 전두환 정부의 일시적인 사회통제 완화를 기회로 각 신문·잡지들이 이 소재를 경쟁적으로 보도한 것에 크게 힘입었다. 그 결과, 시민 대중들은 급작스럽게 공해 관련 쟁점에 노출되었으며 공해피해자 문제는 사회적 주목을 받게 되었다. 그러나 아직 시민들이 공해 문제 — 특히, '온산병' 문제 — 해결을 위한 정부 노력을 즉각적으로 요구한 것은 아니었다. '온산병' 이슈에도 불구하고, 중간계급을 비롯한 시민들 사이에서 강력한 환경보전에의 관심은 아직 일어나지 않고 있었다.

권위주의 정권 하의 국회의원, 온건 지식인, 그리고 정부 종속적인 중앙 노동기구 등은 저임금 또는 공해피해 보상문제에 대한 시민과 정부의 관심을 끄는 데 몹시 제한된 영향력만을 행사할 수 있었다. 같은 맥락에서, 산업 노동자들과 공해 피해자들도 기업이나 정부에 대해 더욱 공격적인 입장을 채택하고 나서야 그러한 관심을 끌 수 있었다. 그러나 그 문제들에 대한 사회적 관심을 형성하는 데 무엇보다도 중요했던 것은 진보 세력의 개입이었다.

2 정책대안의 선택

한국 정부는 1960년대 동안 저임금과 공해 문제에 대해 별다른 관심을 보이지 않았다. 비록 박정희 정부가 1963년에 「의료보험법」과 「공해방지법」 등의 사회정책 수단을 도입하기는 했지만 이 정책들은 강제규정의 결핍, 시행령이나 예산의 결여 등의 이유로 인해 사실상 제대로 집행되지 못했다. 더욱이, 이 정책들은 그 내용 면에서 저임금이나 공해피해 문제를 직접적으로 취급하고 있지 않았다. 따라서 이 시기 두 사회문제에 대한 한국 정부의 반응은 '무시(disregard)'였다고 말할 수 있다.

한국 정부의 두 문제에 대한 최초의 '관심(attention)' 표명은 위에서 살펴본 지원 세력들의 노동·공해 문제 개입에 뒤이은 1970년대 초에 이루어졌다. 그러나 노동청(현 고용노동부)과 보건사회부(현 보건복지부)의 일부 긍정적인 정책적 관심을 제외하면, 박정희 정부의 기본적인 태도는 '부정적(negative)'인 것이었다. 왜냐하면, 그 문제들은 당시 국가 엘리트들이 정치적 명운을 걸고 있던 산업화의 추진에 자칫 장애가 될 수도 있었기 때문이다. 당시 국가 엘리트들의 입장은 경제 발전을 지속하기 위해서 임금 인상은 억제되어야 하고 공해는 허락될 수 있다는 것이었다. 박정희 정부는 노동임금 문제에 대해서는 주로 '억압책(repression)'을 사용했고, 공해피해 보상문제에 대해서는 '무의사결정책(non-decision)'을 사용했다.[2] 억압책의 주된 내용은 억압적인 법·제도와 물리적 강제력의

2) 이러한 차이를 야기한 요인들은 다음과 같다. 첫째, 앞서 본 바와 같이, 1970년대 초의 노동정치와 환경정치는 그 참여자의 성격 면에서 몹시 달랐다. 또 노동정치와는 달리 환경정치에서는 공해피해자와 온건 세력 간에 아무런 연계도 존재하지 않았다. 둘째, 산업노동자들은 공해피해자들보다 자신의 불만을 표출하는 데 훨씬 적극적이었다. 주로 농어민으로 구성된 공해피해자들보다 산업노동자들은 노동자의 권익을 포함한 근대적 사회가치에 더 많이 노출되었으며, 이것이 그들 간의 태도 차이에 기여한 것으로 보인다. 셋째, 한국의 노조가 주로 기업 단위로 활동한 것에 힘입어, 노동자들은 기업 단위에서 상당한 정도의 응집력을 유지할 수 있었다. 반면, 공해피해자들은 아직 효과적인 조직을 갖지 못하고 있었으며, 이로 인해 그들은 산업노동자보다 수적으로 훨씬 적었음에도 불구하고 응집력을 결여하고 있었다(1970년대 초 당시 산업 노동자의 수는 대략 150만 명이었으며, 공해피해자는 10여만 명을 넘지 않았던 것으로 추산된다). 넷째, 노동자들이 농성·파업·분신 등의 과격한 수단을 사용한 반면, 공해피해자는 주로 청원이나 소송과 같은 온건한 수단을 사용했다. 적극적인 다수 노동자들의 투쟁은 소수의 온건한 공해피해자들의 그것보다 산업화의 추진에 훨씬 심각한 영향을 끼칠 수 있었다. 이러한 조건 하에서 국가관리자들은 노동 동요에 대해서는 강력한 억압책을 채택했으나 공해피해자들에 대해서는 그런 억압책이 필요치 않았으며, 무의사결정

동원을 통해 노동 세력의 교섭력 증대를 막는 것이었으며, 무의사결정정책은 법체계와 제도적 수단, 그리고 정보의 통제를 통해 공해피해 문제가 사회 쟁점화되는 것을 막는 것을 주된 내용으로 하고 있었다. 이 '부정적' 정책대응은 그 이후의 기간 동안에도 두 사회문제에 대한 박정희·전두환 두 정부의 기본적인 전략이 되었다.

그러나 1970년대의 전반기 동안 국가 엘리트들은 부분적으로 그러한 극단적인 입장에서 온건한 입장으로 후퇴하게 된다. 전두환 정부의 경우, 집권 초기부터 환경보전 문제에 대해서는 상당히 긍정적인 태도를 보였지만, 임금문제에서는 집권 중반기인 1980년대 중반에 이르러서야 임금인상에 대해 다소간 긍정적인 태도를 취하게 된다. 박·전 두 정부가 보인 긍정적인 태도는 두 사회문제에 대한 '긍정적(positive)'인 정책채택으로 구체화되었다.

이러한 정책변동을 유도한 요인 중의 하나는 기존 정책의 영향 또는 한계(정책유산)였다. 특히, 상기한 부정적인 정책대응은 상황을 더욱 악화시켰다. 즉, 노동 측 요구를 억압함으로써 오히려 노동운동 활성화의 토양을 제공했으며, 반정권 운동가들이 노동자에 접근하는 데 필요한 명분을 제공해 주었다. 공해 관련 쟁점을 정부의제에서 배제함으로써 산업공해의 악화를 막을 길이 없었으며, 이는 더욱 많은 수의 공해피해자를 만들어냈다. 또한 한국의 두 권위주의 정부가 보인 태도 및 정책상의 변화는 크게 보아 당시의 일반적인 정치 상황과 노동·환경정치의 상태를 반영한 것이었다. 그리고 그 당시 정치변동의 저변에 가로 놓여 있었던 핵심적인 요소는 두 정부의 정치적 정당성 결핍이었다.

1970년대와 1980년대를 거치며 저임금 및 공해피해 보상문제를 둘러싼 사회집단 간의 연대가 더욱 조직화되어 감에 따라, 국가 엘리트들은 억압적 제재를 포함한 부정적인 수단뿐만 아니라 긍정적 대응도 고려해야 할 필요를 느끼게 되었다. 부정적 수단에만 의존하는 데 따른 정당성의 급속한 훼손을 감당하기가 점차 어려워졌기 때문이었다. 반정권 세력

책으로도 충분히 그들의 요구를 제어할 수 있었다.

이 요구한 것은 정치적·경제적 민주화를 포함한 한국 사회의 근본적인 변화였다. 반면, 생산직 노동자와 공해피해자는 주로 임금 인상이나 피해보상과 같은 경제적 이익에 관심이 있었다. 진보 세력이 요구하는 것이 결국 권위주의 정권의 종말을 의미하는 이상, 정권 측은 사실상 그들에 대해 억압책 외에는 아무것도 제공할 것이 없었다. 비록 정권 측이 노동자나 공해피해자의 요구를 전폭적으로 받아들일 수는 없었지만, 그래도 그들의 요구에 대해서는 진보 세력에 비해 상대적으로 다소간 더 양보의 여지가 있었다. 1970년대와 1980년대에 있었던 저임금 및 공해피해 보상 문제에 대한 '긍정적' 국가정책 — 비록 많은 제약을 지니고 있었지만 — 의 채택은 이런 맥락에서 이해될 수 있다. 국가 엘리트는 그 정책들을 통해 반정권 세력을 사회의 여타 집단으로부터 격리시키고자 했던 것이다.

저임금 문제에서 정부는 몇 가지 채택 가능한 대안을 가지고 있었다. 법정 최저임금제는 확실히 그 대안 중의 하나였다. 그 밖의 다른 대안으로는 여타 사회보장제도를 강화하는 것과 노동법 개정을 통해 노동자의 임금 교섭력 증진을 확보하는 것 등이 있었다. 그러나, 처음에(1974년) 정부가 채택한 정책은 이와는 다른 '저임금 지도선'의 설정이었다.[3] 법정 최저임금제는 기업 측에 예상되는 높은 부담으로 인해 당시 국가 엘리트들에 의해서 받아들여지기 힘들었다. 정부의 재정적 기여가 낮은 수준에 머물 것으로 예상되는 상황 아래에서, 의무적인 의료보험제 같은 국가 사회보장제도들도 기업 측에 상당한 부담을 줄 것으로 여겨졌다. 마찬가지로, 박정희 정부는 노조의 강화를 통한 노동자들의 교섭력 증대 또한 허락하기 힘들었다. 이러한 조건 하에서, 국가 엘리트들은 법적 효력이 없고 비체계적이지만 저임금 문제를 직접적으로 다루는 행정지도 방안을 현실적으로 가능한 방안으로 받아들였다. 예상대로 '저임금 지도선'은 기업과 정부 내 경제 부처들로부터 큰 저항 없이 채택될 수 있었다. 비록 '저임금 지도선'이 저임금 문제를 직접적으로 다루긴 했지만 이 정책수단

3) 이 정책수단의 핵심은 정부가 매년 최저 임금 수준을 설정하고 행정지도를 통해 이 수준을 유지하고자 하는 것이다.

은 체계적이고 일관성 있는 원칙에 따라 집행되지 않았으며, 임시적(ad-hoc)인 성격을 지니고 있었고 그리 오래 지속되지 못했다. 따라서 이 정책 수단은 '비체계적-직접적(unsystematic-direct)'인 형태의 정책대응이라고 규정할 수 있다.

그러나 그러한 행정지도 방식은 저임금 문제를 다루는 데 명확한 한계를 지니고 있었다. 무엇보다도 담당기관인 노동청은 설정된 행정지도선을 따르지 않는 기업들에 대해 법적 제약을 가할 수가 없었다. 나아가, 당시의 정부가 그런 기업들에 대해서 여타의 규제 수단을 발동하여 그들의 순응을 얻어내고자 노력하리라고 기대하기는 힘들었다. 오히려, 박정희 정부는 1978년부터 저임금 지도선을 더 이상 적용하지 않았다. 그 결과, 그 행정지도 수단은 저임 노동자로부터 진보 세력을 분리시키지 못했으며 두 집단 간의 연계는 지속·강화되었다. 이러한 상황과 이에 더한 북한 대남선전의 부담 하에서[4] 정부는 1976년 두 번째의 긍정적 시도인 의료보험제도를 출범시켰다.

의료보험제는 명목상 국민건강과 사회보장을 확보하는 것을 그 목적으로 했다. 그러나, 당시 의료보험제의 주된 대상은 산업노동자였다. 즉, 의료보험제는 "노동자와 그 가족들에게 의료 서비스를 제공함은 물론, 질병·상해·출산 또는 사망 등에 따른 수입의 감소로부터 그들을 보호하려는"(ISSA, 1978: 230) 의도로 시행되었다. 이처럼 의료보험제가 산업노동자의 경제적 어려움을 경감하려는 취지를 지니고 있었지만, 이 정책 수단은 저임금 문제에 대한 간접적인 효과만을 지니고 있었다. 따라서 의료보험제는 저임금 문제에 대한 '간접적(indirect)'인 형태의 정책적 대응

---

4) 남·북한 간의 체제경쟁이 가장 치열하던 1970년대의 후반기 동안 북한으로부터의 충격이 한국의 복지 및 환경정책 발전에 주목할 만한 역할을 수행했다. 북한 정권이 남한의 사회문제를 비난하며 행한 선전공작이 남한의 대중에까지 미치지는 못했다. 그러나 국제사회에서 행한 북한의 대남 비방까지 한국 정부가 막을 수는 없었다. 특히, 한국의 빈약한 사회보장책과 환경보전책을 고려해 볼 때, 북한의 이에 대한 공략은 국제사회에서의 한국 국가 엘리트들의 위신에 상당한 손상을 입히는 것이었다. 비록 한국 정부도 북한을 겨냥한 대응적인 비방을 행했지만, 국제사회에서의 자신의 입지를 강화하기 위해서는 좀 더 긍정적인 사회정책적 대응이 필요했다.

이라 할 수 있다. 당시의 국가관리자들은 여전히 '저임금 지도선'을 법정 최저임금제로 발전시키기에는 아직 이르다고 생각하고 있었으며, 「국가보위에 관한 특별조치법」을 비롯한 억압적 성격의 노동법규를 개정할 아무런 의사도 보이지 않고 있었다. 비록 의료보험제가 저임금 문제에 대해서는 단지 간접적인 의미를 지닐 뿐이었지만, 이상 열거한 여러 조건 하에서는 하나의 가능한 대안으로서 고려될 만했다. 채택된 의료보험제가 강제 가입 조항을 지니고 있었기 때문에 이는 기업, 경제부처 (그리고 의사)들로부터 저항을 불러일으켰다. 그들이 의료보험제를 시행코자 하는 박대통령의 의지에 거스를 수는 없었지만, 구체적인 법규 제정 과정에서 정부 측으로부터 상당한 양보를 얻어낼 수 있었다.

1970년대 중반경에도 여전히 생산직 노동자들의 임금 수준이 그리 높지 않았기 때문에, 의료보험제는 노동자들의 경제적 부담을 덜어 줄 가능성을 지니고 있었던 것이 사실이다. 그러나 의료보험제로 인해 가장 큰 도움을 받은 계층은 생산직 노동자들이 아니라 사무직에 종사하는 중간계급이었다. 더욱이, 100인 이하를 고용하고 있는 사업장은 1980년대 말까지도 의료보험에의 강제 가입이 적용되지 않았으므로, 가장 불안정한 피고용 상태에 있던 저임금 노동자의 대부분은 그 제도의 제한된 혜택이나마 받지 못하고 있었다. 또한 저임금 퇴치를 위한 행정지도 방안이 1984년부터 다시 적용되기 시작했지만 이는 종전의 그것과 동일한 문제를 지니고 있었다.

한편, 1970년대 및 1980년대의 전반기와는 달리, 1980년대 중반에 이르러 노동집약적 산업 분야의 중소 규모 업체를 제외한 고용주들과 경제부처 관료들은 법정 최저임금제에 대해 긍정적 태도를 지니기 시작했다. 당시 노동운동의 좌경화 추세가 그들의 태도 변화를 유도했고, 호황을 맞이하던 경제 상황이 그 변화의 배경을 형성했다. 노동부(현 고용노동부)와 경제기획원(현 기획재정부)의 관료들은 법정 최저임금제를 포함한 노동정책을 발전시키고자 협력했으며, 이러한 태도 변화 및 실무관료 수준에서의 협력은 1986년 국가 엘리트들이 마침내 저임금 문제에 대한 '체계적-직접적(systematic-direct)'인 정책 — 법정 최저임금제 — 의 도입을 결정하는 데 기여했다.

그러나 노동자들은 교섭력 증진을 보장하는 노동법 개정이 동반되지 않은 그 '제한된' 최저임금법에 만족하지 않았다. 특히, 1980년대 후반의 전반적으로 높아진 임금 수준에 비춰볼 때, 최저임금제는 상대적으로 더 높은 임금을 받고 있었으며, 1980년대 후반의 노동정치에서 그 영향력이 크게 신장된 중공업 분야의 노동자들에게는 거의 아무런 의미도 지니지 못하는 것이었다. 최저임금제 채택 이후의 사태 진행에서 드러난 바와 같이 그 제도의 채택은 국가 엘리트들이 자신의 권력 기반을 공고히 하는 데 별다른 도움을 주지 못했다.

공해피해 보상문제에 대한 국가 엘리트의 첫 긍정적 관심 표명은 저임금 문제에 비해 늦었으며, 환경보전법(1977) 및 그 안에 규정된 중재 절차라는 '간접적'인 형태를 취했다. 중화학공업화 추진에 따른 공해의 심화와 청원 등을 통해서 표출된 공해피해자의 불만 증가가 환경보전법 채택의 배경을 형성했으며, 북한의 남한 공해현상에 대한 비난이 그 정책채택에 기여했다. 그러나 환경보전법은 공해피해 보상문제에 대해서는 그리 큰 비중을 두지 않았으며, 이는 당시 진보 세력의 공해 문제에 대한 상대적 무관심과 이의 한 결과로서, 활성화되지 않은 환경정치의 상태를 반영하는 것이었다. 공해피해자의 입장에서 볼 때, 환경보전법은 공해 억제에 따른 일반적인 편익의 증가와 같은 간접적인 효과만을 지닌 것이었다. 또한 그 법에 규정된 중재 제도는 공해피해 보상문제를 직접적으로 다루는 것이 아니라 분쟁 당사자 간의 관계만을 다루는 것이었다. 더욱이, 그 제도는 중재기관과 공해피해 조사 등의 면에서 많은 약점을 지니고 있었고, 공해피해자들에 의해서 몹시 제한적으로 이용될 뿐이었다. 이에 공해피해자들의 불만은 계속 누적되었으며, 이는 1985년의 '온산병' 이슈를 통해 극적으로 표출되었다.

울산과 온산공단 주변의 주민을 중심으로 한 공해피해자들의 목소리가 1980년대 전반기 동안 점차 커짐에 따라 공해피해 보상을 위한 정책대안도 서서히 개발되었다. 그 대안에는 개선된 형태의 중재, 피해 주민의 이주, 법적인 보상 체계의 개발 등이 포함되어 있었다. '온산병'이 사회적 쟁점으로 크게 제기되었을 때, 전두환 정부는 울산과 온산의 주민 이주 방안을 채택했다. 당시의 급박한 상황에서 법 제정을 천명하는 것은 짧은 시간 내에 그 쟁점의 심각성을 누그러뜨리는 데 별 도움이 될 수 없었으며, 실상 정부는 피해 보상에 관한 독립된 법을 제정할 의사가 없었다. 반면, 아직 완성된 형태는 아니었지만, 환경청(현 환경부)에서 준비 중이던 주민 이주 계획이 이미 서 있었으며, 이에 정부는 법과는 달리 '비체계적(unsystematic)'이지만 피해 보상문제를 '직접적'으로 다룰 수 있는 이주 방안을 급히 가다듬어 채택했던 것이다. 울산과 온산의 주민 이주는 그 규모와 정부의 역할 면에서 그 이전의 공해피해 보상과는 확연히 구분된다. 종래의 공해피해 보상은 정부의 직접적인 개입 없이 피해 주민과 가해 기업 간의 협상에 의해서 해결되었으나, 울산·온산의 경우는 정부가 피해 보상비의 90%에 해당하는 부분을 담당했으며 정부의 주도 하에 35,000여 명(1,100여 가구)의 주민이 인근 지역으로 이주했다. 1986년부터 이주 계획의 집행이 시작됨에 따라 진보적 환경운동가와 온산 주민 간의 연대가 점차 약화된 것을 고려해 볼 때, 전두환 정부는 주민 이주 방안을 통해 자신이 의도했던 것을 얻어낸 것으로 보인다. 그러나 이 부분적인 성공이 그들의 정치적 명운을 바꾸는 데 도움을 주지는 못했다.

3 분석 결과 정리

이상의 분석 결과를 정리하면 다음과 같다.

첫째, 한국의 두 사회문제에 대한 국가의 정책적 개입은 무관심한 상태에서 시작하여, 억압이나 무의사결정과 같은 부정적 대응을 거쳐, 그 문제들의 완화 또는 해소를 직·간접적으로 겨냥한 좀 더 긍정적인 정책으로 발전했다. 이 발견은 '사회문제에 대한 국가정책의 장기간에 걸친 발전은 특정의 단계(stages)를 밟으며 진행될 수 있다'라는 명제로 전환되어 한국 및 다른 나라의 정책사례에서 검토될 수 있다. 또한 위에서 다룬 한국의 정책사례들은 앞서 제시된 '국가개입의 유형과 단계' 개념이

그림 10-1 저임금과 공해피해 보상문제에 대한 국가개입의 단계

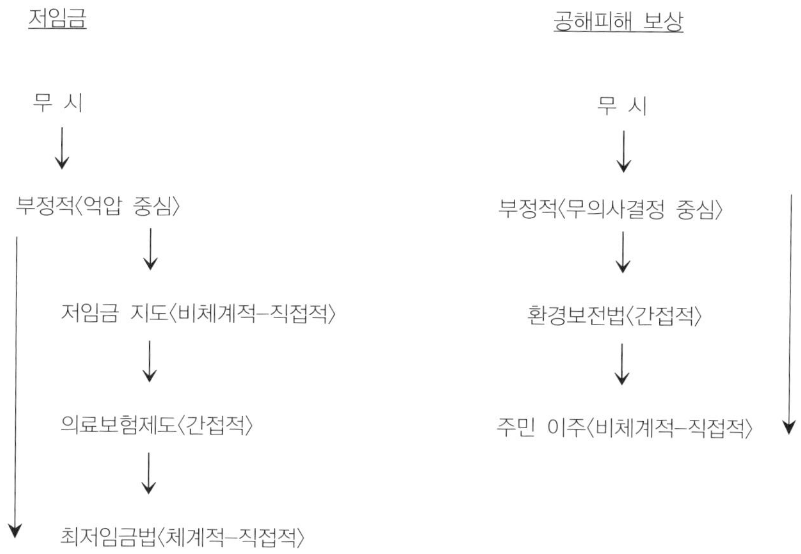

현실 세계의 구체적 정책 경험을 다룰 수 있으며, 비교연구를 위한 유용한 도구가 될 수 있음을 보여 준다. [그림 10-1]은 한국 정책사례들에 '국가개입의 단계' 개념을 적용하여 정리한 것이다.5)

둘째, 두 사회문제에 대한 정책발전의 기본동인은 국가 엘리트의 '이익'—국내 정치적 생존과 국제사회에서의 평판 유지의 필요성—이었다. 그리고 '여건의 변화'와 '기존 정책의 유산'이 이를 뒷받침하는 보충적인 설명요인으로서의 역할을 한 반면, '정책 아이디어'의 설명력은 몹시 제한되었다고 말할 수 있다. 이러한 결과는 동아시아 사회정책의 발전을 관료 엘리트와 민간전문가의 정책 아이디어의 힘에 기반하여 설명하려는 시도(예를 들어, Goodman & Peng, 1996; Kwon, 1997)에 대한 반론의 근거

5) 두 사회문제에 대한 국가개입의 단계 및 형태에 다소의 차이가 있었다. 즉, 공해피해 보상문제의 경우, 국가개입이 '체계적-직접적' 단계에 이르지 않고 있으며, 저임금 문제에서는 국가의 '비체계적-직접적' 개입이 이른 단계에서 나타났고 '억압'이라는 좀 더 강한 형태의 '부정적' 대응이 있었다. 이러한 차이점이 나타난 주된 이유는 앞서 분석한 바 있는 '억압'과 '무의사결정' 채택 간의 차이에서와 같다.

표 10-1 저임금과 공해피해 보상문제 관련 정책발전(1961~1986)의 설명요인 및 변수

	정책유산 (보충적)	여건 변화 (보충적)	국가 엘리트의 이익 (핵심적)	정책 아이디어 (제한적)
저임금 사례				
무관심 (1960s)	–	충분한 노동력; 미약하고 고립된 노동 세력	대중의 지지 획득 (경제 발전을 통한)	경제 발전
억 압 (1970~)	경제정책의 예기치 못한 결과	정치적 불안정; 노동자 동요	위와 같음 + 정치적 생존	위와 같음
저임금 지도선 (1974)	위와 같음 + 억압책의 부정적 결과	위와 같음 + 노동–진보 세력의 연대; 노동력 부족; 제1차 석유파동	노동자와 진보 세력의 분리(정치적 생존)	노동자 보호 (국가 엘리트, 노동청)
의료보험제 (1976)	위와 같음 + 저임금 지도 정책의 한계	북한 정권과의 체제 경쟁; 정치적 불안정	국가 엘리트의 국제사회에서의 평판; 노동 측 요구의 선제	사회 발전 (국가 엘리트, 보건사회부, 사보심)
최저임금제 (1986)	위와 같음 + 의료보험제의 한계	정치적 불안정; 노동자 동요; 노동–진보 세력 연대의 강화	온건 세력으로부터 급진 세력을 분리 (정치적 생존)	노동자 보호 (국가 엘리트, 노동부, 경제기획원)
공해피해 보상사례				
무관심 (1960s)	–	낮은 수준의 공해; 미약하고 고립된 공해 피해자	대중의 지지 획득 (경제 발전을 통한)	경제 발전
무의사결정 (1971~)	경제정책의 예기치 못한 결과	국제·국내적 환경 보전에의 관심 증가; 미약한 공해피해자	위와 같음	위와 같음
환경보전법 (1977)	위와 같음 + 무의사결정의 부정적 결과	북한 정권과의 체제 경쟁; 정치적 불안정; 공해의 심화	국가 엘리트의 국제 사회에서의 평판; 공해 피해자 요구의 선제	환경보전 (국가 엘리트, 보건사회부, 민간전문가)
울산·온산 주민 이주 (1985)	위와 같음 + 환경보전법의 한계	정치적 불안정; 공해피해자–진보적 환경운동 세력의 연대; 사회통제의 일시적 완화	공해피해자와 진보적 환경운동 세력의 분리 (정치적 생존)	공해 분쟁의 해결 (환경청)

가 된다고 하겠다. 〈표 10-1〉은 각 정책채택별로 설명변수들을 정리한 것이다.

제 2 절 한국 정책변동 사례분석2: 4대 사회보험 징수통합에 대한 정책변동

우리나라 사회보험은 질병, 장애, 노령, 사망, 실업 등의 사회적 위험으로부터 사회구성원들을 보호하는 공적 보험제도이다. 1964년 도입된 산업재해보상보험은 우리나라 최초의 사회보험제도가 되었으며, 건강보험제도는 1977년 도입되어 2000년 국민건강보험으로 명칭이 변경되었다. 이후 1988년 국민연금제도의 도입과 1995년 고용보험제도의 도입으로 이른바 4대 사회보험제도의 틀이 완성되었다. 우리나라 4대 사회보험은 시행이 가능한 집단을 우선 적용대상으로 하는 개별·분립형 제도화 과정을 거쳤다. 이로 인해, 보건복지부와 고용노동부의 양 소관부처로 감독기관이 나뉘고 제도 운영주체 또한 3개 공단으로 분리되게 됨으로써[6] 제도 간 연계부족이나 관리운영비 중복 지출[7] 등의 문제점을 야기했다. 이러한 문제점들을 배경으로 해서 4대 사회보험 통합론이 등장했다.

이 절은 4대 사회보험 통합의 쟁점이 오랜 기간 동안 수차례의 시도(또는 실패)를 거쳐 마침내 2011년부터 시행된 4대 사회보험 징수통합정책으로 귀결되게 된 정책형성 과정을 분석하는 데 목적을 둔다. 이와 관련하여, 이 연구는 정책채택이 비합리적이고 우연적인 요소에 의해 이루

---

6) 건강보험과 국민연금은 보건복지부의 감독을 받는 제도이며, 고용보험과 산재보험은 고용노동부의 감독을 받는 제도로 분류된다. 건강보험과 국민연금은 그 업무에 따라 개별공단(국민건강보험공단, 국민연금공단)을 유지하고 있으며, 고용보험과 산재보험은 근로복지공단이 관리·운영을 담당한다.

7) 예컨대, 인건비와 건물유지비, 사무행정비 등을 들 수 있다. 4대 사회보험 관리운영 인력은 2012년 말 현재 총 28,937명으로, 사회보험 통합논의가 진행된 2008년 당시의 4대 사회보험 관리운영비는 2조 원 내외로 추정되고, 인력의 절반가량이 적용·징수업무에 투입되었다(이한규, 2008: 6).

어질 가능성이 높다는 문제의식에서 출발하였으며, 정책채택의 우연성을 적절하게 조명할 수 있는 킹던(J. Kingdon)의 정책흐름모형(PSF)을 분석의 도구로 활용하였다. 본 연구는 다음과 같은 연구과제를 제시한다. 첫째, 오랜 기간의 통합논의를 거치는 동안 '정책의 창'이 열리는 데 있어 어떤 '흐름'이 중요한 역할을 수행하였나? 둘째, '정책의 창'을 통과하지 못했던 경우와 통과했던 경우에 있어, 어떤 흐름의 작용이 중요하였나? 셋째, 각 경우에 있어 주요 행위자들은 누구였고 어떤 역할을 수행했는가? 분석의 대상 기간은 정책의 창 제1기(1995년 7월~2000년 10월), 제2기(2004년 11월~2007년 1월), 제3기(2007년 2월~2009년 12월)로 구분하였다.[8)]

1 사회보험 통합 정책대안

김용하(1999: 6)는 사회보험 통합의 방식을 완전통합(unification), 관리운영 통합(integration), 제도의 연계(linkage)로 구분하여 제시하였다. 완전통합은 급여와 재정을 일원화하는 사실상 사회보험제도 전체를 통합하는 매우 적극적인 형태의 통합모형이다. 관리운영 통합 또는 부분통합은 사회보험 관리운영체계만을 통합하는 다소 소극적 형태이며, 제도연계는 현재의 개별보험이 갖추고 있는 제도의 특성과 관리운영체계의 틀을 그대로 유지하고 제도 간 정보공유 및 업무 연계를 의미하는 개념이다(김지원, 2009: 165-166). 이러한 통합모형들은 4대 사회보험 통합논의 과정에서 제기되었던 여러 형태의 대안들에서 관측된다.

먼저, 부분통합 방안과 제도의 연계 방안으로는 '관리효율성 개선', '행정부처별 2 : 2 통합', '4대 사회보험 부과 · 징수기준 일원화', '국민건강보험공단 중심 징수통합' 등이 있었다. 이 통합 방안들은 기존 행정부의 소관부처와 관리운영주체를 그대로 유지하고, 사회보험의 적용 · 징수 ·

8) 다음의 내용은 김일문 · 주재현(2014)을 일부 수정해서 인용함.

급여 업무 중 일부를 신설기관이나 기존의 어느 한 기관으로 통합하는 대안이다.

다음으로, 완전통합 방안으로 '4대 사회보험 통합 사회보험청 신설', '국세청 산하 징수공단 신설'이 대표적이다. 이 방안들은 사회보험 관련 기관이나 관련 업무를 전면 통합하여 새로운 관리주체를 신설하거나 국세청 산하에 통합징수 관리기구를 두고 사회보험료를 통합징수하는 방안이다. 이 방안들은 관련 업무의 일원화라는 점에서 매우 혁신적인 방안으로 평가되었지만 새로운 기구설립에 대한 거부감과 이해집단의 강한 반대에 부딪혀 실행되기 어려운 과제였다.

〈표 10-2〉는 여러 대안들을 논의되었던 정부별로 정리하였다. 이러한 여러 대안들 중에서 '정책의 창'이 열림으로 인해 정책채택의 기회를 얻

표 10-2 시기별 정책대안과 통합범위

시 기		정책대안	통합범위	대안연구
김영삼 정부	1995년	4대 사회보험 관리효율성 개선	관리운영 통합	국민복지기획단
김대중 정부	1998년	4대 사회보험 통합 사회보험청 신설	전체 통합	사회보험 통합 추진기획단
	1999년	2 : 2 통합 (건강보험 + 국민연금: 고용보험 + 산재보험) ★	유사 사회보험 관리운영 통합	사회보험 통합 추진기획단
노무현 정부	2005년	4대 사회보험 부과 · 징수기준 일원화	제도의 연계 (부과기준 통일)	빈부격차 차별 시정 위원회
	2006년	국세청 산하 사회보험 징수공단 신설 ★	징수기관 신설 징수통합	사회보험 적용 · 징수 통합추진기획단
	2007년	국민건강보험공단 중심 징수통합	사회보험료 통합징수	박재완 의원(한) 대표발의
이명박 정부	2008년	국세청 산하 사회보험 징수공단 신설	징수기관 신설 징수통합	이혜훈 의원(한) 대표발의
	2008년	국민건강보험공단 중심 징수통합 ★	사회보험료 통합징수	심재철 의원(한) 대표발의
	2009년	연금공단 중심 소득보장공단	연금 · 고용 · 의료 · 산재보험 징수업무 통합	최영희 의원(민) 대표발의

주: '정책의 창'이 열리게 되어 정부의제의 단계에 이르렀던 3개 정책대안들에 '★'로 표기하였다.

었던 대안들은 '2 : 2 통합 방안', '국세청 산하 징수공단 신설 방안', '건강보험공단 중심의 징수통합 방안'이다.[9] 다음에서는 이 세 대안들에 대해서 어떤 '흐름'이 정책의 창을 여는 데 중요한 역할을 했는지, 어떻게 해서 정책채택으로 귀결되지 못했거나 정책채택으로 귀결될 수 있었는지 등을 분석한다.

2 정책의 창 제1기(1995. 7.~2000. 10.): 2대2 통합 방안

1) 정책문제의 흐름

정책문제 흐름의 변화 요인으로 당시의 사회·경제상황 변화나 일련의 사건발생을 꼽을 수 있다. 4대 사회보험 정책문제의 흐름에 영향을 주었던 요인으로 우선 급속한 경제상황 변화를 들 수 있다. 1970~1980년대 고도성장기 우리나라의 산업구조는 중화학 공업을 중심으로 한 노동집약적인 생산구조였으나, 이는 1990년대에 들어 국제시장의 품질경쟁에서 경쟁력이 약화되고 이에 따라 수출부진 및 국내 경기침체를 겪게 되었다. 한편, 1997년 12월의 국제통화기금(IMF)체제는 우리나라의 국가위기를 의미했다. IMF 체제 전·후의 우리나라 주요 경제지표들을 비교한 〈표 10-3〉은 당시의 경제상황을 보여준다. 특히, 1997년 4.7%를 기록하던 경제성장률은 1998년 경제위기 이후 -6.9%로 하락하는 최저치를 기록함으로써 당시의 경제위기가 얼마나 충격적이었는지 보여준다.

국가적 경제위기가 지속되는 동안 정부와 기업의 위기 극복에 필요한 사회복지 관련 예산의 절감과 사회보장체제 관리운영의 효율화 문제들은 시급하게 해결되어야 하는 과제가 되었다. 급격한 경제상황의 변화는 사회보험에 대한 정부의 책임을 부각시켰고, 늘어나는 사회보험 재원은 정

9) 보건복지위 소관 대안법률이었던 '연금공단 중심 소득보장공단' 방안도 정부의제화에 성공했던 대안이었으나, 이 안은 심사과정에서 폐기되는 경과를 보였으며, 다음의 정책의 창 분석에서 제외하였다.

표 10-3 우리나라 주요 경제지표(1997~2002년)

연 도	명목 GDP(억$)	국민총소득(억$)	1인당 GNI($)	실질 경제성장률
1997년	5,164	5,136	11,176	4.7%
1998년	3,461	3,404	7,355	−6.9%
1999년	4,452	4,400	9,438	9.5%
2000년	5,118	5,095	10,841	8.5%
2001년	4,820	4,811	10,159	3.8%
2002년	5,164	5,475	11,497	7.2%

자료: 통계청 국가통계포털(http://www.kosis.kr) 검색일: 2013. 10. 13.

부로 하여금 사회보험의 적용·징수체계의 개편을 통한 관리운영 효율화에 정책적 관심을 집중하게 만들었다. 요컨대, 당시의 4대 사회보험 통합과 관련된 정책문제들은 IMF 경제위기를 계기로 본격화되었다.

2) 정책대안의 흐름

정책대안 흐름의 결정요인으로는 정책공동체(policy community)의 분화정도나 이익집단의 개입을 들 수 있다. 정책공동체는 특정 정책분야 전문가 집단인데, 정책대안을 이끌어내야 하는 정책결정자들이 정책내용의 합리성과 다양한 요구들의 정책반영 수단으로 사회적 연계를 추진하기도 한다. 예컨대, 김영삼 정부의 국민복지기획단 설치, 김대중 정부의 4대 사회보험통합추진기획단 설치 등이 있다.

국민복지기획단은 1995년 5월 정부의 세계화추진위원회 산하에 설치되었다. 당시 보건복지부장관, 한국개발연구원장이 공동위원장을 맡고 재정, 보험제도, 복지프로그램 3개 분야별 각계의 전문가 그룹이 연구 분야별 논의와 토론과정에서 총 14회에 걸쳐 발표에 참여하였다. 이 연구로 1995년 12월 '「삶의 질」 세계화를 위한 국민복지의 기본구상'이 발표되었다. 이 보고서는 새로운 복지정책을 위한 사회복지 관리운영의 효율화 방안을 강조하였으며, 사회복지제도의 확대과정에서 발생할 수 있는 관리운영비의 과다, 체계성의 결여 등의 비효율성을 개선하고자 하였다. 1997년 9월 노사관계개혁위원회[10]의 '사회보험 관리운영체계 개선안' 협의에 이르기까지만 해도 정책대안의 흐름은 관리운영체계 개선에 집중되고 있었다.

그러나 1997년 말 외환위기 상황은 정책대안의 흐름을 전환하게 되는 계기가 되었다. 1998년 2월의 제1기 노사정위원회[11)]가 「경제위기 극복을 위한 사회협약」의 일환으로 새로운 사회보험 통합방안을 논의하게 된 것이다. 이 협약이 10대 의제로 채택한 세부 90개 항목 중에 사회보험 통합방안이 포함되어 있었다.

4대 사회보험통합추진기획단은 김대중 정부 출범 이후 국무총리실 내 사회보장심의위원회 산하에 협의기구로 1998년 11월 설치되었다. 학계, 연구기관, 사회단체 및 가입자대표, 정부관계자 등 60인의 위원으로 연구에 착수하였으며, 55회의 회의를 거치는 1년여 간의 활발한 연구활동은 사회 각계의 참여로 이루어진 사회보험 통합논의의 가시화를 이끌었다.

표 10-4 사회보험통합추진기획단의 사회보험 통합모형(안)

	1안(2대2 통합)	2안(완전통합)	3안(일선조직 통합)
통합 방안 및 정도	- 정부 부처별 기능·조직 통합 - (국민연금 + 건강보험): (산재보험 + 고용보험)	- 4대 사회보험 기능과 조직 통합	- 4대 사회보험 일선조직 통합 - 자격·징수·일부급여 통합
부과 기준	사업장 가입자 부과기준 일원화		
자격/징수	2대2 통합	4대 보험 통합	4대 보험 통합
조 직	- 국민보험공단, 근로복지공단 (단, 국민보험공단이 적용·징수 통합관리 기능)	- 사회보험공단 또는 사회보험청	- 기존 공단본부 유지 - 일선조직은 사회보험사무소로 전환 - 일선조직 통합관리 사회보험공단 설립

자료: 사회보험통합추진기획단(2000: 197).

10) 1996년 5월 제정·공포된 대통령령 「노사관계개혁위원회규정」에 의하여 설치된 노사관계 협의기구이다.

11) 1997년 말 경제위기 해결을 위해 1998년 1월 15일 출범한 이해관계 당사자 간의 협의체로서 제1기 노사정위원회의 활동기간은 1998년 1월 15일부터 1998년 2월 9일이었다.

기획단은 3개의 분과위원회로 나뉘어 자격·징수, 급여 및 재정의 관리운영, 조직의 제도 간 정보공유체계 구축을 위해 〈표 10-4〉의 세분화된 통합모형 연구를 진행하였다(장신철, 2006).

당시 정부와 여당(새정치국민회의)은 정책설명회(1998년 12월)를 통해 4대 사회보험의 관리운영기구를 사회보험청으로 통합하는 방안을 제시하였다. 이에 대하여, 1999년 8월에 실시된 기획단의 공청회에서는 중·장기적으로는 사회보험 전 영역의 완전통합이 바람직하지만, 현실여건을 고려하여 행정부처별(보건복지부, 노동부) 2대2 징수통합 방안이 다수 의견으로 제시되었다. 이 점진적 완전통합 방안을 토대로 단계별 추진계획을 담고 있는 통합기획단의 최종안은 1999년 12월 26일 사회보장심의위원회에서 의결되었다. 이에 따라 마련되는 새로운 제도는 2001년부터 시행키로 하였다.

3) 정치의 흐름

정치의 흐름에 영향을 미치는 요인은 권력구조 변화와 국가의 사회적 분위기이다. 1997년 말의 경제위기 당시 김영삼 정부는 외환위기의 심각성에 대한 낙관적 견해를 가지고 있었다.12) 그러나 많은 기업부도와 대량해고로 사회혼란이 가중되고 있던 시기에 시행된 1997년 대선에서 여당이던 신한국당이 패배하고 민주당으로 정권교체가 이루어졌다. 1998년 2월 김대중 정부 대통령직인수위원회는 4대 사회보험 통합을 「100대 국정과제」에 포함하여 발표하였다.

권력구조 측면에서 볼 때 김대중 정부는 국민적 지지와 기대를 토대로 1998년 9월 정계개편을 단행하여 국회 과반의석을 만드는 데 성공하였고, 이를 추진 동력으로 1998년 11월 사회보험 통합추진 제도개선 방안 마련을 목적으로 국무총리실 내 사회보장심의위원회 산하에 '사회보험통

12) 1997년 9월 18일 캉드쉬 IMF 총재는 중앙일보와의 인터뷰에서 '한국경제 위기 아니다'라고 하였으며, 이틀 후 알퐁스 베르프라츠 국제결제은행(BIS) 총재는 "한국의 경제여건은 건실하며 원화와 태국의 바트화는 근본적으로 다르다."고 하였다(『동아일보』, 1997: 1).

합추진기획단'을 설치하였다.

기획단 활동 초기 당시 여당인 새정치국민회의는 이석현 제3정책조정위원장, 4대 사회보험 정책기획단장 등이 참석한 '4대 사회보험 통합정책 설명회(1998. 12. 2)'에서 기획단의 협의를 거쳐 2000년부터 사회보장청을 발족시키는 방안을 검토 중이라고 밝혔다. 이와 같은 정치적 움직임은 기획단의 연구에 참여하는 학계와 많은 연구자들에 의해 사회보험 전 영역에 걸친 폭넓은 논의를 가능케 하였으며, 1999년 12월 대정부 건의를 통해 실현가능한 최적의 방안으로 2대2 통합을 제시하게 되었다. 2대2 통합방안은 제1기 노사정위원회(1998. 2.)의 합의에 기초하여 각 부처별 통합방안으로 만들어진 것으로서 노동부(현 고용노동부)가 관리하던 고용보험 업무가 근로복지공단으로 이관(1999. 10.)되었으며, 보건복지부 소관의 건강보험과 국민연금이 통합되는 형태를 가지게 된 것이다(윤병식 외, 1998: 344).

그러나 기획단의 연구는 1년을 넘는 오랜 기간의 연구가 필요했고 연구결과의 정리 또한 지체되는 가운데, 제16대 국회의원선거(2000. 4. 13)가 실시되었으나 여당(당시 새천년민주당)의 의석수가 전체 의석수의 과반수에 미치지 못하고(42.3%), 야당인 한나라당(48.9%)에도 뒤지는 등 제1당으로 자리매김하지 못하는 여소·야대의 양당 구도로 재편되었다(김도종·김형준, 2000: 112). 이러한 정치적 흐름은 기획단의 정책대안 연구를 바탕으로 국정과제를 수행해야 하는 행정부처의 정책시행을 어렵게 하는 것으로써 정부의 정책의지를 관철하는 데 걸림돌로 작용하게 되었다. 더구나, 이익집단인 근로복지공단, 국민연금관리공단, 직장의료보험 노동조합의 부정적 입장이 가시화되고, 당시 사회안전망의 일대 개혁을 단행해야 하는 행정부 내에서도 사회보험 정책변화에 대한 이견이 나타나는 상황으로 전개되어, 더 이상의 진전된 대안을 찾지 못하고 정책의 창을 통과하지 못하는 결과로 귀결되었다.

3 정책의 창 제2기(2004. 11.~2007. 1.): 국세청 징수공단 방안

1) 정책문제의 흐름

우리사회의 급속한 변화는 사회보험 전반에 걸쳐 질적 개혁을 요구하였으며 사회보험의 지속가능성에 대한 의문을 야기하였다. 이런 맥락에서 정책문제의 흐름에 영향을 준 변수로 우선 저출산·고령화의 심화를 들 수 있다. 우리나라의 경우 1970년대에 4.53명이던 출산율이 2007년에는 1.25명까지 급격하게 떨어져서 저출산 문제를 심각한 사회문제로 보는 일본(1.33명)보다도 더 낮은 수준이었다. 이처럼 출산율이 계속해서 감소함에 따라 젊은 층이 점진적으로 감소하고, 상대적으로 전체 인구에서 고령자가 차지하는 비율이 높아지는 저출산·고령화 현상이 나타나게 되었다(〈표 10-5〉 참조). 이는 사회 전체의 생산성을 저하시켜 국가의 성장 잠재력을 줄이게 되고 사회보험 수입 감소와 지출 증가에 따른 재정악화 우려를 가중시키는 문제로서, 사회보험 효율화를 모색하게 하는 배경이 되었다(김지원, 2009: 175).

표 10-5 저출산·고령화 지표(2004~2007년)

구 분	2004년	2005년	2006년	2007년
전체 인구(만 명)	4,820	4,849	4,854	4,927
65세 이상 비율(%)	8.7	9.1	9.5	9.9
합계출산율(명)	1.16	1.08	1.13	1.26

자료: 통계청 국가통계포털(http://www.kosis.kr) 검색일: 2013. 7. 16.

한편, 사회보험 사각지대의 문제가 대두되었다. IMF 외환위기 극복기인 2001년의 경우 정규직 고용비율은 73.2%였으나 2007년에는 64.1%로 낮아졌다. 비정규직의 고용비율이 무려 9.1%나 증가하는 임금근로자의 고용형태 변화 추세는 결국 비정규직이 사회보장제도에 의존할 수밖에 없는 구조로서, 〈표 10-6〉에 나타난 바와 같이 기업들은 여전히 35%를

표 10-6 임금근로자의 고용형태별 구성비(2001~2007년)

연 도	임금 근로자	정규직	비정규직[a)b)]			
				한시적	시간제	비전형
2001	100.0	73.2	26.8	13.8	6.5	12.6
2002	100.0	72.6	27.4	14.7	5.8	12.6
2003	100.0	67.4	32.6	21.3	6.6	11.9
2004	100.0	63.0	37.0	24.7	7.4	13.4
2005	100.0	63.4	36.6	24.2	7.0	12.7
2006	100.0	64.5	35.5	23.6	7.4	12.6
2007	100.0	64.1	35.9	22.3	7.6	13.9

a) 비정규직근로자 정의와 범주는 노사정위원회가 합의(2002년 7월)한 결과에 따른 것임.
b) 비정규직 근로자 내 유형별 중복으로 합계는 불일치함.
자료: 통계청 국가통계포털(http://kosis.kr) 검색일: 2013. 10. 7.

웃도는 비정규직 고용형태를 보이고 있었다.

1998년 10월 이후 5인 미만 사업장에 대한 고용보험 확대, 임시직·일용직 근로자 중 3개월 초과 근로자에 대한 국민연금 적용 확대, 2개월 이상 피고용 근로자에 대한 건강보험 적용 확대 등 사회보험 사각지대 문제가 제도적으로는 상당 부분 해결되었으나,[13)] 실제에 있어 영세사업장 사업주가 비정규직원을 사회보험 적용대상에서 배제하거나 지역가입자로 분류함으로써 이들이 현실적으로 적용에서 제외되는 현상이 반복적으로 나타나고 있었다.

사회보험 적용범위와 적용대상이 확대되고 있었지만, 여전히 사회적 위험의 발생 가능성이 높은 비정규직 근로자와 영세사업장 근로자를 중심으로 사회보험 사각지대가 형성되어 있는 사회문제가 나타나고 있었다. 사회양극화 심화에 따른 사회보험 사각지대 문제로 인해 기존의 낮은 소

13) 국민건강보험제도는 1989년 전 국민으로 확대 적용되었다. 고용보험제도는 1998년 전 사업장(5인 미만 사업장 포함)으로 확대되었다. 국민연금제도는 1999년 도시 자영업자를 포함하면서 전 국민을 대상으로 하게 되었고, 산재보험제도는 2000년에 전 사업장으로 적용 범위가 확대되었다.

득파악률 개선과 사회보험 재정안정화 방안 마련을 최우선 과제로 보는 사회보험 형평성의 논리가 사회보험 정책문제 흐름의 중심에 서게 되었다.

2) 정책대안의 흐름

노무현 정부는 대통령자문기구인 빈부격차·차별시정위원회를 통해 2004년 11월부터 본격적인 작업을 진행하였다. 작업반은 2005년 4월부터 8월 말까지 5개월 간 과제별 세부사항을 검토하고 논의한 결과를 취합하여 잠정안(부과·징수 기준 일원화방안)을 확정했다. 그 주요 내용은 ① 국세청의 소득정보를 활용하여 보험료 부과 기준액을 과세대상소득(갑근세)으로 통일하고, ② 보험료 징수방법은 전년도 소득을 기준으로 확정된 보험료를 고지납으로 하며,[14] ③ 기존의 보험료 부과 등급체계를 폐지하고 보험료의 상·하한선은 그대로 유지하고, ④ 사회보험에 대한 통일된 사업장 관리번호를 부여하여 사회보험 간 정보공유를 통해 사회보험제도와 인프라 등(software)을 일원화하여 관리운영 조직(hardware)을 통합한다는 것이었다(김지원, 2009: 167).

그러나 이러한 소프트웨어 측면의 적용·징수 일원화 방안은 작업이 추진되는 시기에도 반론이 제기되고 있었다. 특히, 그동안 행정력이 사회보험사업 확충 및 적용 범위에 집중됨으로써 대국민 서비스에 소홀했다는 지적이 있었다. 이는 사회보험이 보험행정의 중점을 적용·징수 분야에서 서비스 분야로 옮겨야 한다는 것이었다. 이와 같은 행정력 쏠림 현상에 대한 지적은 사회보험이 소프트웨어 측면의 적용·징수 일원화보다 사회보험 전 영역을 대상으로 전면적 개혁을 추진해야 한다는 것이었다. 즉, 기존의 낮은 소득파악률을 획기적으로 개선하고 사회보험 사각지대를 해소할 수 있는 현실적 대안이 더 시급한 과제라는 것이었다.

이러한 맥락에서 현실의 사회적 환경에 비추어 실현 가능성이 높은 통합 방안은 '사회보험 부과·징수업무를 국세청으로 일원화'하는 것으로

14) 건강보험, 고용보험, 산재보험료는 익년도에 정산하고, 연금보험료는 고지·납부액으로 확정하는 방안이다.

서, 이 방안은 국세청의 자료를 활용하여 소득파악률을 제고할 수 있고, 사회보험 사각지대 해소와 조세 인프라 구축이라는 측면에서 중복·유사 행정을 줄일 수 있으며, 이에 따르는 행정비용 절감과 행정편의를 도모할 수 있다고 주장되었다. 그리고 이러한 통합논의들이 설득력을 얻게 되면서부터 사회보험료 부과·징수를 국세청으로 이관하는 방안이 등장하게 되었다.

이에 정부도 2006년 8월 16일 관련 부처[재정경제부(현 기획재정부), 보건복지부, 노동부(현 고용노동부), 행정자치부, 국세청 등] 회의를 통해 사회보험 부과·징수 업무를 국세청으로 일원화하겠다는 방침을 밝혔다. 2006년 9월 25일에 열린 제82회 국정과제회의에서 (가칭)국세청 산하 사회보험징수공단 방안을 2009년 1월부터 시행토록 하고, 통합으로 인해 발생되는 유휴 인력을 신규 서비스 부문으로 전환하는 것을 골자로 하는 사회보험 적용·징수 업무 통합 혁신방안을 추진키로 한 것이다. 또한 향후 구체적인 방안 마련과 관계 부처 및 기관 협의에 관한 역할은 새로 설치될 국무총리실 산하 사회보험 적용·징수 통합추진기획단이 맡아서 운영키로 결정하였다.

국정과제회의 결과에 따라 2006년 10월 '사회보험 적용·징수 통합추진기획단'이 설치되고, 곧 이어 2006년 11월 6일 '사회보험 적용·징수 업무 통합을 위한 입법공청회'가 개최되었다. 공청회에서 논의된 통합방안은 4대 사회보험의 적용·징수 업무를 통합하여 국세청 산하에 그 업무를 담당하는 공단을 신설하여 2009년 1월부터 업무를 개시하는 것으로써, 11월 중 국회에 제출하여 연내에 법제화를 마무리하겠다는 계획이었다. 따라서 관련 법안은 2006년 11월 16일 정부발의로 국세청 산하에 징수공단을 설립하는 내용의 '사회보험료의 부과 등에 관한 법률안'이 국회에 제출되어 정부안이 되었다.

3) 정치의 흐름

2004년 4월 총선에서 과반의석을 확보하는 데 성공한 노무현 정부는 위에서 언급한 대로 국세청 산하에 징수공단을 설립하는 내용의 법안을 국회에 제출하였다(2006. 11. 16). 한편, 야당인 한나라당 소속 박재완 의원은 정부안에 대응하기 위하여 국민건강보험공단에서 징수를 맡도록 하는 (가칭)4대 사회보험 징수통합 관련 법안을 대표발의로 국회에 제출하였다(2007년 2월). 국회는 관련 법안의 의결에 앞서 소관 재정경제위원회에 제출된 법안에 대하여 제265회 국회(임시회) 제3차 재정경제위원회 공청회(2007. 2. 27)를 개최하고 출석진술인 의견을 듣기로 하였다. 진술인은 한국건설산업연구원 심규범 연구위원, 중앙대학교 사회복지학과 김연명 교수, 연세대학교 사회복지학과 김진수 교수, 사회연대연금노동조합 이경우 정책실장 등 4명이었다. 당시의 진술은 사회보험 통합논의의 핵심적 쟁점들을 담고 있다는 점에서 법안 의결에 중요한 참고 의견이 되었다.

심규범 연구위원은 정부가 제출한 법안에 찬성하였다. '사회보험청 설립 방안'과 '국세청에서 직접 징수하는 방안'은 실현가능성이 낮고, '국세청 산하의 통합징수공단 신설 방안'이 현실적인 대안이라고 보았다. 한편, 김연명 교수는 한국의 사회안전망이 촘촘한 사회안전망으로 거듭날 수 있는 굉장히 중요한 발판이 될 수 있다고 보았다. 그러나 김진수 교수와 이경우 실장은 정부안에 반대의견을 제시하였다. 김교수는 2005년의 점진적 도입 방안인 '부과 · 징수 기준 일원화'를 조금 더 해보자는 의견을 제시하였고, 이실장은 현재처럼 정부가 사회보험의 그림을 다시 붙이는 식의 졸속적 방안을 제시하기보다는 사회보험의 연계 방안과 통합 방안이 심도 있게 논의되어야 한다는 의견이었다.[15] 이러한 찬 · 반의 대립 양상은 국회 공청회를 넘어서서 경영계와 노동계가 정부안에 대하여 각각의 입장을 밝힘으로써 사회적 논란이 확대되었다.

이런 가운데 2007년 11월 19일 국회 재정경제위원회 법안심사소위원회에서는 '직원들의 고용을 보장한다'는 의견을 달아 관련 법안을 처리하였으며, 이 법안은 11월 22일에 있을 본회의를 통과하면 2009년 1월 1일부터 시행될 예정이었다. 그러나 법안이 국회에서 본격적으로 논의되자 이러한 입법과정에 대하여 이해당사자들은 정부안에 반대의견을 제기하

15) 국회, 제265회(임시회) 재정경제위원회 회의록(2007. 2. 27) 중 공청회자료, pp. 4-11.

기에 이르렀다. 이미 경영계는 '사회보험 부과·징수통합 추진과 관련한 경영계 입장(2006. 12. 5)'이라는 발표에서 정부가 추진 중인 통합 방안은 사회보험 관리운영의 효율성을 증진하려는 취지에도 불구하고 충분한 사회적 논의와 준비 없이 추진되어 왔으며, 실행과정에서 많은 문제점이 야기될 것으로 판단하고 이에 대한 충분한 논의와 합의가 이루어져야 한다고 주장하였다(한국경영자총협회, 2006). 또한 국민건강보험공단 노동조합, 국민연금공단 노동조합, 근로복지공단 노동조합은 징수공단저지 공동투쟁본부(공투본)[16]를 구성하여 대대적인 집회에 돌입하게 되었다. 이 집회는 정부안에 담겨있는 새로운 징수기관 설립에 대한 거부감을 드러낸 것으로서, 2007년 12월 19일에 실시되는 대통령 선거를 앞둔 노무현 정부의 정권 후반기에 집중되었다.

이와 같이 정치의 흐름은 2007년 2월 국회 공청회로부터 정부안과 정부안에 배치되는 2개안이 본격적인 결정의제 선상에 오르게 되면서 정책대안을 둘러싸고 대립하는 양상으로 전개되었다. 이러한 대립 양상은 관련 법안이 사회적 합의를 도출하기도 전에 이해관계자인 노동조합의 거센 반발에 직면하게 되고, 국세청 산하 징수공단 신설이라는 새로운 정책대안에 대한 거부감이 표면화 되는 등 정책채택에 도달하기 어려운 흐름을 보이고 있었다. 결국, 노무현 정부의 정치적 의도가 담긴 정부안은 정권 후반기 추진 동력 저하로 더 이상의 진전을 보이지 못한 채 정책결정의 지연 속에서 소멸되었다.

---

16) 2007년 1월 25일 정부의 '사회보험료 부과·징수 등에 관한 법안' 저지를 목적으로 공공노조 사회연대연금지부, 공공노조 사회보험지부, 건강보험공단직장노동조합, 근로복지공단노동조합이 함께 공동투쟁본부로 전환하였다.

4 정책의 창 제3기(2007. 2.~2009. 12.): 사회보험 징수통합 방안

1) 정책문제의 흐름

이 시기 정책문제의 흐름은 정책의 창 제2기에서 제기되었던 인구 고령화와 사회양극화로 인한 사회보험 사각지대 해소가 더욱 중요한 현안 과제로 부각된 것으로 특징지어진다. 인구 고령화 추이를 파악하기 위한 지표 중 하나는 유년인구 대비 노인인구 비율을 나타내는 노령화지수이다. 〈표 10-7〉에서 알 수 있는 바와 같이, 노령화지수는 1980년 10%를 넘었고, 1990년 20%, 2000년 30% 선을 각각 넘어섰으며, 2006년 처음으로 50%를 돌파하였다. 2007년 55%에 이어 2009년에는 64.1%로 2년만에 무려 9.1% 상승한 것으로 나타났다. 이와 같은 현상은 인구 노령화와 함께

표 10-7 부양비 및 노령화지수(1980~2009년)

연 도	인구 구성비(%)			부양비 (생산가능인구 100명당)			노령화 지수a)
	0~14세	15~64세	65세 이상	총부양비	유소년	노 년	
1980(A)	34.0	62.2	3.8	60.7	54.6	6.1	11.2
1990	25.6	69.3	5.1	44.3	36.9	7.4	19.9
2000	21.1	71.7	7.2	39.5	29.4	10.1	34.1
2001	20.8	71.6	7.6	39.6	29.0	10.5	36.5
2002	20.5	71.6	7.9	39.6	28.6	11.1	38.5
2003	20.1	71.6	8.3	39.6	28.0	11.6	41.3
2004	19.7	71.7	8.7	39.5	27.4	12.1	44.2
2005	19.2	71.7	9.1	39.4	26.8	12.6	47.4
2006	18.6	72.9	9.5	39.0	25.8	13.2	51.1
2007	18.0	72.1	9.9	38.7	24.9	13.8	55.0
2008	17.3	72.3	9.9	38.7	24.9	14.3	57.2
2009(B)	16.7	72.6	10.7	37.8	23.1	14.7	64.1
(A–B)	−17.3	10.4	6.9	22.9	31.5	−8.6	−52.9

a) 노령화지수 = (65세 이상 인구/0~14세 인구)×100.
자료: 통계청 국가통계포털(http://www.kosis.kr.) 검색일: 2013. 6. 10.

양질의 일자리가 줄어들 경우 경제활동 참가율과 잠재 성장률을 낮춰 결국 저성장의 고착화로 이어질 가능성이 높고, 노년층에 대한 정부의 복지 부담도 늘어나게 되어 사회보험 재정건전성 문제로 이어질 수 있다.

경제위기가 진정된 상황 하에서도 우리 사회는 각종 지표에서 사회 양극화 또는 빈부격차의 심화를 보였으며 이러한 사회문제의 지속은 정책문제의 흐름에 영향을 미쳤다. 사회의 양극화는 소득 양극화와 비정규직 근로자의 사회보험 사각지대 문제가 확산되는 결과를 초래하게 되었다. 〈표 10-8〉의 사회보험별 가입률에서 알 수 있는 바와 같이, 2007년 초 비정규직 사회보험 적용률은 39~42%를 보였으며, 2009년 초까지도 38~41%에 그쳤다. 이 같은 사회현상은 사회보험 적용·징수체계의 개편을 통한 관리운영 효율화와 사각지대 해소 측면에 초점을 맞추게 하는 정책문세었다.

표 10-8 사회보험별 직장 가입률(2007~2010년)

연 도		건강보험a)		국민연금b)		고용보험	
		정 규	비정규	정 규	비정규	정 규	비정규
통계청 기준월 적용	2007년 3월	76.6	41.8	76.0	39.3	65.4	38.8
	2008년 3월	78.2	40.2	77.6	37.4	65.6	37.1
	2009년 3월	79.5	40.9	78.7	37.6	67.3	39.1
	2010년 3월	79.6	43.2	78.6	39.3	75.4	42.6

a) 직장가입자만 집계한 수치임(지역가입자, 수급권자 및 피부양자는 제외).
b) 공무원, 군인, 사립학교 교직원, 별정우체국법이 정하는 연금 등 특수직역 연금 포함.
자료: 통계청 국가통계포털(http://www.kosis.kr) 검색일: 2013. 6. 10.

2) 정책대안의 흐름

사회보험 통합 방안은 이명박 정부 출범으로 새로운 국면을 맞게 되었다. 이명박 정부는 맞춤형 복지, 빈곤의 대물림 차단, 일·여가·교육을 3대 엔진으로 하는 복지, 고령화 사회 대응 등을 과제로 하였으며, 이러한 맥락에서 정부출범 초기부터 4대 사회보험 징수통합 방안은 정부의제가 되었다. 이에 따른 후속조치로 정부의 공기업선진화위원회(2008. 8. 11)

에서는 제1차 공기업 선진화추진계획으로 4대 사회보험 징수통합 방안을 포함하여 국정과제를 발표하였다. 그러나 18대 국회 개원과 함께 2008년 11월 7일 기획재정위 소속 이혜훈 의원(한나라당) 대표발의 법률안(국세청산하 징수공단으로 일원화)이 먼저 제출되고, 잇따라 11월 12일 정부안을 반영한 보건복지가족위 소속 심재철 의원(한나라당) 대표발의 법률안(건강보험공단으로 일원화)이 제출되어 상호 대립하는 2개의 정책대안이 경합하였다(〈표 10-9〉 참조). 그러나 이혜훈 의원이 제출한 '국세청산하 징수공단' 법률안은 당시 당내 의견조율을 통해 심재철 의원의 '건강보험공단 중심의 징수통합 방안'에 밀려나게 되었다.

표 10-9 18대 국회 사회보험 통합 방안 비교

구 분		국민건보험공단 징수통합 방안	국세청 산하 징수공단 신설 방안
통합내용	주 체	국민건강보험공단	사회보험료 징수공단(신설)
	범 위	징수통합(고지 → 수납 → 연체관리)	자격관리, 부과, 징수통합
	위 탁	o 복지부 장관(연금) → 건보공단 o 노동부 장관(산재, 고용보험) → 건보공단	o 복지부, 노동부장관 → 국세청장(위탁) o 국세청장 → 징수공단(재위탁)
법안발의		심재철 의원 대표발의(2008. 11. 12)	이혜훈 의원 대표발의(2008. 11. 7)

자료: 국민건강보험공단(2011: 49)에서 편집.

당시의 건강보험공단 중심의 징수통합 정책대안 연구는 국무총리실 내 사회보험 적용·징수 통합추진기획단에서 이루어졌으며, 2010년 1월부터 새로운 제도시행을 목표로 하고 있었다. 국세청 산하에 통합 징수공단을 별도로 신설하는 방안이 치밀한 소득파악으로 사회보험 저변을 넓힐 수 있는 장점을 지니고 있지만 새로운 인력증원 필요성 등이 공공부문 효율화 취지에 어긋나는 반면, 기존 건보공단을 활용하는 경우 조직신설에 관한 사회적 비난을 피할 수 있다는 점에서 정부의 예산절감 효과뿐 아니라 공공부문 효율화 취지에도 부합한다는 점이 부각되었다.

관련 법안의 의결에 앞서 보건복지가족위원회는 제출된 법안에 대하여 제281회 국회 공청회(2009. 2. 19)에서 논의하였다. 진술인은 총 4명이

었으며[17] 사회보험 징수통합에 대하여 심재철 의원이 제출한 법안과 최영희 의원이 제출한 법안(연금공단 중심의 소득보장공단 안)[18]을 중심으로 논의가 이루어졌다. 이 공청회 진술에서 김진현 교수, 정형선 교수는 심재철 의원의 건강보험공단 중심의 징수통합 방안에 찬성하였으며, 남찬섭 교수, 박내선 국민연금노동조합 사무처장은 최영희 의원 안을 찬성하였다. 그러나 최영희 의원이 대표 발의한 '연금공단 중심의 소득보장공단' 법률안은 2009년 2월 국회 보건복지위 법안심사를 거치는 동안 폐기결의되었다.

3) 정치의 흐름

정치의 흐름에 영향을 준 변수로는 이명박 정부의 국회장악을 들 수 있다. 당시 여당인 한나라당은 2008년 4월 총선에서 승리하여 과반수 의석을 가진 다수당이 되었다. 뿐만 아니라 2007년 2월 국민건강보험공단 중심의 징수통합 법안을 대표발의했던 당시 야당 박재완 의원이 2008년 2월 대통령실 정무수석비서관과 2008년 7월 국정기획수석비서관에 임명되면서 사회보험 통합에 높은 관심을 갖는 정책활동가로서의 역할을 수행하였던 것으로 보인다.[19] 사실상 2008년 4월 22일 박재완 수석 주재로 복지부(현 보건복지부), 노동부(현 고용노동부), 기획재정부 장관과 청와대 각 수석 참석회의에서 건강보험공단으로 징수업무를 통합하는 방안을 결정하였다(국민건강보험공단, 2011: 17).

---

17) 서울대 김진수 교수, 동아대 남찬섭 교수, 공공 서비스 노조 박내선 사무처장, 연세대 정형선 교수의 찬성·반대토론이 있었다[국회, 제281회 보건복지가족위원회 회의록(2009. 2. 19), 공청회 속기록 원문 인용].

18) 이 법안은 국민연금·고용보험·산재보험의 보험료 징수 업무만을 통합하고, 국민건강보험료 징수는 제외된 법안이었다.

19) 킹던에 의하면, 정치적으로 정권이 교체되는 시기에 정책활동가들이 그동안의 정책문제의 흐름과 정책대안의 흐름을 이용하여 정책변동을 주도한다고 한다. 예컨대, 2008년 9월 25일 청와대 박재완 국정기획수석은 4대 사회보험 징수통합정책 실행에 앞서 노무현 정부의 국세청 산하 징수공단 설립에 반대했던 노동조합(공투본)과의 면담에서 3개 공단 노동조합이 제시한 징수통합 업무·조직설계 등의 노사합의와 사회보험 발전위원회 구성 및 운영 등의 의견을 경청하였다(『데일리메디』, 2008: 1).

국회 보건복지위원회에서는 국민건강보험법과 국민연금법의 2개 법안이 진행되었는데, 2008년 11월 27일 상임위원회에 이관되어 법안소위원회를 거쳐 2009년 2월 25일 상임위원회에 상정되었으며, 야당의원들이 퇴장한 가운데 한나라당을 중심으로 보건복지가족위원회를 통과하였다. 이에 참여연대는 정책브리핑 자료를 통해 반대 입장을 표명하고 국민연금 업무를 담당하는 공공노조 사회연대 연금지부는 법 개정에 반대하며 전면파업에 돌입하면서 법안처리가 4월 임시국회로 연기되기도 하였다. 그러나 최종법안은 2009년 4월 30일 법제사법위원회 및 본회의를 통과하여 2009년 5월 21일 공포되기까지 6개월의 비교적 짧은 기간이 소요되었다.

5 요약 및 결론

이 연구에서 주목했던 분석의 초점은 우선, "어떤 흐름이 '정책의 창'이 열리는 데 있어 중요한 역할을 했는가?"이다. 앞서 논의했던 바와 같이, 정책의 창은 사회·경제적인 큰 사건·사고의 발생이나 국가 위기, 또는 정치적으로 정권 교체기에 그동안의 정책문제의 흐름과 결합되어 열릴 수 있다. 킹던의 이론을 근거로 한 이러한 일반론은 우리나라의 4대 사회보험 통합논의에도 적용될 수 있는 것으로 보인다. 1990년대 후반의 외환위기, 2000년대 들어 부각된 저출산·고령화 쟁점과 사회보험의 사각지대 문제 등의 위기와 사건들은 정치적 흐름상의 변화(김대중 정부의 출현, 2004년 총선 결과에 의한 노무현 정부의 의회 다수석 확보, 이명박 정부로의 정권교체 등)와 결합하면서 정책의 창이 열리고 사회보험 통합의 쟁점이 정부의제화되는 데 결정적인 역할을 수행했다.

그러나 정책의 창이 열렸던 세 번의 경우 중, 김대중 정부의 '2대2 징수통합 방안'과 노무현 정부의 '국세청 산하 징수공단 신설 방안'은 실제 정책으로 실현되지 못했다. 정책의 창을 통과하지 못했던 경우들에 있어, 어떤 흐름의 작용이 있었는가? '2대2 징수통합 방안'의 경우, 외환위기로부터의 회복이 비교적 빠르게 진행되면서 정책의 창이 열려 있는 기간이 그리 길지 못했는데, 이 상대적으로 짧은 기간 동안 '2대2 징수통합 방안'은 관련 정책행위자들의 동의를 이끌어낼 만큼 정교하게 구축되지 못했다는 점이 지적될 수 있다. 특히, 정치흐름의 변화(여당의 2000년 총선 패배)와 정책의 실행 가능성에 회의적인 행정부처의 이견으로 인해 대정부 건의수준에 머무르고 말았다. '국세청 산하 징수공단 신설 방안'의 경우에도, 정치와 정책대안의 흐름에서 주목할 만한 제약요인을 발견할 수 있다. 즉, 정부안에 대한 반론과 대안들이 제시되었고 이러한 경향이 당시 이해관계집단들의 저항과 결합된 상황이 전개되는 가운데, 정부가 이러한 저항에 대한 대응논리를 적절히 개발하지 못한 채 시간을 지체함으로 인해 정책의 창이 닫히게 된 것으로 파악되며, 이후 야당의 공세에 의해 취약해져 있던 정부는 다시 정책의 창을 열 만한 기력을 지니지 못했다고 하겠나.

요컨대, 정책의 창 제1기의 경우 정책대안이 지녔던 약점 — 방대한 연구의 범위와 장기간의 연구기간 — 이 정책의 창이 열려 있던 짧은 기간 동안 정치의 흐름과 결합하지 못한 시차적 결함을 드러냈으며, 제2기의 경우 정부의 정책의지는 명료했으나 이익단체 등의 반대를 극복하고 정책대안을 관철할 만한 정책활동가의 부재와 정권말기의 정치적 영향력 저하로 이어진 정치적 흐름의 한계를 지니고 있었다.

정책의 창 제3기에서는 '건강보험공단 중심의 징수통합 방안'이 크게 부각되었다. 4대 사회보험 징수통합 방안은 정책의 창 제2기에서 당시 야당이 노무현 정부가 제시한 국세청 이관 안에 대응하기 위해 채택한 대안으로서의 성격이 강했다. 그러나 기존의 사회보험 인프라 활용을 통해 효율성을 기할 수 있다는 이 대안의 주장은 당시 새로운 공단설립을 반대하던 이익집단들이 자신들의 입장을 정당화하는 수단으로 사용할 수 있었다(남찬섭 · 백인립, 2010). 정책의 창 제3기에는 정권 초기라는 기회가 존재하는 상황 하에서 비교적 정교한 대안(건보공단 중심의 징수통합)이 이미 존재하고 있었고, 이것이 이익집단들에 의해서 활용될 수 있었음은 물론 이러한 조건들을 하나로 엮을 수 있는 정책중개인이 존재하고 있었다. 요컨대, 13년의 오랜 사회보험 통합논의와 논쟁은 결국 18대 국회에 이르러 정책문제의 흐름, 정책대안의 흐름, 정치의 흐름이 일시에 결합하여 4대 사회보험 징수통합정책이 탄생하게 된 것이다. 따라서 이 사례는 정책형성 과정에서 합리성이나 의도보다는 우연적인 요인들에 의해 정책이 채택되는 것으로 보는 킹던의 정책흐름모형이 적용될 수 있는 사례라고 하겠다.

그렇다면 정책의 창을 통과했던 '건강보험공단 중심의 징수통합 방안'의 경우, 어떻게 세 흐름이 성공적으로 결합될 수 있었는가? 집권 초기 정부정책을 관철시키려는 이명박 정부의 강력한 정책문제 해결의지와 정치의 흐름이 결합한 상태에서, 정부·여당 내의 의견조율을 통해 정책대안의 갈등을 해소함으로써 세 흐름이 성공적으로 결합될 수 있었다. 또한 4대 사회보험 징수통합 정책형성 과정은 2008년 11월 입법발의로부터 2009년 4월 국회 본회의 통과까지 정책의 창을 넘어서는 데 6개월의 상대적으로 짧은 기간이 소요됨으로써 성립될 수 있었다.

마지막으로, 각 경우들에 있어 주요 행위자들은 누구였고, 어떤 역할을 수행했는가? 특히, 정책활동가로 볼 수 있는 이가 있었으며, 그들이 어떻게 실패 또는 성공할 수 있었는가? 정책의 창 제1기에서는 정책대안의 개발에 참여했던 전문가와 관련 정부부처 공무원들의 역할이 두드러졌다. 그러나 정책의 구체화와 실행을 담당해야 할 행정부처들 간의 이견과 당시 통합여건의 미성숙이 장기과제로 미루어진 원인이었다. 제2기의 경우에는 정부의 안을 관철할 수 있을 만한 역량을 발휘한 정책활동가를 발견하기 힘들지만, 정부 안을 좌절시키는 데 기여한 행위자(특히, 이익집단)들은 발견된다. 한편, 제3기에는 정책결정에 이르는 과정에서 봉착하는 다수의 거부점들(veto points)을 뚫고 나가려는 정책활동가의 적극적인 정책흐름 결합시도가 발견된다. 실상 2007년 2월 국민건강보험공단 중심의 징수통합 방안을 대표발의 했던 당시 야당의 박재완 의원이 2008년 이명박 정부 출범 초부터 정책활동가로서의 역할을 수행했던 것으로 보인다. 이상 논의한 4대 사회보험 징수통합 정책형성 과정을 정리하면 [그림 10-2]와 같다.

그림 10-2 4대 사회보험 징수통합 정책형성 과정

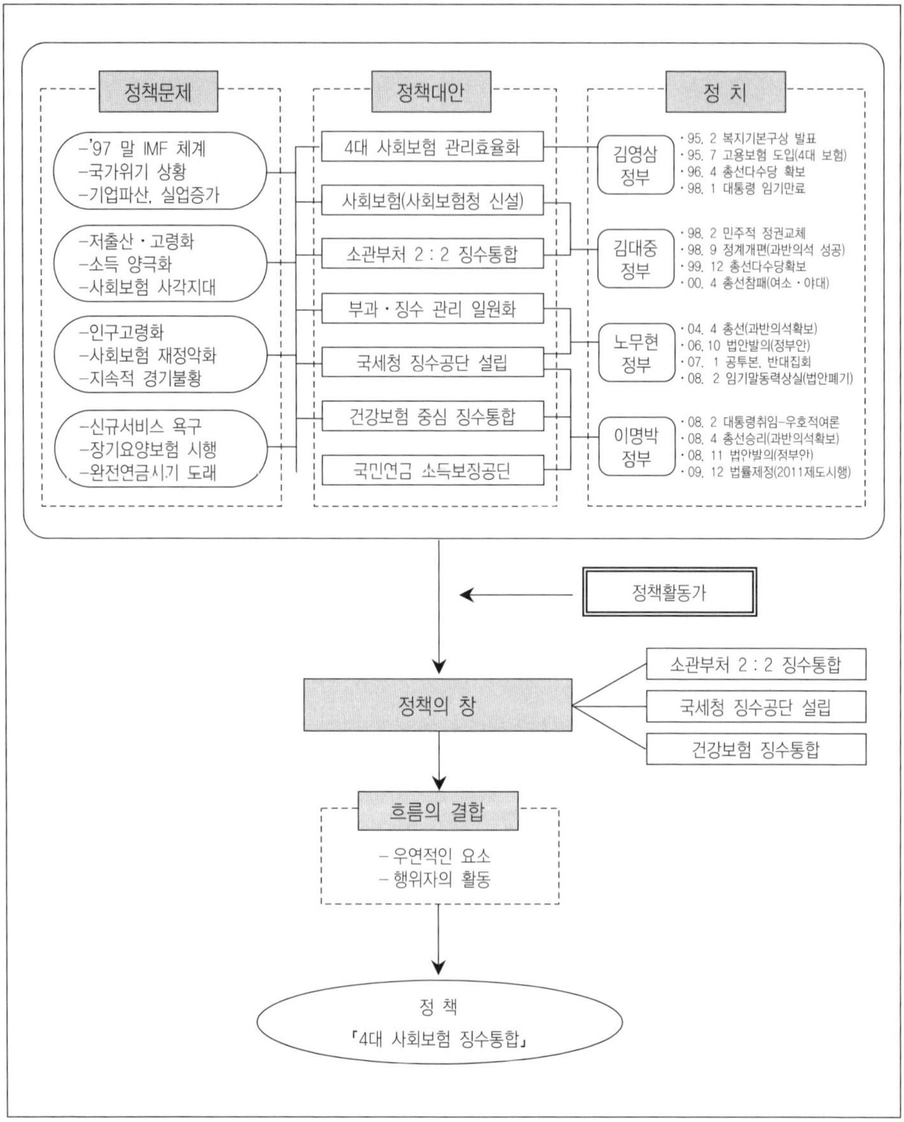

자료: 김일문 · 주재현(2014: 114).

참고문헌

국내 문헌

강남훈(2009). "신자유주의 대안의 정치." 『민주사회와 정책연구』, 15: 137-175.

강제상 · 김종래(1996). "수질규제정책에 대한 정책대상집단의 순응에 관한 연구." 『한국정책학회보』, 5(2): 90-112.

강창현(2009). "주민생활지원행정체계의 한계와 수요자중심모형의 설계: 학습 · 고용 · 복지를 중심으로." 『현대사회와 행정』, 19(1): 83-110.

강혜규(2005). "사회복지 전달체계의 현안과 전망." 『보건복지포럼』, 109: 40-50.

경기개발연구원(1998a). 『지방정부 투자재원 조달의 다각화 방안』. 수원: 경기개발연구원.

______(1998b). 『경기도 민자유치사업 추진체계 연구』. 수원: 경기도청.

경기도의회(2005). 『경기도 민간투자사업 심의위원회 조례』.

경기도청(2005). 『민간투자사업 추진 현황 총괄』. 경기도청 내부자료.

경제정의실천시민연합(2006). 『민자고속도로 건설의 예산낭비 실태 및 특혜분석』.

교육부(2013a). 『2013 방과후학교 운영 현황』.

______(2013b). 『안심하고 양육할 수 있는 여건 조성을 위한 초등 방과후 돌봄서비스 확대 운영(보도자료)』.

______(2013c). 『안심하고 양육할 수 있는 여건 조성을 위한 초등 방과후 돌봄강화 시범학교 운영(보도자료)』.

______(2013d). 『2013년 교육부 대통령 업무보고』.
______(2014). 『2014년도 교육부 예산 54조 2,481억원 확정(보도자료)』.
구자용(1995). 『행정통제의 이해』. 서울: 전예원.
국가법령정보센터(2015). 국민건강보험법연혁(http://www.law.go.kr/main.html).
국가청소년위원회(2006). 『2006 청소년백서』.
국무조정실(2014). 『2014년도 정부업무평가 시행계획』.
국무총리실(2012). 『2012 정부업무평가백서』. 서울: 국무총리실.
국민건강보험공단(2011). 『4대 사회보험징수통합 사업 성과보고서』.
국회(2007). 『재정경제위원회 회의록』.
______(2009). 『보건복지가족위원회 회의록』.
『국회보』(1976). "특집: 공해로 인한 문제점," 9-10: 46-70.
______(1977). "특집: 자연보전," 11-12: 57-100.
국회사무처(1984). 『제9대 국회사』. 서울: 국회사무처.
______(1997). 『국회회의록』, 185(16): 1-39.
______(1999). 『국회회의록』, 199(6): 1-14.
권기헌(2014). 『정책학강의: 정책학강의에 대한 논제와 해설』. 서울: 박영사.
김경혜 외(1999). 『서울시 지역복지 전달체계 개선방안』. 서울: 서울시정개발연구원.
김기홍(2006). 『지역네트워킹과 방과후 학교 활성화』. 한국직업개발연구원 정책연구, 2006-8.
김도종·김형준(2000). "제16대 국회의원 선거 결과에 대한 집합자료 분석." 『한국정치학회보』, 34(2): 105-127.
김문성(2014). 『정책학』. 서울: 박영사.
김병국·김필두(2007). 『지방자치단체의 주민생활지원 행정체제 정비 방안』. 서울: 한국지방행정연구원.
김병로 외(2010). 『남북관계발전 연도별 시행계획 추진실적 점검·평가 체계』 서울: 미래전략연구원.
김상균·최일섭·최성재·조흥식·김혜란(2001). 『사회복지개론』. 서울: 나남.
김성진 편저(1994). 『박정희 시대: 그것은 우리에게 무엇이었는가』. 서울: 조선일보사.
김순양(1998). "사회복지 공급 민영화의 성공요건 고찰: 사회복지관 시설의 민간위탁 과정을 중심으로." 『한국정책학회보』, 7(3): 87-120.
______(2006). "보건의료 정책형성과정의 동태성: 옹호연합모형을 통한 의료보험통합 일원화 논쟁의 해석." 『한국정책학회보』, 15(3): 1-33.
김순양·이지영(2009). "옹호연합모형(ACF)을 통한 양성평등 정책형성과정의 동태성 분석: 호주제폐지논쟁 사례를 중심으로." 『사회복지정책』, 36(4):

101-132.
김연명 외(2000). 『건강보험백서』. 서울: 중앙대 사회과학연구소.
김영민 · 임도빈(2011). “일선관료의 재량권 사용에 대한 연구: 사회복지전담공무원의 재량행사 수축경향을 중심으로.” 『한국조직학회보』, 8(3): 25-59.
김영배(2001). “의약분업 구조의 재검토 방향.” 『경영계』, 5: 1-16.
김영섭(1996). “우리나라 농촌지역 주민들의 주관적 삶의 질에 관한 연구.” 『행정문제논집』, 14.
김영평(1992). 『불확실성과 정책의 정당성』. 서울: 고려대학교출판부.
김영훈(1974). “미국 행정학에서의 사실과 가치의 상관성에 관한 연구.” 고려대학교 대학원 박사학위논문.
김용익(1999). “국민건강보험의 의의와 과제.” 『의보동향』, 11(7): 27-40.
김용하(1999). “사회보험 통합추진의 현황과 전망.” 『월간복지동향』, 4: 6-10.
김운태(1996). “권력구조와 정부.” 이우진 · 김성주(공편), 『현대한국정치론』. 서울: 사회비평사.
김윤덕(1972). “공해는 우리의 생명을 노린다.” 『국회보』, 5: 23-27.
김이배(2010). “립스키(M. Lipsky)의 일선관료제 모형에 근거한 국민기초생활보장제도의 집행에 관한 연구.” 『한국사회복지행정학』, 12(3): 150-183.
김일문(2014). “4대 사회보험 징수통합 정책형성과정에 관한 연구: Kingdon의 정책흐름모형을 중심으로.” 명지대학교 대학원 박사학위논문.
김일문 · 주재현(2014). “4대 사회보험 징수통합 정책형성과정에 관한 연구: 정책흐름모형의 적용.” 『한국비교정부학회보』, (18)1: 92-118.
김일성(1984; 1985). 『김일성저작집』, 제28, 30집. 평양: 조선로동당출판사.
김정렴(1990). 『한국경제정책 30년사: 김정렴회고록』. 서울: 중앙일보사.
김정호(2001). “영구임대주택정책의 효과성평가: 전 · 후비교법을 중심으로.” 『국토계획』, 36(7): 285-296.
김지경 · 우석진 · 장윤희(2012). 『청소년방과후아카데미 경제적 효과성 분석을 위한 기초연구』. 서울연구원 수시과제 12-R22.
김지원(2009). “4대 사회보험 통합 정책형성과정 분석: 수정된 정책흐름모형 적용과 정책적 시사점.” 『한국정책학회보』, 18(2): 157-189.
김지윤 · 성민정(2009). “언론보도에 반영된 조직의 위기관리전략 분석: GS칼텍스 개인정보 유출 사건을 중심으로.” 『언론과학연구』, 9(3): 37-69.
김진식 · 양승일 · 유홍림(2013). “ACMS 모형을 활용한 정책변동분석: 건강보험통합정책을 중심으로.” 『정책분석평가학회보』, 23(1): 59-92.
김통원(2006). “「희망한국 21」과 사회복지 전달체계.” 경실련. 『사회복지전달체계 실효성 제고를 위한 공청회 자료집』.

김호윤(2015). “국민건강보험 통합정책 변동과정 연구: 정책흐름 수정모형의 적용.” 명지대학교 대학원 박사학위논문.

김호윤·주재현(2015). “국민건강보험통합 정책변동에 관한 연구: 정책흐름 수정모형의 적용.” 『한국정책과학학회보』, 19(4): 53-83.

김호진(1992). 『한국정치체제론』(전정2판). 서울: 박영사.

김홍원(2013). “엄마품 온종일 돌봄교실 운영실태 및 개선방안.” 『교육정책네트워크 ISSUE PAPER 1』.

남궁근(2008). 『정책학: 이론과 경험적 연구』. 파주: 법문사.

노융희(1993). “한국환경문제와 환경정책: 회고와 전망.” 『배달환경청서』.

노재현(1993). 『청와대비서실2』. 서울: 중앙일보사.

대통령비서실(1973a; 1973b; 1973c; 1973d; 1976; 1979). 『박정희 대통령 연설문집』, (제1-6집). 서울: 대통령비서실.

대한민국정부(1998). 『국민과 함께 내일을 연다』.

______(2005). 『희망한국 21: 빈곤걱정 없는 사회를 향한 함께 하는 복지』. 서울: 대한민국정부.

______(2006). 『제1차 저출산고령사회기본계획(2006-2010)』.

대한상공회의소(1977; 1978). 『사업보고』. 서울: 대한상공회의소.

『데일리메디』(2008). “건보공단, 4대보험 통합징수 추진 급물살,” 2008년 9월 25일.

『동아연감』(1974). “제2편 한국: 외교,” 216-223.

『동아일보』(1975). “‘맑은 내일’을 위하여: 너무 늦기 전에 공해대책을.” 9, 8-30: 3.

______(1997). “캉드쉬 IMF총재 한국경제 기초튼튼…1년후 정상화.” 1997년 12월 2일.

문옥륜(1997). “한국 의료보험의 발전과 역사적 함의.” 『보건학논집』, 34(1): 9-34.

박광국(1995). “환경정책의 성공적 집행을 좌우하는 요인에 관한 인식도 평가.” 『한국행정학보』, 29(1): 183-202.

______(1999). “문화정책의 상황론적 집행이론 구축을 위한 한·미간 비교연구.” 『한국정책학회보』, 8(1): 5-28.

박동서(1975). “정책결정과 공익.” 『행정논총』, 13(1).

박동환(1975). 『사회철학의 기초: 철학개조의 바탕으로서의 정책과학』. 서울: 동명사.

박만리(2006). “주민생활지원서비스 전달체계의 도입과 활성화 방안.” 경남대 행정대학원 석사학위논문.

박용만(1974). “공해방지법의 개정을 주장한다.” 『국회보』, 2-3: 54-58.

박정호(2001). 『사회복지정책론』(개정판). 서울: 학지사.

박천오(2004). “정부관료제(I): 정책과정상의 역할과 영향력.” 하태권 외, 『현대 한국정부론』(제2판). 파주: 법문사.
박천오 · 주재현 · 진종순(2012a). “우리나라 융합행정의 정책방향과 추진방안에 관한 연구.” 『행정논총』, 50(2): 35-64.
______(2012b). “우리나라 융합행정의 발전 가능성과 방향에 관한 탐색적 연구.” 『한국정책과학학회보』, 16(2): 85-112.
박치성 · 남기범 · 오재록(2012). “관료권력과 언론보도의 상관관계에 관한 탐색적 연구: 정부부처들의 실제 업무관계와 언론보도에 나타난 업무관계 비교 분석.” 『한국정책연구』, 12(2): 147-165.
박희제(2011). “과학기사 속의 과학자와 과학의 정치화: 2008년 광우병 논쟁사례.” 『담론201』, 14(2): 27-51.
방과후학교홈페이지(2014). 방과후 학교의 비전과 목적(http://www.afterschool.go.kr).
『방송법』(2015).
배점모(1995). “해운조직에 있어서 정책불응의 원인에 관한 연구: 여객선 사고의 사례를 중심으로.” 고려대학교 대학원 박사학위논문.
백승기(2010). 『정책학원론』(제3판). 서울: 대영문화사.
백완기(1981). “정책결정에 있어서 공익의 문제.” 『한국정치학회보』, 15집.
______(1989). “한국 행정과정.” 김운태 외, 『한국정치론』(제2전정판). 서울: 박영사.
변동건(1985). “한국인의 환경문제 인식에 관한 연구.” 『한국정치학회보』, 19: 203-223.
변종임 · 조순옥 · 최종철 · 박현정 · 김인숙(2009). 『2009년 방과후 학교운영 실태조사 및 성과분석연구』. 한국교육개발원 연구보고 2009-13.
보건복지부(2012). 『방과후 돌봄서비스 수요자 중심으로 촘촘해진다(보도자료)』.
______(2013). 『2013년 보건복지부 대통령 업무보고』.
부산여성정책개발센터(2001). 『부산지역여성노인복지지표』. 부산: 부산여성정책개발센터.
『북한』(1995). “특집: 북한 환경실태의 현주소,” 278: 48-95.
사회보험통합추진기획단(2000). 『사회보험 관리 운영주체의 통합추진 방안』.
서정섭(2001). “지방자치단체 민간위탁의 집행분석.” 『지방행정』, 통권 568호.
서재호(2008). “기초자치단체의 사회복지서비스 전달체계 개편에 대한 평가: 사회복지전달체계의 구성원칙을 중심으로.” 『한국거버넌스학회보』, 15(1): 139-164.
손희준 · 최영환(2003). “지방자치단체 민간위탁사업에 대한 평가: 충청북도를 대상으로.”『지방행정연구』, 17(1): 159-180.
송호근(1997). “노동법 개정과 삼자주의: 노·사·정의 역할모색.”『사상』, 32: 217-241.
『신동아』(2001). “한국판 ‘문화대혁명’ 의료개악백서,” 2001년 5월호.
『신문 등의 진흥에 관한 법률』(2015).
안병만(1999).『한국정부론』(제3판). 서울: 다산출판사.
______(2005).『한국정부론』(제4판). 서울: 다산출판사.
안병영(1994). “한국관료제의 전개과정.” 안해균 외,『한국관료제와 정책과정』, 서울: 법문사.
______(2000). “국민기초생활보장법의 제정과정에 관한 연구.”『행정논총』, 38(1): 1-50.
안병철(2002). “의약분업 정책변동과 정책실패: 정책 어그러짐의 개념을 중심으로.”『한국행정학보』, 36(1): 41-57.
안해균(1997).『정책학원론』(제3판). 서울: 다산출판사.
양계민(2011). “방과후 돌봄서비스 실태와 개선방안.”『NYPI YOUTH REPORT』, 18(10): 2-15.
양승일(2014).『정책변동론』. 서울: 박영사.
양재진(2008).『한국의 복지정책결정과정』. 파주: 나남.
여성가족부(2012).『2013년도 청소년 사업안내』.
______(2013).『2013 여성가족부 대통령 업무보고』.
______(2014).『2014년도 여성가족부 소관 예산 및 기금운용계획 개요』.
오준석(1971). “국정감사에서 본 보사분야의 현황과 그 대책.”『국회보』, 12: 20-23.
원석조(2006). “건강보험통합논쟁의 전개과정에 관한 연구.”『사회복지정책』, 25: 159-180.
윤병식 외(1998).『사회보험 통합관리체계 연구』. 서울: 한국보건사회연구원.
윤재풍·안병영·노화준(1978).『조직관리론』. 서울: 법문사.
이규식(2012).『건강보험통합평가와 개혁방향』. 서울: 계축문화사.
이광종(2005).『행정책임론』(3정판). 서울: 대영문화사.
이광찬(2009).『국민건강보장쟁취사』. 파주: 양서원.
이대희(2004). “이익집단.” 하태권 외,『현대한국정부론』(제2판). 파주: 법문사.
이두호(1992).『국민의료보장론』. 파주: 나남.
이만우·김영수(2013).『복지사업의 ‘중복’ 및 ‘편중’ 현황과 과제』. 국회입법조사처 현안보고서. vol. 193.
이명화(1995). “원산지표시제도의 집행사례 분석: 수입 농림수산물을 중심으로.” 성균관대학교 대학원 박사학위논문.
이수경(2004). “주관적 삶의 질 설명모형에 관한 연구.” 동신대학교 대학원 박사학위논문.
이영철(2000). “한국의 지역복지 추진과 행정체계.” 김성이 편, 『한·일 지역복지비교』. 파주: 나남.
이용근(2008). “민주주의의 미래 암울하게 만드는 인터넷 통제강화.” 『노동사회』, 9: 30-36.
이원일·김상구·김도엽(2000). “도시성장지표로서의 삶의 질 분석.” 『한국지방자치학회보』, 12(1): 199-219.
이재오(1984). 『해방 후 한국학생운동사』. 서울: 형성사.
이태수(2011). “아동청소년의 방과후 서비스 연계체계의 구축방안.” 『방과후 돌봄서비스 연계정책토론회 자료집』.
이한규(2008). “4대 보험료의 부과징수 등에 관한 법률안(이혜훈 의원 대표발의).” 『기획재정위원회 전문위원검토보고서』.
이향란(2010). “지역아동센터 아동의 방과후학교 참여현황조사 분석을 통한 제언.” 『저소득층 방임아동에 대한 방과후 돌봄서비스 체계적 연계방안 모색 국회세미나 자료』.
이현송(1997). “한국인의 삶의 질: 객관적 차원을 중심으로.” 『한국사회학』, 31.
이현주 외(2007). 『주민생활지원서비스 업무수행체계 분석 및 개선방안』. 서울: 한국보건사회연구원.
이희훈(2010). “대한민국 정부수립 이후 언론관계법의 발전과 평가: 제헌헌법부터 제9차 개정헌법까지.” 『세계헌법연구』, 19(3): 345-380.
임도빈(2007). “한국 행정현상에 대한 설명모델을 찾아서: 악순환모델.” 『한국거버넌스학회보』, 14(1): 1-30.
임석민(2010). “대규모 국책사업의 실패사례와 그 원인 및 대책.” 『민주사회와 정책연구』, 18: 100-133.
의료보험연대회의(1998). “국민의료보험법의 제정과 설립위원회 활동.” 『의료보장』, 1998년 7월호.
의료보험추진기획단(1998). 『의료보험제도의 통합방안: 제2 도약을 위한 준비』. 서울: 의료보험추진기획단.
의보통합범국민연대회의(1999). 『의보연대회의 활동보고서, 의료보험 10년 투쟁사』. 서울: 의보통합범국민연대회의.
장달중(1996). “한국의 이익집단.” 민준기 외, 『한국의 정치』. 파주: 나남.
장상윤(2013). “협업과제 관리방안.” 『한국행정연구원 협업행정 세미나 제2세션 발표자료집』.
장신철(2006). 『사회보험 적용·징수 일원화와 향후 과제』. 서울: 한국노동연구원.
장지호(2004). "경유승용차 판매허용의 정책변동연구: 옹호연합모형(Advocacy Coalition Framework)의 적용." 『한국정책학회보』, 13(3): 169-194.
전국경제인연합회(1968; 1977; 1979). 『사업보고서』. 서울: 전국경제인연합회.
전명기(2013). "방과후 아동·청소년 돌봄의 제도적 문제점과 개선방안." 『2013 방과후 아동청소년 돌봄제도 문제와 개선방안 정책토론회 자료집』.
정부혁신지방분권위원회(2008). 『참여정부의 행정개혁: 2003-2008』. 서울: 정부혁신지방분권위원회.
정사성(2003). "의료보험 정책결정 참여자의 역할과 영향에 관한 연구: 건강보험 통합과정을 중심으로." 경기대학교 대학원 박사학위논문.
정용덕(2001). 『현대국가의 행정학』. 파주: 법문사.
정윤길(2000). "지방자치단체의 사회복지시설 민간위탁과정에 관한 연구: 서울특별시의 사례를 중심으로." 『한국지방자치학회보』, 12(1): 155-172.
정정길(2000). 『정책학원론』(개정판). 서울: 대명출판사.
정종주(1995). "의료보험통합일원화를 가로막는 보사부 마피아." 『사회평론 길』, 1995년 3월호.
제양순(2011). 『방과후 초등돌봄교실 운영 실태 분석을 통한 문제점 및 개선 방안』. 서울 교육연구정보원 교육연구논문.
조당호(2006). "평택시 노인복지서비스 욕구에 대한 정책적 제언에 관한 연구." 『복지행정논총』, 16(2): 227-256.
조선인민공화국(1978). 『매국노 박정희 역적을 단죄한다』. 평양: 조국통일사.
『조선일보』(1975). "울산 공해대책 곧 발표," 8. 23: 7.
______(1976). "공해업소 사장 구속," 11. 14: 7.
______(1977). "공해업주 첫 구속," 2. 8: 7.
______(1978). "33개 공해업체 입건," 3. 24: 6.
조성한(1997). 『사회복지행정서비스 전달체계 연구』. 한국행정연구원 연구보고서, 97-02.
조성한·임재현·주재현·한승준(2006). 『사회복지정책론』. 파주: 법문사.
조응래(2000). 『경기도 민간투자사업 활성화 방안』. 수원: 경기개발연구원.
주재현(1990). "원형적 정책결정모형에 관한 연구." 『공군평론』, 86호.
______(1998a). "권위주의 체제하 한국 국가 엘리트의 정책추진 동기와 학습효과에 관한 연구." 『한국정책학회보』, 7(2): 289-310.
______(1998b). "정책변동의 패턴과 원인: 저임금과 공해피해보상 문제에 대한 한국 국가의 대응 변화를 중심으로." 1998년도 한국행정학회 하계학술대

회 발표논문집.
______(1999). "환경보전법 제정 원인에 관한 연구." 『한국행정학보』, 33(1): 295-310.
______(2003). "정책변화의 유형에 관한 연구: 저임금과 공해피해 보상문제에 대한 정책대응의 변화." 『한국정책학회보』, 12(1): 273-298.
______(2004a). "사회복지와 문화: 복지국가 유형론에 대한 문화이론적 해석." 『한국정책학회보』, 13(3): 279-296.
______(2004b). "정부와 자원조직 간 협력관계: 종합사회복지관 위탁운영을 분석을 중심으로." 『사회복지연구』, 24: 149-186.
______(2004c). "정책평가의 합리성과 정치성: 사회복지 정책평가 사례의 검토." 『정부행정』, 5: 137-157.
______(2006a). "사회정책변동의 설명 요인에 관한 문헌고찰." 『사회과학논총』, 26: 177-191.
______(2006b). "지방정부-기업 간 파트너십의 성공조건에 관한 연구: 경기도 민간투자사업 사례분석." 『지방정부연구』, 10(2): 67-85.
______(2007). "정책형성 담론의 국가간 비교분석: Schmidt의 제도적 담론분석 적용." 『현대사회와 행정』, 17(1): 29-57.
______(2008). 『정책과정론: 이론, 사례, 비교』. 서울: 대영문화사.
______(2013). 『행정통제론: 관료제 통제기제 연구』. 파주: 법문사.
주재현・이인수(2009). "주민생활지원서비스 전달체계 통합 정책의 효과성 평가: 평택시 노인복지서비스를 중심으로." 『국가정책연구』, 23(3): 165-192.
주재현・진종순(2013). 『정부부처 대북・통일업무 평가방안 연구』. 서울: 한국정책학회.
주재현・신동석(2014). "공공서비스 중복에 대한 정부의 대응방식 연구: 방과후 돌봄서비스 사례를 중심으로." 『국가정책연구』, 28(1): 103-129.
중소기업협동조합중앙회(1992). 『기협 30년사』. 서울: 중소기업협동조합중앙회.
중앙선거관리위원회(1973; 1981). 『대한민국정당사』, 제1, 2집. 서울: 중앙선관위.
지역아동센터중앙지원단(2013a). 『2013년 지역아동센터 운영매뉴얼』.
______(2013b). 『전국지역아동센터 실태조사 보고서』.
차보현(2006). "사회복지전달체계의 개편과 발전과제." 『복지행정논총』, 16(2): 257-286.
차흥봉(1988). "의료보장제도의 발전적 개선방향." 보건사회부. 『의료보험의 발전적 개선방향에 관한 공청회보고서』.
청소년아카데미 홈페이지(2014). http://www.vouthacademv.or.kr
최병두(1991). "국토개발 정책과 자원 환경문제." 『현대사회』, 11(2): 12-35.

최성모 · 송병주(1992). "정책집행의 정치적 성격과 특징: 의약분업정책을 중심으로." 『한국행정학보』, 26(3): 771-797.
최종원 · 백승빈(2001). "한국의 정책집행 실증연구에 관한 고찰." 『행정논총』, 39(3): 167-193.
최태호(2012). "한국의 '방과후교육'정책: 정책변동의 관점." 한국교원대학교 교육정책전문대학원 박사학위논문.
통계청 국가통계포털사이트(http://www.kosis.kr).
하연섭(2003). 『제도분석: 이론과 쟁점』. 서울: 다산출판사.
하연섭 · 주재현 · 강민아 · 나태준 · 장지호(2006). 『사회의사결정구조 개선방안 연구』. 서울: 대통령자문 정책기획위원회.
하태권(2004). "서론." 하태권 외, 『현대한국정부론』(제2판). 파주: 법문사.
하혜수(1996). "지방정부의 정책산출평가모형에 관한 연구: 삶의질 지표와 지역경쟁력지표를 중심으로." 서울대학교 대학원 박사학위논문.
『한겨레』 (1997). "의보통합-의료분쟁보험 도입," 1997년 12월 11일.
한국경영자총협회(2006). 『사회보험 부과 · 징수 통합 추진과 관련한 경영계 입장』, 2006년 12월 15일.
한국공해문제연구소(1986). 『한국의 공해지도』. 서울: 일월서각.
한국교육개발원(2013). 『방과후돌봄 서비스 연계 체제 구축 · 운영 매뉴얼(안)』. 연구자료 CRM 2013-131.
한국노총(1973). 『사업보고』. 서울: 한국노총.
『한국연감』 (1975). "대한민국: 외교," 249-260.
허만형(2001). "복지시설의 민간위탁 집행실태 분석." 『지방행정』, 통권 568호.
『헌법』(1988).
홍승아 · 최인희 · 김영란(2013). 『방과후 아이돌봄 지원사업 평가 및 개선방안 연구』. 서울: 국회여성가족위원회.
환경청(1984). 『환경보전』. 서울: 환경청.

국외 문헌

Alford, R. & Friedland, R.(1985). *Powers of Theory*. Cambridge, UK: Cambridge University Press.
Allison, G.(1971). *Essence of Decision: Explaining the Cuban Missile Crisis*. Boston: Little Brown.
Almond, G. A. & Powell, G. B. Jr.(1978). *Comparative Politics: System,*

Proces, and Policy. 2nd ed. Boston, Mass.: Little, Brown and Company.

Anderson, J. E.(1979). *Public Policy-Making.* 2nd ed. New York: Holt, Rinehart and Winston.

Ashford, Douglas E.(1992). Introduction: of Cases and Contexts. in Douglas E. Ashford(ed.). *History and Contexts in Comparative Public Policy,* 3-24. Pittsburgh: University of Pittsburgh Press.

Bachrach, P. & Baratz, M.(1970). *Power and Poverty: Theory and Practice.* New York: Oxford University Press.

Baldwin, P.(1990). *The Politics of Social Solidarity: Class Bases of the European Welfare State 1875-1975.* Cambridge, UK: Cambridge University Press.

Braybrooke, D. & Lindblom, C.(1963). *A Strategy of Decision.* London: The Free Press of Glencoe.

Camhis, M.(1979). *Planning Theory and Philosophy.* London: Tavistock Publications.

Carnoy, M.(1984). *The State and Political Theory.* Princeton, NJ: Princeton University Press.

Carter, F. W. & Turnock, D.(eds.)(1993). *Environmental Problems in Eastern Europe.* London: Routledge.

Castles, F. & Mckinlay, R.(1979). "Public Welfare Provision, Scandinavia, and the Sheer Futility of the Sociological Approach to Politics." *British Journal of Political Science,* 9(2): 157-171.

Chilcote, R.(1981). *Theories of Comparative Politics: The Search for a Paradigm.* Colorado: Westview Press.

Chun, Chang-bae(2005). *Two Paths of Health Care Reforms: Korea and the United States.* Unpublished doctoral dissertation. HanKuK University of Foreign Studies.

Cobb, R., Ross, J. K., & Ross, M. H.(1976). "Agenda-Building as a Comparative Political Process." *American Political Science Review,* 70: 126-138.

Cohen, M., March, J., & Olsen, J.(1972). "A Garbage Can Model of Organizational Choice." *Administrative Science Quarterly,* 17(1).

Coser, L.(1975). *Masters of Sociological Thought.* 신용하·박명규 역(1978). 『사회사상사』. 서울: 일지사.

Crenson, M. A.(1971). *The Un-politics of Air Pollution: A Study of Non-decision-making in the Cities.* Baltimore: The Johns Hopkins

University Press.
Dahl, R. A.(1961). *Who Governs?: Democracy and Power in an American City*. New Haven, NJ.: Yale University Press.
DiNitto, D. M. & Dye, T. R.(1983). *Social Welfare: Politics and Public Policy*. Englewood Cliffs, N.J.: Prentice-Hall.
Downs, A.(1967). *Inside Bureaucracy*. Boston: Little, Brown and Com.
Dror, Y.(1964). "Muddling Through: Science or Inertia?." *Public Administration Review*, 24(3).
Dunleavy, P.(1989). "The United Kingdom: Paradoxes of an Ungrounded Statism." In F. Castles(ed.). *The Comparative History of Public Policy*. Cambridge. U.K.: Polity Press.
______(1991). *Democracy, Bureaucracy and Public Choice: Economic Explanations in Political Science*. Hemel Hempstead, UK: Harvester Wheatsheaf.
Dunleavy, P. & O'Leary, B.(1987). *Theories of the State: The Politics of Liberal Democracy*. London: Macmillan.
Dye, T. R.(1981). *Understanding Public Policy*. 4th ed. Englewood Cliffs, N.J.: Prentice-Hall.
Easton, D.(1965). *A Systems Analysis of Political Life*. New York: Wiley.
______(1969). "The New Revolution in Political Science." *American Political Science Review*, 63(4): 1051-1061.
Elmore, R.(1980). "Backward Mapping: Implementation Research and Policy Decisions." *Political Science Quarterly*, 94.
Enloe, C. H.(1975). *The Politics of Pollution in a Comparative Perspective*. New York: David Mckay.
Esping-Andersen, G. & Korpi, W.(1984). "Social Policy as Class Politics in Post-War Capitalism: Scandinavia, Austria, and Germany." In J. Goldthorpe(ed.). *Order and Conflict in Contemporary Capitalism*. New York: Oxford University Press.
Etzioni, A.(1967). "Mixed-Scanning: A Third Approach to Decision-Making." *Public Administration Review*, 27(5).
______(1968). *The Active Society: A Theory of Societal and Political Processes*. New York: The Free Press.
Etzioni-Halevy, E.(1983). *Bureaucracy and Democracy: A Political Dilemma*. London: Routledge & Kegan Paul.
Flora, P. & Alber, J.(1981). "Modernization, Democratization, and the

Development of Welfare States in Western Europe." In P. Flora & J. Heidenheimer(eds.). *The Development of Welfare States in Europe and America*. New Brunswick, NJ.: Transaction.

Forester, J.(1984). "Bounded Rationality and the Politics of Muddling Through." *Public Administration Review*, vol. 44.

Friedmann, J. & Hudson, B.(1974). "Knowledge and Action: A Guide to Planning Theory." *Journal of the American Institute of Planners*, vol. 40.

Gilbert, N. & Specht, H.(1974). *Dimensions of Social Welfare Policy*. Englewood Cliffs, New Jersey: Prentice-Hall.

______. ed(1977). *Planning for Social Welfare: Issues, Models, and Tasks*. Englewood Cliffs, New Jersey: Prentice-Hall.

Gills, B.(1996). *Korea versus Korea: A Case of Contested Legitimacy*. London: Routledge.

Glennerster, H.(1997). *Paying for Welfare*. 3rd ed. Hemel Hempstead. UK: Prentice Hall.

Goodin, R. & Dryzek, J.(1987). "Risk Sharing and Social Justice: the Motivational Foundations of the Post-War Welfare State." In R. Goodin & J. Le Grand(eds.). *Not Only the Poor: the Middle Classes and the Welfare State*, London: Allen & Unwin.

Goodman, R. & Peng, I.(1996). "The East Asian Welfare States: Peripatetic Learning, Adaptive Change, and Nation-Building." In G. Esping-Andersen (ed.). *Welfare States in Transition: National Adaptations in Global Economics*. London: Sage Publications.

Gough, I.(1975). "State Expenditure in Advanced Capitalism." *New Left Review*, 92: 53-92.

Hague R. & Harrop, M.(2004). *Comparative Government and Politics: An Introduction*. 6th ed. New York: Palgrave Macmillan.

Hague, R., Harrop, M., & Breslin, S.(1998). *Comparative Government and Politics: An Introduction*. 4th ed. London: Macmillan.

Ham, C. & Hill, M.(1993). *The Policy Process in the Modern Capitalist State*. 2nd ed. London: Harvester Wheatsheaf.

Heclo, H.(1974). *Modern Social Politics in Britain and Sweden*. New Heaven, NJ.: Yale University Press.

Henry, N.(1980). *Public Administration and Public Affairs*. Englewood Cliffs, New Jersey: Prentice-Hall.

Hirschman, A. O.(1982). *Shifting Involvements: Private Interest and Public Action*. Oxford: Basil Blackwell.

Hogwood, B. W. & Peters, B. G.(1983). *Policy Dynamics*. London: Wheatsheaf Books.

Hogwood, B. W. & Gunn, L. A.(1984). *Policy Analysis for the Rear World*. Oxford, UK: Oxford University Press.

Hood, C.(1986). *Administrative Analysis*. Hemel Hempstead, UK: Harvester Wheatsheaf.

______(1991). A Public Management for All Seasons? *Public Administration*, 69: 3-19.

______(1994). *Explaining Economic Policy Reversals*. Buckingham, U.K.: The Open University Press.

Hood, C. & Jackson, M.(1991). *Administrative Argument*. Aldershot, UK: Dartmoluth.

Hudson, B.(1979). "Comparison of Current Planning Theories: Counterparts and Contradictions." *Journal of the American Planning Association*, vol. 45.

Hunter, F.(1953). *Community Power Structure: A Study of Decision Makers*. Chapel Hill: The University of North Carolina Press.

IPPR(Institute for Public Policy Research)(2001). *Building Better Partnerships: Summary*. London: IPPR.

ISSA(International Social Security Association)(1978). "Republic of Korea: Establishment of a National Health Care System." *International Social Security Review*, 31: 230-232.

Joo, J.(1997). "Policy Dynamics in South Korea: State Responses to Low Wage Levels and Compensation for Pollution Victims, 1961-1988." Doctoral Dissertation. London School of Economics and Political Science.

______(1999a). "Explaining Social Policy Adoption in South Korea: the Cases of the Medical Insurance Law and the Minimum Wage Law." *Journal of Social Policy*, 28(3): 387-412.

______(1999b). "Dynamics of Social Policy Change: A Korean Case Study from a Comparative Perspective." *Governance*, 12(1): 57-80.

______(2014). "Patterns of Policy Change: A Typology of State Interventions and a Korean Case Study." *Journal of Government Administration*(정부행정), 10: 85-101.

Kaplan, A.(1964). *The Conduct of Inquiry*. San Francisco: Chandler Publishing

Co.

Kingdon, J.(1984). *Agendas, Alternatives and Public Policy*. Boston, Mass.: Little, Brown.

Kirst-Ashman, K. & Hull, G. H.(1999). Understanding Generalist Practice. 2nd ed. Chicago, IL: Nelson-Hall.

Kooiman, J.(ed.)(1993). Modern Governance: *New Government-Society Interactions*. London: Sage.

______(2003). *Governing as Governance*. London: Sage.

Kouwenhoven, V.(1993). "Public-Private Partnership: A Model for the Management of Public-Private Cooperation." In J. Kooiman(ed.). *Modern Governance: New Government-Society Interactions*. London: Sage.

Kwon, H. J.(1997). "Beyond European Welfare Regimes: Comparative Perspectives on East Asian Welfare Systems." *Journal of Social Policy*, 26(4): 467-484.

Lasswell, H. D.(1951). "The Policy Orientation." In D. Lerner & H. D. Lasswell (eds.). *The Policy Sciences: Recent Development in Scope and Methods*. Stanford, CA: Stanford University Press.

Lee, S. H.(1993). "Transitional Politics of Korea, 1987-1992: Activation of Civil Society." *Pacific Affairs*, 66(3): 351-367.

Lieberman, Evan S.(2001). "Causal Inference in Historical Institutional Analysis: A Specification of Periodization Strategies." *Comparative Political Studies*, 34(9): 1011-35.

Lindblom, C. E.(1959). "The Science of 'Muddling Through'." *Public Administration Review*, 19(2).

______(1965). *The Intelligence of Democracy: Decision Making Through Mutual Adjustment*. New York: The Free Press.

______(1979). "Still Muddling, Not Yet Through." *Public Administration Review*, 39(6).

Lipsky, M.(1980). *Street-Level Bureaucracy*. New York: Russell Sage.

MacDonagh, O.(1961). *A Pattern of Government Growth, 1800-60: The Passenger Acts and Their Enforcement*. London: MacGibbon and Kee.

MacPherson, S. & Midgley, J.(1987). *Comparative Social Policy and the Third World*. Sussex, UK: Wheatsheaf Books.

Malloy, J.(1979). *The Politics of Social Security in Brazil*. Pittsburgh, Pa.: University of Pittsburgh Press.

Manley, J.(1983). "Neo-Pluralism: A Class Analysis of Pluralism I and Pluralism Ⅱ." *American Political Science Review*, vol. 77.

Mannheim, K.(1949). *Man and Society in an Age of Reconstruction*. New York: Harcourt, Brace.

Marger, M.(1981). *Elites and Masses: An Introduction to Political Sociology*. London: D. Van Nostrand Com.

Marshall, T.(1975). *Social Policy in the Twentieth Century*. London: Hutchinson.

Merton, R. K.(1957). *Social Theory and Social Structure*. Glencoe, Ill.: Free Press.

Mesa-Lago, C.(1978). *Social Security in Latin America: Pressure Groups, Stratification, and Inequality*. Pittsburgh, Pa.: University of Pittsburgh Press.

Meyerson, M.(1973). "Building the Middle-Range Bridge for Comprehensive Planning." In *A Reader in Planning Theory*. Oxford: Pergamon.

Mills, C. W.(1956). *The Power Elite*. New York: Oxford University Press.

Mishra, R.(1977). *Society and Social Policy: Theoretical Perspectives on Welfare*. London: Macmillan.

Moon, T.(1992). "The Relationship between Business and Government in Three Policy Areas in Korea." Ph.D. dissertation. State University of New York.

O'Connor, J.(1973). *The Fiscal Crisis of the State*. New York: St. Martin's Press.

Orloff, A. S. & Skocpol, T.(1984). "Why Not Equal Protection? Explaining the Politics of Public Social Spending in Britain, 1900-1911, and the United States, 1880s-1920." *American Sociological Review*, 49(6): 726-750.

Pampel, F. & Williamson, J.(1988). "Welfare Spending in Advanced Industrial Democracies, 1950-1980." *American Journal of Sociology*, 93(6): 1424-1456.

Parsons, W.(1995). *Public Policy: An Introduction to the Theory and Practice of Policy Analysis*. Aldershot, U.K.: Edward Elgar.

Peacock, A. & Wiseman, J.(1961). *The Growth of Public Expenditure in the United Kingdom*. London: Oxford University Press.

Peters, B. G.(2000). *The Politics of Bureaucracy*. 5th ed. London: Routledge.

Piven, F. & Cloward, R.(1971). *Regulating the Poor: the Functions of Public Welfare*. New York: Random House.

Pollitt, C.(1993). *Managerialism and the Public Services*. 2nd ed. Oxford: Blackwell.

Polsby, N.(1984). *Political Innovation in America: The Politics of Policy Initiation*. New Heaven, N.J.: Yale University Press.

Popper, K.(1966). *The Open Society and Its Enemies, I. II*. London: George Routledge and Sons. 이한구 · 이명현 역(1982). 『'열린 사회'와 그 적들, I. II』. 서울: 민음사.

Pressman, J. & Wildavsky, A.(1973). *Implementation*. Berkeley, Cal.: University of California Press.

______(1979). *Implementation*. 2nd ed. London: University of California Press.

Prewitt, K. & Stone, A.(1973). *The Ruling Elites: Elite Theory, Power, and American Democracy*. New York: Macmillan.

Quadagno, J.(1987). "Theories of the Welfare State." *Annual Review of Sociology*, 13: 109-128.

Rhodes, R. A. W.(1996). "The New Governance: Governing without Government." *Political Studies*, 44(4): 652-667.

Rimlinger, G.(1971). *Welfare Policy and Industrialization in Europe, America, and Russia*. New York: John Wiley and Sons, Inc.

Rondinelli, D. A.(2003). "Partnering for Development: Government-Private Sector Cooperation in Service Provision." In D. A. Rondinelli & G. S. Cheema(eds.). *Reinventing Government for the Twenty-First Century: State Capacity in a Globalizing Society*. Bloomfield, CT: Kumarian Press.

Sabatier, P. & Weible, C. M.(2007). "The Advocacy Coalition Framework: Innovation and Clarification." In P. A. Sabatier(ed.). *Theories of the Policy Process*. 2nd ed. Boulder, Col.: Westview Press.

Schattschneider, E. E.(1960). *The Semi-Sovereign People: A Realist's View of Democracy in America*. New York: Holt, Reinhart and Winston.

Schmidt, V. A.(2001). "Discourse and the Legitimation of Economic and Social Policy Change in Europe." In S. Weber(ed.). *Globalization and the European Political Economy*. New York: Columbia University Press.

______(2002). *The Futures of European Capitalism*. Oxford: Oxford University Press.

Schmitter, P.(1974). "Still the Century of Corporatism?" *Review of Politics*, 36: 85-131.

Schubert, Jr., G. A.(1957). "'The Public Interest' in Administrative Decision-

Making: Theorem, Theosophy, or Theory?." *American Political Science Review*, 51(2): 346-368.

Self. P.(1993). *Government by the Market? The Politics of Public Choice*. London: Macmillan.

Simon, H. A.(1958). *Administrative Behavior: A Study of Decision-Making Processes in Administrative Organization*. 2nd ed. New York: The Macmillan Company.

______(1960). *The New Science of Management Decision*. New York: Harper and Brothers.

Singleton, R., Jr., Straits, B., & Straits, M.(1993). *Approaches to Social Research*. 2nd ed. New York: Oxford University Press.

Skocpol, T. & Amenta, E.(1986). "States and Social Policies." *Annual Review of Sociology*, 12: 131-157.

Stewart, J., Huge, D. & Lester, J.(2008). *Public Policy: An Evolutionary Approach*. 3rd ed. Belmont, CA: Wadsworth/Cengage.

Thelen, K. & Steinmo, S.(1992). "Historical Institutionalism in Comparative politics." In *S. Steinmo, K. Thelen and F. Longstreth*(eds.). *Structuring Politics: Historical Institutionalism in Comparative Analysis*, 1-32. New York: Cambridge University press.

Therborn, G.(1986). "Neo-Marxist, Pluralist, Corporatist, Statist Theories and the Welfare State." In A. Kazancigil(ed.). *The State in Global Perspective*, Brookfield: Gower.

Thompson, G., Frances, J. Levacic, R. & Mitchell, J.(eds.)(1991). *Markets, Hierarchies and Networks: The Coordination of Social Life*. London: Sage.

Tufte, E.(1978). *Political Control of the Economy*. Princeton, NJ.: Princeton University Press.

UN(United Nations)(2001). *Negotiation Platform for Public-Private Partnership in Infrastructure Projects*. New York: UN.

UN/ECE(United Nations Economic Commission for Europe)(2000a). "Overview of Concessions and PPPs: Theory and Practice." In UN/ECE. *Guidelines on Private Public Partnerships for Infrastructure Development*, vol. 1, ch. 2. New York: UN.

______(2000b). "Political, Institutional and Regulatory Aspects of BOT." In UN/ECE. *Guidelines on Private Public Partnerships for Infrastructure*

Development, vol. 2, ch. 1. New York: UN.

Van Meter, D. & Van Horn, C. E.(1975). "The Policy Implementation Process: A Conceptual Framework." *Administration and Society*, 6(4).

Vliet, M.(1993). "Environmental Regulation of Business: Options and Constraints for Communicative Governance." In J. Kooiman(ed.). *Modern Governance: New Government-Society Interactions*. London: Sage.

Weale, A.(1992). *The New Politics of Pollution*. Manchester, UK: Manchester University Press.

Wholey, J. S. et al.(1970). *Federal Evaluation Policy*. Washington, D.C.: Urban Institute.

Wilensky, H.(1975). *The Welfare State and Equality: Structural and Ideological Roots of Public Expenditure*. London: University of California Press.

찾아보기

ㄱ

ㄷ

ㄹ

ㅁ

ㅇ

ㅈ

ㅊ

주 재 현

연세대학교 사회과학대학 행정학과(행정학사)
연세대학교 대학원(행정학석사)
런던정경대학(London School of Economics and Political Science)(정치학박사)
한국행정연구원 수석연구원
행정자치부 행정서비스헌장제 자문위원
은평구 지역사회복지협의체 위원
국방부 정책자문위원
국무총리실 정책관리역량 평가위원
한국조직학회 총무이사
한국국정관리학회 연구이사
한국정책학회 연구이사
현 명지대학교 행정학과 교수
　한국행정연구원 연구자문위원
　인사혁신처 역량평가위원
　광진구 정책자문위원

[주요 저서 및 논문]

『새내기를 위한 행정학』(공저)(대영문화사, 2001)
『행정학의 주요 이론』 제3판(공저)(법문사, 2005)
『사회복지정책론』(공저)(법문사, 2006)
『행정통제론』(법문사, 2013)
"권위주의 체제 하 한국 국가엘리트의 정책추진 동기와 학습효과에 관한 연구"(한국정책학회보, 1998)
"Dynamics of Social Policy Change"(*Governance*, 1999)
"Explaining Social Policy Adoption in South Korea"(*Journal of Social Policy*, 1999)
"Explaining State Intervention in Pollution Issues in South Korea"(*Environment and Planning C*, 1999)
"행정서비스헌장제의 정착을 위한 정책 방향"(공저)(한국행정학보, 2000)
"정부－기업간 파트너십과 환경정책"(공저)(한국행정연구, 2002)
"정책변화의 유형에 관한 연구"(한국정책학회보, 2003)
"사회복지와 문화"(한국정책학회보, 2004)
"Evaluating Customer－Centred Reforms in Korean Local Governments"(공저)(*International Review of Administrative Sciences*, 2005)
"기초자치단체 공공서비스의 고객중심성에 관한 연구"(지방행정연구, 2006)
"정부관료제와 민주주의"(공저)(행정논총, 2007)
"FTA 체결 확대에 따른 행정수요의 변화와 정부대응 방향"(공저)(한국행정학보, 2008)

“행정개혁과 관료제 통제기제에 관한 연구”(행정논총, 2009)
“Social Conflicts and Policy-Making in Korea”(공저)
(*International Review of Administrative Sciences*, 2009)
“Control over the Korean Bureaucracy”(공저)
(*Review of Public Personnel Administration*, 2010)
“영국 보수당 정부(1979~1997년) 행정개혁의 정치적 의도와 효과에 관한 연구”
(의정연구, 2010)
“한국 행정문화의 지속과 변화에 관한 연구”(정부학연구, 2011)
“우리나라 융합행정의 정책방향과 추진방안에 관한 연구”(공저)(행정논총, 2012)
“조정기제의 혼합과 계층제 기제의 의의에 관한 연구”(한국사회와 행정연구, 2012)
“공공서비스 중복에 대한 정부의 대응방식 연구”(공저)(국가정책연구, 2014)
“공무원 책임성 딜레마 인지와 대응”(공저)(정부학연구, 2015)
“국민건강보험통합 정책변동에 관한 연구”(공저)(한국정책과학학회보, 2015)

전정판

정책과정론

-이론과 사례분석-

펴낸날 제1판 제1쇄 2008년 8월 20일
전정판 제1쇄 2016년 6월 30일
지은이 주재현
펴낸이 임춘환
펴낸곳 도서출판 대영문화사
주소 서울특별시 용산구 청파로 61길 5(청파동 1가) 제일빌딩 2층
등록 1975년 12월 26일 제3-16호
전화 (02)716-3883, (02)714-3062
팩스 (02)703-3839
홈페이지 http://www.dymbook.co.kr

ISBN 978-89-7644-556-8
값 18,000원